Die wittelsbachischen Länder vor 1799

- Kurpfalz
- Pfalz-Neuburg
- Herzogtümer Jülich und Berg samt Nebenlanden
- Pfalz-Sulzbach
- Marquisat Bergen op Zoom (Karl Theodor)
- Kurfürstentum Bayern
- Kurfürstentum Bayern, Oberpfalz
- Herzogtum Pfalz-Zweibrücken

Hanau

Main

Würzburg

nheim
idelberg

Weiden

Sulzbach
Amberg

Neumarkt

Hipoltstein

Cham

Regensburg

Donauwörth
Ingolstadt

Neuburg

Isar

Donau

eckar

Wiesensteig

Ulm

Landshut

Augsburg

Donau

Illertissen

Inn

Braunau

Mindelheim

München

Memmingen

Salzburg

Bodensee

Lech

Kufstein

Wörgl

Salzach

Schwaz

Innsbruck

THOMAS SCHULER

«Wir sind auf einem Vulkan»

THOMAS SCHULER

«Wir sind auf einem Vulkan»

NAPOLEON
UND BAYERN

C.H.BECK

Mit 27 Abbildungen im farbigen Tafelteil,
und 19 s/w Abbildungen

Die Rechtschreibung der zeitgenössischen Quellen
wurde einer besseren Lesbarkeit halber
der heutigen Rechtschreibung angepasst.

© Verlag C.H.Beck oHG, München 2015
Satz: Fotosatz Amann, Memmingen
Druck und Bindung: CPI – Ebner & Spiegel, Ulm
Gedruckt auf säurefreiem, alterungsbeständigem Papier
(hergestellt aus chlorfrei gebleichtem Zellstoff)
Printed in Germany
ISBN 978 3 406 67663 5

www.beck.de

INHALT

I. KAPITEL

BAYERN UND DIE
FRANZÖSISCHE REVOLUTION

Bayern am Vorabend der Französischen Revolution

> «Hier ist nun eine ganz andere Welt,
> dergleichen ich noch nicht gesehn.»
> *Caroline Schlegel-Schelling*

Wer an einem eisig kalten Januartag des Jahres 1782 der Uraufführung von Schillers «Die Räuber» im Mannheimer Nationaltheater beiwohnte, war in einem Hexenkessel, die Stimmung glich einem brodelnden Vulkan. Ein im Saal anwesender Zuschauer berichtete: «Das Theater glich einem Irrenhause, rollende Augen, geballte Fäuste, stampfende Füße, heisere Aufschreie im Zuschauerraum! Fremde Menschen fielen einander schluchzend in die Arme, Frauen wankten, einer Ohnmacht nahe, zur Türe. Es war eine allgemeine Auflösung wie im Chaos, aus dessen Nebeln eine neue Schöpfung hervorbricht.»[1]

Das Drama in fünf Akten des unbekannten württembergischen Regimentsarztes nahm den Kampf gegen Unterdrückung und das Ringen um Freiheit, das schon bald Europa und auf seine eigene Weise auch Bayern in seinen Grundfesten erschüttern sollte, auf der Bühne vorweg. Mehr noch konnte das Stück vor allem in dem Ruf Karl Moors «Tod oder Freiheit!» durchaus als Aufforderung zum Umsturz verstanden werden. Gerade dieses geistigen Gehaltes wegen sollte das Stück bereits 1792 in Paris in einer der Revolution angepassten Fassung mit großem Erfolg aufgeführt und Schiller im selben Jahr von der Französischen Republik die Ehrenstaatsbürgerschaft verliehen werden.

Wer aber den theatergeschichtlich ungemein bedeutsamen Auftritt überhaupt erst möglich gemacht hatte, war der bayerische Kurfürst Carl Theodor. Mannheim war eine pfalzbayerische Stadt, die der Wittelsbacher mit seiner Vorliebe für die Wissenschaften, die Architektur und die Künste zu einer geistigen Hochburg von europäischem Rang geformt hatte. Unter jenen, die von Carl Theodor, der selbst Querflöte und Cello spielte, persönlich gefördert wurden, sind Namen wie Voltaire und Mozart zu finden, der die kurfürstlichen Kinder in Musik unterrichtet und im Auftrag des Kurfürsten die Oper «Idomeneo» (1781) komponiert hatte.[2]

Carl Theodor hatte im Jahr 1777, nach dem Tod des Kurfürsten Max III. Joseph, des letzten Wittelsbachers aus der bayerischen Linie, dessen Nachfolge angetreten und wurde damit «Herr der sieben Länder» (Kurfürstentum Bayern, die Kurpfalz, Pfalz Neuburg an der Donau, Pfalz Sulzbach, das Herzogtum Jülich und Berg, das Marquisat Bergen op Zoom sowie das Herzogtum Pfalz Zweibrücken), was Friedrich den Großen zu der Äußerung veranlasste, dieser sei das «größte Glücksschwein» und habe «mehr Länder geerbt, als er selbst erobert» habe.[3] Gemäß dem Erbvertrag sollten die Pfalz und Kurbayern fortan ein unteilbares Ganzes sein und die Residenz von nun an in München liegen, wohin Carl Theodor sie demgemäß auch 1778 verlegte.

Wie aber müssen wir uns das eigentümliche Land am Rand der Alpen, das von einem der ältesten Adelsgeschlechter Europas regiert wurde, am Vorabend der Französischen Revolution vorstellen? Das Leben im alten Bayern spielte sich in 34 Städten, 70 Märkten, rund 4700 Dörfern und etwa 11 000 Einöden ab.[4] Mehr als 90 Prozent der 2 328 294 Einwohner zählenden Gesamtbevölkerung lebten auf dem Land auf 112 524 bäuerlichen, unter Lehnsherrschaft stehenden Hofstellen.[5] Die ländlichen Bewohner Bayerns beschrieb der Reisende Friedrich Nicolai 1784 wie folgt: «Man sieht in Bayern viele Personen von untersetzter Statur, große, starke, breitschultrige und nur selten schlanke Personen. Unter dem gemeinen Volke bemerkt man viel runde Köpfe und Bierwänste; aber in diesen dicken Köpfen ist Kraft ...»[6]

Bis zu zehn Kinder oder mehr waren üblich, wovon ein Teil bereits vor dem Ende des ersten Lebensjahres starb und die anderen üblicherweise ab dem Alter von sieben in die harte Arbeitswelt eingebunden wurden. Hierdurch mitbedingt, konnte die Hälfte der bayerischen Bevölkerung weder schreiben noch lesen. Der Anteil der Armen lag bei mindestens 6 Prozent, ernst zu nehmende Schätzungen reichen bis zu 25 Prozent.[7] Besonders offen zutage trat die Armut in der Residenzhauptstadt an der Isar.

Wer heute durch die Straßen der Millionenstadt München geht, betritt eine der schönsten und reichsten Metropolen Deutschlands, was im äußeren Erscheinungsbild der Straßen und Geschäfte, die in ihren luxuriösen Angeboten keine Wünsche offenlassen, vielfach sichtbar ist. Im letzten Jahrzehnt des 18. Jahrhunderts bot sich dem Besucher ein gänzlich anderes Bild. München zählte 40000 Einwohner, worunter 2000 Bettler waren! Die Anzahl der Armen war so groß, dass das gesamte Stadtbild von Elend geprägt war.[8]

Graf Rumford, der Adjutant und Kämmerer des Kurfürsten, ließ in einer großen Polizeiaktion am 1. Januar 1790 mit einem Schlag alle Bettler Münchens festsetzen und sie in ein rechts der Isar gelegenes Arbeitshaus schaffen, wo sie untergebracht wurden, ihren Lebensunterhalt verdienen und umsonst essen konnten. Die Arbeit bestand u. a. im Weben von Uniformen für die bayerische Armee sowie in der Herstellung der zugehörigen Knöpfe, die Kinder erhielten unentgeltlichen Schulunterricht. Vielfach wurde dort eine von Rumford eingeführte und nach ihm benannte Suppe, die Rumfordsuppe, ausgegeben. Ursprünglich für die bayerische Armee gedacht, hielt das alles andere als appetitlich aussehende, doch nahrhafte Gericht schon bald auch in den öffentlichen Suppenanstalten für Arme Einzug. Der Architekt Friedrich von Gärtner schrieb über das innovative Küchengebräu: «Ich meines Erachtens möchte nicht unter die Rumforder Suppenkünstler kommen, eher gehe ich auf die nächstbeste Galeere und knabbere meinen Zwieback.»[9]

Auf dem Land war der von Natur und Jahreszeiten bestimmte Alltag in ein eng verflochtenes, soziales Gefüge eingebunden. Es bestand Zunftzwang, was eine lebenslange, verbindliche Zugehörigkeit zu einem ganz bestimmten Gewerbe bedeutete.[10] «Veränderung» war im Allgemeinen etwas, was äußert selten vorkam. Zwar hatte es im 18. Jahrhundert auch einige Kriege gegeben, die das Land in weiten Teilen verwüsteten und verheerten, doch konnte sich das Leben danach immer wieder in seinen alten, festgefügten Bahnen einpendeln. Der Tag begann im Sommer morgens um vier Uhr, und man arbeitete bis sieben Uhr am Abend. Zu Mittag gab es eine halbe Stunde Brotzeit und am Nachmittag noch einmal eine Viertelstunde Pause. In den Töpfen waren zumeist Roggenknödel, Mehlspeisen oder Kraut mit Schmalz, was man zusammen mit Brot aus einer gemeinsamen Schüssel mit den Fingern aß. Dem Verzehr der Kartoffel stand man allgemein noch misstrauisch gegenüber, ihr flächendeckender Anbau begann erst, angeregt durch Rumford, in den 1790er Jahren.[11] Von deftigem Schweinsbraten konnten die Allermeisten nur träumen und taten dies wohl auch; wenn es ihn denn gab, dann höchstens an besonderen Festtagen wie Hochzeiten oder Kirchweih. Das traditionelle Krautfass stand meistens im Haus, was das ganze Jahr über zu einem säuerlich-abgestandenen Geruch in den Wohnstätten führte. Der soziale Mittelpunkt des Dorfes war neben der Kirche das Wirtshaus, über ein solches der Reisende Johann Kaspar Riesbeck im Jahr 1784 berichtete: «Meine Augen drangen nach und nach durch den dicken Dampf und da erblickte ich mitten unter fünfzehn bis zwanzig berauschten Kerlen den Pfarrer oder Kaplan des Orts, dessen schwarzer Kittel ebenso beschmiert ist, als die Kittel seiner geistlichen Kinder. Er hält gleich den übrigen einen Pack Karten in der linken Hand und schlägt sie mit der rechten einzeln eben so gewaltig, wie die anderen, auf den (...) Tisch, dass die ganze Stube zittert.»[12]

Wer sich auf eine Zeitreise in das alte Bayern einschließlich eines solch uralten Wirtshauses begeben möchte, kann dies im Museumsdorf Bayerischer Wald bei Tittling tun, wo der Reiseunternehmer Georg Höltl in privater Initiative mehr als 150 bayerische Bauernhäuser aus den Jahren 1580–1850 vor dem Abriss rettete und diese um eine fast 600 Jahre alte Mühle herum in originalem Zustand wieder aufbauen ließ. An einem der Häuser sind im Holz sogar mehrere Dutzend Einschussspuren zu sehen, die französische Soldaten einer mündlichen Überlieferung zufolge 1812 auf dem Weg nach Russland durch Schießübungen hinterließen. Weiter befindet sich dort eine aus Holz gebaute «Napoleonkapelle» mit kunstvollen Schnitzereien, reichen Sägearbeiten und gemalten Ornamenten, die der bayerische Soldat Matthias Tomerl 1828 aus Dank für seine Heimkehr aus dem Russlandfeldzug errichtete.[13] Während die altbayerischen Häuser von außen überaus idyllisch und schmuck anzusehen sind, erhält man in ihrem Inneren einen Eindruck, wie beengt und dunkel das Leben in ihnen war.

Zudem hing in fast allen Bauernstuben ein massives Holzkreuz. Altbayern war von tiefstem Katholizismus geprägt, was so weit ging, dass die Landbewohner beim Papstbesuch in München 1782 diesen während seiner Reise baten, ihnen das Vieh zu segnen, was er auch tat.[14] Die katholische Kirche gab geistige Orientierung, verfolgte aber auch handfeste weltliche Interessen: Klöster und Pfarreien nannten 56 Prozent des Grundbesitzes ihr Eigen. Die Priester und Mönche genossen in den Städten und Dörfern gemeinhin höchstes Ansehen, und die Religionsausübung bestimmte in Form von Messen, Andachten, Wallfahrten, Prozessionen und der großen kirchlichen Feste das Jahr.[15]

Die Reisende Caroline Schlegel-Schelling berichtete über ihre Eindrücke in München im Jahr 1800: «Hier ist nun eine ganz andere Welt, dergleichen ich noch nicht gesehn, denn München liegt in einer unabsehlichen Ebene und die Tiroler Berge zeigten sich nur von einer Seite wie leichte blaue Schatten am Horizont. Und die Menschen, die Trachten und so weiter! Das ist ein Blut und ein Fleisch und ein Bein! Die Mädchen wunderschön, goldene Mützen, vortrefflichen Haarwuchs und dazu lange seidene Kleider für die eleganten, für die Philisterinnen Röcke mit hunderttausend Falten, lange Taillen, Kamisöler [kurze Ärmeljacken] mit steifen Schößen mit silbernen Ketten, das Brusttuch geschnürt, offene Busen und welche! Die Bauernweiber in Pelzkappen und steifen Korsetten wie ein Panzer, in dem sie nur so drin stecken. Ich habe schon alles Volk durcheinander gesehen, denn heut ist eben ein Feiertag, und es gab eine Prozession, der fast die ganze Bürgerschaft folgte. Solche dicke Andacht ist mir denn noch nicht vorgekommen. Die Leute scheinen in ihrer derben Leiblichkeit doch gar nichts mehr von ihrem Leibe zu wissen, wenn sich der hochwürdige Leib naht. Ihre Rosenkränze nahmen kein Ende, die Kügle daran so dick wie welsche Nüsse und silberne Kruzifixe von einer Viertelelle [ca. 8 Zentimeter].»[16] Man erahnt beim Lesen dieses Berichtes, dass die ausgeprägten bayerischen Eigenheiten keinesfalls eine reine Gegenwartserscheinung, sondern historisch tief verwurzelt sind, und erkennt darin bereits anno 1800 das «Mia san mia». Der Fortbestand dieses ausgeprägten *bayerischen* Selbstbewusstseins hing jedoch vor allem im letzten Viertel des 18. Jahrhunderts an einem seidenen Faden.

Die bayerische Europaministerin Beate Merk sprach bei einem Staatsbesuch in Österreich 2014 von einer «Seelenverwandtschaft» mit dem Nachbarland und «traditionell guten Beziehungen».[17] Ist die von der Ministerin genannte Tradition für die Zeit *nach* dem Vertrag von München (1816) durchaus zutreffend, so war für die Zeit davor das genaue

Gegenteil der Fall. Statt einer Seelenverwandtschaft herrschte eine tief
verwurzelte Erbfeindschaft.[18] Jahrhundertelang hatte das seinerzeit mächtige Österreich immer wieder versucht, sich Bayern einzuverleiben, weshalb dort die Nachbarn bis in die kleinste Bauernhütte hinein zutiefst
verhasst waren. In der Sendlinger Mordweihnacht des Jahres 1705 hatten Reichstruppen rund 1100 aufständische bayerische Bauern, die sich
bereits ergeben hatten, vor den Toren Münchens an Heiligabend abge-
schlachtet, was sich tief in das kollektive Gedächtnis eingegraben hatte.
Zwar weiß die Forschung heute, dass es sich bei den Angreifern um
fränkische und ungarische Soldaten gehandelt hatte, doch glaubte man
in Bayern bis ins 20. Jahrhundert, dass österreichische Truppen für das
Massaker an Unbewaffneten verantwortlich gewesen wären.[19]

Im Lauf des 18. Jahrhunderts hatte Österreich mehrfach ohne Erfolg
versucht, Bayern an sich zu reißen, dessen Eingliederung seit Langem
ein Hauptziel der Wiener Außenpolitik darstellte. Als im Jahr 1777
Kurfürst Max III. Joseph kinderlos das Zeitliche segnete und mit ihm
die bayerische Linie der Wittelsbacher ausstarb, suchte Kaiser Joseph II.
diese Gelegenheit zu nutzen, indem er einen reichlich konstruierten
Erbanspruch auf Niederbayern und die Oberpfalz erhob.[20] Der Nachfolger auf dem bayerischen Kurfürstenthron Carl Theodor zeigte bei
geheimen Verhandlungen auch tatsächlich Bereitschaft, in einem Tausch-
handel gegen Vorderösterreich weite Teile Altbayerns an Österreich
abzutreten.

In Berlin jedoch war der preußische König Friedrich der Große keinesfalls gewillt, eine derartige Machtausdehnung der Habsburger in
Süddeutschland hinzunehmen, und ließ seine Truppen in Böhmen einmarschieren, während Bayern neutral blieb. Der Bayerische Erbfolgekrieg, wohlgemerkt ohne bayerische Beteiligung, wurde wegen seiner
militärischen Ereignislosigkeit von den preußischen und österreichischen Soldaten auch «Kartoffelkrieg» oder «Zwetschkenrummel» genannt, da die Hauptbeschäftigung tatsächlich darin bestand, in den
Dörfern fuhrenweise Lebensmittel zu beschlagnahmen.

Der Bayerische Erbfolgekrieg endete mit dem Frieden von Teschen
am 13. Mai 1779. Kurfürst Carl Theodor trat darin das Gebiet rechts
des Inns ab und erhielt dafür die Anerkennung seines – ohnehin legiti-
men – Erbanspruches auf Altbayern.[21] Die sogleich einsetzende österreichische Verwaltungstätigkeit in Innbayern, das als neuer Teil Ober-

österreichs in «Innviertel» umbenannt wurde, gibt eine ziemlich klare Vorstellung davon, was auf *ganz* Bayern im Falle einer österreichischen Annexion zugekommen wäre. Die kurbayerischen Beamten und der Adel mussten einen Treueid auf Kaiser Joseph II. leisten. Eine neue Kirchen- und Schulordnung war als Eingriff in altbewährte Lebensgewohnheiten sehr unbeliebt; was aber die Bewohner in höchstem Maße aufbrachte, war, dass, da es in Bayern seit Menschengedenken eine besondere Beziehung zum schäumenden Gerstensaft gab und gibt, durch die Einführung höherer Getränkesteuern viele Brauereien schließen mussten. Ebenfalls kam bei der altbayerischen Bevölkerung äußerst schlecht an, dass die neuen Herren sofort nach der Einverleibung damit begannen, Lehrer aus Wien zu schicken, um den österreichischen Dialekt zu lehren.[22]

Die Einwohner standen dem Länderwechsel durchweg feindlich gegenüber, was dazu führte, dass in dem Dorf Kopfing Bauern mit Dreschflegeln auf die österreichischen Soldaten losgingen und sie aus dem Dorf verjagten. 1814/15 erschien, angelehnt an Arndts populäre Schrift «Der Rhein, Teutschlands Strom, aber nicht Teutschlands Grenze», eine anonyme, probayerische Flugschrift mit dem Titel «Der Inn – Baierns Strom aber nicht Baierns Grenze», und noch hundert Jahre später sehnte sich ein Teil der Bevölkerung zurück nach Bayern.[23] Auch wenn in der Gegenwart diese alte Zugehörigkeit in Vergessenheit geraten ist und sich kaum ein Innviertler zurück in den weißblauen Freistaat wünscht, so blickt doch am einstigen Mautnersitz, dem sogenannten Rabenhaus in Braunau am Inn, bis auf den heutigen Tag ganz oben vom Steiggiebel majestätisch der bayerische Löwe auf den Vorübergehenden herab.[24]

Nachdem das erste Tauschprojekt durch das Eingreifen Friedrichs des Großen gescheitert war, verfolgte Carl Theodor einen neuen Plan, der vorsah, Altbayern gegen die Österreichischen Niederlande (Belgien) einzutauschen, was ihn bei seinen Untertanen noch unbeliebter machte. Auch dies scheiterte am Widerstand des «Alten Fritz», der 1785 den gegen die Tauschpläne gerichteten Deutschen Fürstenbund, bestehend aus Preußen, Sachsen und Hannover, ins Leben rief.[25]

Da auf diese Weise einzig der preußische König gleich *zweimal* eine Annexion Bayerns durch Österreich verhindert hatte, hing aus Dankbarkeit in vielen bayerischen Häusern und Hütten nicht das Bildnis Carl

Theodors an den Wänden, sondern das Friedrichs des Großen.[26] Der Beinaheverlust der staatlichen Unabhängigkeit stärkte in breiten Schichten der Bevölkerung ein in diesem Ausmaß vorher nicht gekanntes bayerisches Nationalbewusstsein. Neben seinen unbayerischen Umtrieben war der Kurfürst bei den Untertanen zudem unbeliebt, weil er sich bei Hof fast ausschließlich mit «räigschmeggden» Pfälzern umgab. Der Streit mit dem Münchner Rat war fast ein Dauerzustand und eskalierte 1788 derart, dass der Kurfürst die Residenz kurzfristig wieder nach Mannheim verlegte. Weiter hatte Carl Theodor den katholischen Moralvorstellungen wenig entsprechend mit Bürgerstöchtern und Tänzerinnen zwischen 60 und 200 uneheliche Kinder gezeugt, was mit einer ausgeprägten Günstlings- und Mätressenwirtschaft verbunden war, da die Sprösslinge und deren Mütter auf Staatskosten unterhalten wurden.[27] So machte der sinnesfreudige Wittelsbacher etwa die Bäckerstochter Eleonore Huber kurzerhand zur Gräfin von Bergstein.

Nachdem die Landtauschpläne an den machtpolitischen Realitäten gescheitert waren, ging Carl Theodor mit Hilfe seines überaus fähigen Kammerherrn und Adjutanten Graf von Rumford[28] dazu über, sein geerbtes Reich zu gestalten. Im Sommer des Jahres 1789 zählte dazu vor allem die Anlage des Englischen Gartens an der Isar, der heute zu den größten öffentlichen Parkanlagen der Welt zählt. In den 1780er Jahren befanden sich hier die von mehreren Bächen durchströmten, wildreichen Wälder der zum Teil sumpfigen Isarauen, woran noch heute die Bezeichnung Hirschau erinnert.[29] Hier sollten, so die Idee des Grafen von Rumford, kurfürstliche Soldaten in Friedenszeiten in kleinen Gartenparzellen die Landwirtschaft erlernen. Mit den Arbeiten in den Wäldern an der Isar wurde im Juli 1789 begonnen, wobei der Park nach Rumfords Vorstellungen im Unterschied zum französischen Barockgarten mit seinen symmetrischen Sichtachsen im natureingebundenen englischen Landstil angelegt werden sollte. In Abgrenzung zu den Gärten des Ancien Régime entsprach der neue Gartenstil dem Gedankengut der Aufklärung, der, anders als die planmäßig ausgerichteten Barockgärten, die menschliche Natur widerspiegeln und deren freie Entfaltung ermöglichen sollte.

Rumford erweiterte den Plan der in seinen Anfängen «Theodorpark» genannten Anlage schon bald dahin, dass er die Fläche vergrößern ließ und dem Kurfürsten die Öffnung der Anlage für alle Münchner vorschlug. «Mein Werk», so Rumford, «soll nicht bloß einem Stande sondern dem ganzen Volke zugutekommen.»[30] Dabei ging es ihm vor allem darum, mit und in dem Park eine Stätte der Annäherung zwischen den Ständen zu schaffen und so nach den Ereignissen in Paris das revolutionäre Potential, das es in Bayern ebenfalls gab, zu entschärfen. Dem Rat des in seinen Diensten stehenden Engländers folgend, ließ Carl Theodor am 13. August 1789 das Gelände östlich der Militärgärten in die erste öffentliche Parkanlage Europas umwandeln. Im Frühjahr 1792 wurde der Park für die damals rund 40 000 Münchner Bürger geöffnet, wobei sich schon bald die Bezeichnung «Englischer Garten» durchsetzte.

Inmitten dieses Parks mit seinen an warmen Sommertagen zahlreichen Besuchern aus aller Welt, altehrwürdigen Bäumen, bayerischer Polizei zu Pferd, Nackten auf der Wiese und fotografierenden Touristen muss man heute schon all seine Vorstellungskraft bemühen, um vor seinem inneren Auge auferstehen zu lassen, woran die Inschrift einer 1789/90 errichteten steinernen Rundbank beim Monopteros erinnert: «Hier wo ihr wallet [weilt] da war sonst Wald nur und Sumpf.»

Von der Französischen Revolution zum I. Koalitionskrieg

«Nun lernt das Volk einmal kennen, was es vermag.»
Ein Münchner, 1794

Während man in den Wäldern im Nordosten Münchens fleißig schaufelte und rodete, wurde Paris von der Französischen Revolution erschüttert. Die neu konstituierte Nationalversammlung verabschiedete die Erklärung der Menschenrechte, verstaatlichte die Kirchengüter, hob die Leibeigenschaft auf und schränkte die bislang absoluten Rechte des Königs stark ein.

Dieses möglicherweise wichtigste historische Ereignis der Neuzeit im bevölkerungsreichsten Land Europas löste in sämtlichen anderen Staaten nicht wenig Besorgnis aus, da man ein Übergreifen der revolutionären Gedanken fürchtete. In Bayern verfügte Kurfürst Carl Theodor bereits am 11. September 1789 das Verbot des Verkaufs aller Druckwerke «von den französischen Unruhen».[31] Die Anordnung zeigte, wie ernst Carl Theodor die Ereignisse in Paris nahm und auch nehmen musste, denn tatsächlich kam es in München 1794/95 zu gefährlichen Unruhen und revolutionsähnlichen Tumulten. Weil etwa im Herbst 1794 zwei Schlossergesellen aufgrund einer Lappalie entlassen worden waren und es anschließend infolge von Protesten zu Verhaftungen kam, entwickelte sich binnen kürzester Zeit ein Streik von 4000 bis 5000 Handwerkern, was die Residenzhauptstadt lahmzulegen drohte. Die Protestierenden setzten auf dem Rathaus die Ratsmitglieder fest und zogen drohend vor die Residenz. Kurfürst Carl Theodor blieb daraufhin nichts anderes übrig, als den Forderungen nach Entlassung der Inhaftierten nachzukommen, was den an dem Streik beteiligten Seidenwirker Lorenz Seyfried sagen ließ: «Nun lernt das Volk einmal kennen, was es vermag.»[32]

Auch der Reichstag des Heiligen Römischen Reiches Deutscher Nation in Regensburg beschäftigte sich mit den Zuständen in Paris und beratschlagte über einen Krieg gegen das revolutionäre Frankreich, wobei der bayerische Kurfürst von einem solchen mit den bedachtsamen Worten abriet: «Lasse man die Franzosen experimentieren über Volkstum und Freiheit; lasse man sie gefährliche Versuche wagen über die beste Regierung und sei man auf sich und die Seinigen bedacht. Ist ihre Sache gut und fördert sie das Wohl der Völker, so hat sich keine fremde Macht darein zu mengen und ihr Beglückungssystem zu stören oder zu hemmen; ist aber faul im Kerne ihr ganzes Wesen (...), so werden sie die üblen Folgen selbst wohl fühlen und ihren Frevel und ihren Unsinn büßen (...). Mengt sich keine fremde Macht in Neuerungsversuche der Franzosen, so reiben sich ihre Fraktionen im Inneren gegenseitig auf; will man sie aber durch Waffengewalt bezwingen, so sind alle Fraktionen einig, den ungeladenen Gast vom Hals zu schaffen.»[33]

In dieser historisch überaus brisanten Situation starb Kaiser Leopold II., und es folgte ihm der 24-jährige Franz II. auf den Thron des Alten Reiches. Ein Biograph skizzierte diesen erzkonservativen Habsburger wie folgt: «Er war ein zaudernder Bewahrer, ein Feind alles Neuen und aller Neuerungen, den kaum etwas aus der Fassung brachte und der nichts bewegte. (...) In seiner Regierungszeit wurde Österreich zu einem Hort der Reaktion, zum Inbegriff staatlicher und gesellschaftlicher Unbeweglichkeit.»[34] Sein Wunsch, das Alte zu bewahren, ging im privaten Bereich so weit, dass er nicht nur zahlreiche Tiere für seine umfangreiche Sammlung ausstopfen ließ, sondern auch einen Schwarzafrikaner (nach dessen natürlichem Ableben), der dann neben den anderen Stücken ausgestellt wurde.[35] Das Hauptaugenmerk des von seinem Gottesgnadentum tief überzeugten Franz II. lag durchgehend auf einer Stärkung seiner österreichischen Hausmacht und nicht auf der Sicherung des Alten Reiches, was zu dessen Ende 1806 wesentlich beitrug.

In den ersten Monaten seiner Regentschaft war der neue Habsburger auf dem Thron des Reiches zunächst zu einem militärischen Vorgehen gegen das revolutionäre Frankreich fest entschlossen, wozu allerdings die finanziellen Mittel fehlten. Schließlich war es Frankreich, das Österreich am 20. April 1792 den Krieg erklärte, woraufhin Preußen an die Seite Wiens trat. Am 22. März 1793 wurde der Reichskrieg ausgerufen. Kurfürst Carl Theodor schickte sein 5105 Mann starkes, schlecht ausgebildetes Truppenkontingent allerdings erst nach erheblichem Zögern und unter massivem österreichischen Druck ins Feld.[36] Da in Bayern der Soldatenberuf allgemein schlecht angesehen war, ja als Schande galt, und zudem noch schlecht bezahlt wurde, musste der Kurfürst dazu übergehen, für den Krieg Bettler zwangsrekrutieren zu lassen.[37] Auch war die aus 18 Regimentern bestehende bayerische Armee, was Ausrüstung und Motivation anging, minderwertig. So hatte der größte Teil der Kavalleristen nicht einmal Pferde. Rumford hatte die kurfürstliche Armee immerhin mehrfach neu einkleiden lassen, was die Kampfkraft der Truppe aber wohl nicht nachhaltig verbesserte. So berichtete der Jurist Carl Ignatz Geiger: «Die lächerlichste Figur macht hier unter allen unstreitig das Militär. Es ist die Puppe für den Chevalier Thomson [Rumford], die er zu seinem Zeitvertreib alle Augenblicke aus- und anzieht. In der Zeit von ungefähr anderthalb Jahren hat er wohl vier oder fünfmal Farbe und Tracht verändert (...). Der kindische, ganz verstümmelte Schnitt dieser Kleidung macht schon ein erzburleskes Aussehen.»[38]

Neben der fragwürdigen ästhetischen Erscheinung waren die von Rumford neu eingeführten Uniformen zu eng und behinderten die Beweglichkeit. Der bayerische Generalmajor von Gaza berichtete: «Die Montierung, so schön sie [ist] und für jeden, der sie trägt kommode [stattlich] aussieht, [ist] im Sommer zu warm, im Winter zu kalt und zum Tragen auf dem Marsch zu allen Zeiten zu beschwerlich.»[39] Bei den auf diese Weise neu eingekleideten kurfürstlichen Soldaten selbst handelte es sich zumeist um «Müßiggänger und völlig rohe Leute», die, so ein Zeitzeuge, «keine Liebe zu ihrem Vaterland hatten» und einzig

und allein durch «die Not, das Elend und [den] Bettel»[40] unter den kurfürstlichen Fahnen dienten. Allerdings trat 1792 auch der 25-jährige
Heidelberger Forstmeister Carl Philipp Wrede zunächst in die österreichische und dann in die kurfürstliche Armee ein, wo er innerhalb weniger Jahre zu einem der fähigsten Heerführer und mächtigsten Männer
Bayerns aufsteigen sollte.

Indessen verhandelte das Habsburgerreich gleich zu Beginn des Krieges über Kriegsentschädigungen auf Kosten Bayerns, wobei von französischer Seite zugestanden wurde, Österreich könne seinen Territorialausgleich für das mittlerweile von den Revolutionstruppen eroberte
Belgien in Bayern suchen. 1793 folgte ein neuer Vorstoß des österreichischen Staatskanzlers Thugut, sich zum Ausgleich für die Preußen
zugefallenen polnischen Gebiete an Bayern schadlos zu halten und die
Wittelsbacher mit Elsass-Lothringen zu entschädigen. Preußen trat jedoch 1795 durch den Sonderfrieden von Basel (5. April 1795) aus dem
Krieg aus, was die Koalition erheblich schwächte. Es gelang den französischen Armeen, auf breiter Front bis an den Rhein vorzudringen. Dabei
gingen sämtliche linksrheinische Gebiete Pfalzbayerns verloren, und ein
erheblicher Teil der verwundeten oder krank gewordenen bayerischen
Soldaten verendete in den menschenunwürdigen Lazaretten wie dem
von Mainz.[41]

Am 24. Juni des Jahres 1796 überschritt der französische General
Moreau mit 78 000 Mann den Rhein und drang nach Süddeutschland
vor, eine weitere Revolutionsarmee unter General Jourdan marschierte
in Richtung der Oberpfalz. Carl Theodor, der nun fürchten musste, der
Krieg könne das Kurfürstentum erreichen, erklärte Bayern im August
für neutral und berief seine Truppen aus der Reichsarmee zurück.
Österreich verweigerte deren Abzug jedoch und drohte, für den Fall,
dass dieser vollzogen werde, das Land als feindlich zu behandeln.[42] Zu
diesem Zeitpunkt war die bayerische Armee durch Verluste und Krankheiten bereits stark geschwächt, was den Handlungsspielraum des Kurfürsten stark einengte.[43]

Die Franzosen plünderten unterdessen bei ihrem Vormarsch hemmungslos, wobei allerdings die von den «verbündeten» Österreichern
zu verantwortenden Verheerungen noch weit schlimmer waren. Auf
dem Münchner Gasteig etwa wurden sämtliche der dort befindlichen
rund 50 Bierkeller heimgesucht und dabei im Keller des Angerklosters,

in Bayern ein Sakrileg, die vollen Bierfässer willkürlich zertrümmert, «dass man im Bier bis an die Knie waten konnte».[44]

Das Verhältnis zwischen den bayerischen und österreichischen Truppen war vor allem wegen der Überheblichkeit der Letzteren durchgehend schlecht, Auseinandersetzungen und Handgreiflichkeiten waren an der Tagesordnung. In Ingolstadt kam es infolge einer von österreichischen Soldaten zugerufenen Beschimpfung «Bettelsoldaten, Bettelfürstensoldaten» zu einer Prügelei mit tödlichem Ausgang.[45] In München notierte der österreichische Gesandte: «Die Leute sagen, man muss die Franzosen unterstützen, um Österreich zu demütigen, damit es nicht mehr an Akquisition von Bayern denken kann. Dieses ist die allgemeine Sprache der Geistlichkeit, aber noch mehr des Adels.»[46]

Die französischen Truppen trugen mit ihrem Verhalten allerdings nicht viel dazu bei, diese Stimmung zu verstärken. Bauernhäuser wurden zu Tausenden geplündert, die Einwohner misshandelt und die Frauen vergewaltigt. Ein Beamter in Blumenthal berichtete: «Ihre [der Franzosen] Raubsucht und so auch ihre Geilheit, welcher auch manchmal die ältesten Weiber nicht entgingen, ist überall bekannt. Aber ihre schwelgerische Lebensart ist außer Beschreibung. Den ganzen Tag fraßen und soffen sie wie das liebe Vieh so lang, bis sie sinnenlos dahin fielen, ihren Rausch ausschliefen, sodann wieder von vorn anfingen. Hieraus hat sich nun ergeben, dass die Leute, welche sie bedienen mussten, weder Tag noch Nacht Ruhe hatten. Denn wenn eine Partie ausgeschlafen hatte, so fiel die andere darnieder und erstere fing wieder an. Es ist unglaublich, wie Menschen ausarten können, wenn einmal Religion und alle Bande der Ordnung zerstört sind.»[47] In Wolnzach beobachtete ein Kapuzinermönch ganz ähnlich: «Die anderen Franzosen betreffend, die Marodeure, ist Rauben, Stehlen, Fressen und Saufen und endlich Huren ihr Lieblingsgeschäft. Wenn sie hiermit nicht befriedigt werden, folgen Gewalttaten. In einem benachbarten Dorfe kamen elf solcher Bösewichter in ein Bauernhaus. Es waren die betagten Eltern und drei erwachsene Töchter da, die sie missbrauchen wollten. Die jüngeren zwei unterliegen schon der Gewalt, die ältere zieht sich zum Ofen zurück, allwo siedendes Wasser war und schüttete es auf die Franzosen, womit ihre geile Brunst gelöscht war. Sie verließen darauf das Haus sofort unter erbärmlichem Geschrei.»[48]

Nicht so viel Glück wie die Bauerstochter hatten Tausende andere

Landbewohner. Der Pfarrer von Bogenhausen wurde an den Haaren im Pfarrhof herumgezogen, um ihm Geld abzupressen, in Kühlbach warfen die Franzosen zwei Schwerkranke einfach aus ihren Betten, um es nach Geld zu durchsuchen. Auch alte, gebrechliche Menschen wurden aus ihren Bettstätten gezerrt und mit Stricken gepeitscht. In Ambach wurde ein Bauernhof angezündet und durch gewaltsames Festhalten des Bauern verhindert, dass er das brüllende Vieh aus dem brennenden Stall treiben konnte. In Grießbeckerzell hatten sich alle Bewohner in den Wäldern versteckt, wo die Franzosen eine förmliche Treibjagd auf sie veranstalteten, um sie dann brutal zu misshandeln und auszurauben. In dem Dorf Vielenbach, wo sich die Bauern mit Sensen wehrten, wurden elf Einwohner kurzerhand erschossen. In Detzenacker wurde der Pfarrer beinahe mit einem Holzscheit totgeschlagen, in Sandizell durchwühlten die Franzosen bei der Suche nach verborgenen Schätzen sogar den Friedhof und spielten anschließend mit den Gebeinen. Zahlreiche Kirchen wurden geschändet, in Aresing wurde das den Bauern weggenommene Vieh in der Kirche geschlachtet und das Fleisch auf dem Altarstein zerlegt. Dass es sich bei diesen Gräueltaten keinesfalls um Einzelfälle handelte, belegen die zahlreichen Augenzeugenberichte und Aufzeichnungen aus dem Jahr 1796, die in den bayerischen Pfarrarchiven lagern.[49]

Als sich die französischen Truppen Ende August schließlich München näherten, wurden die kurfürstlichen Kunstsammlungen auf zehn Holzflößen auf der Isar und der Donau hinab in das österreichische Linz in Sicherheit gebracht.[50] Aus der Freien Reichsstadt Nürnberg, dem traditionellen Aufbewahrungsort der Reichskleinodien, wurden dieselben heimlich über Regensburg und Passau nach Wien gebracht, wo sie sich heute in der Schatzkammer der Hofburg befinden.

Carl Theodor selbst floh aus Bayern in das neutrale Sachsen auf das Schloss des dortigen Gesandten und vertraute das militärische Oberkommando über die Hauptstadt Graf von Rumford an. Die Münchner waren über die Abreise des für sein ausschweifendes Hofleben berüchtigten Kurfürsten alles andere als unglücklich. Der Magistrat schickte der Armee Moreaus eine kleine Delegation entgegen, die aus Angst vor den Österreichern bei Nacht und Nebel reisen musste, um Schonung für München zu erbitten. Tatsächlich gab Moreau die erhoffte Zusage.

Am 1. September stand die Rheinarmee schließlich vor München, während sich die Österreicher östlich hinter die alte Isarbrücke zurückgezogen hatten. Zwölf Tage lang wurde um den wichtigen Flussübergang erbittert gekämpft, und die französischen Revolutionstruppen rannten immer wieder gegen die Brücke an, wobei sie schließlich bis zur heutigen Museumsinsel gelangten. Auf dem am westlichen Eingang der Brücke gelegenen Roten Turm wurden Scharfschützen in Stellung gebracht, die die österreichischen Bedienungsmannschaften der Artillerie unter Feuer nahmen. Diese schossen vom östlichen Ufer des Flusses mit Kanonen vom Gasteig herab auf die Angreifer, wobei die Residenzstadt mehrfach getroffen wurde. Mitten in eine Sitzung des Landesdirektoriums hinein (und sie zugleich beendend) schlug eine Kugel in den Kamin des Freiherrn von Weichs und bewirkte, dass die tagenden Räte binnen Sekunden rußschwarze Gesichter hatten.[51] Eine große Kanonenkugel prallte gegen das Dach des Germsiederhauses in der Sterneckergasse, stürzte herab und fiel einer Magd, die gerade dabei war, Wasser zu holen, in den Eimer.[52]

Weitere Geschosse durchschlugen das Dach der Peterskirche und versetzten die mitten im Hochamt betenden Gläubigen in Angst und Schrecken, woran oberhalb des nordwestlichen Chorfensters bis auf den heutigen Tag eine eingemauerte Kanonenkugel erinnert.[53] Am 8. September schossen die Österreicher wegen der dort befindlichen Scharfschützen den am westlichen Ende der Isarbrücke gelegenen Roten Turm in Brand, der als ein Wahrzeichen des alten München galt. Graf von Rumford war während der Kämpfe mehrfach auf einen Turm der Frauenkirche gestiegen, beobachtete von dort aus mit einem Fernrohr die Kämpfe und führte mit beiden Seiten Verhandlungen.

Am 7. September schlossen die Landstände und der Regentschaftsrat eigenmächtig den Waffenstillstand von Pfaffenhofen, in dem sich Bayern verpflichtete, nebst umfangreichen Materiallieferungen 16 Millionen Gulden zu bezahlen. Diese Summe entsprach dem 15- bis 16-Fachen eines bayerischen Jahresstaatshaushaltes. Moreau befahl daraufhin den Rückzug, und Kurfürst Carl Theodor kehrte am 5. Oktober in die Residenzhauptstadt an der Isar zurück. Dem Vertrag verweigerte er allerdings seine Unterschrift und blieb somit die Zahlungen an Moreau schuldig. Diese Entscheidung fand zwar in der Bevölkerung breite Zustimmung, führte aber auch dazu, dass man Bayern fortan von französischer Seite nicht mehr traute.[54]

Inzwischen eilte in Norditalien der aufstrebende General Bonaparte von Sieg zu Sieg. Die ungeheure Dynamik, mit der der im nichtfranzösischen Europa vollkommen unbekannte 26-Jährige die Bühne der Weltgeschichte betrat und den Krieg in einem Feldzug von weniger als zwölf Monaten beendete, sollte indessen lediglich ein Vorzeichen dafür sein, wie er in den kommenden fast zwei Jahrzehnten weite Teile Europas dominieren würde. Der von Napoleon geschlossene Frieden von Campo Formio (17. Oktober 1797) setzte den Rhein als neue Ostgrenze fest und errichtete französische Tochterrepubliken in Holland, Italien und der Schweiz. Der Friedensschluss mit dem Reich sowie die Neugestaltung Mitteleuropas sollten auf einem Friedenskongress in Rastatt, der am 9. Dezember zusammentrat, verhandelt werden, wobei Kaiser Franz II. ausdrücklich erklärte, die Integrität des Alten Reiches dürfe nicht verletzt werden. Dies stand in offenem Widerspruch zu den Zugeständnissen der geheimen Sonderartikel von Campo Formio, in denen Franz seine Einwilligung zur Abtretung des linken Oberrheinufers an Frankreich gegeben und dafür im Gegenzug die Zustimmung für österreichische Erwerbungen durch die Säkularisation Salzburgs und Annexionen im südöstlichen Bayern erhalten hatte.[55] Nach Campo Formio hing einmal mehr ein Damoklesschwert über der eigenstaatlichen Existenz Bayerns, dessen dünner Faden allerdings den weiteren, äußerst dynamischen Gang der Ereignisse überstehen sollte.

Von Carl Theodor zu Max IV. Joseph

«Das Alte stürzt, es ändert sich die Zeit.»
Schiller

Der Frieden von Campo Formio stellte sich schon bald als bloßer Waffenstillstand heraus, denn weder war England bereit, ein vergrößertes Frankreich zu dulden, noch war Kaiser Franz II. gewillt, einen derartigen Machtverlust für Österreich dauerhaft hinzunehmen. Da England ein Friedensabkommen grundsätzlich verweigerte, brach Napoleon im Mai 1798 mit einer 36000 Mann starken Armee nach Ägypten auf, um von dort aus den englischen Handel in Indien zu treffen.[56] Es kam infolge dieses Expeditionsunternehmens zu einem Bündnis des Osmanischen Reiches, von dem Ägypten ein Teil war, mit Russland und einer Kriegserklärung beider Länder an Frankreich. Um seine eigene Position im Spiel der Großmächte zu stärken, schickte Carl Theodor Graf von Rumford als Gesandten nach London, wo dieser allerdings nicht angenommen wurde unter dem Verweis, dass er Engländer sei. Da man in Wien unmittelbar davorstand, ebenfalls der sich herausbildenden II. Koalition beizutreten, schloss Carl Theodor am 12. November 1798 in München einen Vertrag mit den Österreichern, der die Unterstellung der pfalzbayerischen Truppen unter österreichisches Oberkommando bestimmte.[57] Die Österreicher marschierten einmal mehr vorsorglich in Bayern ein und reihten die bayerischen Truppen gemäß der getroffenen Vereinbarung in ihre Armee ein.

In dieser Situation erlitt der 75-jährige Kurfürst am 12. Februar 1799 beim Kartenspiel einen Schlaganfall und fiel bewusstlos in die Arme von Kanzler Hertling. Vier Tage lang schwebte Carl Theodor zwischen Leben und Tod, während seine rechte Seite vollkommen gelähmt war und er von heftigem Fieber geschüttelt wurde. Als er schließlich am Nachmittag des 16. Februar starb, berichtete ein Münchner: «Man läutete bei den Theatinern, und die ganze Stadt fing endlich an, frei zu atmen. Das Jubelgeschrei des Volkes durchdrang die Wolken, und man rief: ‹Er wollte uns an Österreich verkaufen!›»[58] Deutlicher konnten die Münchner nicht zum Ausdruck bringen, dass der Verstorbene einer der unbeliebtesten Herrscher war, den es in Bayern je gegeben hatte. Was ihm die Untertanen einfach nicht verzeihen konnten und wollten, war die Tatsache, dass er das Land an die verhassten Österreicher hatte abtreten wollen. Gleichwohl hatte Carl Theodor dem Land auch viel Gutes gebracht, wozu vor allem die Armenfürsorge, Verbesserungen der menschenunwürdigen Bedingungen in den Zuchthäusern sowie neben der Anlage des Englischen Gartens die Öffnung der Hofbibliothek und des Hofgartens für das Volk zählten. Mehr noch hatte er München mit der Niederlegung des mittelalterlichen Mauerringes städtebaulich den Weg in die Zukunft gewiesen, wozu unter anderem der vor dem Karlstor angelegte Karlsplatz gehörte, den die Münchner allerdings aufgrund von Carl Theodors Unbeliebtheit einfach «Stachus» nannten, nach dem Namen eines dort befindlichen Wirtshauses.[59]

Mitte Februar 1799 bahnte sich der Nachfolger Carl Theodors über die verschneiten Landstraßen den Weg in das winterliche München, der die bayerische Geschichte wie kaum ein Regent vor ihm prägen sollte. Ein Tourist, der zum ersten Mal in seinem Leben nach München kommt und zwischen dem Königsbau der Residenz und der Staatsoper in der Mitte des weiträumigen Platzes vor dem eindrucksvollen Bronzedenkmal Max Josephs steht, weiß, ohne eine Ahnung von bayerischer Geschichte zu haben, hier *sitzt* jemand von überragender Bedeutung, jemand, der allein schon durch seine hoch in die Luft zum Friedensgruß erhobene Hand zeigt, wo es langgeht. Als man dem Wittelsbacher zu Lebzeiten die Entwürfe des Denkmals vorlegte, wies er diese entrüstet von sich mit der Bemerkung, dass er «nicht auf dem Cacatojo»[60] dargestellt werden wolle. Stattdessen solle er der Nachwelt hoch zu Ross, im mindesten Fall aber stehend in Erinnerung gebracht werden. Von einer solchen Ausführung ging der König dann auch aus, als er der Grundsteinlegung am 16. Februar 1824, dem 25. Jahrestag seines Regierungsantritts, persönlich beiwohnte. Nicht lange nach seinem Hinscheiden, man schrieb das Jahr 1825, entschied sein Sohn und Nachfolger König Ludwig I., dass das Denkmal den ursprünglichen Entwürfen entsprechend in sitzender Form ausgeführt werden sollte. Der diesbezügliche Auftrag wurde an Christian Daniel Rauch und Johann Baptist Stiglmaier gegeben, der bereits den Sarkophag des Verstorbenen in der Theatinerkirche sowie den an den Russlandfeldzug erinnernden Obelisken am Karolinenplatz angefertigt hatte. Am zehnten Todestag des Königs, am 13. Oktober 1835, wurde das Monument eingeweiht. Während sich Ludwig damit posthum über den Willen seines Vaters hinwegsetzte, gab er diesem als altrömisch thronenden Staatsmann in antiker Tunika und mit bayerischem Thronszepter ein Denkmal voll Ausdruckskraft. Im Lorbeerkranz, der anstatt einer Krone das Haupt des Königs schmückt, wurde symbolisch zum Ausdruck gebracht, dass eine Krönung niemals stattgefunden hatte.

Vor allem in den antikisierenden Reliefs des mittleren Sockelquaders lässt sich ablesen, in welchen Bereichen Bayern unter seiner Regierung binnen kürzester Zeit förmlich um Jahrhunderte nach vorne katapultiert wurde: Gesetzgebung und Rechtspflege, Ackerbau, Religion, Wissenschaft und Künste sowie die Verleihung der Verfassung im Jahr 1818.[61] Auch der Ort, an dem das Denkmal steht, befindet sich auf historischem Grund. Es steht genau neben dem einstigen Haupteingangsportal des altehrwürdigen Franziskanerklosters, das unter der Regierung Max Josephs im Zuge der allgemeinen Säkularisation (zusammen mit 400 anderen bayerischen Klöstern) aufgehoben und abgebrochen wurde, um Platz für den Bau eines Nationaltheaters, der heutigen Staatsoper, zu schaffen.

Dem grundsätzlich bürgernahen und volkstümlichen Herrscher war gleichzeitig eine gewisse Exzentrik zu eigen, so hatte er als Leibdiener einen kleinen Mohrenjungen, besaß einen großen afrikanischen Affen, mit dem er auch zu frühstücken pflegte und der die Besucher im Vorraum des Audienzzimmers der Residenz mitunter «ziemlich geringschätzig anblickte», gleichwohl «dann eifrig in seinem Geschäft des Insektensuchens fortfuhr».[62] Als möglicherweise einziger Monarch der Bayern trug er zeit seines Lebens goldene Ohrringe,[63] die zwar nicht in dem Denkmal, wohl aber in fast allen zeitgenössischen Gemälden zu sehen sind. Die rotgoldenen Ohrringe selbst befinden sich heute im bayerischen Nationalmuseum zu München.

Wie gelangte ebendieser Wittelsbacher, über den ein Zeitzeuge schrieb, er sehe aus «wie ein grober, verdrießlicher bayerischer Fuhrmann», habe aber «den Anstrich von Biederkeit und Redlichkeit»,[64] hinauf auf jene historische Höhe? Nach dem Tod Kurfürst Carl Theodors im Februar 1799 wurde zunächst auf allen öffentlichen Plätzen Münchens die Proklamation des Nachfolgers, der sich noch in Mannheim befand, verlesen, worüber der Augenzeuge Lorenz Westenrieder berichtete: «Das Jubelgeschrei und das Vivatrufen des Volkes (...) durchdrang die Wolken (...). Am freudigsten ging es (...) in den Wirtshäusern zu. Man hatte nur (...) eine Gesinnung und man zerstieß sich taumelnd die Gläser in den Händen, um selbe recht zu bekräftigen.»[65] Selten war die Ausrufung eines neuen Regenten mit solchem Jubel begrüßt und gefeiert worden, was zweifellos mit der Unbeliebtheit seines Vorgängers zu tun hatte. Als der Hoffnungsträger am Abend des 20. Februar in München ankam, war das Karlstor festlich geschmückt und vor diesem eigens ein zusätzliches Triumphtor errichtet worden, an dem er von Tausenden Einwohnern überschwänglich begrüßt wurde. «Da Maximilian», so ein Augenzeuge, «mit dem Gefolge bei dem [Karls-]Tor ankam, entstand ein solches Jubelgeschrei, dass einige Pferde an seinem Wagen scheu wurden und über die Rieme und Zugstricke schlugen, daher man Halt machen und sie wieder auslösen musste (...). Das Volk jauchzte unaufhörlich und rief *Vivat Maximilian*.»[66] Eine Abordnung des Magistrats der Stadt überreichte dem neuen Kurfürsten die Schlüssel Münchens, und das Volk geleitete den von Kavallerie eskortierten Kutschenzug jubelnd zur Maxburg. Diese Beliebtheit, die Max Joseph durch seine bürgerliche Einfachheit und Volksnähe dauerhaft zu pflegen verstand, sollte sich vor allem in den bevorstehenden, von tiefen Krisen und Wechselfällen bestimmten Zeiten von unschätzbarem Wert erweisen.

Mit dem neuen Kurfürsten in der Staatskarosse saß der 39-jährige Maximilian Montgelas, dessen Stern an der Seite des Wittelsbachers in der nämlichen Stunde begann, in die Höhen ungeahnter Macht zu steigen. Vor dem Luxushotel Bayerischer Hof am Promenadeplatz erhebt sich mehr als sechs Meter *stehend* und 9,5 Tonnen schwer das Denkmal des ehemaligen bayerischen Ministers Montgelas, wobei diese gigantische Höhe durchaus der Rolle, die er in der bayerischen Geschichte spielte, angemessen ist. Gleichwohl war das aus glänzendem Aluminium bestehende Monument keineswegs unumstritten. Während die einen es als «schillerndes und höchst modernes Denkmal»[67] bezeichneten, waren und sind viele Münchner davon wenig angetan, so nannte u. a. der grüne Stadtrat Benker dasselbe ein «ästhetisches Problem», die Statue zerstöre die historische Einheit des Platzes. Auch kritisierte der Politiker, dass die Wege der Entscheidungsfindung «nach Gutsherrenart», gerade so, als befände man sich noch in vordemokratischer Zeit, am Kulturreferat vorbeigelaufen seien.[68]

In der Phase der Ideenfindung hatte auch der Düsseldorfer Maler und Kunstprofessor Markus Lüpertz seinen Entwurf einer Montgelas-Statue eingereicht. Da jedoch die Kritik und der Medienrummel um dessen Augsburger Aphrodite-Statue noch frisch im Gedächtnis waren, sah Oberbürgermeister Christian Ude von einem Lüpertz am Münchner Promenadeplatz ab und entschied sich stattdessen für einen Entwurf der Berliner Künstlerin Karin Sander. «München», kommentierte daraufhin Markus Lüpertz, «hat sich einer ernsthaften künstlerischen Lösung entzogen. Jetzt haben Sie Dracula auf Urlaub.»[69] In dem Bemühen um Authentizität kann Karin Sander aus historischer Sicht die Ernsthaftigkeit jedoch keinesfalls abgesprochen werden, da sie beim Entstehungsprozess des Denkmals alle vorhandenen Bilddarstellungen und Büsten von Montgelas einscannen ließ und der mathematisch errechnete Mittelwert aller Ergebnisse die Grundlage ihres Entwurfes der Gesichtszüge und des Körpers bildete. Zum selben Zweck wurde sogar ein lebender, historisch gekleideter Nachfahre des Ministers digitalisiert.[70] Das Ergebnis dieser Herangehensweise befindet sich, von schwerem Gerät herabgelassen, seit dem 25. April 2005 vor dem ehemaligen bayerischen Außenministerium und Stadtpalais von Montgelas, das heute ein Teil des Hotels Bayerischer Hof ist.[71]

24 Stunden nach dem Eintreffen des echten Montgelas in München ernannte Max IV. Joseph diesen zum Außenminister. Zwischen den Jahren 1803 und 1806 und erneut zwischen 1809 und 1817 war Montgelas zusätzlich Finanzminister und von 1806 bis 1817 auch noch Innenminister. Ausgehend von dieser Stellung, dominierte er in den folgenden 18 Jahren die Politik des Landes, wie es noch kein Minister vor ihm getan hatte. Die Regierungsübernahme war von Max Joseph und Montgelas seit vielen Jahren sorgfältig vorbereitet worden, wobei zwischen den beiden Männern allein schon aufgrund ihrer französischen Ausbildung eine Geistes- und Wesensverwandtschaft bestand, ein als kongenial zu bezeichnendes Einvernehmen darüber, wie der Staat geführt und reformiert werden sollte. Gleichwohl behielt sich der Kurfürst die letztendliche Entscheidung immer vor, wobei Montgelas allerdings intelligent genug war, durch regelmäßige Denkschriften und seinen persönlichen Zugang zu Max Joseph diesen in Vieraugengesprächen vorab von seinen Entwürfen zu überzeugen. Laut dem Historiker Eberhard Weis bestand Montgelas' psychologische Vorgehensweise darin, Max Joseph «das Gefühl zu vermitteln, das Richtige selbst erkannt zu haben, den Beschluss selbstständig, ja gegen den Willen seines Ministers gefasst zu haben».[72]

Bemerkenswert ist, dass das, was in Bayern in den folgenden 18 Jahren geschah, im Wesentlichen eine Umsetzung von Montgelas' Ansbacher Memoire aus dem Jahr 1796 war.[73] Es waren dies vor allem die politische Entmachtung des Adels und der Kirche zugunsten des Staates sowie eine gleiche Besteuerung aller Untertanen. Bereits im September ließ der Kurfürst erklären, es sei das Ziel seiner Regierung, «allen Untertanen, Reichen und Armen, Witwen und Waisen, Geistlichen und Weltlichen, gleiches Recht und Schirm zu verschaffen. Wir sind entschlossen, mit dieser Peraequation [Ausgleichung] der Steuern ohne Zeitverlust anfangen zu lassen.»[74] Weiter sollten die Günstlings- und Mätressenwirtschaft Carl Theodors radikal abgeschafft und das verlotterte Beamtentum neu aufgebaut werden. Als erster Schritt wurden binnen eines Jahres alle von Österreich korrumpierten und diesem zuarbeitenden Beamten entfernt.[75]

Bayern im II. Koalitionskrieg

«Was kümmert's Österreich, ob der lange Krieg die Heere aufreibt
und die Welt verwüstet, es will nur wachsen stets und Land gewinnen.»
Schiller, Wallenstein, 1799

Die Lage Bayerns, die Max IV. Joseph und Montgelas vorfanden, war katastrophal. Das Land befand sich am Rande des Abgrundes. Eine der scheinbar unlösbaren Herausforderungen, vor denen die neue Regierung stand, waren neben der außenpolitischen Bedrohung die Finanzen. Carl Theodor hatte einen Schuldenberg von 25 Millionen Gulden hinterlassen, Bayern stand vor dem Staatsbankrott. Um die Schulden abzubauen, wurde von Anfang an, gleichwohl unter strengster Geheimhaltung, die Säkularisation zunächst der nichtständischen Klöster vorbereitet, also jener Klöster, die nicht durch Reichsrecht geschützt waren. Gleichzeitig wurde die mehr als ein halbes Jahrtausend alte altbayerische Ständevertretung, die Landschaftsordnung, deren fester Teil der Prälatenstand war, ihrer Freiheiten und Rechte versichert, obwohl insgeheim bereits beschlossen war, diese vollständig zu beseitigen.[76] Jedoch musste dies im Angesicht der außenpolitischen Bedrohung auf die Zukunft verschoben werden, da Montgelas vorerst vor allem daran gelegen war, den neuerlichen Krieg zu finanzieren, und er hierfür auf die Ständevertretung angewiesen war.

Die linksrheinischen Gebiete Bayerns waren durch den I. Koalitionskrieg an Frankreich verloren, und bedingt durch den eben ausgebrochenen Folgekrieg standen rund 109 000 österreichische Soldaten im Kurfürstentum. Die bayerische Armee war inzwischen in die österreichische eingegliedert worden. Die Annexionsabsichten Österreichs waren drohender denn je, und wenn in dieser gefährlichen Stunde Montgelas nicht so geschickt agiert hätte, wäre Bayern wohl österreichisch geworden. Um das Land davor zu bewahren, ließ der neue Staatsminister durch Herzog Wilhelm in Bayern, einen Verwandten Max Josephs, am

1. Oktober 1799 zunächst mit Russland den Vertrag von Gatschina abschließen, in dem Bayern über sein Reichskontingent hinaus 20 000 Mann zur Verfügung stellte und im Gegenzug dafür der russische Zar die territoriale Integrität Bayerns verbürgte.[77] Auch Preußen, gleichwohl es mit diesem keinen Vertrag gab, hatte neuerlich erklärt, dass es eine Ausdehnung des österreichischen Machtbereichs auf Kosten Bayerns auf keinen Fall dulden würde.[78] Um die Beziehungen mit den Preußen zu vertiefen, reiste das Kurfürstenpaar Mitte Juni persönlich nach Preußisch-Ansbach und traf dort mit König Friedrich Wilhelm III. und Königin Luise zusammen. Darüber hinaus sicherte Montgelas das Kurfürstentum gegen die habsburgischen Begehrlichkeiten ab, indem er Subsidienverträge mit England unterzeichnete, wofür das Inselreich gleichfalls die Unversehrtheit Bayerns garantierte.[79] Nur 17 Monate nach dem Amtsantritt Montgelas' besaß das Land Garantien von drei Großmächten. Angesichts dessen konnte es sich Kaiser Franz nun nicht mehr erlauben, seine Annexionsabsichten weiterzuverfolgen.

Der Preis, den Bayern für diese Garantien bezahlen musste, war die Teilnahme an einem neuen Krieg mit Frankreich. Dies traf beim Volk, das erfahrungsgemäß am meisten darunter zu leiden hatte, auf wenig Gegenliebe, was in einem anonymen Flugblatt Ausdruck fand, in dem angeklagt wurde, dass die Politik Montgelas' «für auswärtige Präsente die Bauernsöhne des Landes auf die Schlachtbank» führe.[80] Eine weitere Flugschrift prangerte an, dass die von England erhaltenen Millionen höher geschätzt würden «als das Blut der Untertanen (...), welches keinen Wert hat, wohl aber den Grund und Boden düngt, auf dem selbe erschlagen werden».[81] In einem gedruckten Lied wurde der Kurfürst gar als «Hofmetzger» bezeichnet, der «unsere Kinder verkauft wie's Vieh».[82]

Allein das Volk, das andererseits auch nicht österreichisch werden wollte, wurde nicht gefragt. Der Waffengang war umso unausweichlicher geworden, als in der Nacht vom 28. auf den 29. April auf dem Rastatter Friedenskongress auch noch zwei französische Diplomaten von österreichischen Husaren ermordet worden waren, wobei bis auf den heutigen Tag nicht geklärt werden konnte, wer den Auftrag hierzu gegeben hatte. Die Ergebnisse einer von Erzherzog Karl angeordneten Untersuchung wurden nach Wien geschickt, wo sie unauffindbar verschwanden; der die Husarenabteilung kommandierende Oberst von

Barbaczy wurde nicht lange später zum Generalmajor befördert. Das Ergebnis der Diplomatenmorde war, dass die Friedensbemühungen endgültig gescheitert waren und der neue Krieg bevorstand. Der II. antifranzösischen Koalition schlossen sich u. a. Neapel-Sizilien, Portugal und der Kirchenstaat an, einzig die Großmacht Preußen blieb dem Bündnis fern. Auch weil nun fast ganz Europa gegen Frankreich unter Waffen stand, war für Bayern an eine Neutralität, wie Max Joseph und Montgelas sie gewünscht hätten, nicht zu denken. Da die Alliierten eine gewaltige Übermacht ins Feld führen konnten, vor allem aber weil Napoleon sich fernab in Ägypten befand, war das Jahr 1799 für die II. Koalition weitgehend ein Jahr der Siege. Der möglicherweise fähigste österreichische Heerführer, Erzherzog Karl, schlug die französischen Armeen in Süddeutschland in mehreren Schlachten, stieß anschließend bis in die Schweiz vor und errang in der Schlacht von Zürich am 4. Juni erneut einen großen Sieg. Auf dem norditalienischen Kriegsschauplatz schlugen österreichische und russische Heere die Franzosen ebenfalls in vier Schlachten und drängten sie mit Ausnahme einiger Festungen aus dem Land. Die von Napoleon 1797 gegründeten Tochterrepubliken lösten sich binnen kürzester Zeit in Luft auf. Es stellte sich allerdings heraus, dass sich die Alliierten in ihren Zielen keineswegs so einig waren, wie es für einen Kriegserfolg notwendig gewesen wäre. Da die Österreicher nach der Rückeroberung Piemonts dessen von Napoleon vertriebenen Herrscher Karl Emanuel IV. nicht wieder einsetzten und militärische Entscheidungen ohne Absprache und zum Nachteil der russischen Armeen getroffen worden waren, verließ Zar Paul I. am 22. Oktober die II. Koalition und berief seine Truppen nach Russland zurück.

Es standen infolgedessen in Süddeutschland Österreich, Bayern und Württemberg allein gegen Frankreich. In ebendieser Situation kehrte Napoleon an Bord des Kriegsschiffes *Muiron* aus Ägypten zurück und ergriff kurz darauf durch einen Staatsstreich am 9. November 1799 in Frankreich faktisch die alleinige Macht. Mehrere Friedensangebote auf der Grundlage des Friedens von Campo Formio wurden von Österreich abgelehnt, da dies bedeutet hätte, Oberitalien zurückzugeben, und in Wien die Illusion vorherrschte, militärisch Oberwasser zu haben. Napoleon überschritt daraufhin in einem äußerst kühnen Unternehmen die Alpen und führte im Mai 1800 eine französische Reservearmee in den Rücken der Österreicher. In der Schlacht von Marengo am 14. Juni wurde die habsburgische Armee zerschlagen, was zwar die Kämpfe in Norditalien, nicht aber den Krieg beendete. Parallel zu Napoleon in Italien hatte auf der jenseitigen Seite der Alpen General Moreau mit 100 000 Mann erneut den Rhein überquert und diese in einer Reihe von siegreichen Kämpfen quer durch Süddeutschland geführt.

Nach der für die Alliierten verlorenen Schlacht von Biberach (8. Mai 1800) bildeten bayerische Truppen unter General Wrede die Nachhut des Rückzuges, über den ein Chevauleger – diese Waffengattung schneller, leichter Reiterei war erst wenige Jahre zuvor von Rumford in der bayerischen Armee eingeführt worden[83] – berichtete: «Auf diesem Rückzug bis nach Ulm verloren wir viele Leute aus der Infanterie, denn von dem fortwährenden angestrengten Marschieren waren viele an den Füßen so wund geworden, dass ihnen das Blut aus den Schuhen lief. Die Offiziere boten alles auf, um ihnen Trost und Mut zum Fortmarschieren einzuflößen. Der Kavallerie, die sie nachzutreiben beauftragt war, gaben sie zur Antwort: ‹Brüder! Schießt uns lieber tot; wir können nicht mehr weiter marschieren.›»[84] Die bayerischen Verluste und die Anzahl der nach München gebrachten Verwundeten stiegen erheblich, sodass Kurfürstin Caroline in einem Brief schrieb: «Hier ist jedermann damit beschäftigt, Charpie [Verbandsmaterial] zu zupfen. Ich schicke fast jeden Morgen ein großes Paket davon in die Spitäler, die mit Verwundeten von uns und den Österreichern angefüllt sind.»[85]

Als sich die französische Rheinarmee am 28. Juni schließlich München näherte, musste der bayerische Hof einschließlich Montgelas’ in einer aus mehr als 30 Wagen bestehenden Kutschenkolonne über Landshut und Amberg in das neutrale preußische Bayreuth fliehen. Als der französische General Decaen an der Spitze von 4000 Mann vor der kurfürstlichen Hauptstadt stand, eilte demselben ein Teil der Bevölkerung neugierig bis weit vor das Karlstor entgegen und paradierten den Invasoren die bürgerliche Kavallerie und Infanterie. «Dann», so ein Augenzeuge, «zogen die Franz[osen] mit klingendem Spiel und brennenden Lunten (...) in München ein.» Dort drängten sich zu Tausenden die Einwohner an den Fenstern und auf den Gassen, um das Spektakel zu sehen, wobei der Augenzeuge weiter notierte, dass sich die Franzosen selbst darüber wunderten, «denn wo sie anderwärtig einzogen, sahen sie oft nicht einen Menschen auf der Gasse und hier konnten sie kaum vor

Volk marschieren».[86] Am Abend folgten in den Gasthäusern gewaltige Besäufnisse, und es wurden anschließend zahlreiche Bewohner drangsaliert, beraubt und geschlagen. Der französische Stadtkommandant Ritay gab daraufhin eine Anordnung, die das Besuchen der Wirtshäuser nach 9 Uhr abends verbot, und General Decaen erließ an die ganze Division einen Befehl, in dem es hieß, «dass die Franzosen mit Ruhm bedeckt, nicht ihre Lorbeeren werden verwelken machen, indem sie friedliche und waffenlose Menschen unterdrücken».[87]

Es klaffte allerdings, wie die nahe Zukunft zeigen würde, eine große Kluft zwischen edlem Anspruch und bitterer Wirklichkeit, wobei der Umstand, dass München und seine Bürger in jeglicher Beziehung ausgepresst wurden wie eine Zitrone, noch das Geringste war. General Moreau legte dem bayerischen Staat eine ungeheure Kriegskontribution in Höhe von 6 Millionen Livres (2 750 000 Gulden) auf, was mehr als die Staatseinkünfte eines Jahres ausmachte und innerhalb von 50 Tagen zu bezahlen war. Allein der Anteil, den München für die französische Forderung zu entrichten hatte, betrug 120 000 Gulden. Um das Geld aufzubringen, wurde in der Hauptstadt alles entbehrliche Kirchensilber im Wert von insgesamt 23 584 Gulden und 43 Kreuzern eingesammelt.[88] Weiterhin wurde eine Kommission gebildet, die Haushalt für Haushalt erfasste, welche Summe er freiwillig beitragen konnte, wobei dies später in Sondersteuern abgerechnet werden sollte. Kurioserweise gab es trotz aller Opfer und Misshandlungen wenig Feindlichkeit gegenüber den Franzosen, da man allgemein die verbündeten Österreicher für das weitaus schlimmere Übel hielt. Am 1. Juli kam der in Schloss Nymphenburg residierende General Moreau selbst in die drangsalierte Stadt und besuchte am Abend im Hoftheater eine auf seinen Wunsch hin aufgeführte Vorstellung von Mozarts «Zauberflöte». Der General ließ in München 72 kostbare Gemälde einpacken, gleichwohl ein Großteil derselben wie bereits 1796 in Sicherheit gebracht oder versteckt worden war. Der für den französischen Kunstraub zuständige Kommissar François-Marie Neveu ließ sich in der staatlichen Gemäldegalerie eine große Leiter bringen und schrieb eigenhändig mit Kreide in großen Lettern auf die Oberfläche der Gemälde: «Französische Republik». Dann ließ er sie so schlecht verpackt nach Paris schicken, dass sie mehrfach beschädigt wurden.[89] Es befand sich darunter auch neben drei Bildern von Rubens die «Alexanderschlacht» von Albrecht Altdorfer von 1528/29, die als

Inbegriff der altdeutschen Malerei gilt und die ein aktueller Museumsführer als «visionäres Meisterwerk» bezeichnet.[90] Das detailreiche, in
tiefem Blau gehaltene Gemälde fand später derart das Gefallen Napoleons, dass er es in seinem Badezimmer in den Tuilerien aufhängen
ließ.

In Nürnberg, wohin der französische Kunstkommissar Neveu ebenfalls geschickt wurde, gelang die Rettung des berühmten Selbstbildnis-
ses von Albrecht Dürer im Pelzrock nur, indem man dem Kommissar
ein Duplikat mitgab.[91] Neveu hatte weiterhin den Auftrag, die wert-
vollsten Bibliotheksbestände nach Frankreich zu schicken, wobei der
diesen begleitende bayerische Galeriedirektor Mannlich über ein gemeinsames Essen in München berichtete: «Nach dem Kaffee entschloss
ich mich, mich zurückzuziehen, um einen Eilbrief nach Schleißheim zu
schicken (wohin wir uns alle am folgenden Tag begeben sollten), damit
dort alles versteckt würde – wenn nicht bereits geschehen –, und Bischoff
Hoefflin (sic) darüber zu verständigen, dass er den Besuch des Kommis-
sars zu erwarten habe, der in der Bibliothek Bücher und Manuskripte
auswählen sollte. Dieser war sehr ratlos – wie soll ich eine Bibliothek
verstecken, sagte er mir, auf wen kann ich mich verlassen? Unter ihrem
Bett, sagte ich ihm.»[92]

Auch nahmen die Franzosen im kurfürstlichen Plankonservatorium
alle dort befindlichen Karten und Pläne mit, wobei die Besatzer mit
deren Qualität allerdings nicht zufrieden waren. Der französische Generalstab ordnete daraufhin kurzerhand eine Neuvermessung Bayerns
an. In München wurde dazu eine «Commission des Routes» gebildet,
zu der überwiegend sachkundige bayerische Beamte hinzugezogen
wurden. Die Zusammenarbeit in der Vermessung Bayerns wurde auch
nach dem Abzug der Franzosen fortgesetzt und am 19. Juni 1801 das
sogenannte Topographische Bureau gegründet. Von der nämlichen
Stunde an begann über einen Zeitraum von Jahrzehnten hin die Vermessung Millionen bayerischer Grundstücke, was das Land mit zum
bestvermessenen des seinerzeitigen Europa machen sollte.[93]

Am 15. Juli 1800 wurde der Waffenstillstand von Parsdorf unterzeichnet, dem zufolge die Österreicher sich hinter den Inn zurückziehen
mussten. Für halb Bayern einschließlich Münchens folgte nun eine
neunmonatige Besatzungszeit[94] mit allen zugehörigen täglichen wirtschaftlichen Auspressungen und meist willkürlichen Misshandlungen.

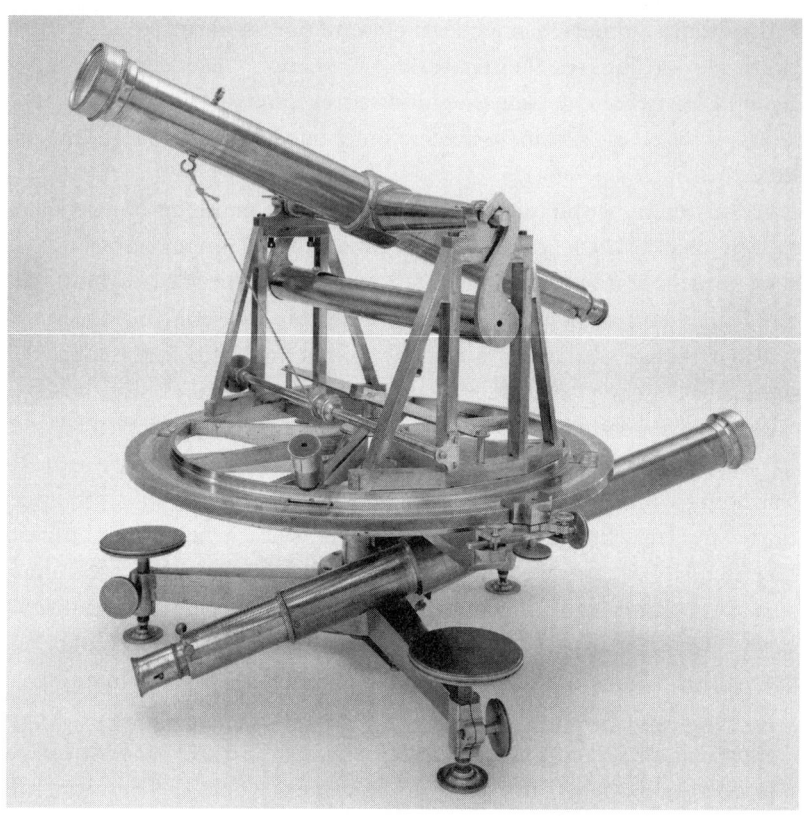

*Mit für damalige Verhältnisse modernstem Gerät wurde ab dem Jahr 1800
mit einer gründlichen Neuvermessung Bayerns begonnen. Dieser im Jahr 1806
konstruierte Repetitionstheodolit übertraf alle anderen zeitgenössischen
Vermessungsgeräte an Genauigkeit um ein Vielfaches.*

Eine für die bayerische Nationalseele existenzielle Folge war, dass,
bedingt durch die ungebetenen Gäste, auch noch das Bier knapp wurde.
Da genau das in Bayern nicht passieren durfte, ließ man behördlicher-
seits den sofortigen Beginn der Einsiedung des Winterbieres anordnen
sowie die Beschlagnahme der in den Klöstern der Stadt vorhandenen
Biervorräte verfügen. Die Nonnen im Angerkloster vermauerten daraufhin ihren Bierkeller und gaben an, keinerlei Biervorräte zu besitzen.
Allerdings wurde dies verraten, woraufhin man auch dort die gefüllten
Fässer hinausrollte.[95]

Inzwischen wurde der Waffenstillstand durch die Konvention von

Hohenlinden zweimal bis zum 12. November verlängert, wobei diese Übereinkunft ohne das Wissen Bayerns geschlossen worden war. Der österreichische Verhandlungsbevollmächtigte Graf Lehrbach erklärte den Franzosen, dass es verlorene Mühe sei, sich für den Kurfürsten von Bayern zu interessieren, und vereinbarte die Übergabe der starken Landesfestungen Ingolstadt und Philippsburg sowie der bayerischen Artillerie in Letztgenannter. Eines der dahinterstehenden Motive war sicherlich, dass ein militärisch geschwächtes Bayern nach dem Ende des Krieges leichter annektiert werden konnte. Die Nachricht über die Konvention von Hohenlinden löste beim bayerischen Hof blankes Entsetzen aus. Montgelas sagte zu dem diese überbringenden österreichischen Generalmajor von Dietrichstein wörtlich: «Das wird euch übel bekommen, das wird üble Folgen für euch haben.»[96] Die Reaktion des in diesem Augenblick bei Tisch sitzenden Kurfürsten war äußerst emotional, wobei er in einer Mischung aus Verzweiflung und Wut schluchzte: «Wer könnte mich tadeln, wenn ich jetzt mit Frankreich unterhandle.»[97] Bis es so weit war, sollten allerdings noch mehrere Monate vergehen.

Da Kaiser Franz II. indessen mit den militärischen Ergebnissen der vergangenen Monate durchaus nicht zufrieden war, wechselte er am 26. August den bisherigen Oberbefehlshaber Feldzeugmeister Freiherr von Kray aus und ersetzte ihn durch seinen 18-jährigen Bruder, Erzherzog Johann. Dem blutjungen, militärisch vollkommen unerfahrenen Habsburger wurde immerhin der 65-jährige General Lauer als zweiter Kommandant zur Seite gestellt. Da Österreich sich bei den Friedensverhandlungen in Lunéville an seinem Subsidiengeber England orientierte, das keinen Frieden wünschte, verliefen diese ergebnislos. Auch der vorsichtige Montgelas lehnte einen Sonderfrieden mit Frankreich ab, da er zunächst die weitere Entwicklung des Krieges abwarten wollte. Napoleon kündigte daraufhin den Waffenstillstand auf, wobei die Wiederaufnahme der Feindseligkeiten für den 28. November um sechs Uhr morgens festgesetzt wurde. Erzherzog Johann überschritt an besagtem Tag den Inn und rückte mit 60 000 Mann nach Westen vor.

Der von dem österreichischen Generalquartiermeister von Weyrother (der auch 1805 wesentlich die österreichische Niederlage bei Austerlitz zu verantworten hatte) verfasste ehrgeizige Plan sah vor, in Landshut die französischen Kräfte zu zerschlagen, um dann Moreau die Verbindung mit München abzuschneiden. Die österreichische Armee war dabei allerdings, wie so häufig, zu langsam. Ein neuer Plan legte daher fest, in einem direkten Angriff auf München vorzugehen.

Durch diesen unerwarteten Vorstoß wurden die Franzosen zunächst tatsächlich taktisch überrumpelt, und die Österreicher errangen bei Haag und Mühldorf lokale Siege, wobei die Rheinarmee 1700 Mann verlor. Die für demoralisiert gehaltenen Franzosen mussten sich im Lauf des 2. Dezember hinter Haag zurückziehen. Diese Entwicklung versetzte die österreichische Generalität in geradezu euphorische Stimmung, sodass Erzherzog Johann den weiteren Vormarsch in Richtung München befahl. Man verzichtete hierbei leichtsinnigerweise auf jede Erkundung, obwohl bayerische Offiziere eindringlich dazu geraten hatten. Moreau indessen hatte die Zeit des mehrmonatigen Waffenstillstandes dazu genutzt, das Gebiet um Hohenlinden sorgfältig auskundschaften zu lassen. In Kenntnis dessen bereitete er die Schlacht vor und ließ seine zu diesem Zeitpunkt rund 56 000 Mann starke Armee unter bestmöglicher Ausnutzung der Geländebedingungen in und um die ausgedehnten Nadelwälder von Hohenlinden in Stellung gehen. Sein kühner Plan war, die Truppen des Erzherzogs, sobald sie am Ausgang des Waldes erschienen, anzugreifen, während gleichzeitig von Süden her zwei französische Divisionen den Österreichern in die Flanke fallen sollten.

Die Schlacht von Hohenlinden

«Argloser ist wohl selten eine Armee gegen den Feind marschiert,
als die österreichische [und bayerische] Armee am 3. Dezember 1800.»
Johann Heilmann, 1881

Die österreichisch-bayerische Armee marschierte auf der alten Poststraße durch die dichten, schneebedeckten Tannenwälder in Richtung des kleinen Hohenlinden. Wie bei mehreren anderen Schlachten der Napoleonischen Kriege (Austerlitz, Preußisch-Eylau oder Waterloo) hatte das Wetter einen entscheidenden Einfluss auf den Ausgang. Am 3. Dezember 1800 beherrschte ein dichtes Schneetreiben das Bild, wobei der bayerische Major von Ditfurt als Augenzeuge berichtete: «Regen und Schnee hatten die Straße nahezu unbrauchbar gemacht. Eine Schneewolke erfüllte die Luft, kaum konnte man 100 Schritt weit sehen. Die

Artillerie versank, Menschen und Pferde konnten nur mit langsamen und unsicheren Schritten vorwärts kommen und – obwohl an diesem Tag, wie auch den beiden vorangegangenen, Getränke [Branntwein] verteilt worden waren, näherte sich der körperliche und geistige Zustand der Soldaten der Erschöpfung.»[98] Die alliierte Armee marschierte dabei mit einer seltenen Sorglosigkeit, wovon der Bericht des bayerischen Soldaten Anton von Xylander ein lebhaftes Bild vermittelte: «Am 3. Dezember, als der Tag zu grauen anfing, bewegten sich schon die verschiedenartigsten Kolonnen hart gedrängt mit Kriegskassen, Artilleriereserve, Trains, ja sogar mit Ochsentransporten vermengt, in der Richtung und auf der Straße von Haag nach Hohenlinden in den Wald hinein, als ob alles im tiefsten Frieden und an den Feind gar nicht zu denken wäre, ohne Lokalkenntnis und Entsendung von Seitenpatrouillen, bis auf einmal an der Tête [Spitze] einige kleine Gewehrschüsse sich hören ließen.»[99]

Es war dies der Beginn der Schlacht von Hohenlinden. Kaum dass gegen halb acht Uhr am Morgen die Vorhut der alliierten Armee aus dem Wald hervorgetreten war, eröffnete diese vorzeitig das Feuer auf die französischen Stellungen, während sich die Masse des Heerwurmes noch auf einer Länge von sieben Kilometern auf der alten Poststraße (der heutigen B 12) inmitten der Wälder befand. Aus militärischer Sicht hätte unzweifelhaft das Eintreffen der noch rückwärts befindlichen Truppen abgewartet werden müssen, wobei allerdings auch eine Rolle spielte, dass das Schneegestöber die Sichtweite stark eingeschränkt hatte und eine Nachrichtenübermittlung über die enge, vollgestopfte Straße inmitten des Waldes nahezu unmöglich war.

Am westlichen Ausgang des Forstes entwickelte sich ein lebhaftes Gewehrfeuer, wobei im Morgengrauen die Soldaten aus nächster Nähe aufeinander feuerten. Inzwischen erfolgte aus südlicher Richtung der französische Flankenangriff, über den der diesen befehligende General Richepance berichtete: «Wir gelangen in den Wald, wir marschieren schnell vorwärts, wir folgen der großen Straße, und alles, was nicht den Weg frei macht, um Platz zu machen, wird gefangen genommen, erschossen, mit dem Bajonett erstochen oder niedergesäbelt. Der Feind indessen setzt sich zur Wehr und erscheint vier oder fünf Mal mit massierten Formationen; aber einmal in Schwung gekommen wird alles in die Katastrophe mitgerissen.»[100]

HOHENLINDEN

On Linden when the sun was low,
All bloodless lay the untrodden snow,
And dark as winter was the flow
Of Iser, rolling rapidly.

But Linden saw another sight
When the drum beat at dead of night,
Commanding fires of death to light
The darkness of her scenery.

By torch and trumpet fast arrayed
Each horseman drew his battle blade,
And furious every charger neighed,
To join the dreadful revelry.

Then shook the hills with thunder riven,
Then rushed the steed to battle driven,
And louder than the bolts of heaven
Far flashed the red artillery.

And redder yet that light shall glow
On Linden's hills of stainèd snow,
And bloodier yet the torrent flow
Of Iser, rolling rapidly.

'Tis morn, but scarce yon level sun
Can pierce the war-clouds, rolling dun,
Where furious Frank and fiery Hun
Shout in their sulphurous canopy.

The combat deepens. On, ye brave,
Who rush to glory, or the grave!
Wave, Munich, all thy banners wave!
And charge with all thy chivalry!

Few, few shall part where many meet!
The snow shall be their winding-sheet,
And every turf beneath their feet
Shall be a soldier's sepulchre.[101]

Thomas Campbell, 1801

HOHENLINDEN

Zu Linden, als die Sonne noch nieder stand,
blutlos und rein lag der undurchschrittene Schnee,
und dunkel, gleich dem Winter, war der Fluss
der reißend dahinströmenden Isen.[102]

Doch Linden sah ein anderes Schauspiel,
als die Trommel schlug, am Ende der Nacht,
Feuerbefehle des Todes erhellten
das Dunkel seiner Landschaften.

Mit Fackel und Trompeten schnell heran
zog jeder Reiter seine Schlachtenklinge
und wieherte wutentbrannt jedes Schlachtross,
der furchtbaren Orgie beizutreten.

Dann erbebten von Donner zerrissen die Hügel,
Dann rasten die Pferde in die Schlacht geworfen,
Und lauter als des Himmels Blitze
leuchteten rot von fern die Rohre der Kanonen.

Und röter noch als der Mündungsfeuer Blitze
auf dem befleckten Schnee von Linden's Hügeln
floss blutiger noch der tosende Strom
der reißend dahinfließenden Isen.

An jenem Morgen konnte die flache Sonne kaum
durchdringen der Kriegswolken aufwallendes Dunkel,
als der wütende Franke und der feurige Hunne
in ihrem schwefelfarbenen Baldachin brüllten.

Der Kampf wurde erbittert. Für Tapfere,
die hineilen zum Ruhm, oder das Grab!
Lass wehen, München, lass all deine Banner wehen!
Für jene, die angriffen mit all ihrer Ritterlichkeit!

Wenige, wenige werden sein, wo viele einander trafen!
Der Schnee sollte ihr Schutz vor dem Wind sein,
und jede Erhebung unter ihren Füßen
würde eines Soldaten Grab sein.

Übersetzung Thomas Schuler

Die Schlacht von Hohenlinden wies insgesamt vier lokale Brennpunkte auf, die militärhistorisch im Einzelnen zu erläutern den Rahmen dieser Darstellung sprengen würde. Entscheidend war der französische Flankenangriff von Süden, der inmitten des Waldes auf die ruhig dahinmarschierende Reservekolonne des österreichischen Zentrums traf. In kürzester Zeit waren Freund und Feind wild ineinander vermengt, was unter den Österreichern eine heillose Verwirrung auslöste und eine koordinierte Schlachtenführung unmöglich machte. Auch konnten die österreichischen und bayerischen Kanonen, da sie sich inmitten der marschierenden Kolonnen in dem engen Waldweg befanden, so gut wie überhaupt nicht zum Einsatz gebracht werden. Die französische Artillerie hingegen feuerte von ihren vorbereiteten Stellungen äußerst lebhaft,[103] woran bis auf den heutigen Tag eine Kanonenkugel, die in die Westseite der Kirche des nördlich von Hohenlinden gelegenen Kronacker eingeschlagen ist, erinnert.[104] Das Chaos wurde im Laufe des Nachmittags vollständig, die Österreicher flohen einzeln und in Gruppen durch den Wald, die Fuhrknechte schnitten die Stränge der Artilleriepferde ab, und die Poststraße war bedeckt mit umgestürzten Kanonen, Wagen und toten Pferden. Bereits um zwei Uhr schickte der Kommandeur der bayerischen Truppen einen Leutnant zum Kurfürsten mit der Nachricht der Niederlage.[105]

Am späten Nachmittag blieb Erzherzog Johann, der einzig und allein durch den energischen Einsatz der Bayern der Gefangenschaft entkommen konnte, nichts anderes übrig, als den Rückzug zu befehlen. Der französische Emigrant Prinz Condé, der auf der Seite der Alliierten kämpfte, erinnerte sich: «Niemals hat man eine solche Déroute [Flucht, Zusammenbruch] wie die der österreichischen Armee nach der Affäre am 3. gesehen (...). Es ist unmöglich, sich eine Vorstellung von der Unordnung, der Konfusion, der Entmutigung und des Entsetzens zu machen, die in dieser Armee geherrscht hat.»[106]

Als am frühen Abend die Dunkelheit hereinbrach, lagen 978 Österreicher tot in den Wäldern, 3687 waren verwundet und 7195 gefangen genommen, 50 Kanonen und 85 Munitionswagen waren zurückgelassen worden. Die Bayern hatten 24 Tote, 90 Verwundete und 1754 Gefangene verloren, unter denen sich auch der verwundete General Deroy mit 38 seiner Offiziere befand; 26 ihrer Kanonen und 36 Munitionswagen waren in französische Hände gefallen.[107] Einzig und allein der frühe Einbruch der Winternacht und der zähe, hinhaltende Widerstand der österreichischen Kavallerie verhinderten gegen sechs Uhr am Abend, dass die Verluste der Österreicher und Bayern noch höher ausfielen, und ermöglichten den Rückzug.

Im Lauf der folgenden Tage und Nächte kam es von beiden Seiten zu schwersten Ausschreitungen gegen die Zivilbevölkerung, worüber der Geistliche Johann Peeßl aus Erding berichtete: «Ich [wurde] in der nämlichen Nacht von den österreichischen Husaren und Rotmänthlern [Angehörige eines besonders verrufenen österreichischen Regiments] anderthalb Stunden lang geplündert, wobei ich allen erdenklichen und schaudervollen Misshandlungen und Schlägen ausgesetzt war. Immer setzten mir acht Rotmänthler ihre geladenen Gewehre und Bajonette rings um den Leib her, führten mich mit dem Licht in der Hand im ganzen Haus herum und forderten noch obendrein 200 Kronen Brandsteuer mit den fürchterlichsten Drohungen mich in Stücke zu hauen und das Haus in Brand zu stecken.»[108]

Die französischen Soldaten trieben es gegen die bayerische Bevölkerung noch übler. Dass im Zuge dessen einen Tag nach der Schlacht in dem neun Kilometer nordöstlich von Hohenlinden gelegenen Isen Truppen Moreaus in Schloss Burgrain in die Brauerei eindrangen, um den errungenen Sieg zu feiern und auf das Wohl der Republik zu trinken, war noch das Harmloseste. Bei der mehrtägigen Verfolgung an den Inn kam es zu vollkommen enthemmten Plünderungen, wobei die wertvolleren Gegenstände aus den Kirchen zumeist wohlweislich versteckt worden waren. Darüber hinaus gingen vielerorts Bauernhäuser in Flammen auf, wurde zum Teil willkürlich gemordet und vergewaltigten die Franzosen die Frauen. Allein in dem kleinen, an der Grenze gelegenen Laufen sind 57 Vergewaltigungen belegt.[109] Die Bevölkerung, die teilweise in die unwirtlichen Wälder geflohen war und sich versteckte, litt infolge der Plünderungen bittersten Hunger. «Das Fleisch der erschossenen oder im Wald und an der Straße gelegenen Pferde», so ein Zeitzeuge, «wird als wohltätig erhaltene Gabe verzehrt.»[110] Ein Ordensbruder der Malteser aus der Nähe von Hohenlinden berichtete in seinen Erinnerungen: «Der [französische] Kapitän ahmte, als ihm gutes frisches Roggenbrot vorgesetzt wurde, das Grunzen eines Schweins nach und warf die Gottesgabe unter den Tisch. Geschenke ließen sich diese sauberen Quartiergäste nicht erst anbieten, sondern forderten solche mit Drohungen. Besonders gerne gesammelt wurden goldene Schmucksachen, Uhren und Geldbeutel (...). Die Franzosen belästigten Frauen und Mädchen in unerhörter Weise und misshandelten die Männer, welche zu ihrem Schutze herbei eilten.»[111] In dem 20 Kilometer westlich von Salzburg gelegenen Teisendorf sah der bischöfliche Pfleger Andreas Seethaler als Augenzeuge: «Der 12. Dezember wurde dann auch für Teisendorf zum allgemeinen Schreckenstag. An der Spitze der ersten französischen Truppen ritt ein Husarenoberst. Diesem ging unsere Obrigkeit mit ihrem Personal und dem Bürgermeister entgegen und bat um Schonung für die Gemeinde. Er nahm den Empfang sehr höflich entgegen und beorderte eine Schutzwache vor das Pflegehaus. Bald aber drängte Kolonne auf Kolonne. Die Undisziplin und das Plündern begannen. Die Haustüren wurden mit Gewalt gesprengt, in den Zimmern alle Kästen erbrochen, von den Anwesenden das Geld mit gespanntem Gewehr abgefordert und unzählige Misshandlungen, vor allem am weiblichen Geschlecht, verübt. In den Gasthäusern wüteten die Soldaten wie Rasende. Sie schleppten die Weinfässer auf die Straße, soffen widernatürlich und was ihre Kehle nicht mehr verschlingen konnte, wurde entweder mit fort geführt oder zugrunde gerichtet. So flossen mehrere Eimer besten ungarischen Weins im Keller und auf der Gasse aus. Als das Schneidbauern-Haus zu Freiding geplündert wurde, suchte die Bäuerin zu entfliehen. Allein, es fiel ein Schuss, der die hochschwangere Frau nahe am Haus auf der Stelle tötete.»[112]

Es verwundert angesichts derartiger Umstände nicht, dass die Bevölkerung äußerst erbittert und wütend war. In Wasentegernbach erschlugen die Bauern nach dem Abzug der Franzosen deren zurückgebliebene Verwundete und verscharrten sie sogleich.[113] Im Raum zwischen Hohenlinden und Salzburg erinnern bis heute in Kirchen, Kapellen, Museen und Privatbesitz viele damals angefertigte Votivbilder (vovere = geloben, feierlich versprechen) an jene Schreckenstage, in denen, bildhaft dargestellt, Himmelsmächten für eine Errettung aus höchster Bedrohung durch mordlustige Soldaten gedankt wurde.[114] Tatsächlich erreichten die Ausschreitungen gegen die Zivilbevölkerung unvorstellbare Ausmaße, infolge derer Seethaler seinen Bericht mit folgenden Worten endete: «Es ist nichts anderes herausgekommen, als wenn die ganze Welt krank oder gar abgestorben wäre. Viele Leute haben gesagt, wenn sie nur sterben könnten; denn die Leut' sind so verzagt, dass sie den Toten im Grab neidig geworden sind.»[115]

Die Franzosen unter General Moreau verfolgten indessen, berauscht durch den Sieg und gestärkt durch die Plünderungen, die Trümmer der österreichischen Armee über Bayerns östliche Grenzen hinaus. In Mühldorf wurde eine Art Auffangstellung gebildet, worüber ein bayerischer Reiter berichtete: «Hier hielten wir uns einen Tag lang auf, um unsere verwundeten Leute aufzunehmen. Viele kamen zu Fuß daher, weil ihnen die Pferde erschossen worden waren.»[116] Am Morgen des 9. November ging die französische Armee bei Neubeuern auf Pontonbrücken über den Inn, wovon in der französischen Nationalgalerie ein später entstandenes, überaus feinteiliges Gemälde von Simeon Fort existiert.[117] Da die Dynamik der französischen Verfolgung insgesamt jedoch recht schwach war, konnten sich die Reste der österreichisch-bayerischen Armee fast unbehindert in Richtung Wien zurückziehen. Auch der erfahrene Erzherzog Karl, der am 18. Dezember seinen 18-jährigen Bruder im Oberkommando ablöste, konnte allerdings aus den 30 000 Mann, die von Hohenlinden und der anschließenden Verfolgung noch übrig geblieben waren, keine widerstandsfähige Streitmacht mehr bilden. Moreau marschierte nahezu ungehindert auf die Hauptstadt des Habsburgerreiches zu und erreichte am 20. Dezember Wels. Im Angesicht dieser militärisch ausweglosen Lage blieb dem Kaiser nichts anderes übrig, als am ersten Weihnachtstag des Jahres 1800 (25. Dezember) in Steyr dem Abschluss eines Waffenstillstandes zuzustimmen. Dieser beendete die Kämpfe des II. Koalitionskrieges auf dem europäischen Festland.

Heftiges Schneetreiben und schneidender Wind herrschten erneut, als am 5. Dezember 1998 auf dem westlichen Schlachtfeld von Hohenlinden ein zutiefst würdiges Erinnerungsmal eingeweiht wurde. Den Verantwortlichen ging es dabei bewusst darum, «nichts Glänzendes, Heiles, Intaktes», sondern vielmehr ein Sinnbild der Wirklichkeit des Krieges und gleichzeitig eine mahnende Hoffnung zum Frieden zu errichten.[118] Vier quadratisch angeordnete Metallstreben in einer Höhe von 3,60 Meter bei einer Gesamthöhe von 3,90 Meter sind oben durch goldfarbene Kugeln mit vier weiteren, horizontal aufliegenden Metallquerbalken verbunden. In der Mitte befindet sich ein 2,70 Meter hoher, runder Blutstein aus rotem finnischen Granit, der für das vergossene Blut der ungezählten zivilen und militärischen Opfer steht. Drei der vier vertikalen, das Denkmal umrahmenden Metallstreben erinnern jeweils an die an der Schlacht beteiligten Nationen Frankreich, Österreich und Bayern, die vierte aber an die Leiden der Zivilbevölkerung. Entscheidend an dem Denkmal sind die goldenen Kugeln sowie die verbindenden Querbalken. Die Kugeln stehen für die Hoffnung in die Regierungen der europäischen Länder, den Frieden dauerhaft zu bewahren, sowie als verbindendes Element die waagerecht aufliegenden Balken für ein vereintes Europa. Es ist somit eines der ganz wenigen Denkmäler in Bayern, das im Gegensatz zu den kriegsverherrlichenden Pendants des 19. und frühen 20. Jahrhunderts, auf die exemplarisch noch eingegangen werden soll, in seiner Symbolik auf den Frieden ausgerichtet ist.

II. KAPITEL

DER WECHSEL AN DIE SEITE NAPOLEONS

Der Friede von Lunéville
und der Freundschaftsvertrag mit Frankreich

«Wir wollen den Kurfürsten so stark und mächtig wie möglich machen.»
Napoleon zum bayerischen Gesandten Cetto, 1801

Der Friede von Lunéville vom 9. Februar 1801 gestaltete Mitteleuropa nicht nur in seinen politischen Grenzen um, sondern veränderte in seinen Konsequenzen auch eine seit mehr als einem Jahrtausend bestehende soziale Ordnung. Frankreich erhielt im Osten den seit der Revolution als «natürliche Grenze» geforderten Rhein, den es bereits seit 1794/95 militärisch besetzt hielt und schon 1797 im Frieden von Campo Formio erhalten hatte. Weiterhin musste Kaiser Franz II. erneut mehrere französische Satellitenstaaten, die Helvetische Republik (die Schweiz), die Batavische Republik (Holland) sowie die Ligurische Republik (Genua), anerkennen. Eine Regelung mit weitreichenden Folgen für die deutschen Lande war, dass das Alte Reich sich in Artikel 7 verpflichtete, die auf dem linken Rheinufer von Gebietsverlusten betroffenen Fürsten auf dem rechten Rheinufer durch Reichsstädte und durch geistliche Gebiete zu entschädigen.[1] Anders gesagt, der katholischen Kirche sollten umfangreiche Gebiete und Besitz genommen werden, wobei dieser als «Säkularisation» bezeichnete Vorgang keinesfalls eine Erfindung der Französischen Revolution oder des Friedens von Lunéville war. Schon Kaiser Joseph II. hatte im erzkatholischen Österreich Hunderte Klöster entschädigungslos enteignet, um die klammen Staatskassen zu füllen.

Im Vertrag von Lunéville war unter anderem eine angemessene Entschädigung für Erzherzog Ferdinand III. vorgesehen (Artikel V), einen Bruder von Kaiser Franz II., der in Italien die Toskana an Napoleon

verloren hatte. Der österreichische Verhandlungsbevollmächtigte Graf
Ludwig Cobenzl versuchte daher im geheimen Teil der Verhandlungen
mit Nachdruck, Napoleons Zustimmung für eine Gewinnung weiter
Teile Bayerns zu erhalten. Der bayerische Sondergesandte in Paris,
Legationsrat Anton von Cetto, schrieb über die österreichische Verhandlungsführung in Lunéville später in einem Brief an den Kurfürsten:
Während die bayerischen Soldaten «verwundet, verstümmelt und tot
waren, weil sie versucht hatten, die Franzosen am Eindringen nach Bayern [im Vorfeld Österreichs und damit nach Österreich selbst] zu hindern, schlug Graf Louis Cobenzl vor, ich weiß dies aus dem Munde des
ersten Konsul, dass die französische Regierung Österreich den größten
Teil Bayerns bis zum Lech überließ, ‹weil›, so Cobenzl, ‹die Großmächte
zu allen Zeiten ihre Differenzen nur auf Kosten der kleinen Staaten
regeln konnten›».[2] Vor dem Hintergrund dieser neuerlichen Annexionsabsichten Österreichs interessierte Graf Cobenzl die Entschädigung
Bayerns verständlicherweise recht wenig. Napoleon verweigerte jedoch
in Lunéville der Abtretung jeglichen bayerischen Gebietes seine Zustimmung: Bayern verdankte Napoleon seine eigenstaatliche Existenz.

Vor allem die Schlacht von Hohenlinden hatte klar gezeigt, wohin
sich in Mitteleuropa die Macht verlagert hatte – in das napoleonische
Frankreich. Die solcherweise veränderten Voraussetzungen erforderten,
so Montgelas wörtlich, für Bayern «einen grundlegenden Wechsel der
[außenpolitischen] Position».[3] Als nüchterner Realpolitiker hatte der
federführende bayerische Minister klar erkannt, dass mit Österreich
momentan weder politisch noch militärisch etwas zu gewinnen war,
der Verbleib an dessen Seite das eigenstaatliche Bestehen Bayerns vielmehr gefährdete. Da Preußen einen strikten Neutralitätskurs verfolgte,
bestand die einzig logische Konsequenz in einem Zusammengehen mit
dem napoleonischen Frankreich, das seinerseits ein großes strategisches
Interesse an einer Zusammenarbeit mit Bayern hatte. Von dieser Zusammenarbeit waren anders als an der Seite Österreichs gewaltige Vorteile und Gewinne zu erwarten, wie es die nahe und mittlere Zukunft
mehr als bestätigen sollte.

Im Frieden von Lunéville war Bayern eine «angemessene Entschädigung» zugesichert worden, und es war klar, dass, obwohl Kaiser Franz
diesen Vertrag geschlossen hatte, von diesem bei den kommenden Verhandlungen keinerlei Unterstützung bei der Realisierung dieser Maß-

nahme zu erwarten war, denn die dafür vorgesehenen Reichsstädte und geistigen Herrschaften gehörten zu den zuverlässigsten machtpolitischen Stützen des Kaisers im Alten Reich.[4] Es zeigte sich allerdings schon sehr bald, dass Franz II. sich nur dann gegen eine Säkularisation aussprach, wenn diese zum Vorteil anderer Staaten war. Dort jedoch, wo die Entschädigungen zum Vorteil Österreichs ausfielen, sah die Sache ganz anders aus. So ließ der Kaiser noch lange vor einer reichsgesetzlichen Regelung die für seinen Bruder, Erzherzog Ferdinand III., bestimmten Gebiete Salzburg, Passau und Berchtesgaden militärisch besetzen.[5]

Da Montgelas die möglichen Konsequenzen eines Vertrages mit Frankreich fürchtete, zögerte er die diesbezüglichen Verhandlungen lange hinaus – für Napoleon zu lange. Als der bayerische Gesandte in Paris endlich mit den notwendigen Vollmachten aus München versehen wurde, weigerte Napoleon sich, diesen zu empfangen, und ließ mitteilen, das Angebot komme zu spät. Cettos Position in Paris wurde zusätzlich geschwächt, weil Montgelas, um sich nach beiden Seiten hin die Türen offen zu halten, parallel auch in Wien verhandeln ließ. Hierbei ging es dem bayerischen Minister vor allem darum, in Erfahrung zu bringen, was die Absichten und Pläne Österreichs in Bezug auf Bayern waren. Alles andere als beruhigend sagte Franz II. zum bayerischen Gesandten in Wien Gravenreuth: «Bisher waren unsere Interessen die gleichen, es könne sich aber bald treffen, dass dieses nicht mehr der Fall wäre.»[6] Natürlich war diese Aussage heuchlerisch, denn fraglos lag es nie im bayerischen Interesse, von Österreich annektiert zu werden, wie es Kaiser Franz beabsichtigte, ohne freilich das Kind beim Namen zu nennen. Unabhängig davon ließ der drohende Unterton der kaiserlichen Worte es ratsam erscheinen, die Verhandlungen nicht abbrechen zu lassen, bevor nicht mit Napoleon eine Einigung erzielt worden war.

Zwar war der erste Konsul erst im Juni 1801 erneut bereit, mit Bayern in ernsthafte Verhandlungen zu treten – dann aber schritten diese mit dem Napoleon eigenen Tempo voran und mündeten im Abschluss des französisch-bayerischen Friedens- und Freundschaftsvertrages vom 24. August 1801.[7] Die grundlegenden Bestimmungen des Vertrages waren: 1) Frankreich verzichtete auf die bayerischen Schulden in Höhe von sechs Millionen Gulden, die König Ludwig XVI. Herzog Karl von Zweibrücken als Unterstützung für den Widerstand gegen die Tauschpläne Kurfürst Carl Theodors geliehen hatte. 2) Bayern erkannte analog zum Vertrag von Lunéville den Verlust seiner linksrheinischen Gebiete an. Weiterhin übernahm Frankreich den größten Teil der auf diesen Gebieten lastenden Schulden. 3) Frankreich garantierte den Bestand sämtlicher rechtsrheinischer Territorien Bayerns. 4) Frankreich, und das war entscheidend, sagte Bayern seine politische Unterstützung bei der im Frieden von Lunéville festgesetzten Entschädigung im rechtsrheinischen Deutschland zu. Über den Vertrag hinaus gab Napoleon eine mündliche Zusage, im Falle eines österreichischen Angriffs Hilfe zu leisten.[8]

Die Motive Frankreichs brachte Napoleon in einem Gespräch mit dem bayerischen Gesandten Cetto wie folgt auf den Punkt: «Wir wollen den Kurfürsten so stark und mächtig wie möglich machen. Denn wenn Preußen sich die eine Hälfte Deutschlands nähme und Österreich die andere, so wäre uns das sehr unangenehm und man muss dem vorbeugen.»[9] Für Napoleon lag das strategische Interesse darin, mit dem stärksten süddeutschen Staat ein kraftvolles Bollwerk an der Grenze zu Österreich aufzubauen und dadurch auf die Verhältnisse in Deutschland insgesamt Einfluss zu nehmen. Bayern war, wie die kommenden Jahre zeigen sollten, in der Waagschale der wechselnden Allianzen der europäischen Großmächte ein entscheidendes, wenn nicht das entscheidende Gewicht.

Der Vertrag, der bezeichnenderweise der erste mit allianzähnlichem Charakter war, den ein deutscher Staat mit dem napoleonischen Frankreich schloss, war für Bayern außerordentlich vorteilhaft. Er sicherte nicht nur den eigenstaatlichen Bestand gegen die notorischen Annexionsbestrebungen des mächtigen Nachbarn Österreich, sondern er stellte auch eine territoriale Vergrößerung in Aussicht. Der erste Schritt eines außenpolitischen Richtungswechsels des militärisch, machtpolitisch und pekuniär geschwächten Bayern war getan.

Inzwischen war es dem bayerischen Gesandten in Wien gelungen, in Erfahrung zu bringen, dass Österreich als zusätzliche Entschädigung für Erzherzog Ferdinand III. erneut eine Abtretung Bayerns bis mindestens zum Inn, besser aber bis zum Lech anstrebte. Gleich einem kühl berechnenden Schachspieler führte Montgelas daraufhin einen doppelten diplomatischen und publizistischen Zug aus. Zum einen wies er den bayerischen Gesandten an, die Hofburg höflichst darüber zu informieren, dass die territoriale Unversehrtheit des Kurfürstentums sowohl durch

Frankreich als auch durch Russland garantiert worden sei.[10] Zum anderen sorgte der Minister dafür, dass die österreichischen Annexionspläne in der Münchner Staatszeitung veröffentlicht wurden, was für Wien in den Augen der Öffentlichkeit des ganzen Reiches eine schwere moralische Niederlage darstellte.[11] Die österreichische Regierung ließ als Reaktion darauf erklären, diese Möglichkeit sei lediglich optional unter dem Vorbehalt eines «freiwilligen Einverständnisses» der Regierung Montgelas verhandelt worden, wobei die Aussage, man habe gehofft, Bayern könne sein Staatsgebiet bis zum Lech «freiwillig» abtreten, auch damals wenig glaubwürdig angemutet haben dürfte.

Im März 1802 schloss Napoleon auch mit England einen Frieden, der den seit 1792 in Europa andauernden Kriegszustand beendete. Im Regensburger Rathaus nahm nun eine neunköpfige Reichsdeputation, deren nominelle Aufgabe es war festzulegen, wer von den zu entschädigenden Fürsten rechts des Rheins was und wie viel genau bekommen sollte, am 24. August 1802 ihre Arbeit auf. Die großen Entscheidungen wurden allerdings nicht in Regensburg getroffen, sondern das dortige Gremium war im Wesentlichen ein ausführender Erfüllungsgehilfe der Beschlüsse in Paris. Teilweise noch vor Beginn der Reichsdeputation waren die entscheidenden Festlegungen hin zur territorialen Neuordnung Deutschlands getroffen worden. Es waren dies die Erneuerung des französisch-bayerischen Freundschaftsvertrages vom 24. Mai 1802, in dem die Bayern zugedachten Gebiete erstmals konkret genannt waren, der von Frankreich und Russland ausgearbeitete Entschädigungsplan («Mediationsakte») vom 3. Juni 1802 sowie die Letzteren garantierende französisch-preußisch-bayerische Konvention vom 5. September 1802.[12] Bayern saß mit den Großmächten an einem Tisch und sollte dies während der gesamten napoleonischen Zeit immer wieder tun, auch wenn es dort von diesen je nach eigener Interessenlage unterschiedlich gern oder ungern gesehen wurde.

Den Gepflogenheiten der Zeit entsprechend, flossen bei dem gewaltigen Gebietsschacher Unsummen an als «Handsalben» bezeichneten Bestechungsgeldern,[13] wobei sich der in Paris maßgeblich in die Verhandlungen involvierte französische Außenminister Talleyrand kolossal bereicherte. Zuverlässige Schätzungen besagen, dass er sich seine Rolle bei der Zuteilung der deutschen Gebiete von verschiedensten Seiten bis zum Jahr 1804 mit bis zu 40 Millionen Francs bezahlen ließ.[14] In

Regensburg gestalteten sich die Verhältnisse ganz ähnlich, wie Graf von Sternberg, der Vertreter des Hochstifts Freising beim Reichsdeputation-hauptschluss, berichtete: «Die Gesandten aller Höfe waren versammelt, die Stadt wimmelte von Fremden, die sich auf Kosten eines Dritten nicht bloß entschädigen, vielmehr bereichern wollten. Die französische Gesandtschaft hatte ein geheimes, doch jedermann bekanntes Bureau errichtet, in welches die Angebote für die Entschädigungsprojekte ein-getragen wurden, die gleichsam plus offerenti [dem Meistbietenden] verteilt werden sollten. Warum die geistlichen Stände, die doch ebenso rechtliche Besitzer ihres Eigentums und ihrer Reichswürden waren wie die weltlichen Fürsten, allein das Opfer werden sollten, dafür war frei-lich kein rechtlicher Grund nachzuweisen, er wurde auch nicht ge-sucht: Die Fabel vom Wolf und vom Lamm war der Kodex, dem man folgte.»[15]

Auch Bayern beteiligte sich in Paris und Regensburg mit mehreren Millionen Gulden an diesen Bestechungen, allein schon deshalb, um vor dem übereifrig zahlenden Württemberg nicht ins Hintertreffen zu gera-ten.[16] Noch bevor in Paris oder Regensburg irgendeine Entscheidung getroffen worden war, schickte Kurfürst Max Joseph im Frühjahr 1802 den erfahrenen Generalstabsoffizier Major von Ribaupierre auf eine ausgedehnte Erkundung durch jene Gebiete, mit deren Erwerb gerech-net wurde.[17] Seine mehrwöchige Reise ging über 1500 Kilometer auf teilweise mittelalterlich beschaffenen Straßen von München über das altbayerische Ingolstadt und das erzkatholische Eichstätt in die Freie Reichsstadt Nürnberg, dann durch Bamberg und Schweinfurt nach Westen den Main entlang bis fast nach Aschaffenburg, von dort über Heilbronn und Schwäbisch Gmünd nach Ulm, von wo sein Weg in das Allgäu nach Kempten und über Augsburg mit einem Umweg über das habsburgische Günzburg wieder zurück in die Hauptstadt an der Isar führte.

Trotz aller klar tendenziös gefärbten Pflichtbewusstheit seiner Reise-berichte an Montgelas geben sie der Nachwelt ein ungeheuer wertvolles Bild der untergegangenen Welt im unmittelbaren Vorfeld der Säkulari-sation, die dem bayerischen Major in all ihrer Vielschichtigkeit ent-gegentrat. Der stattliche Offizier mit dem wehenden hohen Federbusch in der blauweißen Uniform sprach in Franken mit Perücken tragenden Patriziern, die in ihrer geistigen Gesinnung an Salz gewordene Denk-

mäler des Frühbarock denken ließen, traf in ländlichen Gebieten den
schwärzesten Aberglauben, der die erst 100 Jahre zurückliegenden
Hexenverfolgungen nachvollziehbar werden lässt, und fand im reichen
Augsburg, das so gar keine Lust hatte, bayerisch zu werden, eine «antibayerische Kreuzzugsstimmung».[18] Ebenso wenig bayernfreundlich
war die Stimmung in Kempten, wo noch 1775 eine «Hexe» zum Tode
verurteilt, wenn auch nicht hingerichtet worden war, und sich die katholischen Bewohner – vielleicht lag es an der Nähe zu den Bergen –
«für Wesen höherer Art» hielten.[19] In der Freien Reichsstadt Ulm war
die Bevölkerung mit der unfähigen und Vetternwirtschaft treibenden
Patrizierherrschaft zutiefst unzufrieden, wozu der bayerische Offizier
notierte: «Ordnung, Interesse für das allgemein Beste (...) – fremde
Worte in einem patrizischen Wörterbuche» und: «Die Bürgerschaft führt
seit langem Prozesse mit dem Magistrate», der «nicht im mindesten
durch die missliche Lage der Untertanen litt (...). Der Bauer kennt
nichts Schlimmeres als die Gegenwart.»[20] Ähnliches traf für die Freie
Reichsstadt Ellwangen zu, wo, so Ribaupierre, «kein Bauer das min-
deste Eigentum verkaufen [durfte], ohne vorher durch Schmieren die
Erlaubnis zu erhalten».[21] In der protestantischen Reichsstadt Schweinfurt durften sich Katholiken von Gesetzes wegen über einen längeren
Zeitraum gar nicht aufhalten. Allerorten deutlich fühlbar waren die un-
überbrückbar scheinende Kluft zwischen katholischen und evangeli-
schen Landstrichen (noch immer waren Heiraten zwischen Katholiken
und Protestanten streng verboten) sowie die meist diskriminierende Behandlung der Juden.

Die Stimmung in den bereisten Gebieten war keineswegs homogen,
sondern stand meist in Beziehung zur Konfession, Bildung und vor allem
zu den jeweiligen wirtschaftlichen Lebensbedingungen. So fällt auf,
dass dort, wo es den Menschen gut ging, sie am allerwenigsten Neigung
zeigten, den Landesherrn zu wechseln. Im wohlhabenden Würzburg
sagten die altehrwürdigen Domherren zu Ribaupierre wörtlich, sie hielten eine Säkularisation «für ebenso unmöglich wie einen Ritt nach dem
Mond». Die Kirchenherren erklärten jeden, «welcher davon spricht, für
einen verrückten, außer Mode gekommenen Jakobiner».[22] Tatsächlich
sollte der fantasievoll herbeizitierte Ritt bzw. Flug zum Mond noch
167 Jahre auf sich warten lassen, die Säkularisation Würzburgs und
zahlreicher anderer Territorien allerdings ungleich weniger lange.

Die bayerischen Gebietsgewinne
im Reichsdeputationshauptschluss und die Folgen
der Säkularisation

«Zwischen gestern und heute stand eine Kluft von tausend Jahren:
Heute ist der Riesenschritt über diese unermessliche Kluft gewagt.»
Freiherr von Aretin über die Klosteraufhebung am 1. April 1803

Am 23. November 1802 fasste die Regensburger Reichsdeputation –
vor allem auf Drängen Bayerns – den überaus weitreichenden Beschluss, dass es den von der Entschädigung begünstigten Staaten frei-
stehe, die jeweiligen landständischen Klöster aufzuheben und deren
Vermögen vollständig einzuziehen.[23] Nachdem diese Entscheidung einmal getroffen war, machten alle entschädigten Fürsten eifrig davon
Gebrauch. Bayerische Kommissäre hatten sich bereits zu Beginn des
Jahres darangemacht, in den Klöstern gründliche Inventarisierungen
vorzunehmen und deren vollständige Übernahme vorzubereiten. Zum
Teil wurden die betreffenden Gebiete und Reichsstädte auch bereits
von bayerischem Militär besetzt und damit vollendete Tatsachen geschaffen.

Das Ergebnis der Reichsdeputation wurde in Form eines Reichsgeset-
zes im sogenannten Reichsdeputationshauptschluss vom 25. Februar
1803 festgelegt, der in weiten Teilen dem zwischen Frankreich und
Russland ausgearbeiteten Entschädigungsplan vom 2. Juni 1802 folgte.[24]
Nicht weniger als insgesamt 112 bislang territorial selbstständige
Reichsstände mit rund drei Millionen Einwohnern verfielen der Auflösung und wurden den rechtsrheinischen Fürsten zugeschlagen. Neben
nahezu allen Freien Reichsstädten und geistlichen Herrschaften betraf
dies auch zahlreiche Reichsritterschaften.[25] Einer der entschiedenen
Gewinner neben Preußen, Württemberg und Baden war Kurfürst Max
Joseph, wobei sich dessen neue außenpolitische Orientierung nach Paris
mehr als reichlich auszahlte. Den Verlusten Bayerns auf dem linken
Rheinufer von 200 Quadratmeilen mit rund 730 000 Einwohnern stand
ein Gewinn von 288 Quadratmeilen mit 834 000 Einwohnern rechts
des Rheins gegenüber. Das Kurfürstentum Bayern erhielt 15 Reichsstädte und 13 Reichsabteien. Es waren dies die vormals Freien Reichs-

städte Bopfingen, Buchhorn, Dinkelsbühl, Kaufbeuren, Kempten, Leutkirch, Memmingen, Nördlingen, Ravensburg, Rottenburg, Schweinfurt, Wangen, Weißenburg, Windsheim und Ulm zuzüglich der Reichsdörfer Gochsheim und Senfeld sowie die Freien Leute auf der Leutkircher Heide. An Reichsabteien erhielt Bayern Ebrach, Elchingen, Irsee, Kaisheim, Ottobeuren, Roggenburg, Söflingen, St. Ulrich und Afra in Augsburg und Ursberg. Weiter fielen an Bayern die Hochstifte Würzburg («Ritt zum Mond»), Bamberg, Augsburg und Freising, der jeweils kleinere Teil der Hochstifte Passau und Eichstätt sowie von Salzburg die Enklave Mühldorf.[26] Dafür musste Kurfürst Max Joseph allerdings die rechtsrheinische Kurpfalz, in der er aufgewachsen war, an Baden abtreten.[27]

Einige Gebiete, wie beispielsweise die Fürstabtei Kempten, wurden nur dank der nachdrücklichen Initiative des bayerischen Gesandten Cetto in Paris Bayern zugesprochen. Ohne dessen Verhandlungsgeschick wäre diese Stadt im Allgäu heute mit einiger Wahrscheinlichkeit ein Teil Österreichs.[28] Hingegen fiel der weitaus größte Teil des ursprünglich Bayern zugesagten Hochstifts Eichstätt an Erzherzog Ferdinand III., was neben dem Salzburger Gebiet von Kaiser Franz II. zur Bedingung für seine (notwendige) Zustimmung zum Reichsdeputationshauptschluss gemacht wurde und einmal mehr klar zeigte, dass es diesem vor allem darum ging, die Macht des Hauses Habsburg zu vergrößern.[29] Besonders deutlich wurde dies in der Weisung an den österreichischen Gesandten beim Reichstag in Regensburg, Colloredo, in der es hieß, Österreich wolle die Reichsverfassung erhalten, könne aber, auf sich allein gestellt, «das sinkende Gebäude» nicht stützen und müsse vielmehr auf seinen Selbsterhalt bedacht sein.[30]

Verlierer der Säkularisation war neben dem Alten Reich[31] die seit dem Frühmittelalter im gesellschaftlichen Gefüge fest verankerte katholische Kirche. Im Benediktinerkloster von Elchingen schrieb Pater Baader nach dem Eintreffen des bayerischen Zivilbesitznahmekommissars: «Auf einmal ist im Kloster alles so still geworden, als wenn es ausgestorben wäre; alle Ämter haben zu verwalten aufgehört, der Herr Prälat selbst ist aus aller Aktivität gesetzt. Es ist bei uns alles so tot und niedergeschlagen, dass wir weder essen noch trinken, noch schlafen können; man geht herum wie der Schatten an der Wand.»[32] Die annektierten geistigen Hochstifte und Klöster verloren neben ihren Besitzungen auch alle weltliche Macht. Die durch die Klöster vertretene katholische Kirche war fortan kein mitbestimmender und mitgestaltender Teil der staatlichen Verhältnisse mehr, sondern dem neuen bayerischen Staat unwiderruflich untergeordnet.

Um diese Entmachtung vollständig und nachhaltig zu gestalten, wurde die kirchliche Betätigung fortan überwacht, die Ausbildung der Priester und Pfarrer staatlich organisiert und erfolgte die Stellenbesetzung unter staatlicher Regie. Papst Pius VII. protestierte zwar am 23. Februar 1803 förmlich gegen die Säkularisation in Bayern, konnte dem jedoch allein schon deshalb wenig Gewicht verleihen, da er selber im Konkordat mit Frankreich von 1801 die dortigen Enteignungen infolge der Revolution ausdrücklich gutgeheißen hatte. Außerdem datierte der Protest des Heiligen Stuhles genau zwei Tage vor der Verabschiedung des Reichsdeputationshauptschlusses und traf infolgedessen viel zu spät nördlich der Alpen ein.[33] In jedem Fall war die rücksichtslos durchgeführte Säkularisation einer der Gründe, warum sich die Verhandlungen zum Abschluss eines Konkordats in Bayern bis zum Jahr 1818 hinzogen.

Finanziell war der Gewinner der Säkularisation nicht, wie man annehmen könnte, der bayerische Staat. Zwar erhielt dieser aus den Klöstern alles in allem mehr als 43 Millionen Gulden,[34] musste jedoch auch deren ungeheure Schulden und Pensionslasten übernehmen. Auch war es so, dass die süddeutschen Klöster ihr Barvermögen oftmals auf Wiener Banken liegen hatten und sich Österreich trotz Protests nicht nur weigerte, dieses an Bayern herauszugeben, sondern dasselbe bei dieser Gelegenheit gleich einbehielt. Zusätzlich besaßen die von Bayern aufgehobenen Klöster umfangreiche Ländereien in Südtirol und der Wachau, die natürlich ebenfalls eiligst vom Wiener Hof in Besitz genommen wurden.[35] Es handelte sich dabei um nicht weniger als rund 25 Prozent des wirtschaftlichen Gesamtwertes der im Kurfürstentum gelegenen, reichsunmittelbaren Klöster, so dass auch Österreich zu den Gewinnern der bayerischen Säkularisation gerechnet werden kann.[36] Rechnet man Gewinn und Belastung in Bayern gegeneinander auf, so blieben dem Staat laut dem Historiker Eberhard Weis lediglich rund 5 Millionen Gulden.[37] Freilich ist diese Rechnung auf die Zeit Montgelas' begrenzt und zieht in die Betrachtung nicht den fulminanten Gewinn mit ein, den der bayerische Staat durch Steuereinnahmen, Klosterwälder und Weiteres bis auf den heutigen Tag aus der Säkularisation zieht.

Während das Ministerium Montgelas versuchte, durch Versteigerungen kurzfristig den größtmöglichen Gewinn aus den Klosteraufhebungen zu schlagen, behielt es die gewonnenen Klosterwaldungen mit einem Bestand von rund 100 000 Hektar zum größten Teil dauerhaft ein.[38] Bis auf den heutigen Tag stammt ein Drittel der reichen Waldbestände des Freistaates Bayern aus den Klosteraufhebungen von 1802/03.[39]

Der größte und eigentliche Gewinner der Säkularisation in Bayern war daher in finanzieller Hinsicht nicht der Staat, sondern infolge äußerst günstiger Ersteigerungen von Ländereien das Haus Wittelsbach selbst. Hinzu kamen neben einem kleinen, von Montgelas handverlesenen adeligen Personenkreis, zu dem selbstverständlich auch er selbst gehörte, eine bemerkenswerte Anzahl an mit der Säkularisation beauftragter Beamter und eine recht überschaubare, wohlhabende Käuferschicht, die sich den Erwerb größerer Klostergüter leisten konnte. Der Minister selbst erwarb im Raum Regensburg vier säkularisierte Ländereien sowie zwei klösterliche Brauereien, wobei es sich erübrigt darzustellen, wie in diesen Fällen das Bieterverfahren vonstattenging.[40]

Machtpolitisch hingegen war der Staat ganz entschieden Gewinner der Säkularisation, war doch mit dieser der erste, entscheidende Schritt zur Vereinigung der alleinigen Macht unter dem Ministerium Montgelas vollzogen. Es war mit der Aufhebung der Klöster der geistige, wirtschaftlich stärkste Stand in der Landschaftsordnung und damit ein mächtiger Pfeiler derselben unwiderruflich beseitigt.[41] Die Regierung Montgelas war damit dem von Anfang an insgeheim verfolgten Ziel der vollständigen Eliminierung der Landschaftsordnung um einen Quantensprung näher gekommen.

Säkularisation und Mediatisierung griffen tief in das Leben Zehntausender Menschen ein, die bei dieser Gelegenheit gezwungenermaßen bayerisch wurden. In einigen Reichsstädten wurde die neue Regierung begrüßt, da damit die Übernahme der gewaltigen Schulden und eine politische Entmachtung des Patriziats verbunden waren. Vor allem in den katholischen Reichsstädten jedoch stand die Bevölkerung der bayerischen Machtübernahme keinesfalls positiv gegenüber. So erregte in Nördlingen die sofortige Herabnahme der Wappenadler des Alten Reiches von den Stadttoren erheblichen Unwillen. Auch wurden sämtliche Anschläge des religiösen Toleranzedikts bei Nacht einfach abgerissen, was an dessen Gültigkeit freilich nichts änderte.

Die Aufhebung der jahrhundertealten Klöster war für die Betroffenen ein brutaler wirtschaftlicher und sozialer Kahlschlag. Die Äbte und Mönche waren zumeist zahlungsfähige und nicht selten ausschließliche Auftraggeber für zahlreiche Gelehrte, Beamte, Bedienstete, Handwerker, Müller, Bäcker, Metzger usw. gewesen.[42] Es gab, wenngleich in bescheidener Anzahl, teilweise sogar klösterliches Militär.[43] Etwa 10 000 in Lohn und Brot stehende Menschen verloren von heute auf morgen ihre Einkommensgrundlage, was sich unmittelbar auf deren Familien auswirkte, so dass der staatliche Sanierungsversuch auf Kosten der Klöster zu Lasten von insgesamt rund 25–30 000 Menschen bzw. 8 Prozent der Bevölkerung ging.[44] Dieser Folgen war sich Montgelas im Vorfeld der Säkularisation teilweise durchaus bewusst. Er notierte dazu am 2. April 1802: «Es ist nicht darauf zu verzichten, jenen Klosterdienern, die dessen bedürftig sein werden, Alimentationen und Gnadenpensionen zu gewähren, sobald man sämtliche Klöster aufhebt. Dort wird man immer Subjekte und sie in nicht geringer Zahl antreffen, die wegen Alter und Kraftlosigkeit einer humanen Bedachtnahme bedürfen. Diese Bedachtnahme darf keineswegs übersehen werden, wenn das Recht, die Humanität und die Staatsräson in den Augen des Volkes nicht empfindlichen Schaden leiden soll.»[45]

Der ministerielle Grundgedanke führte dazu, dass der Staat für einen Teil der vorher für die Klöster tätigen Arbeitnehmer sogenannte Gnadenpensionen bezahlte, die durchschnittlich jedoch nur 40 Prozent der zuvor erhaltenen Löhne und Naturalien ausmachten.[46] Auch hatten die Klöster im Fall von Katastrophen stets sozialen Halt geboten, was der bayerische Staat keineswegs zu ersetzen vermochte. Hinzu kam, dass die Klöster aufgrund ihrer christlichen Grundausrichtung traditionell meist für die Armen- und Krankenfürsorge in Form von Hospitälern und Klosterapotheken zuständig gewesen waren, was infolge der Beschlagnahme und des Abtransports der Kassen nach München vielerorts mit einem Schlag wegfiel. Lediglich die ehemaligen Klosterapotheken blieben in stark verminderter Anzahl bestehen, zumeist wurden sie aber in zentral gelegene Städte oder Marktorte verlegt.[47] Wer fortan Medizin benötigte, musste nicht selten eine lange, manchmal mehrtägige Reise auf sich nehmen.

Was die Versorgung der Mönche selbst in Form von Pensionen anging, hatte der Reichsdeputationshauptschluss in Paragraph 64 festge-

legt, dass die neuen Landesherren diese in einer festgelegten Ermessens-
spanne zu übernehmen hatten. In Bayern lagen diese Geldzuwendungen
im unteren Bereich des reichsgesetzlich Vorgeschriebenen.[48] Die Lebensbedingungen der Mönche verschlechterten sich demzufolge trotz
der Pensionen erheblich, da die Bezüge nicht an die höheren Wohn- und
Lebenskosten angeglichen wurden.

37 Prozent aller Bauernhöfe standen bis zum Jahr 1800 unter der
Oberherrschaft der Klöster, wobei die Säkularisation die Besitzverhält-
nisse dahingehend veränderte, dass ab 1802/03 der Staat Grundherr für
56 Prozent aller Bauern wurde.[49] Den neu hinzugekommenen klösterlichen wie auch den alten, bislang unter staatlicher Oberherrschaft stehenden Bauern wurde angeboten, die Höfe und das bewirtschaftete
Land gegen Leistung einer einmaligen Zahlung von höchstens 600 Gulden oder einem je nach Größe entsprechend niedrigeren Betrag abzu-
lösen bzw. zu erwerben.[50] Die seit einem Jahrtausend an Abhängigkeit
gewöhnten Bauern misstrauten allem Neuen jedoch zumeist.[51] Zudem
konnten von diesem Angebot nur sehr wenige Gebrauch machen, da
600 Gulden ein Vermögen waren und die meisten das Geld schlicht
nicht besaßen.[52] Es kam in Bayern infolge der Säkularisation deshalb
auch nicht zu einer breit gefächerten Umverteilung von Besitz, sondern
die Käufer von klösterlichen Ländereien und Besitz waren überwiegend
wohlhabende Adelige, höhere Beamte, Besitzbürgertum und ein kleiner
Teil wohlhabender Handwerker und Bauern.[53] Entgegen früherer For-
schungsergebnisse war es allerdings keineswegs so, dass sich die katholische Bevölkerung aus Glaubensgründen nicht am Kauf der Klostergüter beteiligte, sondern dass der weitaus überwiegende Teil der Käufer
eben nicht Protestanten oder Juden, sondern Katholiken, teilweise sogar Geistliche waren. Auch konfessionelle Loyalität hört also nicht
selten beim Geldbeutel auf.[54]

Da das kirchliche und weltliche Leben in den von der Säkularisation
betroffenen Gebieten meist seit Menschengedenken eng miteinander
verwoben war, verursachten die Klosteraufhebungen oftmals einen tief
gehenden psychologischen Schock. Mit Blick auf die Volksstimmung
ließ das Ministerium Montgelas daher zumindest die allermeisten der
oftmals einmalig schönen Klosterkirchen als nunmehrige Pfarrkirchen
bestehen.[55] Bei dieser Entscheidung spielte allerdings auch eine Rolle,
dass hierdurch der Wert der nahe gelegenen ehemaligen Klosterbraue-

reien und -gasthäuser, die der bayerische Staat möglichst gewinnbringend zu verkaufen beabsichtigte, gesteigert werden sollte. Nach dem Kirchbesuch ging man in Bayern eben gerne ins Wirtshaus.

Das Innere der meist kunstvoll ausgestatteten Klöster hingegen wurde in der Regel restlos ausgeschlachtet, wobei mitunter selbst Stroh und Heu sowie Kupferbeschläge und Dachrinnen verkauft wurden. Dies nahm teilweise unwürdige Ausmaße an; so wurden im Augustinerchorherrenstift Dietramszell aus den Fensterstöcken sogar die Eisenhäkchen herausgerissen und getrennt versteigert.[56] Die zahlreichen Wirtschafts- und Konventsgebäude der Klöster selbst wurden zuweilen umfunktioniert, zumeist aber verkauft, wobei mindestens 127 der 400 betroffenen Klöster entweder in Teilen oder aber restlos abgerissen wurden.[57] Dass infolge des Verkaufes der Klostergebäude u. a. die Augustinerkirche in München fortan als Mauthalle genutzt wurde, kann als symbolisch für die Säkularisation insgesamt angesehen werden. Da der Staat innerhalb weniger Monate zumeist durch offene Versteigerung Ländereien, Gebäude und Güter für insgesamt rund 12 Millionen Gulden auf den Markt warf, kam es allerdings zu einem völligen Überangebot, was die Preise in den Keller fallen ließ.[58] Dieser Preissturz griff auch auf die Erzeugnisse von Landwirtschaft und Handwerk über, was eine über ein Jahrzehnt anhaltende Agrarkrise auslöste.[59]

Die mit den Klosteraufhebungen beauftragten Beamten benahmen sich zudem bei der Durchführung der Verstaatlichung jahrhundertealter sakraler Gebiete oft wenig sensibel, und es kam vielerorts zu unnötigen Härten und Schikanen.[60] Manche Klostergebäude fanden fortan als Gefängnisse, «Irrenanstalten» oder Kasernen Verwendung. Die Amberger Franziskanerkirche wurde nach dem Verkauf als Theater genutzt, was bei der Bevölkerung auf nacktes Entsetzen stieß.[61] Den zahlreichen geistigen Hochburgen der Klöster, die zum Teil seit dem Frühmittelalter Wissenschaft, Bildung, Architektur, Kunsthandwerk und die Künste im Allgemeinen gefördert hatten, wurde quasi mit einem Federstrich die wirtschaftliche Grundlage und damit die Existenz überhaupt entzogen.Lebendige geistige und kulturelle Zentren wurden zur Provinz herabgestuft, was sie zum Teil bis auf den heutigen Tag noch sind.

Der mit der Sicherstellung der Klosterbibliotheken beauftragte Adam Freiherr von Aretin fasste den tief in die gesellschaftlichen Verhältnisse eingreifenden Vorgang der Säkularisation in einem aus dem Kloster Schäftlarn geschriebenen Brief am 1. April 1803 in folgende, treffende Worte: «Zwischen gestern und heute stand eine Kluft von tausend Jahren: Heute ist der Riesenschritt über diese unermessliche Kluft gewagt. Von heute an datiert sich eine Epoche der bayerischen Geschichte, so wichtig, als in derselben bisher noch keine zu finden war. Von heute an wird die sittliche, geistige und psychische Kultur des Landes eine ganz veränderte Gestalt gewinnen. Nach tausend Jahren noch wird man die Folgen dieses Schrittes empfinden. Die philosophischen Geschichtsschreiber werden von der Aufhebung der Klöster, wie sie es von der Aufhebung des Faustrechts taten, eine neue Zeitrechnung anfangen und man wird sich dann den Ruinen der Abteien ungefähr mit ebendem gemischten Gefühl nähern, mit welchem wir jetzt die Trümmer der alten Raubschlösser betrachten.»[62] Wenn man in der Symbolsprache Aretins bleiben möchte, kam, auf die Klöster bezogen, dem bayerischen Staat die Rolle des Raubritters zu. Ungezählte Wagen, gefüllt mit Klostergütern, kostbarem Kunsthandwerk, Uhren, Münzen, Silbergeschirr, Monstranzen, Brustkreuzen, Abtstäben, Kelchen, Leuchtern, Altarkruzifixen, Messgewändern, handbeschlagenen und kunstvoll verzierten Bibeln, Unmengen an Kirchensilber, Ölgemälden und zum Teil ganzen Klosterbibliotheken, bewegten sich innerhalb weniger Monate aus allen Himmelsrichtungen in Richtung München. Allein die Bibliothek des Klosters von Polling umfasste 80 000 Werke. Das Münchner Zentralarchiv[63] wurde in den Jahren 1802/03 – und das, obwohl eine strengste Auswahl getroffen wurde – zu einem der größten Urkundenarchive der Welt, wobei die kostbaren Urkunden des 8.–11. Jahrhunderts nahezu ausschließlich aus Klöstern stammen.[64] Dieselbe Umfangserweiterung erfuhr die kurfürstliche Hofbibliothek, die heutige bayerische Staatsbibliothek, deren Bestand auf 600 000 Werke mit einer der bedeutendsten Handschriftensammlungen überhaupt anwuchs. Die allermeisten Bücher der Klosterbibliotheken allerdings wurden entweder an staatliche Schulen oder Provinzbibliotheken überstellt, in alle Winde verkauft oder eingestampft.[65] In München geschah dies in großem Maßstab durch den mit einem kurfürstlich-bayerischen Privileg zur Papierherstellung ausgestatteten Papierfabrikanten Andreas Kaut, der 50 Kreuzer für den Zentner Papier anbot, um, so Kaut, auf diese Weise «zu verwandeln und zu zerstören, dass ihr Material den Menschen nützlich wird» (als ob es vorher nicht nützlich gewesen wäre). Kaut ließ den ihm übergebenen Teil der Bibliotheksbestände in vierspännigen Pferdefuhrwerken nach München bringen und vernichtete dort mindestens 94 Tonnen Bücher aus Klöstern.[66]

Die allermeisten der Werte aus Edelmetall wurden in einer ähnlichen Vorgehensweise entweder an den Meistbietenden versteigert oder in der staatlichen Prägeanstalt eingeschmolzen und bayerische Taler, Gulden und Kreuzer (1 bayerischer Taler entsprach zwei Gulden oder 144 Kreuzern; 1 bayerischer Gulden 72 Kreuzern) daraus geschlagen. Nur wenige Kirchenschätze wurden in staatliche Sammlungen übernommen. Der Gewinn aus eingeschmolzenem Kirchensilber belief sich allein für die altbayerischen Gebiete auf 345 693,11 Gulden und der dort durch Versteigerungen erzielte Erlös auf 290 223,50 Gulden.[67]

Beim Transport der Klosterschätze nach München herrschten laut dem hierfür zuständigen Galeriedirektor von Mannlich oftmals aus heutiger Sicht schwer nachvollziehbare Zustände. Wertvolle Kunstwerke wurden durch unsachgemäße oder gänzlich fehlende Verpackung zerstört, wobei wir uns durchaus jahrhundertealte Ölgemälde und Wagenladungen voller Bücher bei strömendem Regen unter freiem Himmel ohne jede Bewachung vorstellen dürfen. Da die Beamtenreform noch vier bis fünf Jahre in der Zukunft lag und insofern viele derselben von fragwürdiger moralischer Gesinnung waren, kam es nicht selten zu Veruntreuungen, anderes wurde auf dem Transport einfach von fremder Hand gestohlen.[68]

Da von Mannlich allzu energisch gegen diese Zustände Protest einlegte, wurde seine Abreise zu den Klöstern bis zu dem Zeitpunkt verzögert, bis vor Ort bereits vollendete Tatsachen geschaffen worden waren. Montgelas, der die Klosteraufhebungen möglichst schnell durchführen wollte, kam zweifelsohne die Hauptverantwortung zu. Die bayerischen Säkularisationskommissäre zeigten von Mannlich bei dessen verspäteter Ankunft von Montgelas eigenhändig unterschriebene Anweisungen zum unverzüglichen Verkauf der Kunstwerke.[69] So berichtete dieser aus der mediatisierten Reichsstadt Ulm nach München: «In Ulm und bei den Kapuzinerinnen gab er nur noch wenig zu holen. In den sämtlichen reichen Abteien in der Umgebung Ulms war zu meiner großen Umgebung alles an den Mann gebracht worden. Als ich mein Erstaunen und meine Unzufriedenheit darüber äußerte, zeigten mir die Kommissäre von Montgelas gezeichnete Schreiben, die ihnen die Beschleunigung des Verkaufs befahlen.»[70]

Montgelas' Selbstdarstellung in seinen «Denkwürdigkeiten» über seine Anweisungen in Bezug auf die Durchführung der Säkularisation sind hierbei keinesfalls frei von Widersprüchen. Während der Minister einerseits Fehler einräumte, behauptete er andererseits, er selbst habe wiederholt «versucht», allzu große Härten und Missstände bei der Durchführung abzustellen. Doch waren es gerade die von Montgelas unterzeichneten Anweisungen zur schnellstmöglichen Durchführung, die diese Missstände wesentlich mitverursacht hatten.[71] Auch fand sich in dem Anerkennungsschreiben der Regierung an die hauptverantwortlichen Beamten der Säkularisation nichts von Fehlern, sondern dieses liest sich wie eine Selbstbeweihräucherung von reinstem Wasser. Die «große Aufgabe» sei «auf eine solche Art vollendet worden (…), dass schon jetzt die wohltätigsten Folgen daraus hervorgehen, und nach einigen Dezennien [Jahrzehnten] noch fruchtbarere Wirkungen in moralischer, politischer und staatswirtschaftlicher Hinsicht davon sich erwarten lassen».[72] Während dieses Selbstlob, langfristig betrachtet, sicherlich in weiten Teilen zutraf, so stürzte die Säkularisation doch unmittelbar Zehntausende Familien ins Elend. Der bayerische Staat hatte im wahrsten Sinne des Wortes alles genommen und wenig gegeben, was in den betroffenen Gebieten vor dem Hintergrund der zusätzlich ausgelösten Agrarkrise vielfach bitterste Armut für Jahrzehnte zur Folge hatte.[73]

Bis zum Beginn des 19. Jahrhunderts hatte die katholische Kirche zudem in den überwiegend ländlichen Gebieten Altbayerns mit den Klosterschulen sowie den meistens von Geistlichen geführten Dorfschulen nahezu eine Art Bildungsmonopol inne. Durch die Zäsur von 1802/03 fiel dieses Angebot nun mit einem Schlag weg. In vielen Fällen wurden die Schulkinder, die an den Klosterschulen kostenlos unterrichtet worden waren und dort vielfach auch gewohnt hatten, von den bayerischen Beamten von einem Tag auf den anderen nach Hause geschickt. Der Wegfall der klösterlichen Schulen bedeutete eine drastische Verminderung der Bildungsmöglichkeiten des einfachen Volkes vor allem auf dem Land.[74] Es ist daher kein Zufall, dass die Einführung der allgemeinen Schulpflicht in Bayern am 23. Dezember 1802 zeitlich mit der Säkularisation zusammenfiel. Jedes bayerische Kind zwischen dem sechsten und zwölften Lebensjahr, gleich welcher sozialen Schicht, sollte fortan ganzjährig mit Ausnahme der Erntezeit zumindest die schulgeldpflichtige Volksschule besuchen, wobei 2 Kreuzer pro Kind und Woche zu entrichten waren. Die Dorfschulen waren allerdings aus Geldmangel oftmals recht primitiv ausgestattet. So beschrieb ein Augenzeuge 1803 das Erscheinungsbild der niederbayerischen Dorfschule Martinsbuch wie folgt: «Die Schule dampft vom Ofenrauch und Kesseldunst; alle häuslichen Geschäfte werden darin verrichtet; der Boden strotzt von Kot und Unrat; (...) auf die Messe wartende Bauersleute verengen den engen Raum noch mehr und erfüllen die ohnehin erstickende Luft mit ekelhaft schweißlichen Ausdünstungen; fünfundzwanzig Schulkinder (...) sitzen eng zusammengepresst an einer langen Tafel.»[75] Nach den Napoleonischen Kriegen und noch zur Regierungszeit Max Josephs verbesserten sich die Zustände in den Schulen allerdings, und es gab 1820/21 für 500 000 bayerische Kinder immerhin 5008 Schulen und 7114 Lehrer sowie Lehrgehilfen.

Die III. antinapoleonische Koalition

«Die Engländer sind Kaufleute; sie stecken den Kontinent in Brand,
um sich den Welthandel zu sichern.»[76]
Kaiser Franz II., 1805

England und Frankreich hatten im März 1802 den Friedensvertrag von Amiens geschlossen, den Napoleon tatsächlich am liebsten gewahrt hätte. Führende Wirtschaftskreise des Inselreiches mussten jedoch in der Folgezeit feststellen, dass mit einem starken Frankreich der Handel mit dem europäischen Festland zurückging, zumal Napoleon einen England begünstigenden Handelsvertrag ablehnte. Aufgrund dieser primär wirtschaftlichen Interessen eröffneten die Engländer mit der gewaltsamen Wegnahme aller in ihren Häfen liegenden französischen Handelsschiffe im Mai des Jahres 1803 den Krieg erneut.

Als Reaktion darauf zog Napoleon eine gewaltige Invasionsstreitmacht an der Atlantikküste zusammen. Gleichzeitig unternahm er auf diplomatischem Wege zahlreiche Versuche, den Frieden wiederherzustellen, was unter anderem in einem persönlichen Schreiben an den englischen Prinzregenten vom 2. Januar 1805 zum Ausdruck kam: «Mein Herr Bruder, durch die Vorsehung und die Wahl des Senats, des Volks und die Armee auf den Thron Frankreichs berufen ist mein erster Gedanke der Wunsch nach Frieden. Frankreich und England verbrauchen unnütz ihre Kräfte; sie können noch Jahrhunderte lang kämpfen! Erfüllen aber ihre Regierungen die heiligste ihrer Pflichten? Und klagt so viel Blut, das man ohne die geringste Aussicht auf ein Ziel vergossen hat, nicht ihr eigenes Gewissen an? Es gereicht mir durchaus nicht zur Unehre den ersten Schritt zu tun. Ich denke, ich habe der Welt zur Genüge bewiesen, dass ich keine der Launen des Krieges fürchte. Übrigens wüsste ich auch nicht, was ich dabei zu fürchten hätte. Mein Herz sehnt sich zwar nach Frieden, aber der Krieg ist meinem Ruhme niemals hinderlich gewesen. Ich beschwöre Eure Majestät, sich nicht des Glücks zu berauben, der Welt den Frieden wiederzugeben! Überlassen sie diese süße Genugtuung nicht ihren Kindern! Denn niemals war die Gelegenheit besser, der Augenblick günstiger als jetzt, um alle Leidenschaften zum Schweigen zu bringen und dem Gefühle der Humanität und Vernunft Gehör zu schenken. Ist dieser Augenblick einmal verpasst, wohin wird dann ein Krieg führen, den alle meine Bemühungen nicht beenden konnten? Eure Majestät hat in den letzten zehn Jahren mehr an Gebiet und Schätzen gewonnen, als ganz Europa besitzt. Ihre Nation ist auf dem höchsten Gipfel des Wohlstandes angelangt. Was können sie noch vom Kriege erwarten? Wollen sie etwa einige Mächte des Kontinents miteinander verbünden? Der Kontinent wird sich ruhig verhalten; eine Koalition würde zu dem Übergewicht und der kontinentalen Größe Frankreichs nur noch mehr beitragen. Wollen Sie etwa die inneren Unruhen wieder hervorrufen? Die Zeiten haben sich geändert. Oder vielleicht unsere Finanzen zerrütten? Finanzen die auf einer guten Volkswirtschaft gegründet sind, können niemals zerrüttet werden. (...) Und welch traurige Aussicht, die Völker sich schlagen zu lassen, nur damit sie sich schlagen! Die Welt ist groß genug, dass unsere beiden Nationen darin leben können, und die Vernunft mächtig genug, dass die Mittel gefunden werden, alles auszugleichen, wenn nur auf beiden Seiten der Wille da ist. Ich habe hiermit wenigstens eine meinem Herzen heilige und teure Pflicht erfüllt. Mögen Eure Majestät von der Aufrichtigkeit der Gefühle, die ich hier ausgedrückt habe und von meinem Wunsche überzeugt sein, Ihnen dieselben zu beweisen. Napoleon».[77] Die englische Regierung beantwortete dieses Friedensangebot neben einem nichtssagenden Schreiben[78] mit einer von Kriegspathos strotzenden Thronrede, die bei der Eröffnung des Parlaments am 15. Januar 1805 verlesen wurde. Premierminister Pitt d. J. forderte am 13. Februar vom Unterhaus mehrere Millionen Pfund für den Krieg gegen Frankreich, insbesondere, «um die Anstrengungen der Staaten unterstützen zu können, welche für die Sicherheit Europas mitwirken möchten.»[79] Diese Gelder wurden auch bewilligt. Neben unzähligen Druckwerken kam der englische Kriegskurs propagandistisch u. a. in der Anfang 1805 in London erschienenen Broschüre «Ein ewiger Krieg als das einzige Mittel zur Sicherheit und Wohlfahrt Großbritanniens» zum Ausdruck.

Parallel dazu schwebten Napoleons Invasionsvorbereitungen wie ein Damoklesschwert über dem Inselreich. Von der Normandie bis nach Holland standen 160 000 Mann für den Einfall bereit, der von der englischen Seite zu Recht sehr ernst genommen wurde. «Bonapartes Einfall wird, fürchte ich, unabwendbar sein»,[80] verlieh eine Aristokratin in jenen Tagen den allgemeinen Ängsten Ausdruck. Auf der Insel herrschte allgemein wenig Zweifel daran, dass, wenn die französischen Heere erst einmal gelandet wären, es nur noch eine Frage von Wochen sein würde, bis die Trikolore über dem Buckingham-Palast wehte. Der Engländer James Stephen formulierte es noch klarer: «Wir würden wie Rom und Karthago fallen.»[81] Das Einzige, was England vor der Invasion schützte, war seine gewaltige Seestreitmacht, die zu diesem Zeitpunkt die stärkste der Welt war.[82] Die drohende Invasionsgefahr vor Augen, begannen englische Diplomaten in nahezu allen Hauptstädten Europas damit, bei den Monarchen mit viel Geld für ein Kriegsbündnis gegen Napoleon zu werben.[83] Insgesamt sollte England die für damalige Verhältnisse ungeheure Summe von fünf Millionen Pfund Sterling für das Zustandekommen der III. antinapoleonischen Koalition aufbringen.[84]

Der erste Verbündete, der auf diese Weise gewonnen werden konnte, war Russland, mit dem im April 1805 eine militärische Allianz geschlossen wurde. Großbritannien bezahlte gemäß der geheimen Zusatzklausel des Vertrages den Unterhalt der russischen Armeen in Höhe von 1 250 000 Pfund Sterling pro 100 000 Mann, die das Zarenreich gegen Frankreich in den Krieg schickte.[85] Eine halbe Million Mann wurden von England erwünscht, jedoch sollte der Krieg bereits beginnen, sobald vier Fünftel dieser Masse einsatzbereit wären. Als

Endziel des Vertrages wurde die allgemeine Vereinigung aller europäischen Mächte gegen Napoleon postuliert.[86] Zudem war Russland im Laufe der Verhandlungen von Großbritannien Unterstützung für Gebietserweiterungen in der Moldau, der Walachei und die Abtrennung Finnlands von Schweden versprochen worden. Weiter fand sich in der von Zar Alexander unterzeichneten Kriegsallianz folgende Passage: «[Die Unterzeichnenden verpflichten sich,] alle Eroberungen erst nach der Beendigung des Krieges zu teilen und gegen jeden Staat gemeinschaftlich feindselig zu handeln, der sich auf Seite Frankreichs wenden sollte.»[87]

Da das Heilige Römische Reich Deutscher Nation durch den Reichsdeputationshauptschluss erneut eine fundamentale Schwächung erfahren hatte und vom vollständigen Zusammenbruch bedroht war, hatte Kaiser Franz II. am 11. August 1804 vorsorglich den Titel eines Kaisers Franz I. von Österreich angenommen, um nach einem möglichen Verschwinden des Alten Reiches diesen höchsten weltlichen Titel in jedem Fall zu behalten. Die Annahme des österreichischen Kaisertitels war weiter darin begründet, dass sich Napoleon wenige Monate zuvor selber zum Kaiser der Franzosen gekrönt hatte. Solcherweise wurde Franz zum einzigen Doppelkaiser, von dem die Geschichte zu berichten weiß, und durch seine Kriegspolitik der Jahre 1804/05 letztendlich zum Totengräber des Alten Reiches.

Auch und vor allem in Wien setzten die englischen Unterhändler alles in Bewegung, um Österreich zum Beitritt zur neuen Koalition zu bewegen. Neben Hilfsgeldern in Millionenhöhe wurde der Erlass der aus dem vorherigen Krieg stammenden Schulden in Höhe von 48 Millionen Gulden angeboten, was nach dem Beitritt des Landes auch erfolgte.[88] Der bayerische Staatsminister Montgelas äußerte dazu: «England, welches überall Feindschaft gegen Frankreich zu erwecken trachtete, wusste diese Stimmung [der Kriegspartei am Wiener Hof] zu benützen: Es gelang ihm, Hass und Misstrauen der beiden ebengenannten Mächte [Russlands und Österreichs] nach demselben Ziel zu lenken, indem es zugleich jede Unterstützung durch sein Geld und seine Seemacht in Aussicht stellte.»[89]

Zum Beitritt in die neue Koalition gegen Napoleon drängten am Wiener Hof vor allem die Minister Colleredo, Collenbach und Cobenzl, deren markanteste Eigenschaften Alfred Krauss, österreichischer Autor eines militärischen Standardwerkes über den Feldzug des Jahres 1805, mit «Oberflächlichkeit, Ehrsucht und Cliquenwirtschaft»[90] charakterisierte. Fürst Schwarzenberg, einer der fähigsten Heerführer des Habsburgerreiches, sagte hierzu: «Das ganze Ministerium wünschte den Krieg; die Staatskanzlei, weil sie in ihrer Geistesarmut keinen anderen Ausweg mehr kannte, die Finanzen, weil sie es bequemer fanden auf einen Deus ex machina zu hoffen, und die Hofkanzlei, weil ihr Chef dadurch hoffte und dachte, dem Monarchen gefällig zu sein.»[91] Auch der Publizist Friedrich Gentz, der seit Juli 1802 für die Wiener Staatskanzlei arbeitete und neben seinem Gehalt auch eine englische Pension in Höhe von 800 Pfund erhielt, tat alles, um das Gewicht seiner Schreibkunst in die Waagschale für den Krieg zu werfen. Gentz avancierte in der Folgezeit zu einer der führenden Kräfte der Kriegspartei und arbeitete eifrig für die Interessen der Geldgeber in London:[92] «Ich zittere für Englands Schicksal (...). Mein Hass gegen Frankreich, gegen diesen treulosen, eitlen, kleinherzigen, durch die Infamie der Zeitgenossen erst bis zur Größe, dann bis zum Wahnsinn der Größe hinaufgeschraubten, übermütigen, gotteslästerlichen, bübischen Usurpator ist eine Leidenschaft, jetzt meine einzige geworden, die mein Innerstes verzehrt. Wenn mir heute jemand mit Gewissheit vorausverkünden wollte, dass ich nie etwas zum Sturze dieses Ungeheuers beitragen würde, so wäre mir von heute ab das Leben ein Ekel und eine Last.»[93]

Auch Russland übte massiven Druck aus, um Österreich zum Beitritt zur III. Koalition zu bewegen.[94] In mehreren Eingaben wiederholte der Bruder des Kaisers, Erzherzog Karl, dass «die Monarchie verloren sei, falls sie es wage den Kampf mit Napoleon jetzt aufzunehmen!»[95] Die Kassandrarufe Karls verhallten jedoch ungehört, und am 28. Juli wurde der Bündnisvertrag mit Russland abgeschlossen; am 9. August folgte die Unterzeichnung des Subsidienvertrages mit England, über den strengste Geheimhaltung vereinbart wurde. Österreich erhielt eine fünfmonatige Zahlung für die Mobilmachung.[96]

Der Vertrag war im Prinzip eine Verabredung zum Angriffskrieg; Österreich war offiziell der gegen Napoleon gerichteten III. Koalition beigetreten. Zusätzlich zu den Geldern hatte Kaiser Franz zahlreiche territoriale Versprechungen erhalten. Wenngleich die Mächte sich zugesichert hatten, «alle Eroberungen erst nach Beendigung des Krieges [zu teilen]», so waren doch im Voraus die Lombardei an Österreich, Belgien an Holland sowie Genua, Savoyen und selbst Lyon an Sardinien versprochen worden.[97] Österreich verpflichtete sich, 320 000 Mann gegen Napoleon in den Krieg zu schicken. Noch bevor Kaiser Franz seine Einwilligung gegeben hatte, begannen umfangreiche Kriegsvorbereitungen und fanden zahlreiche Besprechungen zwischen dem aus dem Ruhestand zurückberufenen Feldmarschall-Leutnant Mack und dem russischen General Wintzingerode über das militärische Vorgehen statt.[98]

In Russland wurde nahezu das gesamte Heer in Richtung der westlichen Grenzen in Marsch gesetzt.[99] Kaiser Franz, beraten von den Mitgliedern der Kriegspartei, befahl im Sinne des vorgeschlagenen Operationsplanes eine massive Truppenkonzentration an den Grenzen zu Italien und Bayern. Bereits am 15. Mai meldete der bayerische Gesandte aus Wien: «Die Vorbereitungen zum Kriege gehen mit auffallender Lebendigkeit vor sich.»[100] Mack drängte den Kaiser, gleich in den ersten Septembertagen in Bayern einzumarschieren, «damit die Einverleibung der bayerischen Armee keiner Gefahr ausgesetzt werden möge».[101] An die österreichischen Generäle gab er noch vor dem Einmarsch den Befehl, die bayerischen Truppen entweder durch Drohungen oder durch gute Worte zur Eingliederung in die kaiserliche Armee zu bringen.[102]

Im Verlauf mehrerer Geheimbesprechungen auf der Wiener Hofburg einigten sich in den folgenden Wochen die Hauptvertreter der III. Koalition auf einen gemeinsamen Offensivplan. Um die nach wie vor drohende Invasion auf der Britischen Insel unter allen Umständen zu verhindern, drängte London, dass der Kontinentalkrieg gegen Frankreich so schnell wie möglich beginnen müsse. In Verbindung damit wurde eine Vertragsklausel eingefügt, der zufolge Österreich noch im selben Jahr die Kriegshandlungen eröffnen musste, um die zugesagten Zahlungen zu erhalten.

Mit einer Unsumme an Geldern war es der englischen Diplomatie gelungen, halb Europa gegen Frankreich unter Waffen zu bringen. Auf einer Linie von der Ostsee bis nach Süditalien sollte eine gewaltige Streitmacht Frankreich von Osten her angreifen, während Napoleon mit seinen Truppen an der Kanalküste stand. Allerdings hatte der sorgfältig ausgearbeitete Kriegsplan einen Punkt nicht berücksichtigt, nämlich dass der Gegner, gegen den man Krieg führen wollte, Napoleon war. Nicht zu Unrecht kam der österreichische Autor Moriggl 1861 zu dem Schluss: «Es war einer der größten Irrtümer, denen sich überhaupt jemals eine Koalition hingegeben hat (…) – der Wahn der Alliierten vom Jahre 1805, sie würden Napoleon überraschen; vielmehr ist niemals eine kriegerische Macht so vollständig überrascht worden, wie von ihm die Koalition de Anno 1805.»[103]

Während in Norditalien 100 000 Mann[104] unter dem Kommando von Erzherzog Karl bereitstanden, errichtete man südwestlich von Linz bei Wels ein riesiges Militärlager für den Einmarsch in Bayern. Im Juli und August hatte Mack begonnen, in großen Mengen Nachschub und Pferde für die Artillerie einzukaufen. Die zwischen dem Bodensee und der oberen Donau gelegenen Städte und Gebiete Vorderösterreichs wurden dazu benutzt, um Militärmagazine anzulegen; ebenso wurden die Tiroler Pässe und die vor den Lagunen Venedigs gelegenen Inseln militärisch befestigt. In den Straßen Wiens warb man mit klingender Musik Rekruten, und die im Urlaub befindlichen Soldaten wurden nach und nach zurückberufen.[105] Blutjunge Männer wurden von ihren Familien fortbefohlen, in Uniform gesteckt und in kürzester Zeit ausgebildet.[106]

Selbst die ältesten Feldmarschall-Leutnants und Generäle Österreichs konnten sich nicht daran erinnern, jemals so umfassende Kriegsvorbereitungen gesehen zu haben. Im Laufe des Sommers nahmen die österreichischen Rüstungen ein so starkes Ausmaß an, dass sie unmöglich länger geheim gehalten werden konnten. Am 15. August 1805 berichtete die «Allgemeine Zeitung»: «Die Zurüstungen Österreichs, in einem Augenblicke, wo dessen Nachbarn im Frieden sind, künden hinlänglich an, dass es den Krieg will, und aus der großen Truppenzahl, die es nach dem Inn marschieren lässt, scheint zu erhellen, dass die erste Okkupation, die es auszuführen gedenkt, die Besetzung Bayerns sein wird.»[107] Ebenso hieß es in den Berichten des bayerischen Gesandten Gravenreuth aus Wien: «Schon spricht der Bürger und Soldat von der Besetzung Bayerns ganz offen wie von einem nahen Ereignis.»[108] Wenn Österreich nicht jetzt schon den Krieg eröffnete, so Gravenreuth in einem weiteren Bericht, «so geschah dies nur, um noch weiter Zeit für Zurüstungen zu gewinnen und in der Hoffnung, schließlich doch noch Preußen zum Anschluss an die Koalition zu bewegen, welches, von allen Seiten umworben keine Partei zu ergreifen wagte».[109] Die Bündnisbemühungen aller Mächte, einschließlich Frankreichs, in Berlin blieben jedoch ohne Erfolg; Preußen blieb neutral.

Indessen war das Kurfürstentum Bayern in den Plänen der antinapoleonischen Koalition, ohne gefragt zu werden, als Ort des österreichischen Aufmarsches bestimmt. Im Kriegsrat hatte man sich hierbei für das System der Überraschung entschieden; das Land sollte durch den Einmarsch vor vollendete Tatsachen gestellt werden.[110] Das wertvolle Überraschungsmoment, so Staatsminister Montgelas, war hierbei keinesfalls gegeben: «Übrigens war man unsererseits nicht ohne Kenntnis dessen, was sich vorbereitete: Die abgehaltenen Konferenzen hatten nicht so geheim gehalten werden können, dass nicht etwas davon bekannt geworden wäre; der Krieg stand in Aussicht und es war vorauszusehen, dass Bayern, ohne zu wissen wie und warum, in denselben verwickelt werden dürfte. Unser Gesandter suchte von dem [russischen] Grafen Razumowsky einige nähere Aufklärung zu erlangen; allein dieser gab ihm mit dem natürlichen Hochmut seines Charakters nur zur Antwort, den kleinen Staaten gezieme es, die Entschließungen der Großmächte ruhig abzuwarten und deren Politik könne nur die der Resignation sein (...). Allenthalben zeigte sich der äußere Anschein des Friedens, nachdem längst beschlossen war, zum Schwert zu greifen.»[111]

Während auf den spätsommerlichen Feldern Bayerns die Ernte eingeholt wurde und das Leben seinen althergebrachten Gang nahm, überschritt am 22. August in Galizien die erste Kolonne einer 40 000 Mann starken russischen Armee unter General Kutusow die Grenze zu Österreich.[112] Ihr Marschziel war, dem Kriegsplan der III. Koalition gemäß, die Vereinigung mit der österreichischen Deutschlandarmee in Bayern, um, vereinigt mit dieser, über den Rhein in Frankreich vorzustoßen. Den Berechnungen der alliierten Kriegsplaner zufolge sollte die russische Armee zwischen dem 16. und 24. Oktober bei Dachau eintreffen.[113] Langsam bewegten sich in der letzten Augustwoche die endlos erscheinenden russischen Kolonnen mit langen Zügen an Wagen und polternden Kanonen über die staubigen Straßen Galiziens.[114]

Indessen herrschten über die Frage, *wann* der richtige Zeitpunkt für den Einmarsch und *wie weit* in Bayern vorzurücken sei, unter den maßgeblichen Persönlichkeiten des Habsburgerreiches durchaus unterschiedliche Ansichten. Am 29. August fand in der Sommerresidenz von Kaiser Franz in Schloss Hetzendorf bei Wien die entscheidende Besprechung statt.[115] Bei dieser wichtigen Sitzung, bei der Kaiser Franz den Vorsitz persönlich führte, sollte der militärische Operationsplan gegen Frankreich endgültig festgelegt werden.[116]

Die führenden Männer der Donaumonarchie standen in hochgeschlossenen Uniformen um eine riesige Karte Mitteleuropas versammelt, die auf einem großen Tisch entrollt war.[117] Die Konferenz begann mit dem Verlesen des von Erzherzog Karl verfassten Operationsplanes. Im Anschluss daran forderte Kaiser Franz die Anwesenden auf, ihre Meinung dazu zu äußern.[118] Prinz Ferdinand, als einer der Ersten im Wort, führte daraufhin die unberechenbare Gefährlichkeit Napoleons vor Augen, welche dieser in den vergangenen Kriegen bereits mehrfach unter Beweis gestellt habe. Nachdrücklich wies er darauf hin, dass Österreich im Angesicht eines solchen Gegners vorsichtig handeln müsse. Aus diesem Grund sprach er sich dafür aus, in Bayern nicht weiter als bis nach München vorzurücken.

Dort solle man die Deutschlandarmee vollständig sammeln und das Eintreffen der russischen Armee unter Kutusow abwarten. Berechnungen zufolge benötigte Kutusow, der bereits aufgebrochen war, mit seiner Armee von der galizischen Grenze bis Braunau 64 Tage. Der Gegenrechnung, die ergeben hatte, dass Napoleon von der Küste bis Augsburg 68 Tage brauchen würde, stimmte Ferdinand keineswegs zu – tatsächlich sollte Napoleon für den Marsch nur 42 Tage brauchen.[119] Bonaparte, so Ferdinand, könnte sich von Boulogne mit 150 000 Mann in Marsch setzen, «diese könnten nach Verhältnis der Entfernung vor Ende Oktober bei München sein!» Diese gewaltige Armee wäre unter Umständen in der Lage, die Vereinigung mit den Russen zu verhindern. Erzherzog Karl, Generalmajor von Mayer und Feldmarschall-Leutnant Zach stimmten dieser Ansicht zu. Auch Kaiser Franz zeigte sich geneigt, der durchaus realistischen Argumentation zu folgen.[120]

Voll Enthusiasmus sprach sich hingegen Baron von Mack, der seine eigenen militärischen Fähigkeiten für gleichbedeutend mit dem Wert von 100 000 Mann hielt,[121] dafür aus, so rasch und tief wie möglich in Bayern einzudringen, um dessen wirtschaftlicher Ressourcen und Armee habhaft zu werden.

Die Grande Armée

«Ich seufze über das Blut, das es Europa kosten muss.»[122]
Napoleon

An der Atlantikküste im Hauptquartier Napoleons in Boulogne nahmen indessen die eingehenden Meldungen über die österreichisch-russischen Truppenaufmärsche beunruhigende Ausmaße an.[123] «Man berichtete nicht mehr bloß von einfachen Truppenzusammenziehungen», so Napoleon, «sondern von der Organisation der Spezialwaffen, was noch viel bezeichnender war. Die Remontierung [Wiederbewaffnung] der Reiterei [und] die Versorgung der Artillerie mit Pferden (…). Österreich leugnete mit einer Falschheit, von der in der Geschichte wenige Beispiele vorkommen.»[124]

Mitte August ließ Napoleon zwei diplomatische Noten an den Wiener Hof richten, in denen er über Sinn und Zweck des Aufmarsches Aufklärung verlangte.[125] In der Antwort, der die Gabe fantasievollen Fabulierens nicht abgesprochen werden kann, hieß es, dass die Truppenmärsche nur deshalb erfolgten, um die in Böhmen herrschende Hungersnot durch Entfernung der Truppen von dort zu lindern.[126] Napoleon forderte daraufhin in einer zweiten, schärfer formulierten Note die Einstellung des Aufmarsches,[127] woraufhin er erneut ein Beschwichtigungsschreiben erhielt: «Der Wiener Hof habe keine andere Absicht, als den Frieden und seine freundschaftlichen Verhältnisse [sic] mit Frankreich, so wie die allgemeine Ruhe des festen Landes zu erhalten (…). Es rüste sich nur, um den Frieden zu erhalten.»[128] «Wie immer vor großen gewaltsamen Entscheidungen sprachen die diplomatischen Dokumente von Frieden und meinten den Krieg», brachte es Josef Gmeinwiser 1928 in seiner Promotion über das Thema haarscharf auf den Punkt.[129]

Was nun aus Napoleons Geist auf das Papier und von dort in die Realität gesetzt wurde, sollte in die Kriegsgeschichte eingehen und den Militärakademien der ganzen Welt bis zum heutigen Tag als Studienobjekt dienen. Aufgrund der unklaren Informationslage darüber, wo sich Admiral Villeneuve mit der für die Invasion in England notwendigen französischen Flotte befand, und die sich immer offensichtlicher abzeichnende Gefahr eines Angriffes im Rücken auf Frankreichs Ost-grenze entwarf Napoleon eine groß dimensionierte Strategie. Die Hände auf dem Rücken gefaltet, im Raum auf- und abgehend, übergoss er Generalintendant Daru in einem mehrere Stunden dauernden Mara-thondiktat mit Befehlen, Anweisungen, Zeittabellen und Briefen, die einzig und allein dazu dienten, die Englandarmee in maximal möglicher Geschwindigkeit von Boulogne an die Donau zu werfen.[130] Neys Pionierchef Lafarelle berichtete: «Auf dem Bauche liegend, mitten in den auf dem Boden seines Zimmers ausgebreiteten Karten, in der Hand einen Zirkel haltend, der ausgezogen acht Meilen anzeigte, diktierte er in einem Atemzug die Etappen, die seine Truppen von der Küste des Meeres im Norden bis zur Donau bringen sollten.»[131]

Mit sicherem Blick hatte Napoleon aufgrund der Kräftegruppierung des Feindes die Vereinigung der österreichischen und der russischen Armee in Süddeutschland als die gefährlichste aller gegnerischen Optio-nen erkannt. Die Verhinderung dieser dem Feind möglichen Verdoppe-lung seiner Schlagkraft im Zentrum Europas nahm nun auf dem Papier genaue Formen an.[132] Napoleon hatte seinen Plan nach dem tagelan-gen Studium über die strategische Situation in Mitteleuropa unter Miteinbeziehung aller Informationen über Stärke und Standort der feindlichen Armeen und unter der mathematisch sorgfältigen Berech-nung von Zeit und Entfernung entwickelt.[133] Dieser sah vor, seine Ar-meen – unter größtmöglicher Geheimhaltung – in Eilmärschen an den mittleren Rhein zu bringen und von dort aus an die Donau auf der Höhe von Donauwörth zu ziehen. Nach der Überschreitung dieses Flusses sollten sich die französischen Armeen sodann wie ein gewalti-ger starker Keil konzentriert zwischen die österreichische und die rus-sische Armee schieben, unter weiträumiger Umgehung der Österreicher wieder nach Südosten eindrehen und schließlich mit Übermacht diese isoliert stellen und schlagen.[134] Der in russischen Diensten stehende General von Toll kam zu dem Urteil: «Die Anlage des Feldzuges 1805 von Seiten Napoleons ist in der Art großartig und treffend, dass dieser Feldzug allein ihn zum größten Feldherrn seines Zeitalters stempeln würde, wenn die Geschichte auch weiter keine Taten von ihm zu be-richten haben würde.»[135] «Der Krieg ist eine große Sache, man soll nicht auf den Gedanken kommen, dass ich ihn gern unternommen habe, weil ich mir des Erfolges sicher war»,[136] teilte Napoleon am

25. August Talleyrand mit. In einem Brief an den König von Preußen schrieb er: «Gott, mein Gewissen, Eure Majestät und ganz Europa werden mir bezeugen, dass ich angegriffen worden bin; denn ich werde an meinen Grenzen bedroht, während alle meine Truppen eingeschifft sind oder an den Küsten stehen.»[137]

Den erwarteten Kriegsschauplatz in Bayern ließ Napoleon mehrere Wochen vor Beginn der Kampfhandlungen von zweien seiner fähigsten Offiziere in geheimer Mission auskundschaften.[138] Es handelte sich dabei um seinen Adjutanten und Ingenieurgeneral Bertrand, der ihn später auch nach St. Helena begleiten sollte, sowie Joachim Murat.[139] Der Auftrag der Offiziere lautete, Geländebeschaffenheit, Flussübergänge sowie den Zustand und das Vorhandensein der Straßen zwischen Rhein und Donau detailliert auszukundschaften. Die Reise der beiden Spione hatte ihren Ausgangspunkt in der französischen Festung Mainz. Murat, Großmarschall des Kaiserreiches und Schwager Napoleons, fuhr in einer ordinären Postkutsche mit einem Pass, der auf den Namen «Colonel de Beaumont» lautete, über die Schiffsbrücke nach Deutschland. In seiner Anweisung hieß es, dass, falls die Österreicher den Inn bereits passiert hätten, er Acht geben solle, «nicht in ihre Hände zu fallen».[140] Colonel de Beaumonts Reise führte über Würzburg und Bamberg an die böhmische Grenze, während er Straßen, Brücken und Geländebedingungen eines möglichen Vormarsches nach Prag studierte. Von der böhmischen Grenze fuhr Murat über Nürnberg, das er bereits sieben Wochen später als Kriegsherr wiedersehen sollte, nach Regensburg. Von dort ging die abenteuerliche Reise ostwärts entlang der Donau bis nach Passau. Von dem alten Bischofssitz an der Grenze zu Österreich reiste «Colonel de Beaumont» flussabwärts entlang des Inns, der seit dem bayerischen Erbfolgekrieg (1778/79) die Grenze Österreichs zu Bayern bildete, spähte die vorhandenen Brücken aus und bestieg danach wieder eine Postkutsche in Richtung Frankreich.

Bertrand indessen erreichte in der Nacht vom 30. auf den 31. August München.[141] Am 1. September übergab er dem bayerischen Kurfürsten einen versiegelten Brief,[142] in dem Napoleon mitteilte, dass die französische Armee in Gewaltmärschen auf dem Weg nach Bayern sei und er dieses Geheimnis ausschließlich der Ehre des Kurfürsten anvertraue. Der französische General in Sondermission wurde auf Schloss Nymphenburg zum Mittagessen an die kurfürstliche Tafel geladen[143] und begab sich anschließend in das topographische Büro, wo er mit umfangreichem Kartenmaterial der erst jüngst vorgenommenen Vermessungen Bayerns ausgestattet wurde.[144] Wie aus einem Bericht des österreichischen Gesandten von Buol hervorging, wurde der Zweck der Sendung in Wien nicht erkannt; Max Joseph selbst leugnete Buol gegenüber jede diplomatische Bedeutung der Mission Bertrands nachdrücklich.[145]

Mit zahlreichen Karten bestens versorgt, reiste der General noch am selben Tag nach Regensburg und von dort an die bayerische Grenze zum Inn. Sodann erreichte er über Augsburg am 10. September Ulm, jene Stadt in Schwaben, die schon bald zum Mittelpunkt des aufziehenden Krieges werden sollte. Dem Auftrag Napoleons gemäß inspizierte Bertrand die noch vorhandenen Festungswerke um Ulm.[146]

Murat nahm auf der Rückreise die Verkehrswege und Pässe des Schwarzwaldes unter Augenschein und fuhr kurze Zeit darauf, nachdem er in zwei Wochen mehr als 1000 Kilometer auf den staubigen Straßen Süddeutschlands unterwegs gewesen war, wieder über die französische Grenze bei Straßburg. Dort war bereits ein Befehl Napoleons eingetroffen, der Murat zum «Stellvertreter des Kaisers und Oberbefehlshaber während seiner Abwesenheit» ernannte. Murats neuer Auftrag lautete, Straßburg als Hauptquartier der Grande Armée, wie sie mittlerweile bereits hieß, einzurichten. «Colonel de Beaumont» war wieder Murat, nunmehr Stellvertreter des Kaisers und Oberbefehlshaber der Kavalleriereserve von 15 000 Mann, die mittlerweile am Rhein angelangt war.[147]

Am Morgen des 26. August 1805 gab Napoleon der nunmehr seit fast zwei Jahren an der Atlantikküste von der Normandie bis Holland versammelten Armee den Befehl zum sofortigen Abmarsch an den Rhein. Gleichzeitig mit dem Aufbruchsbefehl verfügte er die Umbenennung der Englandarmee in «Grande Armée».[148] Napoleons eigener Auffassung zufolge war die Armee von 1805 die beste, die er je ins Feld geführt hatte.[149] Die Heeresmacht mit dem vielversprechend klingenden Namen umfasste zu diesem Zeitpunkt insgesamt 446 000 Soldaten, wobei die eine Hälfte aus kriegserfahrenen Veteranen und die andere aus Wehrpflichtigen bestand. Von den Offizieren und Unteroffizieren verfügten nahezu alle über Kriegserfahrung.[150] Für den Feldzug setzte Napoleon rund die Hälfte dieser Truppen ein.[151]

Einen Tag nachdem der Abmarschbefehl ergangen war, befanden sich 177 613 Männer, 316 Kanonen und rund 35 000 Reiter[152] in vollem Marsch, die in Italien stehende Armee unter Marschall Massena nicht mit eingerechnet.[153] Wie ein zuverlässiges Schweizer Uhrwerk bewegten sich die Armeen mit höchster mathematischer Präzision über die staubigen Landstraßen des Spätsommers. Ein Gardegrenadier berichtete in seinen Erinnerungen: «Nicht eine Stunde Schlaf wurde uns gegönnt. Es war ein Marsch, wie er noch nie gleich beschwerlich gemacht wurde. Tag und Nacht wurde fortmarschiert; einer hielt sich im Glied des anderen, um nicht umzufallen. Viele sanken hin ließen sich selbst durch Schläge mit der flachen Klinge des Säbels nicht erwecken. Die Musik spielte, die Tamboure schlugen, um Sinn und Beine zu beleben, nichts aber von allen Mitteln wollte mehr anschlagen. Die Nächte waren schrecklich für uns! Einmal, gegen Mitternacht marschierte ich auf dem linken Flügel einer Sektion und taumelte an den Rand der Straße, von wo ich einen Abhang hinunter auf eine Wiese kugelte. Der Hauptmann schickte mir einige Mann zur Hilfe, die mir Gewehr und Tornister abnahmen und mich wieder auf die Straße brachten.»[154] Während die allgemeine Stimmung in Frankreich alles andere als für den Krieg war,[155] sah es in der kaisertreuen Armee ganz anders aus. Die Truppen waren hoch motiviert: «Der einfache Soldat aber wie der Offizier waren voll Feuer und voll Hoffnung und flogen an die Grenzen mit einer Begeisterung, die den Erfolg voraussehen ließ.»[156]

Das bayerische Militärbündnis mit Napoleon

«Ich werde Bayern nicht nehmen, ich werde es verschlingen!»
Kaiser Franz im Spätsommer 1805

Nachdem die in Boulogne eintreffenden Berichte über die österreichischen Rüstungen und Truppenmassierungen an der Grenze von Tag zu Tag beunruhigender geworden waren, beauftragte Napoleon am 16. August den Gesandten in München, beim bayerischen Kurfürsten auf den Abschluss eines Bündnisvertrages zu drängen: «Der Kurfürst soll Vorstellungen machen und fragen, warum Österreich so viele Truppen in Tirol aushebt, obwohl es mit seinen Nachbarn im Frieden ist?»[157]

*Im August 1805 schloss Kurfürst Max IV. Joseph den für Bayern
zukunftsweisenden Vertrag von Bogenhausen, einen militärischen
Bündnisvertrag mit Frankreich.*

Bereits neun Tage später trugen in München die Mühen des französischen Gesandten Früchte. Am 25. August wurde in der Landvilla des bayerischen Staatsministers Montgelas in Bogenhausen[158] in Anwesenheit von Kurfürst Max IV. Joseph der bayerisch-französische Bündnisvertrag abgeschlossen.[159] Für sein Inkrafttreten musste er allerdings noch von beiden Monarchen ratifiziert werden.

Montgelas behauptete in seinen Memoiren später, dass durch die Vertragsbedingungen «kein fremdes Recht verletzt und nach keiner Seite hin ein Anspruch genommen wurde»,[160] wobei diese Aussage keinesfalls zutreffend ist. In Wirklichkeit waren Bayern im geheimen Teil des Bündnisvertrages neben seiner Souveränität und der Garantie seiner Grenzen «angemessene» Gebietszuwächse durch bislang selbständige Territorien des Alten Reiches sowie österreichische Provinzen zugesichert worden.[161] Frankreich versprach seine Unterstützung bei der neuerlichen Vergrößerung Bayerns, wobei die Freie Reichsstadt Augsburg sowie die vorderösterreichische Markgrafschaft Burgau (Günzburg) explizit genannt waren.[162] Montgelas verlangte weiterhin die Unterwerfung der innerhalb Bayerns gelegenen, seit Jahrhunderten souveränen Reichsritterschaften und Reichsgrafschaften, was in dem Vertrag ebenfalls ausdrücklich zugesichert wurde.[163] Zudem wurden von bayerischer Seite die Inbesitznahme Nürnbergs sowie die Übernahme der Reichspost des Hauses Thurn und Taxis gewünscht,[164] was der Vertrag allerdings offenließ.

Wenngleich die Königswürde in dem Vertrag noch keine Erwähnung findet,[165] so war doch in den Verhandlungen dem dahingehenden Wunsch Bayerns von Napoleons Seite zugestimmt worden. Zusammengefasst fanden in dem zukunftsweisenden Vertrag die außenpolitischen Forderungen von Montgelas ihre Manifestation, die auf «die Auflösung des alten Reiches», so Eberhard Weis, «die Vollendung des 1803 eingeleiteten Mediatisierungsprozesses und die Verdrängung Österreichs aus Deutschland, verbunden mit der politischen und militärischen Schwächung des habsburgischen Staates» hinausliefen.[166] In seinen Memoiren behauptete Montgelas, der rund sechs Wochen später folgende Bündnisvertrag zwischen Frankreich und Württemberg sei «der eigentliche Anlass zum Einsturz des Deutschen Reiches» gewesen.[167] Tatsächlich hatte jedoch der unter Montgelas' Federführung entstandene Vertrag von Bogenhausen wesentlich zum Ende des Alten Reiches beigetragen: Bayern war der *erste* deutsche Staat, der sich mit Frankreich verband, und dies wurde als massives Druckmittel auf Baden und Württemberg benutzt, diesem Beispiel zu folgen.[168] Für Napoleon lagen die politischen Vorteile des Bogenhausener Vertrages auf der Hand: Dass sich Baden und Württemberg nun ebenfalls für Frankreich würden erklären müssen, galt als sicher.

Aus militärischer Sicht bedeutete das Bündnis mit den größten Staaten Süddeutschlands, dass Frankreichs Heeresmacht nicht mehr um den Oberrhein und die Schwarzwaldpässe kämpfen musste, sondern über alle Wege, die vom Rhein zur Donau und damit ins Herz der österreichischen Monarchie führten, frei verfügen konnte.[169] Die von Napoleon überaus gründlich studierte Geschichte lehrte, dass, wenn Frankreich in der Vergangenheit in Deutschland militärische Erfolge erzielt hatte, dies

mit bayerischer Hilfe geschehen war. Wenn man hingegen Bayern als
Gegner gehabt hatte, hatten die französischen Truppen nur unter erheblichen Schwierigkeiten in Deutschland vordringen können, was sowohl
der Spanische als auch der Österreichische Erbfolgekrieg und zuletzt der
Feldzug des Jahres 1800 hinlänglich gezeigt hatten.[170]

Napoleon ratifizierte den Vertrag am 2. September noch in Boulogne
und sandte das prachtvoll mit kaiserlichen Adlern bestickte und in vio-
lettem Samt gebundene Dokument zurück nach München, wo es sich
heute im Hauptstaatsarchiv befindet. Der vollständige Inhalt des Vertrages von Bogenhausen wurde vor allem vor dem Hintergrund der getroffenen Gebietszusagen bis weit ins 19. Jahrhundert hinein geheim gehalten.[171] Aus Angst vor den keineswegs sicheren Konsequenzen dieser
weitreichenden außenpolitischen Entscheidung vermied es der bayerische Kurfürst seinem ängstlich-taktierenden Naturell gemäß vorläufig,
den Vertrag auch seinerseits zu unterschreiben, da er sich, die weiteren
Entwicklungen abwartend, die Tür nach beiden Seiten hin offen halten
wollte. Am 5. September schrieb Max Joseph an den französischen Gesandten: «Die Österreicher haben schon die Brückenkähne bereit am
Ufer des Inn. Ich muss jeden Augenblick auf ihren Einfall in Bayern
gefasst sein. Ich zweifle nicht, dass Buol, der österreichische Minister, an
mich die Anfrage richten lässt, ob ich mich für oder gegen sie erklären
werde. Wenn ich ihm antworte, dass ich einen Vertrag mit Frankreich
abgeschlossen habe, so sind meine Truppen und mein Land verloren.»[172] Anfang September 1805 lag das Gewitter des Krieges in Bayern
für jeden fühlbar drohend in der Luft. Man wusste nur nicht, wann genau es losbrechen würde. Aus Wien berichtete der bayerische Gesandte
Gravenreuth am 6. August nach München: «So ist also ein Bruch schon
in der allernächsten Zeit zu befürchten. Jedermann ist hier überzeugt,
dass ein Krieg unvermeidlich ist und direkt bevorsteht. Die Briefe aus
den Provinzen sind mit denselben Befürchtungen angefüllt. Übrigens
verspricht man sich hier einen schnellen Sieg.»[173]

Obwohl von offizieller österreichischer Seite mit Entschiedenheit
behauptet wurde, dass Wien keinerlei Absicht «auf Erwerbungen in
Bayern» habe,[174] war der Plan des Wiener Hofes in Wirklichkeit einmal
mehr kein Geringerer, als ganz Bayern nach einem siegreichen Kriegs-
ausgang zu annektieren. In der 1806 verfassten Verteidigungsschrift
Baron Macks, der bis zu seiner Niederlage ein enger Vertrauter von

Kaiser Franz war, hieß es: «Die Rüstungen Österreichs haben zwei Gründe gehabt, die es nicht zu gestehen wagt. Der erste war der ehrgeizige Plan, Bayern an sich zu reißen und die Überzeugung, dass der gegenwärtige Augenblick der günstigste sei, um sich die Abtretung desselben zu versichern. Der zweite betraf die englischen Subsidiengelder.»[175] Am 3. September forderte Kaiser Franz in einem eigenhändig aufgesetzten Schreiben Kurfürst Max Joseph auf, die bayerische Armee mit der russisch-österreichischen gegen Napoleon zu vereinigen.[176] Als Kaiser Franz schließlich von dem bayerisch-französischen Bündnis erfuhr, ließ er sich äußerst aufgebracht gegenüber dem kurfürstlichen Gesandten Nogarola zu der Äußerung hinreißen: «Ich werde Bayern nicht nehmen, ich werde es verschlingen!»[177]

Am Abend des 6. September gegen sieben Uhr wollte Kurfürst Max Joseph auf Schloss Nymphenburg zu Bett gehen. In diesem Augenblick wurde ihm gemeldet, dass Fürst Schwarzenberg, Generalleutnant und Vizepräsident des Hofkriegsrates in Wien, mit hundert österreichischen Husaren und Dragonern angekommen sei, welche alle Zugänge zum Schloss besetzt hätten. Dem auf diese Weise überraschten Kurfürsten blieb nichts anderes übrig, als den ungebetenen Gast zu empfangen. Mit sporenklingenden Stiefeln trat der österreichische Feldmarschall-Leutnant kurz darauf ein und übergab einen Brief des Kaisers. Der Kurfürst brach das Siegel und durfte lesen, dass ihn Franz zum Krieg gegen Napoleon aufforderte und ihm den Einmarsch von 50 000 Mann ankündigte.[178] Zudem wurde «in den bestimmtesten Ausdrücken» die alsbaldige «Vereinigung der bayerischen Truppen mit den österreichischen» gefordert.[179] Zwar versicherte der Kaiser in dem Schreiben gleichzeitig seine «Freundschaft» und versprach: «Welches immer der Ausgang des Krieges sein mag, (…) so werde ich niemals meine Entschädigungspläne auf den Erwerb oder Austausch auch nur des kleinsten Teiles Ihres Gebietes richten.»[180] Allerdings konnte jeder wissen, was von derlei Versprechungen zu halten war. In gebieterischem und drohendem Ton sagte Schwarzenberg, «dass die bayerische Armee alsbald den österreichischen Generälen überliefert und in einzelnen Abteilungen der österreichischen Armee einverleibt werden solle. Es entschlüpfte ihm selbst die Drohung, dass die bayerischen Truppen, falls nicht geschehe, was verlangt wurde, entwaffnet werden würden.»[181]

Gegen diesen Akt politischer und militärischer Erpressung legte

Max IV. Joseph Protest ein und verlangte, dass die «Neutralität» seines Landes respektiert werde (und das, obwohl ihm der Bündnisvertrag mit Frankreich zu diesem Zeitpunkt bereits zur Ratifikation vorlag). Schwarzenberg erwiderte, dass der Beschluss der beiden Kaiser unabänderlich sei, und forderte eine Entscheidung noch für denselben Tag.[182] Der Kurfürst wiederholte seine Proteste; alles, was er jedoch erreichen konnte, war eine Bedenkzeit bis zum nächsten Tag.[183] Noch am Abend schrieb er an Montgelas: «Die Bombe ist geplatzt. Lesen Sie den Brief des Kaisers und überlegen Sie, was ich darauf antworten kann. Sprechen Sie mit Otto [dem französischen Gesandten] darüber. Schwarzenberg kommt morgen zur Mittagstafel, um Antwort zu holen (...). Ich bin außer mir, in einer furchtbaren Lage.»[184]

In den nächsten 24 Stunden folgten hektische diplomatische Gespräche und Konsultationen. Der österreichische Gesandte in München, Graf von Buol, der Napoleon hasste und gegen ihn bereits seit Monaten «fortwährend den Krieg predigte»,[185] drohte unverhohlen damit, dass sein Land den Ausgang des diplomatischen Notenkrieges nicht abwarten werde und Bayern vorsorglich besetzen müsse. Der bayerische Ministerrat trat noch am selben Abend in Schloss Nymphenburg zusammen, um über die Situation zu beraten. Die anmaßende Sprache des Wiener Kabinetts und das verletzende Auftreten Schwarzenbergs hatten nicht verfehlt, den bayerischen Nationalstolz gehörig anzustacheln.[186] Gegen zehn Uhr desselben Abends fand in der Villa Buols eine Unterredung zwischen Montgelas und Schwarzenberg statt, die bis tief in die Nacht hinein andauerte. Bei dieser ging der bayerische Minister zum Schein auf das österreichische Ultimatum ein. Darüber hinaus kündigte er die Absendung eines Verhandlungsbevollmächtigten an den Kaiser in Wien an, der das Bündnis unter Dach und Fach bringen sollte. Um die Täuschung perfekt zu machen, stellte Montgelas in Absprache mit dem Kurfürsten seinerseits Scheinforderungen. Diese sahen die Befreiung Münchens von Einquartierung durch Truppen vor und weiter die Überweisung von 1 Million Gulden zur Ausrüstung des Heeres, was Schwarzenberg indirekt zusagte. In seinen Memoiren behauptete Montgelas später, Schwarzenberg habe die Million von sich aus in Aussicht gestellt.[187] Weiter regelte die «Absprache» die militärischen Einzelheiten durch einen bayerischen Bevollmächtigten mit Feldmarschall-Leutnant Mack am 9. September im österreichischen Hauptquartier.[188]

Letztgenanntes stellte den Hauptpunkt des Täuschungsmanövers von Montgelas dar, denn seine Gewährung bedeutete einen Zeitgewinn von zwei bis drei Tagen. Scharfsichtig hatte der bayerische Minister erkannt, dass die österreichische Forderung einer Unterstellung des bayerischen Heeres unter das österreichische von allen Forderungen «zweifellos den gefährlichsten Punkt» darstellte, da sie Bayern die Grundlage einer eigenständigen Politik entzog.[189] Wörtlich sagte der Minister, diese Maßnahme vernichte «die Selbstständigkeit Bayerns, [und] entzieht ihm die Möglichkeit, seine eigenen Interessen zu wahren im Falle eines Rückschlags».

Noch in der Nacht vom 7. auf den 8. September 1805 ging ein Kurier zu Mack nach Haag mit der Nachricht ab, der Kurfürst habe sich entschlossen, der Koalition beizutreten.[190] Die Täuschung gelang so vollständig, dass der österreichische Gesandte von Buol in völliger Verkennung der Lage Montgelas in Wien sogar für eine besondere Auszeichnung vorschlug mit der Begründung: «Ich kann nicht zweifeln, dass zur Bestärkung des Ministers Freiherrn von Montgelas in dem gewirkten Guten eine ansehnliche und baldigste Belohnung für seine betätigte Mitwirkung das Allerverdienteste sein dürfte.»[191] Auch wenn dieser äußerst geschickte Schachzug Montgelas' den Kopf des Kurfürsten vorläufig aus der Schlinge zog, hatten der Auftritt Schwarzenbergs und die Aussage des österreichischen Gesandten doch keinen Zweifel daran gelassen, dass der Krieg unmittelbar bevorstand.

Um den Vormarsch der Grande Armée an den Rhein zu beschleunigen, arbeitete Napoleon in Paris bis zu 18 Stunden am Tag und setzte alles daran, seine Truppen in größtmöglicher Geschwindigkeit durch halb Mitteleuropa zu verschieben. Da er als junger Mann unzählige Bücher gelesen und dabei auf die Schriften der Antike ein besonderes Augenmerk gehabt hatte, wusste er, dass die militärischen Erfolge Cäsars zum großen Teil nur durch die ungeheure Geschwindigkeit seiner Truppenbewegungen möglich geworden waren. Diese historische Lektion hatte Napoleon tief verinnerlicht, und wie in seiner gesamten Laufbahn schreckte er auch jetzt nicht davor zurück, zu unkonventionellen Mitteln zu greifen, um dieses Ziel zu erreichen. So ließ er seine Armeen, solange sich diese noch innerhalb Frankreichs befanden, zum Teil sogar mit Postwagen transportieren.[192] Am 12. September traf in Paris eine durch den optischen Telegraphen übermittelte Depesche Murats aus

Straßburg ein: «Die Österreicher haben den Inn überschritten und Otto [Der französische Gesandte in München] hat München verlassen. Ich erwarte die Befehle Eurer Majestät. Murat».[193]

III. KAPITEL

DAS ENTSCHEIDUNGSJAHR 1805

Der österreichische Einmarsch in Bayern

«Es ist ein von Angst und Sorgen zur Verzweiflung getriebener Vater,
welcher bei Euer Majestät um Gnade fleht zu Gunsten seines Kindes!»
Kurfürst Max IV. Joseph an Kaiser Franz I. (II.)

Macks rhetorisches Geschick trug Früchte. Erzherzog Karl schrieb:
«Endlich, da FML. v. Mack das Einrücken in Bayern als militärisch notwendig, Cobenzl als politisch möglich erklärten, wurde der Beschluss
gefasst, dass FML. Mack am 8. September einmarschiere.»[1] Um halb
drei Uhr mitten in der Nacht[2] überschritten die ersten Soldaten den
Grenzfluss Inn und drangen nach Bayern vor.[3] Innerhalb weniger Tage
folgten ihnen rund 50 000 Mann Infanterie sowie 10 000 bis 12 000 Reiter. In vielen kleinen Gruppen marschierten die kaiserlichen Soldaten
über die Landstraßen und Wege,[4] polterten die Fuhrwerke und rumpel-
ten die Kanonen. Andere Verbände in Stärke von 8000 bis 10 000 Mann
stießen aus Vorarlberg die Iller abwärts vor. Die österreichische Inva-
sionsarmee war jedoch von ihrer Kampfkraft her bei Weitem nicht so
stark, wie es die bloßen Zahlen vermuten ließen. Die Eile des Aufmarsches und einige von Mack verfügten organisatorischen Änderungen
hatten zu erheblicher Unordnung geführt; Ausrüstung und Verpflegung
waren unvollständig.[5] Als der Einmarsch begann, waren zudem noch
nicht einmal alle Rekruten bei der Truppe. Wenngleich bislang noch
von keiner Seite eine Kriegserklärung erfolgt war und bis dahin noch
mehr als zwei Wochen vergehen sollten, wurde mit dem Überfall auf
Bayern das Blutvergießen des Jahres 1805 eröffnet.

In der zweiten Septemberwoche rückten die österreichischen Truppen
weiter in Richtung Westen vor, wohin das Habsburgerreich sich zu

erweitern gedachte. Angesichts dieser hochdramatischen Lage wusste Staatsminister Montgelas, was die Stunde verlangte: Zeit gewinnen – Zeit, um die Österreicher in Sicherheit zu wiegen[6] und die bayerischen Regimenter möglichst schnell Napoleon entgegenzuführen. Tatsächlich war es so, dass diese Stunden über Sein oder Nichtsein des bayerischen Staates entscheiden konnten. Der hochgewachsene Fürst Schwarzenberg kam zum Mittagessen nach Schloss Nymphenburg, um die Antwort des Kurfürsten zu erhalten. Hierbei griff Max IV. Joseph mit einer recht schamlosen Lüge tief in die diplomatische Trickkiste, wozu ihm Montgelas geraten hatte:[7] Sein Sohn, Prinz Ludwig, so der Kurfürst, befände sich zur gegebenen Stunde auf französischem Boden und könnte, wenn er sich jetzt für Österreich erkläre, sofort verhaftet und als Faustpfand verwendet werden, es bestünde Gefahr für Leib und Leben seines geliebten Kindes! Schwarzenberg, selbst Vater, war von dieser Geschichte sichtlich bewegt und gab den Rat, den Kurprinzen sofort nach Hause rufen zu lassen. Dann kündigte er an, dem Kaiser unverzüglich von diesen Umständen zu berichten, der zudem auch noch ein entsprechendes Schreiben des Kurfürsten erhielt.

Der auf diese Weise instrumentalisierte Ludwig befand sich zu diesem Zeitpunkt tatsächlich auf einer Reise, allerdings in der Schweiz. Sofort ging aus München ein Eilkurier nach Lausanne ab, wo sich Ludwig zu diesem Zeitpunkt aufhielt, mit dem väterlichen Befehl, sich unverzüglich in das französische Lyon zu begeben. Der Kurprinz wollte diesem Befehl nicht nachkommen. Nur widerwillig und auf lebhaftes Zureden seines Begleiters Graf Reuß willigte er schließlich ein, die ihm in diesem Intrigenspiel zugedachte Rolle zu erfüllen. Später äußerte er sich darüber: «Das ist wieder so ein Stückchen Montgelas'scher Diplomatie!»[8] Unter dem Vorwand der Vaterliebe hatten Montgelas und der Kurfürst das dringend benötigte Zeitfenster geschaffen. Zur selben Stunde, als ein Adjutant auf dem Weg nach Lausanne war, jagten Kuriere zu allen Regimentsstandorten der mehr als 25 000 Mann zählenden bayerischen Armee. Die Überreichung des österreichischen Ultimatums durch Schwarzenberg hatte das Räderwerk der bayerischen Mobilmachung in Bewegung gesetzt.[9] «Die an verschiedenen Orten zerstreuten bayerischen Streitkräfte mussten erst konzentriert werden, sollten sie nicht Gefahr laufen, umzingelt und abteilungsweise aufgehoben zu werden»,[10] so Montgelas. Die Kuriere überbrachten den kurfürstlichen Befehl, dass alle Truppen sich unverzüglich an zwei zentrale Sammelstellen in Franken sowie der Oberfpfalz zu begeben hatten und sich in keinerlei Kämpfe mit den Österreichern einlassen sollten.[11]

Kurfürst Max IV. Joseph hatte aufgrund der negativen Erfahrungen in den ersten beiden Koalitionskriegen eine umfassende Armeereform durchführen lassen. Grundsätzlich war ein Übergang vom Söldnerheer zur allgemeinen Wehrpflicht erfolgt, die erst wenige Monate vor Kriegsbeginn eingeführt worden war. Der Sold war erhöht und der Stellenkauf sowie die unbequemen Rumford-Uniformen abgeschafft und durch das traditionelle bayerische Blau ersetzt worden. Auch war mittlerweile der an die Antike angelehnte hohe Raupenhelm eingeführt, «den», so der ehemalige Direktor des Ingolstädter Armeemuseums Dr. Ernst Aichner, «man schon bald in Bayern als nationale Kopfbedeckung der Armee betrachtete». Zwar bot der imposante Raupenhelm einen guten Schutz gegen Säbelhiebe, sog sich aber bei Regen mit Wasser voll und wurde sehr schwer.[12] Dieses Makels ungeachtet war in wenigen Jahren jedoch eine innere Veränderung dahingehend erreicht worden, dass der Dienst in der bayerischen Armee nicht mehr als Schande, sondern als Ehre galt.[13]

An der Spitze derselben standen 1805 die beiden durchaus fähigen Generäle Deroy und Wrede. Trotz aller Verbesserungen war die allgemeine Ausrüstung der aus sechs Brigaden bestehenden bayerischen Armee zu diesem Zeitpunkt immer noch äußerst mangelhaft. Es fehlte an Munition, brauchbaren Gewehren und vor allem an Pferden. Die Artillerie verfügte über gar keine eigenen Zugpferde und musste Bauernpferde requirieren; das Fuhrwesen besaß gerade einmal 78 Tiere, während 1800 erforderlich gewesen wären. Der fehlende Pferdebestand ließ sich in der extrem kurzen Zeit nicht mehr ausgleichen. In Bayern selbst wurden zu diesem Zeitpunkt keine Reitpferde in nennenswerter Zahl gezüchtet, Preußen hatte ein Ausfuhrverbot erlassen, und der Weg in die Moldau, aus der die Reitpferde bezogen wurden, war durch nunmehr feindliche Staaten versperrt.[14] Um Vorspann zu sparen, befahl General Wrede daraufhin das Tragen der Kochkessel durch die Mannschaft und ließ die Subalternoffiziere der Infanterie zu Fuß gehen.[15] Der bayerische Armeeminister Gravenreuth schrieb in einem Bericht an den Kurfürsten: «Die Armee hat den besten Geist der Welt, sie braucht nur Geld und Pferde, in diesem Augenblick vor allem Pferde.»[16]

Tatsächlich waren der schlechten und zum Teil ganz fehlenden Aus-
rüstung ungeachtet die bayerischen Soldaten besonders motiviert, denn
Bayern war angegriffen worden, und nur zu gut war das Verhalten der
Österreicher aus dem letzten Koalitionskrieg in Erinnerung. Auch die
Wortwahl im allgemeinen Marschbefehl ließ am Geist der bayerischen
Armee keinen Zweifel: «Wenn eine Truppenabteilung auf dem Marsch
in die Nähe österreichischer Truppen kommen sollte, so hat dieselbe
seitlich auszuweichen, um nach dem Ort ihrer Bestimmung zu gelangen.
Sollte aber eine Abteilung auf österreichische Truppen stoßen und von
ihr entwaffnet werden wollen, so hat der Kommandant nur jene Maß-
regel zu treffen, welche die Ehre der bayerischen Waffen gebietet.»[17]
Dazu kam es jedoch nicht, denn die Scheinverhandlungen Montgelas'
mit Schwarzenberg hatten ihr Ziel vollständig erreicht. Der ursprüngliche Befehl an die einmarschierenden österreichischen Truppen hatte tatsächlich gelautet, der bayerischen Armee den Rückzug über die Donau
abzuschneiden.[18] Dies wurde jedoch am Abend des 8. September von
Mack widerrufen. Der österreichische Vormarsch erfolgte in rein west-
licher Richtung, und die bayerischen Truppen entkamen vollständig.[19]
Über diesen Gang der Ereignisse schrieb Gravenreuth: «Die österreichischen Generäle haben den für Leute mit gesundem Menschenverstand
unverzeihlichen Fehler gemacht, die Vereinigung der kurfürstlichen
Truppen bei Amberg zu erlauben, anstatt uns sofort anzugreifen und zu
zersprengen.»[20]

Noch während die Kuriere mit den Marschbefehlen auf den Landstraßen zu den einzelnen Regimentsstandorten unterwegs waren, gab
Montgelas Schwarzenberg die neuerliche vorgetäuschte Zusage, dass
man allen Wünschen Österreichs entsprechen werde. Max Joseph erklärte parallel dazu, er werde den Unterhändler General Nogarola nach
Wien entsenden, um die Einzelheiten des bayerisch-österreichischen
Bündnisvertrages zu besprechen.[21] Von dieser scheinbar glücklichen
Wendung informierte Schwarzenberg umgehend Mack, der wiederum
den Kaiser und das Ministerium in Wien davon in Kenntnis setzte. Der
österreichische Staatsminister Collenbach schrieb daraufhin an Mack:
«Meinen Glückwunsch zu dem Sieg über die Bayern. Wer diesen Bonaparte schlagen will, muss einen Kurfürsten von der Pfalz bloß durch die
Furcht schon von weitem bezwingen können. Seine Majestät scheinen
sehr zufrieden.»[22]

Währenddessen schrieb Kurfürst Max Joseph, die Tinte auf dem Brief an Kaiser Franz war noch nicht getrocknet, an Napoleon, dass er bereit sei, sich unter dessen Schutz zu stellen, dass er stolz darauf sein werde, der Bundesgenosse Frankreichs zu werden, und «sich und seine Armee von dieser Stunde an zu den Füßen des großen und erhabenen Kaisers von Frankreich niederlege».[23] Noch in derselben Nacht reiste der kurfürstliche Hof heimlich nach Würzburg ab – der Armee Napoleons entgegen.[24] Als Unterkunft der Familie Max Josephs war standesgemäß die ehemalige Bischofsresidenz bestimmt worden. Dieses Schloss im Herzen der Stadt gilt bis heute als das architektonisch prachtvollste Gebäude des deutschen Barock und wurde von Napoleon später nicht ohne Grund als «der schönste Pfarrhof Europas»[25] bezeichnet.

Da der Katholizismus im erst seit 1802 zu Bayern gehörenden Würzburg tief verwurzelt und die Einwohnerschaft überwiegend nach Wien orientiert war,[26] wurde Max Joseph ein spürbar kühler Empfang bereitet. Als die Kutsche mit dem kurfürstlichen Wappen vor dem prächtigen Residenzschloss vorfuhr, war der weiträumige Platz nahezu menschenleer, und nur die offiziellen Repräsentanten hatten sich zum Empfang versammelt. Gleich am ersten Tag ging Max Joseph allein und ohne jede Begleitung zu Fuß durch die Straßen, besuchte die Kaufläden und unterhielt sich zwanglos mit zahlreichen Bürgern, ganz so, wie er es auch nahezu wöchentlich in München getan hatte. Durch dieses einfache Auftreten gelang es ihm innerhalb kürzester Zeit, die Herzen vieler Einwohner für sich einzunehmen.[27]

In München hatte Max Joseph Schwarzenberg ein Handschreiben hinterlassen, in dem stand, dass ihm die Ärzte zur Wiederherstellung seiner erschütterten Gesundheit eine «Luftveränderung» vorgeschrieben hätten:[28] «Leben Sie wohl mein Freund. Denken Sie in Ihren Mußestunden an einen Mann, der Sie von ganzem Herzen liebt.»[29] Nur wenig später erließ der Kurfürst von Würzburg aus die folgende vor Pathos strotzende Proklamation an das bayerische Volk: «Wir haben uns abgewandt von Österreich, von Österreich, das mit seinen treulosen Plänen uns vernichten und das uns zwingen wollte, mit ihm für fremdes Interesse zu streiten, von Österreich, das der Erbfeind unseres Hauses und unserer Selbstständigkeit ist, und jetzt wieder den Versuch machen will, Bayern zu verschlingen und es zu einer österreichischen Provinz zu erniedrigen. Aber der Kaiser der Franzosen, Bayerns natürlicher Bundesgenosse eilte mit seinen tapferen Kriegern herbei um euch zu rächen, bald werden eure Söhne an der Seite siegesgewohnter Völker kämpfen, bald, bald naht der Tag der Rettung.»[30] Fürst Schwarzenberg erfuhr allerdings schon vorher, wie die Liebe Max Josephs tatsächlich aussah. Noch am 9. September reiste der österreichische Befehlshaber nach Haag, wo er und Mack mit dem bayerischen Oberstleutnant von Ribaupierre die Eingliederung der bayerischen Truppen in die Habsburgerarmee besprechen wollten. Ribaupierre erklärte Mack unumwunden, dass sich die bayerischen Truppen weder eingliedern noch entwaffnen lassen, sondern schießen würden.[31] Da Mack sich davon wenig beeindrucken ließ und auf seiner Forderung beharrte, die bayerischen Truppen sollten stehen bleiben, wo sie waren, brach Ribaupierre die Unterhandlung ab.

Die Täuschung der Österreicher bis hinauf zum Kaiser war vollständig. Aber auch innerhalb der bayerischen Reihen gab es jemanden, der hintergangen wurde: der Sondergesandte Graf Nogarola, der in dem Glauben nach Wien geschickt worden war, die Zustimmung zum bayerisch-österreichischen Bündnisvertrag zu überbringen. Vom tatsächlichen Inhalt des Briefes, den er bei sich trug, hatte er keine Ahnung. Es stand darin zu lesen, dass Max Joseph das Schwarzenberg gegebene Versprechen der Truppenüberlassung entschuldigend zurücknahm in Verbindung mit der neuerlichen Forderung nach einer Neutralität Bayerns![32] Dass Nogarola für diese Mission ausgewählt wurde, war alles andere als ein Zufall: Er galt als besonders österreichisch gesinnt und schien in seiner Funktion als Stadtkommandant von München und General einer der besten Divisionen der bayerischen Armee als Überbringer dieser Nachricht, äußerlich betrachtet, hervorragend geeignet. Gerade wegen seiner proösterreichischen Gesinnung jedoch hatte er am bayerischen Hof in Montgelas und Gravenreuth unerbittliche Feinde, die hofften, ihn durch eine Blamage ein für alle Mal loszuwerden. Auf der Durchreise brachte der ahnungslose Nogarola in Haag Mack gegenüber, der wenig später mit Ribaupierre zusammentreffen sollte, noch seine Freude über die bevorstehende Vereinigung der bayerischen und österreichischen Truppen zum Ausdruck.[33] In Wien sah man der Ankunft des Grafen mit Vergnügen entgegen, und Kaiser Franz empfing ihn persönlich in Schloss Hetzendorf. Dort übergab der «Freudenbote» den Brief des Kurfürsten. Franz las den Inhalt und sagte: «Entweder man hat sich mit

Ihnen einen schlechten Scherz erlaubt oder Sie wollen es mir gegenüber tun.»[34]

Kurze Zeit später traf Mack in München mit dem bayerischen Gesandten von Gravenreuth zusammen. Dieser war von Max Joseph, «um den Wunsch seiner Regierung auf ein besseres Einvernehmen zwischen den Höfen von Wien und München zum Ausdrucke zu bringen», zu neuen Scheinverhandlungen entsandt worden. Parallel dazu sollte Gravenreuth die Absichten der Österreicher in Bezug auf Bayern erkunden.[35] Während der Unterredung, bei der auch der österreichische Gesandte Buol anwesend war, erlaubte Mack sich die heftigsten Ausfälle gegen den geflohenen Kurfürsten und dessen Ministerium. Unter anderem sagte er, «dass die bayerischen Truppen, wenn sie sich nicht unter die österreichischen Truppen einteilen lassen, nirgends sicher sein würden, auch in der Fränkischen Provinz nicht; er würde die bayerischen Truppen überall verfolgen und sich durch keine Verhältnisse daran hindern lassen».[36] Mack sagte, dass er die Ermächtigung besitze, Bayern feindlich zu behandeln. Nur die Hoffnung, die man in Wien habe, die Angelegenheit doch noch in freundschaftlichem Sinne zu schlichten, habe ihn bisher davon abgehalten.[37]

Unter österreichischer Besatzung

«Alle warten auf uns als Befreier.»
Der französische Gesandte Otto an Außenminister Talleyrand

Zwei Tage nachdem die österreichischen Truppen die bayerische Grenze überschritten hatten, berichtete ein Einwohner Münchens beunruhigt: «Am 9. September war alles in hellem Aufruhr und verbreitete sich durch die Stadt die Nachricht, dass die Österreicher im Anmarsch waren, wie ein Lauffeuer.»[38] Noch in den Vormittagsstunden verbrannte der französische Gesandte Otto zahlreiche Dokumente und Schriftstücke, vor allem die, die auf den Bündnisvertrag mit Frankreich hinwiesen, und verließ nach einem kurzen Abschied von seiner Familie gegen Mittag die bayerische Hauptstadt.[39] Wie der Münchner sich erinnerte, zogen die verbliebenen bayerischen Truppen nicht weniger hektisch ab: «Plötzlich brach das Ungewitter los. Alle Regimenter jagten wie

Flüchtlinge davon; die Straßen waren voll mit davoneilenden Truppen, Kanonen, mit Wagen kurfürstlicher Effekten bedeckt (…) und sogleich erscholl auch: Hannibal [sic] ante Portas! Die Österreicher!»[40] Bereits in der Nacht zuvor waren alle öffentlichen Kassen, Gemälde, Archivalien, Geschütze, Munition und sonstiges Kriegsmaterial nach Würzburg geschafft worden, sogar die neue Feuerspritze der Hauptwache hatte man mitgenommen.[41] Innerhalb von sagenhaften 48 Stunden war es mit requirierten Bauernpferden und freiwillig gestellten Herrschaftspferden gelungen, das Zeughaus mit seinen großen Pulver- und Salpeter-beständen vollständig zu räumen, wobei in einem militärischen Bericht die patriotische Mithilfe aller Schichten der Bevölkerung ausdrücklich erwähnt wurde.[42]

Alle Versicherungen der österreichischen Gesandtschaft, Bayern habe vom Wiener Hof nichts zu fürchten, dieser sei vielmehr der natürliche Bundesgenosse und Verteidiger Bayerns und Napoleon ein ehrgeiziger Schurke, von dem nichts zu erwarten wäre, fanden nachvollziehbarer-weise wenig Gehör.[43] Buol ging sogar so weit zu behaupten, man sei nur einmarschiert, um den Kurfürsten zu schonen, da eine freiwillige Verei-nigung der bayerischen mit den österreichischen Truppen Napoleon provoziert hätte.[44] In Anbetracht zahlreicher Gerüchte begannen die Münchner, dem Beispiel des Hofes zu folgen und selbst fieberhaft ihre Wertgegenstände und überhaupt alles, was in den Augen der Österrei-cher einen Wert hätte darstellen können, wegzuschaffen und zu verste-cken.[45]

Ein Bewohner notierte in seinem Tagebuch: «Alles war in einer selt-samen Spannung und Erwartung.» Das Unvermeidliche nahm seinen Lauf: «Den 13. September an einem Freitag, kamen vor der Stadt die ersten österreichischen Truppen, Ulanen und einige reitende Artillerie, hier an. Sie bezogen die äußere Isarkaserne. Es waren recht wackere, auserlesene Männer (…) Den 14. September. Heute, Samstag, waren viele österreichische Offiziere von verschiedenen Monturen in der Stadt. Abends um sechs Uhr marschierten österreichische Grenadiere, etwa 500 Mann, in die Stadt auf den Platz und besetzten die Hauptwache, wo sie zugleich mit den Bürgerlichen Wache stehen.»[46] In den folgenden Tagen passierten mehrere 10 000 Mann, zahlreiche Geschützzüge und Versorgungswagen sowie starke Kavallerie München: «Den 18. [Septem-ber] um zehn Uhr Nachts und schon früher und die ganze Nacht durch

wurde durch die Kaufinger Gasse gefahren, geritten, marschiert (...).
Auch das Karlstor besetzten sie.»[47]

Obwohl München als Hauptstadt eine Sonderstellung einnahm, sollte
schon bald deutlich werden, dass die Österreicher keinesfalls gewillt
waren, mit den Bayern nachsichtig umzugehen. Wenige Tage nach der
Besetzung erklärte Graf von Buol: «Nachdem Otto in Würzburg das
Ruder führt, ist es nicht mehr als billig, dass ich in Bayern regiere.»[48]
Montgelas jedoch hatte vor der Flucht des Hofes nach Würzburg Richt-
linien herausgegeben, um den Übergang des Verwaltungsapparates an
den Feind zu verhindern. Unter anderem war eine zweifache Buch-
führung der Rentämter zur Täuschung der Österreicher angeordnet
worden. Flugblätter und Flugschriften wurden von der bayerischen Regierung verwendet, um die öffentliche Meinung gegen die Invasoren
einzunehmen. Dies blieb nicht ohne Wirkung und stachelte den Widerstand der Beamten und der Bevölkerung an, so dass der Versuch der
Österreicher, sich des bayerischen Verwaltungsapparates zu bemäch-
tigen, gründlich scheiterte.[49]

Mack wollte um jeden Preis die Armee über die Isar und den Lech
vorschieben, um, wie er es voll kriegerischem Pathos formulierte, «mit
menschenmöglichen Kräften die Iller [zu] suchen, um dort zu siegen
oder zu sterben».[50] Der eigentliche Befehlshaber Erzherzog Ferdinand
hingegen wollte die Armee in keinem Fall derart weit westlich exponie-
ren, da er die Gefahr einer Trennung von den nur langsam heranmar-
schierenden Russen voraussah. Als der Erzherzog am Abend des 19. September in München eintraf,[51] fand er die Armee allerdings in vollem
Marsch vor. Ein Münchner beobachtete, wie nahezu ununterbrochen
österreichische Truppen, Artillerie, Kanonen und Versorgungswagen
die Stadt in westliche Richtung passierten.[52] Durch Agenten hatte
Ferdinand die «sichersten Nachrichten»,[53] dass Napoleon mit fast all
seinen Streitkräften – insgesamt mindestens 150 000 Mann – von der
Kanalküste aufgebrochen war und sich im Anmarsch auf Süddeutschland befand. Die «Allgemeine Zeitung» hatte bereits in ihrer Ausgabe
vom 12. September berichtet, dass die Armee aus Boulogne abmarschiert
sei.[54] Berechnungen des österreichischen Generalstabes ergaben, dass
Napoleon mit dieser ungeheuren Streitmacht bis spätestens 10. Oktober an der Donau sein konnte, wo die Österreicher ihm nur rund
60 000 Mann entgegenstellen konnten.[55] Die militärische Schlussfolge-

rung Ferdinands war einfach und folgerichtig: Um die Armee nicht in eine zu weit nach Westen vorgeschobene Stellung zu bringen, wo sie unter Umständen abgeschnitten werden konnte, gab er Befehl, den Vormarsch anzuhalten.[56] Die im Vorrücken begriffenen österreichischen Armeekorps blieben stehen, die weiter rückwärts befindlichen Truppen erhielten Befehl, sich bei München zu sammeln.

Als Mack, der sein Hauptquartier bereits bis nach Mindelheim vorverlegt hatte, von der Einstellung des Vormarsches hörte, war er außer sich. Sofort schrieb er an Ferdinand und bedrängte ihn, den Befehl zurückzunehmen. Bei dieser Gelegenheit drohte er gar mit seinem Rücktritt – wodurch der ganze III. Koalitionskrieg sicherlich einen gänzlich anderen Verlauf genommen hätte. In dem theatralisch unterwürfigen Schreiben hieß es: «Ich werfe mich Eurer königlichen Hoheit zu Füßen, um Sie bei dem Heil der großen Sache zu beschwören, dass Höchstderselbe den Befehl wegen ohngesäumter Fortsetzung des Marsches also bald zu erneuern geruhen möchten. Geschieht dies nicht, so habe ich hier bei der Armee nichts mehr zu tun und eile nach Wien, um meinen Kopf dem Richterstuhl meines Monarchen darzubieten, welchen ich, um mein Gewissen zu retten, schon lange in die Schanze zu schlagen gelernt habe.»[57]

Der junge Prinz, der mit der strategischen Einschätzung der Situation großen militärischen Sachverstand bewies, beharrte jedoch auf seiner Entscheidung und verwies auf Kaiser Franz, der sich den letztendlichen Oberbefehl vorbehalten hatte und in den nächsten Tagen bei der Armee erwartet wurde. Ferdinand suchte eine Zusammenkunft mit Mack, über die er schrieb: «In einem mehr als zwei Stunden langen Gespräch, in welchem ich dem FML. Mack weder in dem einen noch anderen Punkte nur im mindesten von seiner vorgefassten Meinung abbringen konnte, überzeugte ich mich, wie falsch dieser Mann in militärischer Hinsicht berechnete, wie wenig er den Geist sowohl seiner als der feindlichen Armee kenne, dass er von jenem, was zur inneren Ordnung einer Armee notwendig ist, gar keine Begriffe habe, da er es für Kleinfügigkeit und unter seiner Würde hielt, sich mit diesem zu beschäftigen, kurz, ich sah einen Menschen welcher, ohne gute Ursache dazu zu haben, so sehr von seinen alle anderen Menschen überwiegenden militärischen Talenten eingenommen war, dass er diese allein für 100 000 Mann wert hielt.»[58]

Als der Kaiser kurz darauf, am 21. September, in München eintraf, ließ er auf den Bericht Macks hin die Truppen sofort wieder in Marsch setzen. Erneut war es dem hageren Baron mit seinen unermüdlichen Überredungskünsten gelungen, den Kaiser für sich einzunehmen. Nachdem solcherweise der Widerstand von Prinz Ferdinand gebrochen war, wurde der Vormarsch unverzüglich wieder aufgenommen; Mack fühlte seine Macht und gebrauchte sie rücksichtslos. Über die Entscheidung urteilte Erzherzog Karl: «Ich habe wenig Hoffnung auf einen Erfolg unserer Armee in Deutschland; trotz der kläglichen Situation Napoleons und der wenigen Mittel, die er hat (...) glaube ich, dass er uns dort bald vernichtet haben wird, besonders nach der Dummheit, die wir gemacht haben, ihm entgegenzugehen und ihn zu reizen, wo die Russen noch so weit von uns entfernt sind.»[59]

Grundlage der Pläne Macks waren a) die falsche Annahme, dass Napoleon mit seiner Armee nicht vor den Russen den süddeutschen Kriegsschauplatz erreichen konnte, und b) die Annahme, der französische Angriff werde aus dem Schwarzwald heraus erfolgen. Um diesem zu begegnen, sah sein Kriegsplan vor, in Süddeutschland eine Art geographischer Uhrzeigerstellung von zehn nach sechs einzunehmen. In dieser fiktiven Uhr bildete die Donau den nach Osten hin gerichteten Minutenzeiger, dessen nördliche Flanke er in weiten Teilen durch das neutrale Gebiet von Preußisch-Ansbach gedeckt sah. Der restliche Teil der Nordostflanke sollte, so der Beschluss des Kriegsrates in Landsberg am Lech vom 23. September, durch das Korps von Feldmarschall-Leutnant Kienmayer mit rund 6000 Mann gedeckt werden, der seine Vortruppen über die Donau vorschieben sollte.[60] Die Iller hingegen bildete den nach Süden hin gerichteten Stundenzeiger, «denn nur die Behauptung dieses Flusses deckt alle Eingänge von Vorarlberg und Tirol», so Mack.[61] Entlang dieser, seiner linken Flanke waren die Städte Memmingen, Lindau und Kempten als Hauptverteidigungspunkte bestimmt. Strategische Schnittstelle und Zentrum der Stellung bildete das beim Zusammenlauf der beiden Flüsse gelegene Ulm, das man laut Mack unter keinen Umständen preisgeben durfte. Hier wollte man das für Mitte Oktober erwartete Eintreffen der russischen Armee unter Kutusow abwarten, um dann mit vereinten Kräften loszuschlagen. Bei den Kriegskonferenzen in Wien war berechnet worden, dass Napoleon 68 Tage benötigen würde, um mit seiner Armee Schwaben zu erreichen.

Wenngleich die Pläne und Berechnungen Macks in vielerlei Hinsicht fern jeder Realität waren, so stand er doch damit keinesfalls allein, sondern hatte nach wie vor in dem mächtigen Minister Cobenzl eine starke Stütze. In der zweiten Septemberwoche schrieb dieser an Mack: «Man erkennt in allem was von ihnen stammt, diese Tätigkeit in der Durchführung, diese Ordnung und diesen Scharfblick in den Maßnahmen, die, ich hoffe es, so wesentlich beitragen werden, uns des Erfolgs in dem großen Kampfe zu versichern, der sich vorbereitet und in dem Ihre ersten Schritte schon die Bewunderung und das Staunen von ganz Europa erregen. Niemand hätte an die Möglichkeit geglaubt, uns so bald wieder und mit solchen Machtmitteln auf den Kampfplatz treten zu sehen.»[62] Mack hatte sich durchgesetzt und konnte aus München an den Kaiser schreiben, dass «die Kolonnen unaufhaltsam ihren Bestimmungen an die Iller»[63] entgegenmarschierten.

Solcherweise wurde es Herbst, die Weltgeschichte nahm ihren Lauf und hatte im Jahr 1805 das bayerische Ulm zu ihrem Mittelpunkt bestimmt. Die nun folgenden Wochen sollten den Bewohnern der Stadt an der Donau und der sie umgebenden Dörfer bis an ihr Lebensende unauslöschbar in Erinnerung bleiben. Am 17. September gegen zwölf Uhr[64] ritten in ihren schneeweißen Oberröcken österreichische Dragoner, von Günzburg kommend, über die Donaubrücke und besetzten die Stadt kampflos. Das mittelalterliche Stadttor stand offen und war, da die bayerische Garnison 24 Stunden zuvor in Richtung Würzburg abgerückt war, von Bürgerwehr besetzt.[65] Die österreichischen Soldaten hatten die 350 Kilometer von Braunau nach Ulm in zehn Tagen zurückgelegt,[66] womit deren durchschnittliche Marschgeschwindigkeit vom Inn an die Iller 35 Kilometer am Tag betragen hatte. Jedes Haus in Ulm war von Einquartierungen betroffen, und die Hausbesitzer wurden verpflichtet, die ihnen zugewiesenen Soldaten täglich und umsonst zu verköstigen. Mit wahrhaft österreichischer Gründlichkeit wurden hierbei Normen vorgeschrieben, die besagten, dass Unteroffiziere und Mannschaften zum Frühstück neben Brot eine Suppe und 1/16 Maß Branntwein, zum Mittagessen eine Weißbrotsuppe, ½ Pfund Fleisch, Gemüse und ein halbes Maß Bier, zum Abendessen Gemüse und wiederum ½ Maß Bier zu erhalten hätten. Speise und Trank hatten von guter Qualität zu sein. Lediglich die Generäle bestritten ihre Verköstigung selbst.[67]

Das bayerische Regierungsblatt berichtete Ende Oktober: «Überall wurden die Lebensmittel und Fourage vom Lande ohne Bezahlung beigetrieben und durch die ausgestellten Quittungen lediglich die Zahl der von dem letzten Kriege mit mehreren Millionen noch unbezahlten Schuldscheine vermehrt. Der Vorspann wurde von den Untertanen mit Gewalt genommen, die Pferde auf den Straßen zum Zuge mitgeschleppt, selbst beträchtliche Pferderequisitionen ausgeschrieben und durch Exekution beigetrieben, – und die Fuhrknechte hierzu aus den bayerischen Untertanen ausgehoben.»[68] Am 27. September notierte ein Münchner in sein Tagebuch: «Um drei Uhr führten sie Bauernpferde durch, welche so ausgemergelt und entkräftet waren, dass sie alle Mühe hatten, die Füße und ihre Totengerippe fortzuschleppen. Sämtliche dieser Pferde gehörten dem Abdecker. Das sind wahrhaft sehr schlimme Vorzeichen und mathematische Zeichen eines zerrütteten Menschenverstandes! (…) Auf dem Lande machen es die Österreicher desto ärger, und diejenigen, welche sie ins Feld schickten, taten wahrhaftig alles, was man tun muss, wenn man sich die ganze Welt abgeneigt machen will.»[69]

Bewaffnete österreichische Kavallerieabteilungen durchstreiften den besetzten Teil Südbayerns und begannen bei den Bauern mit Zwangsbeschlagnahmungen. Pferde und Ochsen wurden aus den Ställen geführt und weggenommen sowie große Mengen des eben erst eingefahrenen Heus und Getreides requiriert.[70] Neben Pferden, Ochsen, Heu, Stroh, Getreide und Früchten mussten die Landbewohner auch Fuhrwerke in großer Zahl liefern, wodurch die Stimmung den Besatzern gegenüber rapide schlechter wurde. Nicht zuletzt darin dürfte einer der wesentlichen Gründe zu finden sein, warum sich kurz darauf die bayerischen Soldaten mit Begeisterung für Napoleon erklärten. Mit zunehmender Dauer der Besatzung nahmen die Requirierungsmaßnahmen und damit die Leiden der Zivilbevölkerung immer mehr zu, allein – die Österreicher hatten die Waffen und damit die Macht.

Die beiden bayerischen Städte Ulm und Memmingen bildeten in der strategischen Planwelt Macks die Eckpunkte des österreichischen Aufmarschraumes im Süden Deutschlands. Mit diesen an die Iller angelehnten Verteidigungspunkten mit einer nach Westen ausgerichteten Front sollte das Eintreffen der verbündeten russischen Armee unter Kutusow abgewartet werden. Ulm bezeichnete Mack hierbei seinem Kaiser gegenüber gar als «die Königin der Donau und der Iller, das Bollwerk Tirols, den Schlüssel zu der einen Hälfte Deutschlands, ohne dessen Besitz der Feind nicht einmal vermögend wäre, sich zwischen der Donau und dem Main zu halten, geschweige denn, irgend eine offensive Absicht auf Tirol, Salzburg etc. auszuführen».[71] Gemäß diesem strategischen Plan inspizierte Mack in Begleitung des dicklichen Ingenieuroffiziers Martin von Dedowich sowie mehrerer Offiziere und Bediensteter zu Pferd[72] unmittelbar nach seiner Ankunft in Ulm die spärlichen Reste dessen, was von der einst so mächtigen Festung übrig geblieben war.[73] In Macks Bericht nach Wien hieß es: «Ulm als Festung habe ich zwar sehr ruiniert vorgefunden, aber gegen einen Anlauf wird es in der Zeit von drei Wochen wieder hinlänglich haltbar gemacht sein (...) Von Memmingen gibt mir Oberst Dedowich, welcher es gestern schon gesehen, die erfreulichsten Nachrichten. Ich reise heute Nacht dahin ab, um morgen alles zu untersuchen und anzuordnen.»[74] Sowohl Ulm als auch Memmingen sollten auf Befehl Macks hin unverzüglich neu befestigt werden, was die Bewohner der noch bis vor Kurzem Freien Reichsstädte mit aller Wucht traf. Ein Memminger berichtete: «Allgemein war der Schrecken, den dieser Befehl verbreitete, namentlich bei den Bürgern, welche schon viel Geld und Mühe verwandt hatten, die angekauften Schanzen in hübsche Gärten und Anlagen umzuwandeln und bei denen, die eine hübsche Allee von Obstbäumen rings um die Stadt geführt hatten. Allein, umsonst waren die Gegenvorstellungen.»[75]

Am Montag, dem 23. September, trafen in Memmingen die ersten Wagen mit Baumaterial und Bauarbeitern in großer Menge ein.[76] In aller Hast begannen nun die Schanzarbeiten um die ganze Stadt herum. Durch das Ausheben tiefer Wassergräben wurden die schönen, erst wenige Jahre zuvor angelegten Obstgärten einer nach dem anderen zerstört.[77] Die Memminger Frauenkirche wurde trotz aller Proteste in ein Brot- und Heumagazin verwandelt,[78] vor den Mauern im Nordosten wurde eine neue Bastei angelegt, im Westen, von wo man die Franzosen erwartete, mehrere Feldbatterien in Stellung gebracht.[79] All dies steigerte den Hass gegen die Österreicher. Der französische Gesandte Otto schrieb an Außenminister Talleyrand: «Adel, Bürgerschaft, Bauernstand und selbst die Kirche, alles ist nun für uns in Bayern, alle warten auf uns als Befreier. Sie sehen keinen Franzosen, ohne gleich mit Ungeduld das Neueste vom Anmarsch unserer Armeen wissen zu wollen.»[80]

Womit die Österreicher allerdings bei den Bayern den größten Unmut erregten, war, dass sie kein Geld ins Land brachten. Stattdessen übergaben die Besatzer lediglich gedruckte Bankzettel, die aus gutem Grund niemand annehmen wollte. Ein Ulmer erinnerte sich: «Diese Truppen waren – wie alle nachfolgenden der K. K. Armee – ganz ohne bares Geld, und brachten gleich die Wiener Bankozettel, die man nach dem Nominalwerte annehmen musste, bei den Wirten, Krämern und Bäckern in Umlauf, wo bei größeren Banknoten, mit denen eine Kleinigkeit gekauft oder verzehrt ward, allemal das bare Geld herausgegeben werden musste.»[81] An manchen Orten trieben die österreichischen Soldaten mit dem Papiergeld «schädlichen Unfug», wie ein Ratsprotokoll der Stadt Rain am Lech berichtete. Dort traf am 18. September ein K. K. Ulanenregiment in Stärke von 1500 Mann im Standquartier ein, das sogleich gute und kostspielige Verpflegung forderte. Die Ulanen gaben in den folgenden Tagen und Wochen mehr als 4000 Gulden in Bankozetteln aus, wobei sie gegen 3 Kreuzer teure Ware Bankozettel in Höhe von 2,5 Gulden überreichten. Die Krämer und Wirtsleute, die ihnen verständlicherweise ihre Artikel lieber umsonst überlassen hätten, mussten anschließend das hohe Rückgeld in klingender Münze herausgeben.[82]

Mack hatte den Truppen gleich nach dem Einmarsch tatsächlich nicht nur eigenmächtig den Sold erhöht, sondern auch einen Befehl erlassen, dem zufolge die österreichischen Bankozettel denselben Wert wie in Österreich haben sollten.[83] Diese Anordnung hatte zwar von Wien aus widerrufen werden müssen,[84] derjenige, der das Papiergeld annahm (bzw. annehmen musste), verlor jedoch immer noch mehr als 30 Prozent des Geldwertes.[85] Ein Ulmer berichtete: «Diese Manipulation war für das Land schlimm. Sonst bringt jede, auch feindliche, Armee Geld in Umlauf, aber die österreichische zog das bare Geld für ein dem Werte nach in gar kein Verhältnis kommendes Papier an sich, und erhob dadurch täglich in Bayern und Schwaben eine dem Gewerbestande und allen Kassen höchst empfindliche Kontribution.»[86] Mack log daher ganz bewusst, wenn er in einem Bericht nach Wien schrieb, dass die Truppen von der bayerischen Bevölkerung sehr gut aufgenommen würden, die Bayern für die von den Österreichern gehaltene Ordnung und Disziplin sehr dankbar seien und die kleinen Bankozettel von einem bis 5 Gulden sehr gerne, allenfalls die höheren nur widerwillig angenommen würden. Er bat also, ihm mehrere Millionen kleiner Bankozettel zu schicken.[87]

Kaiser Franz traf unterdessen in Begleitung von Staatsrat Collenbach in München ein, wobei ein Bewohner notierte: «Den 21. September, an einem Samstag, sind um halb sechs Uhr abends (ohne Paradierung der hiesigen Garnison, doch unter dem Geläut sämtlicher Glocken) Se. kais. Majestät Franz II. zu München angekommen und im Stürzerischen Wirtshaus abgestiegen.»[88]

Der Mangel an in München vorhandenen Kanonen war die Ursache, dass Kaiser Franz nicht standesgemäß mit Salutdonner begrüßt werden konnte. Von den Münchnern wurde er «mit unverkennbarer Verachtung empfangen», wie Montgelas im Nachhinein schrieb, «kaum ließ sich die Bevölkerung bestimmen, die seiner hohen Würde entsprechenden Rücksichten zu beobachten; man erlaubte sich sogar mündlich und schriftlich beißende Äußerungen über ihn».[89] Unmittelbar nach Ankunft des Kaisers wurde der bayerische Landeskommissar in Begleitung hoher Beamter zu einer Audienz vorgelassen. Auf die Vorhaltungen wegen der Repressalien gegenüber der Bevölkerung soll der Kaiser bloß erwidert haben: «Er wisse davon nichts; seine Generäle wären darüber verantwortlich; es werde alles [mit Papiergeld] ersetzt werden.»[90] Nachdem Kaiser Franz am frühen Morgen des folgenden Tages in der Theatinerkirche der Heiligen Messe beigewohnt und für einen erfolgreichen Ausgang des Krieges gebetet hatte, reiste er in Begleitung von Fürst Schwarzenberg weiter nach Landsberg am Lech, wo unter Beteiligung von Feldmarschall-Leutnant Mack und Erzherzog Ferdinand ein Kriegsrat stattfand, auf dem beschlossen wurde, an den exponierten Stellungen von Ulm und Memmingen festzuhalten.[91]

Ein Kampf um Bayern

> «Gegen uns stehen die Furchtsamkeit des Fürsten, die Schlaffheit
> des Hofes und vor allem die Tränen der Kurfürstin.»
> *Der französische Gesandte Otto an Außenminister Talleyrand*

Als Max Joseph nach Würzburg kam, um das Eintreffen der napoleonischen Armeen abzuwarten, hatte er den Bündnisvertrag mit Frankreich noch immer nicht unterschrieben. Hinter dieser zweigleisigen Taktik stand die Absicht, die Tür nach beiden Seiten hin offen zu halten und im

Falle eines für Napoleon ungünstigen Kriegsverlaufes, wie es im Jahr 1813 der Fall sein sollte, schnell die Seite wechseln zu können. Vor dem Hintergrund dieser nebulösen politischen Verhältnisse entsandten sowohl Frankreich als auch Österreich ihre diplomatischen Vertreter nach Würzburg. Da man sich in Wien nach wie vor Hoffnungen auf Bayern als Verbündeten machte, war am 14. September an Graf von Buol in München die Weisung ergangen, sich nach Würzburg zu begeben, um den Kurfürsten doch noch zum Beitritt zur Koalition zu bewegen. Aufgrund der schlechten Erfahrungen bei der Mission Schwarzenbergs sollte er bei den Verhandlungen diesmal allerdings keinerlei Drohungen anwenden. Die überraschende Ankunft des österreichischen Gesandten am Morgen des 21. September versetzte den bayerischen Hof in größtes Erstaunen. Tatsächlich bedurfte es eines erheblichen Maßes an Unverfrorenheit, nach all den Beleidigungen und Drohungen, die er sich in München vor aller Öffentlichkeit dem Kurfürsten gegenüber erlaubt hatte, diesem noch einmal persönlich als Bittsteller gegenüberzutreten.[92] Bei seiner Audienz musste Buol dann auch eine gewisse Entschlossenheit seitens des Kurfürsten feststellen, die er früher an diesem nicht beobachtet hatte. Er übergab ein eigenhändiges Schreiben von Kaiser Franz, in dem dieser bezüglich der Einverleibung der bayerischen Truppen auf die unbedingte Erfüllung der Schwarzenberg gegebenen Versprechen und einem militärischen Allianzvertrag mit Österreich bestand.[93] Ferner legte er dar, dass es für Bayern keinen «natürlicheren Alliierten gebe als Österreich», und beschwor den Ruhm, den das Land im Falle eines Sieges mit den Höfen von Wien und Petersburg teilen würde.

Am Nachmittag sprach er bei Montgelas vor, dem er in einer zweistündigen Unterredung ebenfalls mit der «Gesamtkraft aller logischen Gründe» die Vorteile ausmalte, die eine Verbindung mit Österreich mit sich brächte. Die militärischen Vorkehrungen gegen Frankreich seien so sorgfältig getroffen, dass man mit Sicherheit auf die größten Erfolge rechnen dürfe.[94] Montgelas erinnerte sich wie folgt: «Graf Buol kehrte die sanfteste und liebenswürdigste Seite hervor und äußerte mehr Bedauern, dass wir einem Abgrunde zueilten, als Empfindlichkeit über das Geschehene.»[95] Auch konnte sich von Buol der Unterstützung einflussreicher konservativer Kreise in Würzburg sicher sein. Graf Törring-Seefeld, der Beauftragte der bayerischen Landschaft etwa, hatte vom Kurfürsten «den Anschluss an die Kaiserhöfe und die baldigste Entfernung des schädlichen Ministers Montgelas» gefordert.[96] Der angefeindete Minister indessen sah die Zeit noch nicht für gekommen, die Maske vollständig fallen zu lassen, und erklärte, die Vorschläge reichlich überlegen und bis zu einer endgültigen Entscheidung über die Verwendung der bayerischen Truppen erst die Antwort des Kaisers auf das kurfürstliche Schreiben vom 21. September abwarten zu wollen.[97] Kurze Zeit darauf stellte Buol Gebietszuwächse in Salzburg, Berchtesgaden sowie das restliche Eichstätter und Passauer Gebiet in Aussicht. Selbst von der Königskrone war nun auf einmal die Rede:[98] «Es kamen Anträge zum Vorscheine, welche von dem seit Jahrhunderten von Österreich beobachteten Systeme so weit entfernt waren, dass ihrer Aufrichtigkeit unmöglich Glauben geschenkt werden konnte.»[99] Dem österreichischen Gesandten zur Seite stand neben dem Würzburger Adel Kurfürstin Caroline, die mit ihren Tränen und Beschwörungen alles in ihrer Macht Stehende tat, um ihren Mann zum Bündnis mit Österreich zu bewegen. Die Gemahlin des bayerischen Landesfürsten, eine geborene Prinzessin von Baden und Hochberg, Schwester sowohl der russischen Zarin als auch der Königin von Schweden, hegte schon allein wegen ihrer monarchischen Erziehung eine tief sitzende Aversion gegen die Französische Revolution und Napoleon.[100] Darüber hinaus hatte sie auch sehr persönliche Gründe, Napoleon zu hassen: Ihre unerfüllte Jugendliebe war kein Geringerer als der Herzog von Enghien gewesen, den Napoleon 1804 hatte erschießen lassen.[101]

Der französische Gesandte Otto beklagte in einem Bericht aus Würzburg, dass die Kurfürstin alle möglichen Mittel und vor allem ihre Tränen benutze, um ihren Gemahl zu beeinflussen: «Solange die Verhältnisse weniger bedenklich lagen, habe ich das Missvergnügen über das unentschuldbare Verhalten dieser Fürstin zurückgehalten, die mit einer ungemeinen Gleichgültigkeit für die wahren Interessen ihres Landes den ausgesprochensten Hass gegen Frankreich verbindet. (…) Immerhin hat das Benehmen der Kurfürstin wenigstens den Vorteil gebracht, dass sie die öffentliche Meinung bis zum jetzigen Augenblick irregeführt hat und niemand in Bayern die Bande ahnt, die sich soeben geknüpft haben.»[102]

Der Kurfürstin und Graf von Buol gegenüber standen der französische Gesandte Otto, der Max Joseph ebenfalls von München nach Würzburg gefolgt war, sowie Staatsminister Montgelas. Max Joseph selber blieb, bekniet von seiner Frau und bedrängt vom österreichischen Gesandten, weiterhin ängstlich und unschlüssig, wozu auch vereinzelte österreichische Streifkorps, die mittlerweile aus Böhmen in die Oberpfalz eingerückt waren, beitrugen.[103] Diese sollten auf Befehl Macks das Gerücht verbreiten, dass ein starkes österreichisches Korps folge und eine starke Kolonne Russen aus Böhmen ankommen werde.[104] General Marmont, der sich mit seinen Truppen auf dem Heranmarsch von Mainz befand, erinnerte sich: «Ich schickte einen meiner Adjutanten, den Hauptmann Leclerc zum Kurfürsten von Bayern nach Würzburg um ihm meine bevorstehende Ankunft mitzuteilen und ihn zu beruhigen. Dieser Fürst hatte eine solche Furcht sich zu kompromittieren, dass er inmitten der Spione, von denen er umgeben war, nicht wagte, ihn als französischen Offizier zu empfangen und ihm sagen ließ, er solle im Überrock zu ihm kommen und sich als Spitzenhändler anmelden lassen.»[105]

Bei dem verängstigten und wankelmütigen Monarchen hatte auch der französische Gesandte Otto keinen leichten Stand. Der erfahrene Berufsdiplomat, der bereits von 1784–1792 unter König Ludwig XVI. französischer Botschafter in den USA gewesen war und den mit George Washington eine persönliche Freundschaft verband,[106] schrieb aus Würzburg an Außenminister Talleyrand: «Meine Position ist einzigartig. Wir haben eine große Mehrheit der Beamtenschaft, der Armee und des Volkes auf unserer Seite. Gegen uns stehen die Furchtsamkeit des Fürsten, die Schlaffheit des Hofes und vor allem die Tränen der Kurfürstin. Man sagt mir unentwegt, wir kämen zu spät und, tritt dann ein Adjutant eines unserer Generäle auf, fleht man mich unverzüglich an, ihn zu verstecken. Man fürchtet gleichermaßen, uns zu sehen und uns nicht zu sehen, man möchte unseren Schutz haben, ohne ihn zu verdienen, man möchte am Krieg gewinnen, ohne ihn zu machen, und vor allem möchte man inmitten der Stürme die süßen Gewohnheiten eines entnervten und leichtfertigen Hofes aufrechterhalten.»[107]

Währenddessen hatte die Grande Armée allen österreichischen Berechnungen zum Trotz am 25. September in einem gewaltigen Bogen ihren Aufmarschraum an Rhein und Main erreicht. «Schon befand sich zum Erstaunen Europas das Heer, welches 20 Tage zuvor an den Ufern des Weltmeeres gestanden, mitten in Deutschland an den Ufern des Rheins, des Mains und des Neckars. Ein geheimnisvollerer, rascherer

Marsch war noch nie vorgekommen. Überall gewahrte man die Spitzen unserer Kolonnen, zu Würzburg, zu Mainz und zu Straßburg. Die Freude der Soldaten war aufs Höchste gestiegen. Als Napoleon erschien, begrüßten sie ihn mit dem tausendfachstimmigen Ruf: ‹Es lebe der Kaiser!›», konstatierte der französische Historiker Adolphe Thiers wenige Jahrzehnte später.[108] Am Rhein wurde den eintreffenden Soldaten eine kurze Marschpause eingeräumt, Schäden an den Geschirren wurden ausgebessert und erschöpfte Pferde gegen frische ausgetauscht.[109] Allein das Korps von Marschall Ney, das 27 Tage von der Kanalküste bis an den Rhein gebraucht hatte, war in diesem kurzen Zeitraum 300 Wegstunden bzw. zehn Stunden am Tag marschiert.[110]

In Straßburg waren umfangreiche Vorbereitungen getroffen worden: Unterkünfte für 80 000 Mann, zwei Paar Stiefel für jeden Soldaten[111] sowie 180 000 Marschportionen Zwieback standen bereit.[112] Der gesamte Generalstab, mehrere Marschälle und der Außenminister waren eingetroffen, sämtliche Gasthäuser der Stadt waren belegt.[113] Der einstige Bischofspalast der ehemals deutschen Stadt am Rhein, die die Operationsbasis des französischen Aufmarsches bildete, ähnelte dem Herzen eines Bienenstockes, in dem Napoleon bis zu 18 Stunden am Tag arbeitete. Bereits unmittelbar nach seiner Ankunft bestellte er die Minister und Generäle, um sich mit ihnen zu besprechen. Um zwei Uhr in der Nacht stand er auf, um zu arbeiten.[114] Über die Karten gebeugt, studierte er unablässig die neuesten Berichte über die Stellung des Feindes, ließ laut Ségur 20 000 elsässische Wagen mit Munition beladen,[115] hielt Truppenparaden ab, diktierte Befehle über die Vormarschrouten, empfing den badischen Kurprinzen, Markgraf Ludwig, und den Oberbefehlshaber der badischen Truppen, in Privataudienz sowie Marschälle, Generäle, Offiziere und Diplomaten. Soweit die Sichtverhältnisse es zuließen, arbeitete der auf dem Kirchturm des Straßburger Münsters angebrachte optische Telegraph unermüdlich.[116] Napoleon inspizierte mehrfach die Rheinbrücke, sprach mit zahlreichen der einfachen Soldaten, die gerade dabei waren hinüberzumarschieren und stellte ihnen Fragen über ihre Bedürfnisse. Auf dem Weg zurück nach Straßburg begegnete er einem mit Kommissbrot beladenen Versorgungswagen. Er ließ den Wagen anhalten, sich ein Brot geben und biss probeweise hinein. Auch ließ er sich vielfach von Soldaten das Pulver in den Kartuschen zeigen und prüfte deren Zustand.[117]

Aus einem weiteren Brief an Bernadotte vom selben Tag sprach folgende zuversichtliche Lagebeurteilung: «Wenn ich das Glück habe, dass die österreichische Armee noch drei bis vier Tage an der Iller verschläft, werde ich sie umgangen haben, und ich hoffe, dass dann nur Trümmer entkommen werden. Es ist Zeit, den großen Schlag zu führen.»[118]

Ungeduldig erwartete man in Straßburg den Ausgang der diplomatischen Bemühungen. Mittlerweile hatte sich erwartungsgemäß die Markgrafschaft Baden mit Frankreich verbündet; in Württemberg arbeiteten die französischen Diplomaten mit Hochdruck auf dasselbe Ergebnis hin. Von weitaus größerer strategischer Bedeutung war für Napoleon jedoch die Parteinahme des größten süddeutschen Staates Bayern. Aus diesem Grund entsandte er den Generalstabsoffizier Lagrange nach Würzburg, um vom bayerischen Kurfürsten eine klare Stellungnahme zu verlangen, indes die Rückkehr dieses Offiziers in Straßburg voll Ungeduld erwartet wurde. Über den Augenblick seiner Ankunft berichtete Napoleons Ordonnanzoffizier Ségur, dass Napoleon Lagrange schon aus einiger Entfernung zurief: «Was bringen sie uns endlich für Nachricht? – ist er für uns oder gegen uns?» Als er die positive Antwort vernahm, mit der er nicht gerechnet hatte, fügte er hinzu: «Umso besser!»[119]

Dem in Würzburg befindlichen österreichischen Baron von Buol gegenüber wurde unterdessen bis zum letzten Augenblick jegliche Verbindung mit Napoleon so überzeugend geleugnet, dass sich der Gesandte in einem Schreiben an Kaiser Franz verbürgte, man dächte von bayerischer Seite nicht im Entferntesten daran, sich mit Frankreich zu vereinen.[120] Erst als in der letzten Septemberwoche immer mehr französische Offiziere, Gesandte und Quartiermacher in Würzburg ankamen und die Stadt begann, immer mehr einem französischen Hauptquartier als der Residenz eines deutschen Fürsten zu gleichen, blieb dem österreichischen Gesandten nichts anderes übrig, als den Tatsachen ins Auge zu blicken. Da er unter diesen Umständen unmöglich noch auf einen Erfolg seiner Bündnisbemühungen hoffen durfte, verlangte er seine Pässe und verließ Würzburg gerade in dem Augenblick, als französische Kavallerie auf den Weinbergen nördlich der Stadt auftauchte.[121] Es war die Vorhut des langersehnten französischen Armeekorps von Marschall Bernadotte, das, von Hannover kommend, Max Joseph fränkischen Zufluchtsort erreicht hatte. Zusammen mit dem Korps von General Marmont, das kurz darauf folgte, kamen in den folgenden Tagen insgesamt mehr als 30 000 Mann französische Soldaten an, die, während die Stadt selbst mit Ausnahme von Offizieren und des Generalstabes von Einquartierungen verschont blieb, die Gegend um Würzburg in ein Heerlager verwandelten.[122]

Während die Kutsche mit Graf von Buol über die spätsommerliche Poststraße zurück nach Wien rollte, setzte Max Joseph seinen Namen unter den Bündnisvertrag mit Napoleon, der auf Rat Montgelas' vom 25. August auf den 23. September umdatiert wurde.[123] Hinter dieser nachträglichen Fälschung des Datums stand die klare Absicht, das bayerische Bündnis mit Frankreich vor der Welt in ein positives Licht zu stellen, da eine Unterzeichnung *nach* dem Einmarsch der Österreicher den Vertrag als notwendige Verteidigungsmaßnahme erscheinen lassen konnte.[124] Der französische Gesandte Otto schrieb: «Die sehr wichtige Manipulation des Datums zeigt offensichtlich, dass der Kurfürst eine Allianz erst abgeschlossen hat, nachdem er aus seiner Hauptstadt vertrieben wurde und dass seine Majestät der Kaiser den Krieg nur begonnen hat, um seinen Verbündeten zu helfen und die Verletzung, die ihm angetan wurde, wieder gut zu machen.»[125] Neben dieser neuerlichen diplomatischen Tatsachenverdrehung war es vor dem Hintergrund der nunmehr eingetretenen machtpolitischen Realität auch nicht verwunderlich, dass Montgelas nun mit einem «territorialen Maximalprogramm» auftrat. Über die Zugeständnisse des Vertrages hinaus forderte er eine erhebliche Vergrößerung Bayerns in den österreichischen Erblanden bzw. um Tirol, Berchtesgaden, Salzburg, den Rest des Fürstentums Passau sowie um das gesamte Innviertel mit einer nach militärischen Gesichtspunkten arrondierten Grenze.[126]

Der militärische Teil des Bündnisvertrages regelte die Unterstellung der in Franken stehenden bayerischen Armee unter Marschall Bernadotte, der am Abend des 27. September in Würzburg eingetroffen war.[127] Von dort aus schrieb der General an Napoleon: «Die Bayern sind vom besten Geist beseelt; sie sind voller Eifer und vor allem voller Zuversicht in die Zusammenarbeit mit den Truppen Eurer Majestät; alle Offiziere meines Stabes, die ich zu ihnen schicke, werden mit einem Enthusiasmus empfangen, der das Beste erwarten lässt; wenn die französischen Offiziere ihre Kolonnen passieren, lassen sie Bravorufe und Händeklatschen hören; nach allem, was mir zukommt, glaube ich Euer Majestät versichern zu können, dass die Bayern seiner Bundesgenossenschaft würdig sind.»[128] Der bayerische Kurfürst, den Heinrich von Kleist als den «bösen Geist der Welt» bezeichnet hatte, veröffentlichte wenige Tage später den schon erwähnten Aufruf an sein Volk. Darüber hinaus ließ Montgelas eine an die Bevölkerung gerichtete und in verschiedenen Zeitungen erscheinende Staatsschrift herausgeben, die das Verhalten des Kurfürsten rechtfertigte.[129] Derlei Publizistik fiel besonders in der Armee auf fruchtbaren Boden. Die eisernen Würfel des Krieges jedoch, die über die Zukunft Bayerns entscheiden würden, sollten auf den Schlachtfeldern fallen.

Napoleon in Bayern

«Wir sind wie eine Überschwemmung der Donau;
wir kommen plötzlich und wir verschwinden plötzlich.»[130]
Napoleon im Oktober 1805

Nachdem Napoleon Ende September zum ersten Mal in seinem Leben deutschen Boden betreten hatte, besuchte er zunächst seine beiden süddeutschen Verbündeten, den badischen Markgrafen (1. Oktober 1805) in Ettlingen sowie den württembergischen Kurfürsten (2. Oktober 1805) in Ludwigsburg. Der nach Würzburg geflohene bayerische Hof entsandte als Verbindungsoffizier Baron de Comeau, der Napoleon aus Zeiten der Militärschule in Brienne persönlich kannte, in das französische Hauptquartier nach Ludwigsburg.[131]

Die Österreicher indessen erwarteten wie in den vergangenen beiden Koalitionskriegen den französischen Angriff aus dem Schwarzwald heraus. Napoleons Kriegsplan sah jedoch das genaue Gegenteil vor. Seine Armeen umgingen in der ersten Oktoberwoche die österreichischen Stellungen zwischen Memmingen und Ulm weiträumig im Norden über Schwäbisch Gmünd und Nördlingen. In Nördlingen ließ Napoleon am 7. Oktober in seiner mitgeführten Felddruckerei einen zweisprachigen Aufruf an die verbündete bayerische Armee drucken, der sich vor allem an das bayerische Nationalgefühl wandte.[132] Die heiße Phase des Feldzuges wurde von Napoleon mit der Überschreitung der Donau zwi-

Ordre du jour.

Soldats Bavarois!

Je me suis mis à la tête de mon Armée pour délivrer votre patrie d'injustes aggresseurs.

La Maison d'Autriche veut detruire vôtre independance et vous incorporer à ses vastes Etats. Vous serés fideles à la memoire de vos Ancêtres, qui quelque fois opprimés ne furent jamais abattus et conserverent toujours leur independance, leur Existance politique, premiers biens des Nations, comme la fidelité à la maison palatine est le prémier de Vos devoirs.

En bon allié de votre souverain, j'ai été touché des marques d'amour que vous lui avés donnés dans cette circonstance importante. Je connois vôtre Bravoure; je me flatte qu'après la première bataille je pourrai dire à vôtre Prince et à mon Peuple que vous sètes dignes de combattre dans les Rangs de la Grande Armée.

Napoléon

par Ordre de l'Empereur et Roi
Le Major Général de l'Armée
Marechal Berthier.

Tags = Befehl.

Baierische Soldaten!

Ich habe mich an die Spitze meiner Armee gestellt, um euer Vaterland von einem ungerechten Angriffe zu befreyen.

Das Haus Oesterreich will eure Unabhängigkeit vernichten, und euch seinen weitumfassenden Staaten einverleiben.

Ihr werdet jedoch dem Andenken eurer Vorfahren getreu seyn, welche, ob zwar manchmal unterdrückt, doch nie unterjocht waren, sondern allemal ihre Unabhängigkeit und ihr politisches Daseyn, behaupteten — die ersten Wohlthaten der Völker, — so wie die Treue gegen das Churhaus Baiern die erste eurer Pflichten ist.

Als treuen Bundsgenossen eures Fürsten, haben mich die Beweise der Anhänglichkeit gerührt, welche ihr Ihm in diesem wichtigen Zeitpunkt gegeben habt. Ich kenne eure Tapferkeit, und schmeichle mir, nach der ersten Schlacht eurem Fürsten und meinem Volke sagen zu können, daß ihr würdig seyd, in den Reihen der großen Armee zu kämpfen.

Napoléon.

Auf Befehl des Kaisers und Königs,
der General = Quartiermeister der
Armee,

Marschall Berthier.

Napoleons in Nördlingen diktierter Aufruf an die bayerische Armee wurde sogleich in der französischen Felddruckerei in zweisprachiger Form tausendfach gedruckt und an die Bevölkerung verteilt.

schen Donauwörth und Ingolstadt (7.–9. Oktober 1805) eröffnet, die
er persönlich leitete. Ein im bayerischen Armeemuseum in Ingolstadt
befindliches Ölgemälde zeigt Napoleon mitten auf der halb zerstörten
Donaubrücke von Donauwörth, die im Gange befindlichen Reparatur-
arbeiten überwachend. Der bayerische Schlachtenmaler Wilhelm Kobell
bereiste im Auftrag des Münchner Hofes wenige Monate nach dem historischen Geschehen die Kriegsschauplätze zwischen Ulm und Braunau
und fertigte auf den Schlachtfeldern sehr detaillierte Geländestudien
an.[133] Auf deren Grundlage schuf er in seinem Atelier in der Kaufinger
Straße in München den aus sieben bzw. acht Gemälden[134] bestehenden
Berthier-Zyklus, der heute die wahrscheinlich wertvollste Bildquelle des
Krieges von 1805 darstellt.

Nach dem im ersten dieser Gemälde dargestellten Übergang über
die Donau verlief der Feldzug mit der Geschwindigkeit eines Torna-
dos, die entscheidenden Schläge folgten fast täglich aufeinander. Während Napoleon mit der Hauptmacht der Grande Armée in fast direk-
ter Linie nach Süden auf Augsburg vorstieß, kommandierte er zwei
Armeekorps sowie die verbündete bayerische Armee nach Südosten
ab, um München zu befreien. Strategisches Hauptziel dieser Bewegung war es, die geplante Vereinigung der Österreicher und Russen
in Schwaben zu verhindern, wobei der Empereur nicht wusste, dass
die Russen zu diesem Zeitpunkt noch nicht einmal die bayerische
Grenze bei Braunau erreicht hatten. Nachdem Mack in Ulm sich erst
sehr spät dazu durchgerungen hatte, der Nachricht von dem französischen Donauübergang Glauben zu schenken, verlegte er die Hauptstreitmacht der österreichischen Deutschlandarmee in östliche Richtung
nach Günzburg. Von hier entsandte er ein rund 8000 Mann starkes
Armeekorps in Richtung Donauwörth. Bei Wertingen traf es am 8. Oktober auf starke Einheiten der Grande Armée unter Murat und wurde
zertrümmert.[135]

Das ebenfalls in Ingolstadt befindliche zweite Bild des Berthier-Zyklus' zeigt die Kavallerie Murats während des Gefechts von Wertingen.
Nur einen Tag später, am 9. Oktober, erschien ein französisches Armeekorps unter Marschall Ney vor Günzburg, das allerdings auf die
Hauptstreitmacht der österreichischen Deutschlandarmee in Stärke von
40 000 Mann traf. Obwohl die Österreicher bei Günzburg über eine
fünffache Übermacht verfügten und es ihnen selbst nach Einschätzung

französischer Offiziere ein Leichtes gewesen wäre, das Armeekorps von Marschall Ney vollständig zu vernichten, befahl Mack am Abend den Rückzug nach Ulm. Von dem Gefecht bei Günzburg gibt es aus dem Berthier-Zyklus wahrscheinlich deshalb kein Gemälde, da Günzburg 1805 nicht bayerisches, sondern österreichisches Staatsgebiet war. Die Stadt Ulm indessen wurde von Napoleon für schwach besetzt gehalten, weshalb die gesamte Grande Armée südlich der Donau operierte, mit Ausnahme einer einzigen Division unter General Dupont, die den Befehl hatte, Ulm im Handstreich zu nehmen. Unweit der Stadt angekommen, musste Dupont jedoch am 11. Oktober feststellen, dass er fast der gesamten österreichischen Deutschlandarmee gegenüberstand. Es gelang den Österreichern dann auch, zwischen den Bauernhöfen von Haslach und dem Dorf Jungingen die französische Division schwer zu dezimieren, was nahezu deren einzigen Erfolg während des ganzen Feldzuges darstellte. Von dem Gefecht gibt es aus dem Berthier-Zyklus ebenfalls *kein* Gemälde, da es damals nicht im Interesse des bayerischen Hofes lag, eine französische Niederlage in Öl malen zu lassen.

Der Feldzug raste mit einer in der neuzeitlichen Kriegsgeschichte niemals zuvor gesehenen Geschwindigkeit über die Ebenen Bayerns. Am 12. Oktober erreichte das französische Armeekorps unter Marschall Bernadotte mit der verbündeten bayerischen Armee die Hauptstadt München, aus der sich die Österreicher bei Nacht und Nebel nahezu kampflos zurückzogen.[136] Aus psychologischem Kalkül befahl Napoleon, dass die bayerischen Truppen zuerst in ihrer Hauptstadt einziehen sollten.[137] Der Jubel in München kannte keine Grenzen, wobei ein Einwohner berichtete: «Es strömte augenblicklich unbeschreiblich viel Volk zusammen, von dem ich das Vivatrufen in der Ferne hörte, so wie ich den Dampf, in dem die Pferde eingehüllt waren, sah.» Der Münchner Stadtkommandant Felix Lipowsky berichtete, wie das bayerische Militär auf dem Marienplatz (Schrannenplatz) ein Karree bildete, um die Ankunft Wredes zu erwarten, da der bayerische General auf ausdrückliche Anweisung Napoleons als erster Befehlshaber in München einreiten sollte.[138] Kurz darauf erreichte dieser in seiner prächtigen blau-weißen Uniform die von Bürgermilitär besetzte Hauptwache, zog seinen Degen und rief: «Es lebe der Churfürst von Bayern Maximilian Joseph unser gnädigster Landesherr!» Alle Bürger und Soldaten wiederholten den Hochruf lautstark dreimal. Dann nahm Wrede einen der dargebotenen Bierkrüge und trank auf die Gesundheit des Kurfürsten.[139]

In dieser Würdigung des Gerstensaftes auf dem Marienplatz zu historischer Stunde erkennt man die ganze urbayerische Seele, wobei dieser tief verwurzelte Volksbrauch bemerkenswerterweise auch in einem Detail des Gemäldezyklus' von Kobell seinen Ausdruck findet. In der rechten unteren Ecke des chronologisch dritten Gemäldes der Bilderreihe «Einzug der Franzosen in München» erfreuen sich vor der Kulisse der bayerischen Hauptstadt mehrere bayerische und französische Soldaten am Inhalt eines Bierfasses. Im Bildzentrum wird, von Norden aus gesehen, die Silhouette Münchens gezeigt, auf die, als Symbol für die Befreiung, umrahmt von einer dunklen, bedrohlich wirkenden Wolkendecke, aus einem weißblauen Himmel die Sonne scheint. Unterhalb der am Horizont aufsteigenden Frauenkirche sind wahrscheinlich General Deroy sowie unmittelbar rechts daneben Marschall Bernadotte dargestellt. Links im Bild sind bajonettstarrende Züge französischer Linieninfanterie im Marsch auf das Münchner Stadttor zu erkennen.[140]

Die Niederlage von Haslach-Jungingen hatte Napoleon, dessen Hauptquartier sich in der Bischöflichen Residenz in Augsburg befand, Klarheit darüber gebracht, wo genau die Österreicher sich mit ihrer Hauptstreitmacht befanden. Er ließ daraufhin umgehend seine im Raum Augsburg befindlichen Armeekorps in Richtung Ulm in Marsch setzen, das Armeekorps von Marschall Soult stieß auf Memmingen vor. Bereits am 14. Oktober kam es sieben Kilometer von Ulm entfernt bei dem auf dem östlichsten Ausläufer der schwäbischen Alb gelegenen malerischen Benediktinerkloster von Elchingen zu der wichtigsten Schlacht des Jahres 1805 auf bayerischem Boden. Bei der Schlacht, die sich heute sowohl im großen Triumphbogen auf den Champs-Élysées als auch neben Napoleons Grab im Pariser Invalidendom in Stein gemeißelt findet, kommandierte auf französischer Seite Marschall Ney und war Napoleon selbst anwesend, was die Truppen in höchstem Maße motivierte.[141] Der bayerische Verbindungsoffizier Comeau berichtete als Augenzeuge: «Im Laufe dieser Schlacht sowie in dem darauffolgenden Manöver fiel mir besonders der Marschall Ney auf. Außerordentlich brillant auf dem Schlachtfeld motivierte er die Massen in hervorragender Weise (...). Ein Fremder, der die Grande Armée in Bewegung gesehen hätte, ohne den Kaiser zu kennen, hätte glauben können, dass Ney der Oberbefehlshaber war; er war der einzige, der auftauchte und ohne Napoleons Einfluss handelte.»[142]

Das vierte Gemälde des Kobell-Zyklus' zeigt den von französischer Seite als «Schlacht von Elchingen» bezeichneten Waffengang von einem Standpunkt südlich der Donau aus mit dem am Horizont zu erahnenden, vom Pulverdampf eingehüllten Kloster. Um den französischen Sieg symbolisch hervorzuheben, bricht oberhalb des Klosterberges die Sonne durch eine graue, fliehende Wolkendecke und beleuchtet das Kloster, obwohl der Himmel laut allen Augenzeugen grau und wolkenverhangen war. Die eigentliche Schlacht ist auf dem Hang östlich des Benediktinerklosters im Gange. Sämtliche Soldaten sind von Kobell wie in all seinen Gemälden in absolut authentischen Uniformen wiedergegeben.[143]

In der Nacht nach der Schlacht von Elchingen ließ Napoleon mehrere 10 000 Mann über die eroberte Donaubrücke marschieren und in einem weiten Halbbogen nördlich von Ulm im Schutz einer aufgezogenen Nebelwand Aufstellung nehmen. Buchstäblich in letzter Minute war es noch kurz zuvor Erzherzog Ferdinand gelungen, gegen den ausdrücklichen Befehl von Feldmarschall-Leutnant Mack an der Spitze von rund 3000 Reitern aus Ulm in Richtung Norden zu entkommen. Gegen zwölf Uhr am Mittag des 15. Oktober begann der Angriff auf die Stadt. Dargestellt ist dieser im chronologisch fünften Bild des Berthier-Zyklus' «Der Angriff auf Spielberg und Michelsberg», wobei der Maler auch hier Skizzen vor Ort angefertigt hatte. Das Bild ist mit Ausnahme der Bezeichnung «Spielberg», den es nördlich von Ulm nicht gibt, absolut authentisch, was die tatsächlichen topographischen Gegebenheiten angeht. Zu sehen sind Napoleon zu Pferd mit einigen seiner höchsten Generäle[144] bei einer kleinen Baumgruppe – die es gemäß der württembergischen Urvermessung knapp 25 Jahre später an dieser Stelle tatsächlich gab – sowie am Horizont die Stadt Ulm, auf die der Angriff, durch Pulverdampf angedeutet, in vollem Gange ist.

Während Memmingen am 15. Oktober vor Marschall Sault kapitulierte, wurden am selben Tag die Österreicher auch bei Ulm vollkommen eingeschlossen. Am 16. Oktober befahl Napoleon, die Donaustadt mit Artillerie zu beschießen, dargestellt im sechsten Bild des Zyklus' von Kobell. Es zeigt Napoleon auf seinem Schimmel, rechts neben ihm wieder seine hochrangige Entourage, auf dem Kienlesbergfelsen nördlich von Ulm, wie er die Beschießung persönlich kommandiert. Am Horizont

*Napoleon inszenierte die Kapitulation der österreichischen Truppen
am 20. Oktober 1805 in einem großartigen Schauspiel. Während er selbst
mit seiner Entourage vor den nördlichen Stadttoren Ulms auf einem
hohen Felsen stand, mussten rund 23 000 Österreicher den Fuß desselben
passieren und ihre Waffen niederlegen. Gemälde von Charles Thévenin.*

das von dieser Stelle weniger als zwei Kilometer entfernte Münster, wo
eine französische Kanonenkugel bis auf den heutigen Tag an die Beschießung erinnert. Die in der Stadt eingeschlossenen Österreicher wurden
durch die Beschießung zur Kapitulation gezwungen. Napoleon ließ sie
in einem großartigen Schauspiel unter freiem Himmel am 20. Oktober
die Waffen niederlegen. Die mehr als 20 000 hierbei erbeuteten Gewehre schenkte er kurz darauf Kurfürst Max Joseph.

Am Tag darauf verließ der zu Land siegreiche Kaiser sein Hauptquartier in Elchingen und begab sich über Augsburg nach München. In denselben Minuten aber, in denen sein prächtiger Kutschenzug die Elchinger Klostersteige hinabfuhr, tobte vor der südspanischen Küste unweit
von Cadiz eine der gewaltigsten Seeschlachten der Weltgeschichte, bei
denen es den Engländern unter Admiral Nelson gelang, die französisch-
spanische Flotte zu vernichten. Die Schlacht von Trafalgar war, ohne
dass dies zu diesem Zeitpunkt den beteiligten Mächten klar gewesen

wäre, der möglicherweise entscheidende Waffengang der Napoleonischen Kriege, da er alle französischen Invasionspläne nachhaltig unmöglich machte.

In der Nationalgalerie in Versailles hängt ein von Napoleon selbst in
Auftrag gegebenes Gemälde des Malers Nicolas-Antoine Taunay, das
das nächste Ereignis des Feldzuges, Napoleons Einzug in München,
darstellt. Anders als in dem Ölbild gezeigt, in dem sich der Schimmel
des Kaisers, umgeben von einer euphorisierten Volksmenge, unweit des
Karlstores kraftvoll aufbäumt, fuhr in der historischen Wirklichkeit
Napoleon am Abend des 24. Oktober 1805 in einer sechsspännigen
Kutsche unter dem Salutdonner von Kanonen und dem Läuten aller
Kirchenglocken, eskortiert von Kavallerie, durch das besagte Tor in der
bayerischen Hauptstadt ein. Ganz München war erleuchtet; Tausende
Menschen säumten die Straßen, und entlang der gesamten Strecke, die
Napoleon vom Karlstor bis zur Residenz passierte, standen französische Gardesoldaten in ihren hohen Bärenfellmützen mit präsentiertem
Gewehr Spalier. Das «zusammenströmende (…) Volke zeigte das Bild
eines durch Ströme aufgeriebenen Meeres, das sich schwer und langsam
dahinwälzt»,[145] berichtete die «Kurpfalzbayerische Staatszeitung», was
in dem Bild von Taunay, gleichwohl *vor* dem Karlstor dargestellt, gut
zum Ausdruck kommt. Vor der großen Treppe an der Residenz empfin-
gen alle in der Stadt anwesenden militärischen und zivilen Honoratioren
den Befreier Bayerns. Ursprünglich war geplant gewesen, dass Napoleon
gemeinsam mit dem bayerischen Kurfürsten in dessen Hauptstadt Einzug hielt, was jedoch von Max Joseph, der sich noch immer in Würzburg befand, aus gesundheitlichen Gründen abgesagt worden war.
Nichtsdestotrotz wurde ebendiese erfundene Szene – Napoleon führt
Max Joseph persönlich nach München zurück – auf dem neu errichteten Arc de Triomphe du Carrousel vor dem Louvre in Paris einige
Monate später in Stein gemeißelt.

Die Entscheidung von Austerlitz

«Sie haben es auf sich genommen Sire,
sich um unsere Interessen zu kümmern.»[146]
Max Joseph an Napoleon in seinem Glückwunschschreiben zu Austerlitz

Während Napoleon nun seine Hauptstreitmacht von Ulm über München weiter nach Osten befahl, kommandierte er das VI. Armeekorps unter Marschall Ney nach Süden, mit dem Befehl, die südliche Flanke des Vormarsches weiträumig zu schützen und Tirol zu besetzen. Zur Verstärkung wurde am 1. November von dem mittlerweile eroberten Salzburg aus die drei Brigaden umfassende bayerische Division von General Deroy ebenfalls nach Tirol befohlen. Deroy war der führende General in der kurfürstlichen Armee, der bereits als Siebenjähriger Fähnrich in dieser geworden war und noch den Siebenjährigen Krieg mitgemacht hatte.[147] Die Eroberung des österreichischen Alpenlandes begann mit der handstreichartigen Erstürmung des Stein- und Strubpasses am 1./3. November und vollzog sich anschließend in sagenhaften zehn Tagen. Bei einem Erkundungsritt erhielt General Deroy eine österreichische Kugel in den Oberschenkel, woraufhin der Oberbefehl über die bayerische Armee an den zweithöchsten General, Carl Philipp von Wrede, übertragen wurde.[148]

Währenddessen überschritt Ende Oktober die Hauptstreitmacht der Grande Armée, geführt von Napoleon selbst, einschließlich einer bayerischen Brigade in Stärke von 5950 Mann Infanterie und 570 Reitern unter General Wrede die österreichische Ostgrenze am Inn. Das siebte und letzte Bild des räumlich ausschließlich die Ereignisse *in* Bayern darstellenden Berthier-Zyklus' zeigt die Grande Armée vor der halb zerstörten Brücke am Inn vor Braunau. Kutusow, der noch kurz zuvor sein Hauptquartier in Braunau gehabt hatte, zog sich vor den überlegenen Kräften Napoleons planmäßig nach Osten zurück. An dem nun in rasanter Geschwindigkeit folgenden Vormarsch durch Österreich nahm die bayerische Brigade aktiv teil. Da verschiedene Einheiten der bayerischen Truppen in Österreich die Zivilbevölkerung übel schikanierten und quälten, erließ Wrede einen Befehl, der derartige Übergriffe mit der Todesstrafe ahndete.[149]

Bereits kurz vor dem Ende der Feindseligkeiten auf dem bayerischen Kriegsschauplatz, in der dritten Oktoberwoche,[150] schickte Kurfürst Max Joseph von Würzburg aus Karl Ernst von Gravenreuth als Sondergesandten in das französische Hauptquartier. Seine Aufgabe bestand in erster Linie darin, die zu erwartenden Gebietsgewinne für Bayern so hoch wie möglich zu gestalten. In den von Montgelas beigegebenen Instruktionen waren dabei konkret das vorderösterreichische Schwaben, die nach wie vor Freien Reichsstädte Augsburg und Nürnberg, das Hochstift Eichstätt, das altbayerische, 1779 verlorene Innviertel mit den nahegelegenen Städten Salzburg, Passau sowie Berchtesgaden genannt. Weiterhin fand sich in der Aufstellung ganz Tirol; auch sollten die in Bayern befindlichen souveränen Gebiete der Reichsritterschaft eingegliedert werden.[151]

Da es nun in der Tat um sehr viel ging, reiste der bayerische Kurfürst mit seinem Sohn, Kurprinz Ludwig, Anfang November nach Österreich, wo Napoleon mittlerweile sein Hauptquartier hatte. Die spätherbstliche Kutschfahrt durch das östliche Bayern und Oberösterreich war eine trübselige; manche Dörfer waren vollkommen menschenleer, während am Straßenrand tote Soldaten lagen, die niemand beerdigt hatte.[152] Am 6. November kam es zu der ersten persönlichen Begegnung mit dem mächtigen Kaiser im Gebäude der heutigen Bezirkshauptmannschaft in Linz. Napoleon empfing die beiden Wittelsbacher ausgenommen freundlich, wobei es ihm gelang, selbst Ludwig kurzfristig für sich einzunehmen.[153]

Nachdem durch derlei Höflichkeiten der diplomatische Boden bereitet war, wurde am 8. November der Vertrag von Linz unterzeichnet, der dem Kurfürstentum eine neuerliche Mediatisierung der innerhalb des bayerischen Territoriums befindlichen Gebiete der Reichsritter sowie die Einverleibung der Gebiete des Deutschen Ordens zusicherte. Weiterhin wurde die Inbesitznahme der traditionellen Reichspost der Thurn und Taxis vereinbart.[154] Die Regelungen standen in offenem Widerspruch zu nach wie vor geltendem Reichsrecht und stellten eine weitere Schwächung des Heiligen Römischen Reiches Deutscher Nation dar. Da Montgelas genau aus diesem Grund vor ihrer offenen Durchführung zurückscheute, wurden sie durch einen Tagesbefehl an die Grande Armée vom 19. Dezember vollzogen.[155] Im Gegenzug forderte Napoleon Max Josephs älteste Tochter Augusta Amalia als Frau für seinen Stiefsohn Eugène Beauharnais, was in Linz fest zugesagt wurde.[156]

Am 13. November gelang Napoleon, was seit Jahrhunderten keiner fremden Macht und auch den Türken weder 1529 noch 1683 gelungen war – die Besetzung der österreichischen Hauptstadt. Kutusow zog sich nach einem siegreichen Rückzugsgefecht bei Dürnstein, von den französischen Truppen verfolgt, weiter nach Norden zurück. Im mährischen Znaim nahm Napoleon am 18. November eine Parade der bayerischen Kavallerie unter General Wrede ab, deren vorzügliche militärische Erscheinung seine ausgesprochene Zustimmung fand. Wrede berichtete nach München: «Man kann unmöglich gnädiger behandelt werden, als ich es gestern von Seiner Majestät dem Kaiser wurde (...). Ich hatte nach dem Durchmarsch der Truppe eine sehr lange Audienz, in welcher S. M. umständlich über verschiedene militärische Bewegungen, die noch gegen den Feind zu unternehmen sein würden (...) sprach.»[157] Napoleons Kriegsplan ging dahin, die Russen und Österreicher mit einem einzigen großen Schlag in Mähren zu vernichten. Die bayerische Armee unter Wrede hatte hierbei die Aufgabe, bei der in der Nähe von Brünn erwarteten Schlacht die nördliche Flanke zu sichern und in jedem Fall zu verhindern, dass die in Böhmen stehende österreichische Armee unter Erzherzog Ferdinand in die Kämpfe eingreifen konnte. Zu diesem Zweck wurden die Truppen Wredes auf der Landstraße in Richtung Prag in Marsch gesetzt und trafen bei Iglau auf die Armee des Erzherzogs. Hier griff Wrede am 3. Dezember die mehr als doppelt so starken Österreicher an und drängte sie im Laufe erbitterter Kämpfe zurück. Inzwischen war einen Tag zuvor bei Austerlitz (2. Dezember) ohne Mitwirkung der bayerischen Armee die Entscheidung gefallen. Napoleon hatte die III. Koalition vernichtend geschlagen. Die Sonne war genau in dem Augenblick durch eine dichte Nebeldecke gebrochen, als die französischen Regimenter die Anhöhe der Alliierten erstürmten, wodurch das von Napoleon geprägte Wort der «Sonne von Austerlitz» Eingang in die Geschichtsbücher fand.

Die Nachricht des am 4. Dezember abgeschlossenen Waffenstillstandes war auf den wetterbedingt sehr schwierigen Wegen allerdings noch nicht bis Znaim vorgedrungen, als Erzherzog Ferdinand am 5. Dezember einen neuen Angriff auf die Bayern eröffnete. Ihm gelang es diesmal, seine Übermacht taktisch derart erdrückend ins Feld zu führen, dass

Wrede den Rückzug über dichtes Wald- und Sumpfgelände anordnen musste. In einer von einem gespenstisch hellen Mond beschienenen Nacht schickte der bayerische General bei dem kleinen Dorf Pfauendorf den mit Übermacht angreifenden Österreichern seine fünf Regimenter Kavallerie entgegen, was die im Rückzug begriffene Infanterie vor noch schwereren Verlusten bewahrte. Mit rund 1000 toten bayerischen Soldaten[158] war das Gefecht von Iglau für die kurfürstliche Armee das mit Abstand verlustreichste des Jahres 1805. 24 Stunden nach dem Gemetzel, das an und für sich sinnlos war, da der Krieg zu diesem Zeitpunkt bereits offiziell beendet war, traf auf beiden Seiten die Nachricht von dem geschlossenen Waffenstillstand ein. Unter Berufung auf diesen forderte Wrede von Erzherzog Ferdinand die sofortige Freilassung der 600 Gefangenen,[159] die kurze Zeit später jubelnd ins bayerische Lager liefen.

In der vielleicht brillantesten Schlacht seiner militärischen Laufbahn hatte Napoleon die russisch-österreichische Armee mit einem gewaltigen Donnerschlag zertrümmert und die Herrschaft über halb Kontinentaleuropa gewonnen. Bereits am Abend von Austerlitz erschien Fürst Johann von Liechtenstein als Unterhändler mit der Bitte um sofortigen Waffenstillstand und einer persönlichen Zusammenkunft mit Kaiser Franz, wozu Napoleon sich bereiterklärte. Diese fand am 4. Dezember unter freiem Himmel zwischen den Vorpostenlinien bei einer alten Mühle statt. Napoleons Ordonnanzoffizier Ségur berichtete als Augenzeuge: «Napoleon ging bis zu dem [Kutschen-]Schlag heran, um den Kaiser von Österreich, den er herzlich an der Hand nahm und zu seinem Biwak führte, selbst zu empfangen. Kaum bemerkte man an dem wenig lebhaften äußeren Franz II. einige Unruhe. Als er aus dem Wagen stieg, und Napoleon, der wie es mir schien, bereit war ihn zu umarmen, regte sich nichts in den Zügen des österreichischen Kaisers. Als wenn er durch dies kalte, ausdruckslose Äußere jenes Monarchen plötzlich wie zu Eis erstarrt sei, hielt Napoleon nun seinerseits seine Gefühle in einem so feierlichen Moment zurück. (…) Seine [Kaiser Franz'] ersten Worte indes waren dem Augenblick angemessen: ‹Er hoffe›, sagte er, ‹dass unser Kaiser den Schritt, den er täte, um den allgemeinen Frieden zu beschleunigen, zu schätzen wisse!› Sogleich aber fügte er mit einem eigentümlichen, ohne Zweifel erzwungenen Lächeln hinzu: ‹Sie wollen mich also berauben, mir meine Staaten nehmen?› Und auf ein paar Worte Napoleons entgegnete er: ‹Die Engländer! Ah, das sind Menschenhändler!›»[160] Ausgerechnet Kaiser Franz musste so sprechen; jener Monarch, der sich Bayern hatte einverleiben wollen und der 1,75 Millionen Pfund Sterling für je 100 000 seiner Soldaten entgegengenommen hatte, von denen nun Zehntausende zwischen Schwaben und Mähren verscharrt unter der Erde lagen. «Auf die letzte Frage Napoleons ‹So versprechen mir Ehrwürdige Majestät, nicht mehr mit mir Krieg führen zu wollen?› antwortete Franz II.: ‹Ich s c h w ö r e es und halte Wort!› Darauf küssten sich beide Kaiser und trennten sich.»[161]

Kaiser Franz sollte seinen Schwur nicht lange halten, denn am 9./10. April 1809 ließ er seine Heeresmacht erneut in Bayern, Italien und Polen einmarschieren und Frankreich den Krieg erklären.

IV. KAPITEL

DIE ERHEBUNG ZUM KÖNIGREICH

Bayerische Gebietsgewinne

«Der kleine Kerl hat es gewagt, mir die Stirn zu bieten.»
Napoleon über den bayerischen Sondergesandten Gravenreuth

Befindet man sich in Raum IV der Münchner Residenzschatzkammer, so steht man vor der diamantenbesetzten Krone der bayerischen Könige. Seitlich und von oben bricht sich das Licht tief und vielfältig in den zahlreichen Diamanten, Rubinen, Smaragden und Perlen. Wie kaum ein anderer Gegenstand symbolisiert die in Paris bei Martin-Guillaume Biennais in Auftrag gegebene und angefertigte Krone 112 Jahre Königreich Bayern. Dessen Geschichte ist untrennbar verbunden mit dem siegreichen Feldzug des Jahres 1805 an der Seite Napoleons.[1]

Weniger als eine Woche nachdem der Krieg mit der Entscheidungsschlacht von Austerlitz beendet war, wurde am 10. Dezember in Napoleons Hauptquartier in Brünn der nach dieser Stadt benannte Vertrag abgeschlossen. Er ist einer der wichtigsten Verträge in der neueren Geschichte Bayerns überhaupt, da er dessen Erhebung vom Kurfürstentum zum erblichen Königreich bestimmte, ein Ziel, auf das das Haus Wittelsbach seit Jahrhunderten hingearbeitet hatte.[2]

In der in einer dunkelblauen, goldbestickten Samtmappe gebundenen, mit dem Siegel Napoleons versehenen Urkunde wurden dem jungen Königreich zudem als Morgengabe die vorderösterreichische Markgrafschaft Burgau, die benachbarte Freie Reichsstadt Augsburg, das Fürstentum und die Stadt Lindau am Bodensee, weiter der nordöstliche Teil des ehemaligen Hochstifts Passau, die Grafschaften Königsegg-Rothenfels, Tettnang, Argen sowie das Hochstift Eichstätt zugesprochen.[3] Hingegen war Tirol im Vertrag von Brünn noch nicht genannt. Ein Wermutstropfen war, dass Bayern als Ausgleich für die neuen Gebiete mit seinen rund 600 000 Einwohnern auf die im Bogenhausener Vertrag vereinbarte finanzielle Entschädigung für die an die französische Armee erbrachten Sachleistungen verzichten musste.[4]

In einem weiteren, auf Schloss Schönbrunn unterzeichneten Vertrag zwischen Frankreich und Preußen vom 15. Dezember überließ Napoleon demselben das in Personalunion von Großbritannien regierte Kurfürstentum Hannover, welches infolge der Kriegserklärung des Inselreichs im Sommer 1803 von französischen Truppen besetzt worden war. Im Gegenzug trat Preußen in einem geheimen Zusatzabkommen seine 40 000 Einwohner zählende Enklave Ansbach ab, die Napoleon später ebenfalls seinem bayerischen Verbündeten übergab.[5] Max Joseph musste dafür seinerseits das rechtsrheinische Herzogtum Berg an Napoleon bzw. dessen Schwager Murat abtreten und Preußen das Herzogtum Kleve, die Festung Wesel sowie Neuchâtel an Frankreich.

Mit dem Vertrag von Brünn war Max Joseph nur teilweise zufrieden, wie aus einem Brief an Gravenreuth hervorging: «Mein Gott, was für ein Vertrag! Nicht meinetwegen bin ich verzweifelt. Meine Entschädigung für drei Monate Feldzug ist mehr als genügend, sogar superbe, aber der Kaiser bedrückt mich. Durch die Überlassung von Salzburg [das von Napoleon Österreich zugesprochen wurde] bringt er Österreich näher, statt es zu entfernen (…). Ich hatte gehofft, die mir noch beschiedenen Lebensjahre in Ruhe verbringen zu können und jetzt bin ich mehr denn je Nachbar meines natürlichen Feindes.»[6]

Dem bayerischen Sondergesandten Gravenreuth gelang es in letzter Sekunde, bei den Verhandlungen mit Napoleon auch noch Vorarlberg, das bereits dem württembergischen Kurfürsten Friedrich zugesagt worden war, herauszuschlagen. Hierbei kam es zu folgender denkwürdigen Begebenheit: Gravenreuth beschwerte sich bei Napoleon darüber, dass Bayern seiner Ansicht nach zu wenig erhalten würde, worauf Napoleon überrascht sagte: «Wie, ist Ihnen das noch nicht genug?… gut. Nehmen Sie!», während er auf die ausgebreitete Landkarte auf dem Tisch zeigte. Gravenreuth nutzte die Gunst des Augenblicks und umkreiste mit dem Finger auf der Karte in aller Sachlichkeit Kempten, Lindau, Vorarlberg und noch einige Gebiete in Schwaben. Der herbeigerufene und von Württemberg mit viel Geld bestochene[7] Außenminister Talleyrand entgegnete: «Aber der König von Württemberg?», woraufhin der Kaiser

kräftig auf den Boden auftrat und den intervenierenden Minister zu-
rechtwies: «Ich will es so, schreiben Sie es auf!»[8] Mit Ausnahme von
Vorarlberg sowie einiger kleinerer Grenzterritorien im Westen befinden
sich die von Gravenreuth mit dem Finger gezeigten Gebiete bis auf den
heutigen Tag alle bei Bayern.[9] Später äußerte Napoleon einmal amüsiert
zu Max Joseph über Gravenreuth: «Der kleine Kerl hat es gewagt, mir
die Stirn zu bieten.»[10]

Am 26. Dezember 1805 beendete der im Spiegelsaal des Pressburger
Bischofspalastes unterzeichnete Friedensvertrag[11] offiziell den III. Koalitionskrieg. Österreich musste darin als Preis für seinen Waffengang
rund ein Achtel seines Staatsgebietes mit insgesamt 3,2 Millionen Einwohnern abtreten. Sechs der 24 Artikel des Vertrages nehmen Bezug auf
Bayern. In dem weitaus wichtigsten VII. Artikel wurden dessen Erhebung zum Königreich sowie die Anerkennung desselben durch Österreich festgelegt. An Bayern mussten abgetreten werden (Artikel VIII)
das Hochstift Eichstätt, die vorderösterreichische Markgrafschaft
Burgau, ein Teil des Gebietes von Passau sowie Tirol mit den südlich
anschließenden Fürstentümern Brixen und Trient, Vorarlberg, die
Grafschaft Hohenembs, die Grafschaft Königsegg-Rothenfels, die
Grafschaften Tettnang und Argen sowie die Stadt Lindau. In einem
eigenen Artikel (XIII) sind weiterhin die Freie Reichsstadt Augsburg
sowie die Grafschaft Bondorf hinzugefügt. Das erst 1802 erworbene
Fürstentum Würzburg (Artikel XI) musste Bayern an Erzherzog Ferdinand III. geben, wobei Österreich das bisher von diesem regierte und
von Bayern begehrte Salzburg und Berchtesgaden erhielt. Weiterhin
wurde festgehalten, dass Bayern ein Teil des Heiligen Römischen Reiches Deutscher Nation bleibe (Artikel VII), zugleich jedoch volle staatliche Souveränität erhalte, was reichsrechtlich einen Widerspruch in
sich darstellte. Anders als noch 1802/03 war der Regensburger Reichstag zu den tief in nach wie vor gültiges Reichsrecht eingreifenden Regelungen gar nicht mehr gefragt worden,[12] was verdeutlichte, welch ge-
ringe Bedeutung man dem Alten Reich mittlerweile zumaß.

Eine Bedingung für die bayerische Königswürde bestand nach wie
vor in der Heirat von Max Josephs ältester Tochter Augusta Amalia mit
Eugène Beauharnais, Napoleons Stiefsohn. Am bayerischen Hof war in
der Zwischenzeit nach Kräften gegen die Hochzeit gearbeitet worden,
wobei Kurfürstin Caroline, wie Montgelas in einer Aktennotiz be-

merkte, das Haupt der «intrigante[n] Partei» war.[13] Gravenreuth erkannte das Gefährliche dieser Entwicklung scharfsinnig und schrieb an den Kurfürsten: «Man sagt mir, Majestät, dass die in Linz projektierte Eheschließung neuen Hindernissen begegnet. Das Schicksal Bayerns liegt in den Händen des Kaisers Napoleon. Dieser Monarch ist großzügig, aber er ist erbarmungslos, wenn er sich beleidigt glaubt.»[14] Gravenreuth setzte hinzu, dass die Gebietserweiterungen erst nach der Ratifikation gültig seien, womit klargemacht war, dass alles von der geplanten Heirat abhing.

Napoleon entsandte nun einen seiner engsten Vertrauten, Marschall Duroc, nach München, um offiziell um Augustas Hand anzuhalten. Die heikle Mission erreichte ihr Ziel. Max Joseph wusste nun nichts Besseres, als Augusta ausgerechnet durch ihren Bruder, Kronprinz Ludwig, der Napoleon hasste, über ihre bevorstehende Hochzeit informieren zu lassen. Über die Gefühle der 17-Jährigen, über deren Leben man solcherweise verfügt hatte, gab ein Brief vom 28. Dezember 1805 Aufschluss, in dem sie Abschied von ihrem bisherigen Verlobten, Karl von Baden, nahm: «Guter Prinz! Dieses ist das erste Mal, wo ich ihnen schreibe, es wird auch das letzte Mal sein, da wir unser Leben weit voneinander enden sollen. Mein Kummer ist unaussprechlich groß. Ich musste dem Befehl meines Vaters, dem Willen meines Landes gehorchen. Das Opfer ist vollbracht, Zeit, Vernunft, Religion werden mir ertragen machen, was andere zur Verzweiflung hätte bringen können.»[15]

Die Königswürde

«Wenn es nur das ist, was er wünscht, so soll er König sein!»[16]
Napoleons Ordonnanzoffizier Ségur im September 1805

Großes war für Bayern erreicht worden. Neben einer ungeheuren Gebietserweiterung war das Kurfürstentum zum Königreich erhoben worden, was bis weit über das Ende der napoleonischen Herrschaft hinaus Bestand haben sollte.[17] Napoleon, der dies ermöglicht hatte, begab sich Ende Dezember von Wien aus nach München, um bei der Ausrufung des Königreiches selbst anwesend zu sein. Gegen ein Uhr nachts des letzten Dezembertages 1805[18] bewegte sich die grüne Kutsche mit dem kaiserlichen Wappen, begleitet von berittener bayerischer Bürgerwehr, durch das Schwabinger Tor. Eine der ersten Handlungen Napoleons in der Münchner Residenz war es, dem 19-jährigen Kronprinzen Ludwig seinen bei Austerlitz getragenen Degen mit der ungeputzten Koppel um die Hüfte zu hängen, wobei er sagte: «Ihr seid meine Vorhut. Das ist wohl keine Kostbarkeit [Der Degen war mit Gold und Silber beschlagen], allein, ich habe diese Waffe bei Austerlitz getragen. Bedienen sie sich deren zur Verteidigung ihres Vaterlandes.»[19]

Zweifellos wollte Napoleon mit dieser heroischen Geste der Eitelkeit des jungen Kronprinzen schmeicheln und ihn für sich gewinnen. Die symbolische Handlung ist jedoch keinesfalls als reine Theatralik zu deuten, sondern dahinter stand politische Realität: Bayern war der wichtigste Vorposten des napoleonischen Bündnissystems, und Ludwig stand als Thronfolger für Bayern selbst, das durch Napoleons siegreichen Degen von Austerlitz wohl am meisten profitiert hatte. Auch die Aufforderung, dass Ludwig sich der Waffe bei der Verteidigung seines Vaterlandes bedienen solle, kam nicht von ungefähr, denn Österreich hatte Bayern angegriffen und würde es vier Jahre später erneut tun.

Am Neujahrstag des Jahres 1806 fand schließlich die seit Jahrhunderten angestrebte Erhebung Bayerns zum Königreich statt, wobei es eine zeremonielle Krönung aus zwei Gründen nicht geben konnte. Zum einen war es bislang nicht gelungen, mit dem Heiligen Stuhl ein Konkordat abzuschließen, und zum anderen war die Zeit von drei Wochen viel zu kurz gewesen, um eine solche angemessen vorzubereiten. So waren etwa zu diesem Zeitpunkt in München keine königlichen Kroninsignien vorhanden. Allerdings, so ließ Max Joseph im offiziellen «Königlich-Bairischen Regierungsblatt» vom 1. Januar verkünden: «Unsere feierliche Krönung und Salbung haben Wir auf eine günstigere Jahreszeit vorbehalten, welche Wir in Zeiten öffentlich bekannt machen werden.»[20] Die Krönung sollte also nachgeholt werden, wobei dieses Vorhaben noch einige Zeit von Max Joseph konkret verfolgt wurde.[21] Allerdings sollte dies weder unter seiner Regentschaft noch unter der eines anderen bayerischen Königs bis 1918 jemals verwirklicht werden.

Die Erhebung Bayerns zum Königreich erfolgte daher in einem äußerlich verhältnismäßig bescheidenen, wenige Minuten andauernden Staatsakt im Thron- und Audienzsaal von Kurfürstin Caroline in der Münchner Residenz um zehn Uhr morgens des 1. Januar 1806.[22] Max

*Das bereits 1806 entstandene Gemälde Moritz Kellerhovens zeigt
Max I. Joseph erstmals als bayerischen König. Das Bild weist in mehrerlei
Hinsicht starke Parallelen mit den Krönungsgemälden Napoleons auf;
so sind das Gewand des Königs wie auch die in Paris gefertigten
Kroninsignien eng an jene des französischen Kaisers angelehnt.*

Joseph hatte an der Seite des Kronprinzen die sieben höchsten Beamten-
und Würdenträger seines Hofstaates versammeln lassen und erklärte
ihnen in einer feierlichen Ansprache: «Durch die vielen Beweise von
Treue und Anhänglichkeit der Bayern an ihren Fürsten und Vaterland
haben wir uns bewogen gefunden, Bayerns Unabhängigkeit zu begrün-
den, in dem allerhöchst sie in dem gegenwärtigen Zeitpunkt, wo es
durch die Vorsehung Gottes dahin gediehen, dass das Ansehen und die
Würde des Herrschers von Bayern seinen alten Glanz und vorige Höhe
zur Wohlfahrt des Volkes und zum Flore des Landes wieder erreicht,
den dem Regenten Bayerns angestammten Titel eines Königs von Bayern

anzunehmen und öffentlich proklamieren zu lassen. Alle direkten Ab-
kömmlinge werden künftig den Titel Königliche Hoheit führen.»[23] Die
sieben anwesenden Würdenträger brachten daraufhin dem ersten König
Bayerns und dem Thronfolger ihre Huldigung dar. Sodann verkündete
Oberhofmeister Törring-Seefeld den im Vorzimmer versammelten Hof-
und Staatsdienern die Nachricht. Anschließend ritt der Landesherold
Joseph von Stützer, eskortiert von 30 Mann bürgerlicher Kavallerie, unter dem Läuten sämtlicher Kirchenglocken und dem 200-maligen Salutdonner auf alle größeren Plätze Münchens, allen voran den späteren
Marienplatz. Dort verlas er laut und deutlich, begleitet von Trompeten
und Trommelwirbeln, eine Proklamation Max Josephs an die Untertanen,[24] in der wie auch in der Ansprache jegliche Verbindung zu
Napoleon vermieden wurde. Stattdessen bemühte man den Verweis auf
die gottgewollte «Vorsehung» und beschwor den «alten Glanz» sowie
die «vorige Höhe» der bayerischen Herrscher. Damit wurde auf die
frühmittelalterliche Königswürde der Agilolfinger aus dem 6. Jahrhundert Bezug genommen[25] und der Anschein erweckt, es werde lediglich
an eine durch Jahrhunderte unterbrochene Königstradition angeknüpft.

Die Hauptursache von Napoleons Aufenthalt in München aber war
der nächste Schritt zur Festigung seiner Macht in Form der Schließung
mehrerer arrangierter Ehen[26] zwischen Mitgliedern seiner eigenen
Familie und den regierenden Dynastien der verbündeten Staaten, von
denen Bayern der erste und wichtigste war. Dementsprechend maß
Napoleon der Hochzeit zwischen Eugène Beauharnais und Augusta
Amalia die größte Bedeutung bei. Bereits in den ersten Stunden seiner
Ankunft in München hatte Napoleon einen Kurier mit einem Brief zu
Eugène nach Italien geschickt,[27] in dem ihm von seinem Glück Mittei-
lung gemacht und er unverzüglich nach München beordert wurde. Die
Tage bis zu seinem Eintreffen wurden gefüllt mit einem Reigen an Fes-
ten, Paraden, Dinners sowie Theater- und Opernaufführungen.

Am 10. Januar traf Eugène Beauharnais, der sich in den letzten
Monaten wie viele seiner Kameraden einen martialischen Schnurrbart
hatte wachsen lassen, endlich in der Residenz ein und wurde unverzüglich zu Napoleon vorgelassen. Als dieser den burschikosen Bart erblickte, ließ er ohne viel Federlesens sofort einen Barbier kommen, der
seinen Stiefsohn einseifen und mit einem Rasiermesser die soldatische
Modeerscheinung säuberlichst entfernen musste. Die 17-jährige Prinzes-

sin aus dem Hause Bayern, so Napoleon, möge keine «groben Krieger», und Eugène solle ihr bei der ersten Begegnung lieber glatt rasiert entgegen treten.[28] Betrachtet man den überaus glücklichen Verlauf der Ehe mit sieben Kindern, scheint dies nicht die schlechteste Idee gewesen zu sein.

Max Joseph hatte sich ausbedungen, dass Napoleon Eugène vor der Hochzeit formal adoptierte, was am 12. Januar geschah. Sollte der Kaiser keine Kinder haben, würde er nun dessen Nachfolger auf dem französischen Thron sein. In den folgenden 48 Stunden verlief alles gewohnt napoleonisch Schlag auf Schlag. Gegen zwei Uhr am Nachmittag des 13. Januar wurde der bereits zuvor ausgehandelte Heiratsvertrag in der Grünen Galerie der Münchner Residenz unterzeichnet. Anschließend fand die nach dem französischen Code Civil notwendige Ziviltrauung statt. Zu dieser war in der Grünen Galerie nahezu alles, was Rang und Namen hatte, versammelt.[29] Nur die 14-jährige Prinzessin Charlotte von Bayern war bei dem Festakt nicht zugegen. Man hatte sie, Krankheit vortäuschend, versteckt,[30] um eventuelle weitere Heiratseingebungen Napoleons zu vermeiden.

Während ganz München hell erleuchtet war und einmal mehr eine halbe Stunde lang sämtliche Kirchenglocken läuteten und die Kanonen Salut donnerten, wurde am Abend des 14. Januar in der Hofkapelle schließlich auch die nach bayerischem Recht damals noch notwendige kirchliche Trauung vollzogen. Die Hauptstadt war eigens zu diesem Anlass auf das Festlichste beleuchtet, und in den Straßen salutierten während des halbstündigen Läutens der Kirchenglocken alle anwesenden bayerischen, italienischen und französischen Soldaten zu Pferd und zu Fuß. In ebendiesen Minuten geleitete in der Hofkapelle Kaiser Napoleon an der Seite König Max Josephs Eugène Beauharnais würdevoll zum Altar, während gegenüber Königin Caroline und Kaiserin Josephine dasselbe mit Augusta Amalia vollzogen. Die von den beiden Monarchenpaaren ausgeführte zeremonielle Handlung stand voll wohlkalkulierter, kraftvoller Symbolik für das bayerisch-französische Bündnis selbst.[31] Im Anschluss an die kirchliche Trauung erschienen die Hochzeitsgäste im Hoftheater, und man speiste in der Grünen Galerie zu Abend, wo man sich anschließend mitunter am Spieltisch vergnügte. «Nie», erinnerte sich die Gräfin von Sandizell, «werde ich den Anblick vergessen, wie Napoleon in seinem [purpurnen] Kaisergewand herumging und

jedem von uns ein freundliches Wort sagte.»[32] Beim tags darauf stattfindenden großen Ball zeigten sich allerdings nicht alle Gäste gleichermaßen beeindruckt vom großen Korsen. Napoleon tanzte unter den
Ballgästen im purpurnen Kaisergewand Contredance, woraufhin der
bereits einigermaßen alkoholisierte Domherr von Waldkirch zu dem
neben ihm stehenden Diplomaten Rechberg sagte: «Sakra! Tanzt der
Schwanz ahh!»[33]

Nach der Abreise des französischen Kaisers führte der in München
verbliebene Talleyrand Verhandlungen über den weiteren Ausbau der
Allianz. Napoleons Ziel war es, ein «Drittes Deutschland» als Gegen-
gewicht zu Österreich und Preußen zu formen.[34] Am 16. Januar 1806
unterzeichneten die Vertreter Frankreichs, Italiens, Bayerns, Württembergs und Badens einen dahingehenden Geheimvertrag,[35] in dem die
drei süddeutschen Länder erklärten, im Falle eines neuen Krieges mit
dem Reich ihre Armeen Frankreich zu unterstellen. Weiterhin sollten
die territorialen Streitfragen, vor allem zwischen Württemberg und Bayern, in einer Mediationskommission in Paris friedlich beigelegt werden. Eine solche Einigung schien umso dringender geboten, als es an der
bayerisch-württembergischen Grenze bereits zu ernsthaften Zwischen-
fällen gekommen war. Im Klosterhof von Wiblingen bei Ulm etwa – der
Besitz des Klosters war strittig – kam es am 3. Januar zu einer wilden
Schießerei zwischen bayerischen und württembergischen Soldaten, bei
der vier Württemberger getötet und einem unbeteiligten Mönch durch
die Kapuze geschossen wurde.[36] Da König Friedrich von Württemberg
Eingriffe in seine eben erst erlangte Souveränität befürchtete und sich
weigerte, den Münchner Vertrag zu ratifizieren, trat derselbe allerdings
nie in Kraft.

Die Frage, wie ein neues Bündnis mit Frankreich aussehen konnte,
blieb somit im Frühjahr des Jahres 1806 zunächst offen. Eine militärische und außenpolitische Absicherung war für die süddeutschen Staaten jedoch von existenzieller Bedeutung, da zu erwarten stand, dass sich
Österreich bei der erstbesten Gelegenheit das Verlorene zurückholen
wollen würde.[37] Für die weiteren Verhandlungen wurde der Napoleon
vertraute Gravenreuth nach Paris entsandt. «Frankreich ist in diesem
Augenblick unser bester Verbündeter», schrieb ihm Max Joseph, «und
unsere sicherste Stütze. All dies kann und muss sich vielleicht einmal
ändern, weil nichts auf dieser Welt für immer stabil ist. Aber es gäbe mit

Sicherheit große Schwierigkeiten und vielleicht eine echte Gefahr, wenn man den geringsten Anschein erweckte, als setze man als auf einen Fixpunkt auf einen künftigen Bruch. Man würde aufgegeben von denjenigen, die uns unaufhörlich wertvollste Dienste leisten, wenngleich sie uns auch echten Anlass zur Klage geben, während die übrigen noch alles andere als vorbereitet sind, uns aufzunehmen.»[38] In erster Linie fand in Paris nun ein neuerliches Gefeilsche um den genauen Grenzverlauf sowie um den Besitz der vielen kleinen noch zur Verteilung stehenden Gebiete statt. Talleyrand und seine Mitarbeiter nutzten ihre Rolle einmal mehr, um sich an Bestechungsgeldern zu bereichern, ohne freilich immer, wie etwa im Fall der Stadt Nürnberg, irgendeine Gegenleistung zu erbringen.[39]

Die Korrespondenz Montgelas' in diesen Monaten zeigt, dass er eine der treibenden Kräfte hinter der Auflösung des Alten Reiches war, wobei es ihm auch gelang, die diesbezüglichen Bedenken Max Josephs zu zerstreuen. Während Friedrich von Württemberg den Reichsverband am liebsten hätte bestehen lassen und erfolglos eine gemeinsame Verhandlungsführung mit Bayern zu erreichen suchte, arbeitete Montgelas konsequent auf dessen Liquidierung und die vollständige Souveränität des neuen Königreichs hin.[40] Auch bei den bayerisch-württembergischen Verhandlungen in München vertrat Montgelas diesen Standpunkt mit Nachdruck. In seinen Memoiren versuchte er seine Rolle allerdings tunlichst zu relativieren und begründete seine Position mit der «Schwäche des deutschen Reichsverbandes, welcher ein Spielball fremder Politik geworden sei (...) unfähig sich selbst zu verteidigen, als auch die Sicherheit seiner Mitglieder zu garantieren».[41] Als Beispiele hierfür nannte er allerdings ausgerechnet Augsburg und Nürnberg, obgleich er selbst es gewesen war, der diese beiden Freien Reichsstädte in den Verhandlungen mit Napoleon 1805/06 nachdrücklich für Bayern gefordert hatte. Darüber hinaus stellte er es erneut so dar, als ob ihn erst das württembergische Beispiel zum Bündnis mit Frankreich bewogen hätte, gleichwohl es doch genau umgekehrt gewesen war.

Die Gründung des Rheinbundes und das Ende des Heiligen Römischen Reiches Deutscher Nation

«Wir gedenken in keiner Weise, uns den Teil der Souveränität anzumaßen,
den der deutsche Kaiser besaß.»[42]
Napoleon im «Moniteur» im September 1806

Anfang Juli 1806 ließ sich Max Joseph, wie aus einem Brief der Königin
hervorging, seinen aus Zweibrückener Herzogszeiten stammenden
Haarzopf abschneiden,[43] der ein Symbol der alten, im Untergang begriffenen Zeit war. Der Verlust des königlichen Zopfes fiel zeitlich zusammen mit einem anderen für die Geschichte des jungen Königreichs überaus bedeutsamen Schritt: der Gründung des aus 16 deutschen Staaten
bestehenden Rheinbundes am 12./16. Juli 1806.[44]

Bei der Bezeichnung «Rheinbund» hatte man sich ganz bewusst angelehnt an den Rheinischen Bund von 1658, bei dem der französische
Sonnenkönig Ludwig XIV. sich mit mehreren deutschen Fürsten gegen
den Kaiser in Wien sowie Preußen verbündet hatte. Anders als sein historisches Vorbild ging der Rheinbund allerdings sehr viel weiter, da er
den *Austritt* der Mitgliedsstaaten aus dem Reich bestimmte. Alle rechtlichen Bindungen an das Alte Reich wurden gelöst, wobei die 16 deutschen Fürsten damit einhergehend erklärten, alle mit jenem in Verbindung
stehenden Titel, einschließlich der Kurfürstenwürde, niederzulegen. Zur
Begründung dieses Schrittes hieß es im Vorwort der Rheinbundakte, die
jüngste Erfahrung lehre, dass «die deutsche Reichsverfassung keine Art
von Gewähr mehr leisten konnte». Die militärische Schutzmacht des
neu gegründeten Bundes wurde stattdessen Frankreich. Napoleon selbst
missbrauchte diese Schutzherrenrolle 1810/11 allerdings grundlegend,
als er zur Durchsetzung der gegen England gerichteten Kontinentalsperre die Rheinbundstaaten Salm-Kyrburg, Salm-Salm, Oldenburg[45]
und Arenberg, deren staatliche Souveränität durch Artikel 8 der Rheinbundakte ausdrücklich geschützt waren, kurzerhand annektierte. Von
den 16 deutschen Fürsten wurde Bayern in der aus 40 Artikeln bestehenden Rheinbundakte mehrfach zuvorderst genannt, was seine Bedeutung
in dem neu geschaffenen Bündnis hervorhob, sich allerdings auch in der
Höhe des im Kriegsfall zu stellenden Truppenkontingents[46] wider

spiegelte: 30 000 Mann (Württemberg 12 000 Mann, Baden 8000 Mann, Berg 5000 Mann, Darmstadt 4000 Mann, die restlichen Rheinbundfürsten insgesamt 4000 Mann; Frankreich als Schutzmacht stellte 200 000 Mann). Ein zukünftiger Krieg wurde als die Sache aller definiert, wobei die Entscheidung, wann der Bündnisfall vorlag, allein Napoleon oblag.

Das Bündnis war demzufolge ein zweischneidiges Schwert. Während es die beteiligten deutschen Staaten einerseits in weitgehende außenpolitische Abhängigkeit von Frankreich versetzte, schützte es sie, bzw. vor allem Bayern, andererseits vor einer neuen, gemäß den Erfahrungen der Vergangenheit nicht unwahrscheinlichen österreichischen Aggression. Allerdings beinhaltete die diesbezügliche Regelung auch, dass Napoleon in der Zukunft die Armeekontingente der Rheinbundstaaten einsetzen konnte, wo immer es ihm beliebte.

Innenpolitisch ermöglichte die Trennung vom Alten Reich den 16 Staaten, Verfassungsänderungen vorzunehmen sowie die alten, vormals durch Reichsrecht geschützten Stände politisch zu entmachten. Reichserzkanzler Dalberg nahm den Titel eines Fürstprimas des Rheinbundes an, ohne dass jedoch mit diesem Rang Eingriffsrechte in die Souveränität eines Mitgliedstaates verbunden gewesen wären. Zu Dalbergs Koadjutor (Beistand) wurde Kardinal Fesch, Napoleons Onkel, bestimmt. Zudem war eine in Frankfurt tagende Bundesversammlung unter dem Vorsitz Dalbergs geplant, deren Arbeitsweise in einem sogenannten Fundamentalstatut geregelt werden sollte. Dieses hatte Fürstprimas Dalberg innerhalb eines Monats entwurfsweise vorzulegen und es musste von den Bundesstaaten genehmigt werden.[47]

Territorial profitierten die drei süddeutschen Fürsten durch den Beitritt zum Rheinbund erneut erheblich. Der König von Bayern, so hieß es in Artikel 24, würde fortan «alle Souveränitätsrechte» ausüben, «über das Fürstentum Schwarzenberg, die Grafschaft Kastel, die Herrschaften Speckfeld und Wiesentheid, die Teile des Fürstentums Hohenlohe, welche in der Markgrafschaft Ansbach und im Gebiete von Rothenburg eingeschlossen sind, namentlich das Oberamt Schillingsfürst und Kirchberg; ferner über die Grafschaften Sternstein, die Fürstentümer Öttingen, die Besitzungen des Fürsten von Thurn und Taxis im Norden des Fürstentums Neuburg, die Grafschaft Edelstetten, die Besitzungen des Fürsten und der Grafen Fugger, das Burggraftum Winterrieden und endlich die Herrschaften Buxheim und Tannhausen sowie über die Totalität der Heerstraße, welche von Memmingen nach Lindau führt». Weiter wurden in Artikel 17 dem Königreich die seit Langem begehrte Freie Reichsstadt Nürnberg mit ihrem Gebiet sowie die Deutsch-Ordens-Kommenden Rohr und Waldstetten zugesprochen. Im Gegenzug musste Bayern lediglich die Herrschaft Wiesensteig (Artikel 13) an Württemberg abtreten sowie auf das Kloster Wiblingen bei Ulm verzichten, nicht allerdings ohne vorher nahezu den gesamten mobilen Besitz des Klosters gewinnbringend verkauft zu haben.[48] Das neue Bayern unter Napoleons mächtigen Adlerschwingen war stärker als je zuvor. Erstmals besaß es das begehrte geschlossene Staatsgebiet, zu dem erneut rund 203 000 Einwohner hinzugekommen waren. Mit diesen wies es nunmehr eine Bevölkerung von 3 260 000 Menschen auf.

Am 1. August 1806 erfolgte der in der Rheinbundakte festgelegte Austritt der 16 Staaten aus dem Heiligen Römischen Reich Deutscher Nation. Die Länder ließen beim «immerwährenden» Reichstag in Regensburg erklären, dass sie sich nunmehr mit Napoleon verbunden hätten, «dessen Absichten sich stets mit dem wahren Interesse Deutschlands übereinstimmend gezeigt haben».[49] Bei aller wohldurchdachten, profranzösischen Propaganda des Textes ist darin allerdings auch eine unbestrittene geschichtliche Tatsache zum Ausdruck gebracht – dass der österreichische Kaiser (seit 1804) Franz seine Stellung als Kaiser des Alten Reiches (seit 1792) mehrfach entschieden dazu benutzt hatte, um in erster Linie Vorteile für das Haus Habsburg zu erlangen. Weiter hatte der Kaiser sowohl im Frieden von Lunéville als auch im Reichsdeputationshauptschluss Regelungen auf Kosten reichsunmittelbarer deutscher Gebiete zugestimmt, denen er nach geltendem Reichsrecht gar nicht hätte zustimmen dürfen. So protestierte denn auch lediglich Schweden gegen den Austritt aus dem Alten Reich, das wegen seiner Provinz Schwedisch-Vorpommern Reichsstand war und einen Sitz beim Reichstag hatte.[50]

Auf diese Weise ging die endgültige Zertrümmerung des Alten Reiches im Hochsommer des Jahres 1806 mit der Präzision eines Uhrwerkes vonstatten. Noch bevor die 16 deutschen Staaten aus dem Reich ausgetreten waren, stellte Napoleon Kaiser Franz in Wien ein militärisches Ultimatum, die Krone des Alten Reiches niederzulegen. Montgelas behauptete in seinen Erinnerungen, Talleyrand habe ihm in München mehrfach versichert, der Vorschlag, «das Reichsoberhaupt seines Zepters zu berauben» und den «Kaiser feierlich abzusetzen»,[51] sei von Dalberg gekommen. Da jedoch Montgelas' Erinnerungen ebenso wie die von Talleyrand auch mit dem Ziel verfasst wurden, die eigene historische Rolle in einem möglichst günstigen Licht erscheinen zu lassen, muss eine alleinige Urheberschaft Dalbergs entschieden bezweifelt werden. Vermutlich war es vielmehr so, dass Talleyrand, Montgelas und Dalberg in dieser Frage hinter den Kulissen an einem Strang zogen. Am 6. August 1806 jedenfalls legte Kaiser Franz II. die Krone des Heiligen Römischen Reiches Deutscher Nation wenig feierlich nieder[52] und war fortan nur noch Kaiser von Österreich. 17 Jahre nach dem Ausbruch der Französischen Revolution ging damit eine fast tausendjährige Geschichte sang- und klanglos zu Ende.

Bayern an der Seite Napoleons im IV. Koalitionskrieg 1806/07

> «Seine Instruktionen lauten, (...) uns zu vergrößern, soviel als möglich.»
> *Max Joseph an Kronprinz Ludwig*

Bereits weniger als elf Wochen nach Unterzeichnung der Rheinbundakte trat der unter Artikel 35 genannte Bündnisfall ein. Nachdem es bereits im Oktober 1805 beim Durchmarsch der Grande Armée durch die neutrale preußische Enklave von Ansbach zu erheblichen Spannungen gekommen war, hatten sich diese in den folgenden elf Monaten zusehends verstärkt. Preußen sah sich durch die Gründung des Rheinbundes in seiner Rolle als Großmacht bedroht. Zudem hielt es seit April 1806 einen Teil des Gebietes der Freien Reichsstadt Nürnberg militärisch besetzt, das in der Rheinbundakte Bayern zugeschlagen worden war.[53]

Am preußischen Hof in Berlin gewann im Spätsommer des Jahres 1806 die Kriegspartei die Oberhand. Im Glauben an die eigene Überlegenheit aufgrund der ruhmreichen militärischen Tradition Friedrichs des Großen setzte König Friedrich Wilhelm III., der sich mit dem russischen Zaren Alexander I. verbündet hatte, Napoleon ein Ultimatum, sich bis zum 26. September hinter den Rhein zurückzuziehen und der

Gründung eines Norddeutschen Bundes unter preußischer Führung zuzustimmen. Ein solches Ultimatum war gleichbedeutend mit einer Kriegserklärung, die schließlich am 9. Oktober offiziell nachfolgte. Dass Napoleon einen Großteil der Grande Armée nach dem Rückzug aus Österreich in Bayern hatte stehen lassen, erwies sich nun als strategischer Vorteil. In der zweiten Oktoberwoche marschierten deren insgesamt 180 000 Mann starke Armeekorps, geteilt in drei Kolonnen, von Nordbayern unter persönlichem Befehl Napoleons in Richtung Thüringen. Da General Wrede plötzlich ernsthaft erkrankt war,[54] kommandierte Generalmajor Mezanelli, der wiederum dem Befehl von Napoleons 21-jährigem Bruder Jérôme Bonaparte unterstellt war, die ins Feld ziehende bayerische zweite Division. Die erste bayerische Division unter General Deroy verblieb zu Beginn des Krieges zur Bewachung der österreichischen Grenze am Inn. Die Bayern marschierten hinter der Hauptmacht Napoleons und hatten an der für Preußen vernichtenden Doppelschlacht von Jena und Auerstedt am 14. Oktober 1806 keinerlei Anteil. Am 24. Oktober zog Napoleon in Berlin ein und nahm sein Hauptquartier im Stadtschloss. Von hier aus erließ er am 21. November die Kontinentalsperre, die in ganz Europa die Einfuhr britischer Waren verbot und das Inselreich wirtschaftlich in die Knie zwingen sollte.

Die mit Preußen verbündeten Russen marschierten mittlerweile von Osten heran, und Napoleon führte ihnen die Grande Armée über die Oder hinweg entgegen. Max Joseph schrieb nun seinem Sohn Ludwig, der sich auf einer Privatreise in Spanien befand, er solle sich unverzüglich auf den osteuropäischen Kriegsschauplatz begeben und das Kommando über die bayerische Division übernehmen: «Unsere Truppen sehnen sich nach dir. Es ist eine Schande, dass Prinz Jerome sie kommandiert. Ich bitte dich daher, kehre gleich zurück und reise gleich nach Berlin, ohne hierher zu kommen. Dieses ist notwendig, damit man sieht, dass Dir Dein zukünftiges Land am Herzen liegt (…). Deine Gegenwart ist mehr wert, als zehn Botschafter.» Ludwig trat die Reise allerdings mit größtem Widerwillen an, da er die Franzosen zutiefst verabscheute, «angefangen mit dem Kaiser».[55]

Hatte die bayerische Armee beim Krieg gegen Österreich im Jahr 1805 die weiträumige linke Flanke der Grande Armée gebildet, so nahm sie dieselbe Aufgabe im Krieg gegen Preußen des Jahres 1806/07 an deren weiträumiger rechten Flanke wahr. Anders ausgedrückt: Während sich Napoleon in Ostpreußen und Polen mit den Russen beschäftigte, belagerten die Bayern zunächst die rückwärts gelegenen preußischen Festungen in Schlesien, Glogau, Breslau, Brieg und Kosel, die mit Ausnahme von Letztgenannter der Reihe nach kapitulierten (Glogau 3. Dezember 1806, Breslau 7. Januar 1807, Brieg 16. Januar 1807). Die erste bayerische Division war mittlerweile ebenfalls in Richtung Preußen in Marsch gesetzt worden, vereinigte sich bei Breslau am 5. Januar mit der zweiten bayerischen Division und wurde mit der württembergischen Division zum IX. Armeekorps der Grande Armée zusammengefasst, was von der Truppe als besondere Auszeichnung empfunden wurde.[56] Zusätzlich ließ Napoleon die in Breslau erbeuteten preußischen Fahnen und Kanonen nach München schicken.[57]

Die bayerischen Divisionen wurden jedoch von den Franzosen von allen Requisitionen ausgeschlossen, was zu einem empfindlichen Mangel führte. Bei vielen Soldaten ragten Mitte März bei Schnee und Dreck die Zehen aus den Stiefeln und waren die Uniformen vor Nässe zerschlissen, als endlich Ersatz aus der Heimat eintraf.[58] Die vielfach praktizierte offene Benachteiligung durch die französische Militärverwaltung bei Versorgung und Unterbringung warf einen ersten dunklen Schatten auf das bisher gute Verhältnis zu den Verbündeten. Hinzu kam, dass die Quartiere in Polen teilweise so schlecht waren, dass viele bayerische Soldaten, so ein Lagebericht, lieber unter freiem Himmel als in den alles andere als sauberen Hütten, wo es vor Läusen wimmelte, übernachteten.[59]

Inzwischen kämpfte in den Reihen von Napoleons Hauptarmee in Polen und Ostpreußen lediglich das erste Chevauleger-Regiment Kronprinz, wobei Napoleon nach einem Gefecht Anfang Februar 1807, auf dieses bezogen, die bayerische Kavallerie als «die beste der Welt»[60] bezeichnete. Die Lorbeeren mussten die Chevaulegers, die auch in den großen Schlachten von Preußisch-Eylau (7./8. Februar 1807) und Heilsberg (10. Juni 1807) kämpften, allerdings bis zum Ende des Feldzuges mit einem Verlust von mehr als 50 Prozent ihrer Mannschaften bezahlen.[61] Der Namensgeber des betreffenden Regiments, Kronprinz Ludwig, war mittlerweile in Polen angekommen und dichtete dort heimlich: «Auf Ihr Teutschen! Auf und sprengt die Ketten, die ein Korse Euch hat angelegt!»[62] Entgegen seiner wahren Gesinnung ordnete er sich jedoch dem Wunsch seines Vaters unter und ritt von Warschau aus den beiden im Anmarsch befindlichen bayerischen Divisionen entgegen, um deren Kommando zu übernehmen.[63] Ludwig wurde von der von den langen Märschen erschöpften Truppe begeistert empfangen, und seine Ankunft hob die Moral enorm.[64] Tatsächlich setzte sich der Kronprinz in der Folgezeit vehement für die Verpflegung, Bekleidung und Besoldung der bayerischen Soldaten ein. Inzwischen war auch Wrede wieder genesen und traf Anfang April bei der mittlerweile in Pulutsk nördlich von Warschau angekommenen königlichen Armee ein.

Zwischen dem 14. und 16. Mai kam es nördlich von Warschau zu einem Gefecht, in dem 3000 Bayern gegen 10 000 Russen kämpften. Hier standen im Laufe des Tages Ludwig und Wrede mehrfach Seite an Seite im Kugelhagel, was die lebenslange Freundschaft des Kronprinzen und späteren Königs zu dem General mit begründete: «Näher zu gehören dem Herzen, scheinen die Menschen, mit denen man im Schuss war», notierte der Kronprinz nach der Schlacht, in der die Bayern neuerlich 318 Tote, Verwundete oder Gefangene zu beklagen hatten, sich aber behaupten konnten.[65] Ludwig beauftragte zwei Jahre später den bayerischen Hofmaler Wilhelm Kobell, dieses Gefecht von Pulutsk – mit sich selbst und Wrede darin – ebenso wie die vorangegangenen Belagerungen der drei preußischen Festungen großformatig in Öl zu malen.[66] Die Kämpfe nördlich von Warschau waren allerdings ebenso wie jene in Schlesien lediglich ein Nebenkriegsschauplatz, während Napoleon die eigentliche Entscheidung in Ostpreußen suchte. Am 14. Juni 1807 kam es dort zur Entscheidungsschlacht von Friedland an der Alle, in der die Russen von dem überragend befehligenden Napoleon vernichtend geschlagen wurden. Preußen wäre im Friedensvertrag von Tilsit (7./9. Juli 1807) um ein Haar ganz von der europäischen Landkarte verschwunden, hätte Zar Alexander sich nicht für dessen Erhalt eingesetzt. So blieb es um mehr als die Hälfte verkleinert bestehen. In Norddeutschland schuf Napoleon hauptsächlich auf Kosten des geschlagenen Preußen das Königreich Westphalen und gab es seinem jüngsten Bruder Jérôme; in Osteuropa wurde aus den vormals preußischen Provinzen das Herzogtum Warschau geformt. Napoleon schloss in Tilsit darüber hinaus einen Friedens- und Freundschaftsvertrag mit dem Zaren, in dem dieser u. a. den Beitritt zur Kontinentalsperre und die Anerkennung sowohl des Rheinbundes als auch des Herzogtums Warschau erklärte. Ungeachtet all dieser vordergründigen Konzessionen unterzeichnete Alexander den Vertrag jedoch lediglich unter dem Zwang der militärischen Niederlage und nahm das Bündnis mit Frankreich, wie die Zukunft zeigen sollte, niemals ernst.

Wenig war die Rede von den insgesamt 1677 gefallenen bayerischen Soldaten,[67] als Ende Juni 1807 überall im Königreich die Kirchenglocken läuteten und den Sieg feierten. In München nahm Max Joseph selbst an einem Dankgottesdienst teil[68] und unternahm in der Folgezeit alles, um aus dem Sieg erneut Gebietsgewinne für Bayern herauszuschlagen. Kronprinz Ludwig, der sich im französischen Hauptquartier in Tilsit aufhielt, teilte der König mit, die Instruktionen des bayerischen Unterhändlers lauteten dahin, «uns zu vergrößern, soviel als möglich».[69] Napoleon war jedoch der Ansicht, dass Bayern in der jüngeren Vergangenheit genug vergrößert worden sei, und ließ es diesmal, sehr zum Missfallen Max Josephs, leer ausgehen. Selbst das sicher geglaubte, vormals preußische Bayreuth[70] kam unter französische Militärverwaltung. Dessen ungeachtet wurden die aus Preußen und Polen zurückkehrenden bayerischen Truppen in der Heimat triumphal empfangen. In mehreren Städten des Königreiches waren eigens zu ihrem Empfang der Antike nachempfundene Triumphbögen errichtet worden, durch die die Truppen, begleitet von Musikkapellen und der jubelnden Bevölkerung, einzogen. Das Bündnis mit Napoleon schien durch den neuen Sieg mehr denn je gefestigt, so dass in München der österreichische Gesandte Stadion nach Wien berichten musste: «Man ist derart von Frankreich abhängig und so in der begonnenen Rolle befangen, dass ich mir auf lange hinaus keine Vorschläge für eine politische Annäherung erwarten darf.»[71]

Infolge des für Napoleon siegreichen IV. Koalitionskrieges traten bis zum Jahr 1808 23 weitere deutsche Länder dem Rheinbund bei. Nachdem nunmehr halb Mitteleuropa mit 39 Staaten diesem angehörte, forcierte Napoleon seinen bereits in der Rheinbundakte von 1806 angelegten Plan, ihn über seine Funktion als Militärallianz hinaus zu einem durch gemeinsame verfassungsrechtliche Organe gefestigten Staatenbund auszubauen.[72] Dalberg hatte seinerzeit in Paris zwei Verfassungsentwürfe für den Rheinbund vorgelegt, die von Napoleon selbst als zu sehr in die Souveränität der Mitgliedstaaten eingreifend zurückgewiesen worden waren. Als der Fürstprimas im Oktober 1806 eine erste (und letzte) Sitzung des Bundestages in Frankfurt anberaumt hatte, um das Fundamentalstatut zu verabschieden, waren Bayern und Württemberg dieser demonstrativ ferngeblieben; Baden hatte seinen Gesandten

*Die Rückkehr der bayerischen Truppen aus dem IV. Koalitionskrieg
wurde überall in Bayern, wie hier in einem Aquarell von Johannes Hans
dargestellt, im Januar 1808 in Ulm mit großem Pomp und teilweise an
eigens zu diesem Anlass errichteten Triumphbögen gefeiert.*

abberufen. Abweichend von seiner ansonsten überaus dynamischen
Handlungsweise, hatte Napoleon Dalberg daraufhin mitgeteilt, dass man
der Angelegenheit wohl noch mehr Zeit geben müsse, zumal er zu diesem
Zeitpunkt stark mit dem Krieg in Preußen beschäftigt war.[73]

Nachdem dieser mit dem Frieden von Tilsit beendet war, trat der
innere Ausbau des Rheinbundes erneut in den Vordergrund. Der ab
Sommer 1807 im Amt befindliche neue französische Außenminister
Champagny legte im Februar 1808 einen neuen Entwurf für das Fundamentalstatut des Rheinbundes vor, worin u. a. für alle Mitgliedstaaten
die Einführung des Code Civil vorgesehen war. Da Napoleon dieser erste
Entwurf jedoch als zu umständlich nicht zusagte, arbeitete Champagny
einen zweiten aus, der die Zustimmung des Kaisers fand. Diesem zufolge
sollte unter anderem in Frankfurt ein oberstes Bundesgericht errichtet
werden, das befugt gewesen wäre, in die inneren Angelegenheiten der
einzelnen Staaten einzugreifen. Laut dem renommierten Historiker Eberhard Weis spiegelten diese Entwürfe «den Versuch wider, eine Diktatur

des Protektors [Napoleons] im Rheinbund zu errichten».[74] Dieser Versuch stand in krassem Gegensatz zu dem, was Napoleon noch zwei Jahre zuvor mehrfach gesagt und u. a. im Moniteur hatte veröffentlichen lassen: «Die inneren Angelegenheiten eines jeden (…) [Rheinbund-] Staates gehen uns nichts an.»[75] Der Entwurf wurde erwartungsgemäß von den beiden süddeutschen Königreichen mit größter Entschiedenheit zurückgewiesen, und auch alle späteren Versuche zum inneren Ausbau des Rheinbundes sollten an ihrem Widerstand scheitern.

Der Blaue Wittelsbacher

«Es ist, als hätte man ein Rembrandt-Bild übermalt.»
Professor Hans Ottomeyer, 2010

Bayern war nun Königreich, und obwohl die geplante Krönung wegen des fehlenden Konkordats mit dem Heiligen Stuhl nie zustande kam, besaß es 1808, als Montgelas seinen Verfassungsentwurf vorlegte, nicht nur einen Titel, sondern auch eine Krone. Als sich die Kutsche Napoleons am 17. Januar 1806[76] auf der Landstraße in Richtung Augsburg fortbewegte, hatte dieses Symbol der neuen Würde noch gefehlt. Die Krone und die Kroninsignien wurden erst am 3. Mai 1806[77] von König Max Joseph nach Entwurfszeichnungen von Napoleons Architekt Charles Percier bei dem berühmtesten Goldschmied der Zeit, Martin-Guillaume Biennais, in Paris in Auftrag gegeben.[78] Der Meister fertigte in seiner Werkstatt in der Rue Saint-Honoré eine goldene Bügelkrone mit einem achtspannigen Globus und einem diesen bekrönenden diamantbesetzten Kreuz. Verwendet wurden dabei u. a. Perlen und Steine aus der Eichstätter Monstranz sowie weitere durch die Säkularisation gewonnene Klosterschätze. Die Saphire waren aus dem Pfälzer Reichsapfel herausgebrochen worden. Nachdem die Krone sowie Reichsapfel, Zepter, Schwert, Siegelkasten und Diadem der Königin im März 1807 geliefert worden waren,[79] äußerte König Max Joseph über die Arbeit seine «größte Zufriedenheit». Seitdem[80] werden die kostbaren Staatssymbole in der Schatzkammer der Münchner Residenz aufbewahrt.

Wenn man heute im Herzen Münchens im Residenzmuseum vor der bayerischen Krone von Biennais steht, in der sich das Licht faszinierend in den zahlreichen großen und kleinen Diamanten, Perlen und sonstigen Edelsteinen bricht, so fällt auf, dass sich der blaue Leitstein in ihrer Spitze von den anderen insofern unterscheidet, als er recht matt und farblos anmutet. In der Tat handelt es sich um eine Imitation. Der 1807 in München in die bayerische Königskrone eingesetzte Leitstein hingegen war einer der kostbarsten Diamanten der Welt. Es war dies der sogenannte Blaue Wittelsbacher.[81] Dieser azurblaue Diamant mit mehr als 35 Karat war von seltener Klarheit und Tiefe und befand sich seit 1722 in Besitz der Wittelsbacher. Da blaue Diamanten weltweit außerordentlich selten waren und sind, wurden sie als Symbol für die wenigen Kronen Europas bevorzugt verwendet. Bereits 1807 war der Stein mehr wert als alle anderen königlichen Juwelen zusammen. Nach dem Hope-Diamanten, der ebenso aus den sagenumwobenen Kollur-Minen in Indien stammt, gilt er als der berühmteste blaue Diamant, der jemals gefunden wurde. In verschiedenen offiziellen Staatsporträts bayerischer Könige[82] von Max Joseph I. über Ludwig I., Maximilian II. bis Ludwig II. ist neben diesen die Krone mit dem berühmten Diamanten auf dem samtroten Kissen zu sehen. Bis zum November 1918 waren die Kroninsignien *mit* dem die Krone bekrönenden blauen Diamanten Haus- und Staatssymbol des Königreichs Bayern. In der Öffentlichkeit zum letzten Mal zu sehen war derselbe bei der Beisetzung des entthronten Königs Ludwig III. 1921.

Drei Jahrzehnte später verließ der tiefblaue Diamant Bayern und begann seine mitunter obskure Reise. Nachdem er 1931 mit Genehmigung der bayerischen Staatsregierung in einer Auktion bei Christie's angeboten worden war, ohne einen Käufer zu finden, gelang 1951 sein heimlicher Verkauf in Antwerpen. 1964 wurde der berühmte blaue Diamant über einen Hamburger Schmuckhändler an den Kaufhausbesitzer Helmut Horten verkauft, der ihn 1966 bei seiner Hochzeitsfeier am Cap d'Antibes vor 240 geladenen Gästen aus der Hosentasche holte und ihn seiner jungen Frau Heidi, geb. Jansen, zur Hochzeit schenkte.[83] Als der Redakteur der «Rheinischen Post» so weit ging, das Hochzeitsgeschenk als «Bettprämie» zu bezeichnen, verklagte der Milliardär den allzu dreisten Journalisten und erließ gegen die Zeitung eine Werbesperre.[84] In den folgenden vier Jahrzehnten wurde es um den blauen Diamanten wieder still, bis Heidi Horten ihr Hochzeitgeschenk – ihr Mann war 1987 gestorben – im Dezember 2008 bei Christie's zum Verkauf anbot. Als einer der berühmtesten Diamanten der Welt im dortigen Auktionskatalog für 9 Millionen Pfund (11,3 Millionen Euro) auftauchte,[85] löste dies eine weltweite Medienresonanz aus. Im Gegensatz zu 1931, wo der Stein schon einmal erfolglos bei Christie's angeboten worden war, fand sich nach einem Bietergefecht am 10. Dezember 2008 ein Käufer in Person des Londoner Juweliers Laurence Graff, der 16,4 Millionen Pfund (18,7 Millionen Euro) für den Blauen Wittelsbacher bezahlte. Nicht lange nachdem der Zuschlaghammer gefallen war, kündigte der milliardenschwere Juwelier an, den historischen Diamanten umarbeiten zu lassen, wobei ihn der Aufschrei der gesamten Fachwelt vollkommen unbeeindruckt ließ. 2009 legten drei beauftragte Diamantschleifer Hand an den Blauen Wittelsbacher. Im Zuge dessen wurde der ungemein seltene historische Rosenschliff aus dem 17. Jahrhundert unwiederbringlich zerstört und das Gewicht von 35,56 auf 31,06 Karat reduziert. Das vorgebliche Ziel, den Stein dadurch schöner machen zu wollen, verglich ein Experte mit dem Versuch, «das Gemälde der Mona Lisa von Leonardo da Vinci ‹hübscher› zu machen».[86] Führende Experten zeigten sich von der seiner Selbstaussage nach «mutigen» Entscheidung Graffs zutiefst entsetzt. Professor Hans Ottomeyer, ehemaliger Direktor des Deutschen Historischen Museums Berlin und Autor des Standardwerkes «Die Kroninsignien des Königreichs Bayern», sagte: «Es ist, als hätte man ein Rembrandt-Bild übermalt.»[87]

Nachdem der Umschliff beendet war, benannte der Juwelier den Blauen Wittelsbacher auch gleich noch um, indem er seinen eigenen Namen hinzufügte und ihn der Weltöffentlichkeit im Januar 2010 als «Wittelsbach-Graff» vorstellte. Wenig später berichtete die «New York Times», Graff habe das umgeschliffene Juwel verkauft, Käufer oder Kaufpreis waren unbekannt. Experten gehen davon aus, dass er für einen Preis von 80 Millionen Dollar – was für den Londoner Milliardär einen Gewinn von rund 56 Millionen Dollar bedeutete – in den Nahen Osten an Scheich Hamad bin Chalifa, Emir von Katar, verkauft wurde.

Die bayerische Staatsregierung hingegen war 2008 anlässlich der vermutlich einmaligen Gelegenheit nicht daran interessiert, den von Historikern als «das edelste Wahrzeichen bayerischer Identität» bezeichneten Blauen Wittelsbacher zurückzuholen. Als bekannt wurde, dass der Stein bei Christie's zum Verkauf stand, «brach», so die «Frankfurter Allgemeine Zeitung», «in München ein geradezu untypisches Schweigen aus».[88]

V. KAPITEL

BAYERN UNTER NAPOLEON

Die Bayern und Napoleon

«Die nationale Eitelkeit ergötzt sich an den Siegen.»[1]
Der preußische Gesandte über die Stimmung in Bayern

Nach der Erhebung zum Königreich erreichte die Napoleonbegeisterung vor allem in Altbayern einen nie gekannten Höhepunkt.[2] Im allgemeinen Enthusiasmus dichtete ein Bürger die in gedruckter Form erschienenen Verse: «Vater unser, der du bist Napoleon, gepriesen werde dein Name, zukomme uns ein Teil von Österreich, dein Wille geschehe wie in Frankreich, so auch in Bayern, gib uns den Frieden und vergib uns unsere Schulden von 1799, so auch wir vergeben unseren Schuldigern und führe uns nicht in alte Versuchung, sondern erlöse uns von allen Österreichern. Amen».[3] Gebete wie dieses und verherrlichende Lieder entstanden in diesen Wochen zahlreich und brachten das allgemeine patriotische Hochgefühl zum Ausdruck.[4] Obwohl der blasphemische Teil dieser Volksdichtkunst nicht die Zustimmung der Geistlichkeit in Bayern fand, so läuteten doch in zahlreichen Städten im Januar sämtliche Kirchenglocken und verkündeten die Ausrufung des Königreiches. Der Ruf «Unser allergnädigster König Maximilian Joseph und unsere allergnädigste Königin Caroline, sie leben hoch! Vive Napoleon!»[5] war auf den Straßen und Gassen in aller Munde, und ein bayerischer Korporal verfasste das vielfach gesungene Lied: «Frohlockt, singt! Es lebe Hoch Napoleon – Der große Sieges Sohn! – Franzosen – Brüder! – Ju! Stoßt an und trinkt. Und lasst uns kämpfen bis der volle Sieg gelingt!»[6]

In der bayerischen Armee sorgte neben dem Gefühl, zum ersten Mal seit mehr als 100 Jahren als Sieger heimzukehren, der Umstand für nicht wenig Begeisterung, dass Napoleon 10 Millionen Francs als Geschenke an verdiente bayerische Soldaten verteilen ließ.[7] Der letzte Abt von Elchingen, Robert Plersch II., verfasste ein zweibändiges Buch mit dem Titel: «Die Heldenthaten Napoleons des Großen; Kaisers von Frankreich und Königs von Italien, in dem Feldzuge wider die Österreicher und Rußen, bis auf den Frieden von Pressburg im Jahre 1805»,[8] womit er dem französischen Kaiser einen Beinamen gab, den dieser bekanntlich von der Geschichtsschreibung niemals bekommen hat. Der Benediktinerabt tat dies, obwohl Elchingen nach der Schlacht (14. Oktober 1805) radikal ausgeplündert und er selbst von französischen Soldaten böse misshandelt und um ein Haar hingerichtet worden wäre.[9] Die Begebenheit macht deutlich, dass hinter der Napoleonbegeisterung durchaus ambivalente Erfahrungen mit den neuen Verbündeten stehen konnten. Der Historiker Josef Gmeinwiser fasste dieses Phänomen in seiner Promotion (1928) über die bayerische Politik im Jahre 1805 wie folgt zusammen: «Die Meinung des niederen Volkes über Krieg und Franzosen war gefühlsmäßig bestimmt. Es seufzte einerseits unter dem Druck des Krieges, andererseits berauschte es sich an den Siegen der verbündeten Armeen, bereit, bei einem Rückschlag mit seiner Gesinnung in das Gegenteil umzuschlagen.»[10]

Einen bitteren Vorgeschmack dessen, was die Anwesenheit der Armeen Napoleons bedeutete, hatten die vom Krieg betroffenen Gebiete bereits im Herbst des Vorjahres erhalten. Die französischen Soldaten benahmen sich nicht selten wie in einem feindlichen Land. Zwar waren in Würzburg, dem Zufluchtsort des bayerischen Hofes, Vereinbarungen über eine ordentlich ablaufende Versorgung der Grande Armée getroffen worden, doch bestanden diese nur auf dem Papier.[11] In den Gebieten, die die französischen Truppen durchzogen, wurde hemmungslos geplündert, geraubt und misshandelt. Über die Zustände in München in der zweiten Oktoberhälfte 1805, die, da es sich um die Residenzhauptstadt handelte, noch als moderat zu bezeichnen waren, berichtete der Domkapitular Lorenz von Westenrieder: «Die ganze Stadt spricht von nichts mehr, als von dem drückenden Wunsch, dass die Franzosen uns hier bald verlassen möchten. Diese Franzosen, die anno 1800, da unsere Truppen im englischen Sold standen, unsere Feinde waren, waren anno 1800 ungleich freundlicher, bescheidener und genügsamer als (...) 1805, da sie unsere Freunde und Verbündete sind. Ihre Quartiere sind wegen ihrer mit dem höchsten Poltern und Schelten und Drohen verbundener, unaufhörlicher Forderungen und wegen ihrer groben Ungezogenheiten, mit welchen sie die Hauseinwohner erniedrigen und auf alle Weise quälen, unerträglich (...). In und um die Stadt in einem Bezirk von 3–4 Stunden sind zuverlässig sechzigtausend Mann. – Beständig wird Heu und Stroh und Getreid[e], das die Inhaber von Wiesen und Äckern unentgeltlich liefern müssen, zugeführt. Die Theatinerkirche ist zu einem Heumagazin benützt worden (...). Die Quartiere machten, dass sich die Einwohner in der peinlichsten Unruhe, Sorge und Furcht befanden. Man getraute sich kaum auszugehen, und ging mit Kummer und Sorge nach Hause und näherte sich mit banger Angst seiner Haustür, indem man fürchtete, Quartier anzutreffen. Wenn mit der Glocke geschellt wurde, erschrak man und wenn man das Schreien eines Franzosen hörte, so wusste man nicht mehr, wohin man aus Beklemmung sich wenden sollte; zumal da kein Machthaber unter uns vorhanden war, der dem Unfug der Einquartierten Einhalt hätte tun können oder wollen.»[12]

Noch weitaus härter ging es in den anderen bayerischen Städten zu, die von französischen Truppendurchmärschen und Einquartierungen betroffen waren. In Aichach traf am 9. Oktober das rund 26 500 Mann starke Armeekorps von Marschall Davout ein, worüber der Gastwirt Lorenz Gerhauser berichtete: «Wir glaubten, diesmal die mit Bayern alliierten Franzosen freundlicher und schonender gegen uns zu finden, wurden aber in unseren Erwartungen sehr getäuscht. Denn sie behandelten uns ebenso roh und gewaltsam wie in den beiden ersten Invasionen und ihrer Forderungen und Requisitionen war während dieses dreivierteljährigen Aufenthalts [bis September 1806] in diesseitigen Landen nie ein Ende, nur die feindlichen Kontributionen und Brandschatzungen unterblieben diesmal.»[13] Der Gastwirt sammelte die ihn betreffenden Einquartierungszettel und klebte sie auf eine 15 Meter lange Leinwand auf in der Hoffnung, vom bayerischen Staat eine Entschädigung zu bekommen. Dies geschah jedoch nur rudimentär, und er war am Ende der napoleonischen Zeit bankrott.[14]

Am 11. Oktober bat Marschall Davout aus Aichach im Hauptquartier Napoleons um die Erlaubnis, einige Plünderer, die in ihren Ausschreitungen gegen die Bewohner an Brutalität jedes Maß überschritten hatten, erschießen lassen zu dürfen.[15] Ein Regiment Marschall Bernadottes, der mit seinem Armeekorps ebenfalls auf München vorstieß, hatte in einigen Dörfern derart übel geschlagen und gehaust, dass alle Bewohner geflohen waren.[16] Beim Durchmarsch der französischen Armee durch Rothenburg mussten binnen kürzester Zeit 23 000 Mann einquartiert werden, die französischen Soldaten führten ungezählte Pferde aus den Ställen, begingen Misshandlungen und sogar Mordtaten.[17] Das kleine Mindelheim wurde vom 12. auf den 13. Oktober, d. h. in einem Zeitraum von 24 Stunden, vollkommen ausgeplündert, wobei den Bewohnern wirklich *alles* genommen wurde, was nicht niet- und nagelfest war. Hierbei handelte es sich laut den noch im selben Jahr gemachten akribischen Aufzeichnungen[18] keineswegs nur um Lebensmittel und Fourage,[19] sondern auch um Gebrauchsgegenstände wie Tabakpfeifen, Strümpfe und Schuhschnallen usw.; u. a. wurde einer armen Magd wortwörtlich das letzte Hemd gestohlen.[20] Die Franzosen machten hierbei bei ihren hemmungslosen Plünderungen auch vor dem Pfarrer Jakob Vogl nicht halt. Unter ärgsten Bedrohungen drangen sie in das Haus des Geistlichen ein, erbrachen und beschädigten alle Türen und Kästen, stahlen alles Geld, nahmen die Kleidungsstücke weg und plünderten das Haus überhaupt vollkommen aus.[21] Die zeitgenössische Stadtchronik spricht treffend davon, dass Mindelheim von einer «Art Verheerung»[22] heimgesucht wurde. Allerdings war von diesen Verheerungen zunächst nur der Teil Bayerns betroffen, durch den die Grande Armée bei ihrem rasanten Vormarsch im Oktober 1805 zog. Bereits Anfang November befand sich der Großteil der französischen Truppen in Österreich, was eine zeitweilige Entlastung darstellte, die allerdings nicht lange andauern sollte.

Gemäß den Bestimmungen des Pressburger Friedensvertrages erfolgte der Rückzug der Grande Armée aus dem geschlagenen Österreich bereits Ende Dezember 1805. Napoleon ließ nun – mit Ausnahme eines einzigen Armeekorps sowie seiner Garde – mehr als 150 000 Mann Winterquartiere im verbündeten Bayern beziehen. Die offizielle Begründung hierfür lautete, ein militärisches Druckmittel gegen Österreich zur Hand zu haben, damit es die Bedingungen des Friedensvertrages auch ausführte. Die diesbezüglichen französischen Bedenken fanden ihre Bestätigung, als Österreich im März 1806 die Bucht von Cattaro in der Adria übergab – allerdings nicht, wie vertraglich vereinbart, an die Franzosen, sondern an die russische Armee.[23] Napoleon hielt daraufhin seinerseits abweichend vom Vertrag die Besetzung der österreichischen

Grenzstadt Braunau am Inn aufrecht. Im Lauf der Frühjahrs- und Sommermonate wuchs die Zahl der in Bayern stehenden Grande Armée durch Verstärkungen auf 192 000 Soldaten an, worunter sich 32 000 Mann Kavallerie samt Pferden befanden, wobei die Zugpferde der Artillerie und des Fuhrwesens noch nicht eingerechnet sind.[24] Jeder einzelne dieser nunmehr 192 000 Mann sowie mehr als 35 000 Pferde mussten von der bayerischen Bevölkerung untergebracht und täglich kostenfrei verpflegt werden. Napoleon wiederum sah die dadurch verursachten ungeheuren Kosten durch die Bayern zugesprochenen Gebietsgewinne abgegolten. «Einquartierung fort und fort», berichtete ein schwäbischer Chronist. «Der arme und einfache Mann wird entsetzlich mitgenommen.»[25] Die Belastung für die Bevölkerung erreichte unvorstellbare Ausmaße. Eine Verknappung an Lebensmitteln, allgemeine Teuerung und teilweise Verarmung waren die Folge. Die Beschwerden, die bei König Max Joseph in München einliefen, nahmen kein Ende, weshalb man versuchte, die substanzzehrenden Gäste zumindest möglichst weiträumig über das Land zu verteilen.[26]

In Anbetracht dieser ungeheuren Belastung und der rohen Gewalt, die nicht selten herrschte, war es nachvollziehbar, dass sich in weiten Teilen Altbayerns die Stimmung gegenüber Napoleon recht rasch wieder abkühlte.[27] Ein *allgemeiner* Stimmungsumschwung war jedoch erst infolge der negativen Auswirkungen der Kontinentalsperre auf Wirtschaft und Handel in den Jahren 1810 und 1811 zu beobachten.

Bereits 1806 stimmte die Vorstellung von den Franzosen als Befreier und Retter Bayerns mit der gefühlten Lebenswirklichkeit aber nicht mehr überein. Die Gräfin Ernestine von Montgelas, ansonsten eine glühende Befürworterin der bayerisch-französischen Allianz, schrieb an Talleyrand: «Hat man, seit die Welt besteht, je so gefräßige Verbündete gesehen wie euch, die ihr euch zu einem Aufenthalt ohne Ende niedergelassen habt, ohne eine Miene zu machen, zu zahlen? Aber wisst, dass man um diesen Preis auch Feinde dahaben könnte und dann hätte man wenigstens das Vergnügen, den einen oder anderen oder allesamt umzubringen.»[28] Eine derart offene und direkte Meinungsäußerung konnte sich indessen nur die Frau des mächtigen bayerischen Ministers erlauben, ein weniger hochgestellter Mann aus Nürnberg hingegen musste etwas ganz Ähnliches in diesen Tagen mit seinem Leben bezahlen.

Die Hinrichtung des Buchhändlers Johann Philipp Palm

«Seiner Bestimmung kann man nicht entgehen; wohl aber kann man
sie mit Kraft und Würde bestehen –
Das hat auch Palm getan.»[29]
Friedrich Campe über die Erschießung Palms

Im Sommer des Jahres 1806 konnte man in Süddeutschland allerorten
fühlen, dass die gewaltigen Umwälzungen noch lange nicht zu Ende
waren. In ganz Bayern stand die französische Armee, und in den vielen,
vorläufig noch unabhängig gebliebenen reichsunmittelbaren Territorien
fürchtete man durch deren Präsenz sowie den bekannten bayerischen
Länderhunger nicht ohne Grund um seine eigenstaatliche Existenz. Da
Napoleon seit fast einem Jahrzehnt auf den Schlachtfeldern unbesiegt
war, ging man von österreichischer Seite dazu über, zahlreiche antifranzösische Druckwerke, Schmähschriften und Karikaturen heimlich auf
dem deutschen Buchmarkt zu verbreiten.[30] Im Angesicht der täglich von
der wirtschaftlichen Substanz der bayerischen Städte und Dörfer zeh-
renden französischen Armeen fanden selbige nicht wenig Resonanz. Im
Zugwind dieser publizistischen Welle erschien im Juni in verschiedenen
süddeutschen Buchhandlungen die gegen Frankreich gerichtete anonyme Flugschrift «Deutschland in seiner tiefen Erniedrigung»,[31] deren
Verfasser mit letzter Gewissheit bis auf den heutigen Tag nicht geklärt
werden konnte.[32]

In dieser Schrift wurden Frankreich sowie die jüngsten Ereignisse in
Deutschland hart angegangen, wobei es *gegen* eine österreichische Her-
kunft sprach, dass auch die politischen Vertreter des Habsburgerreiches
scharf angegriffen wurden.[33] In der Hauptsache war die Broschüre
allerdings gegen den als «Erzfeind» Deutschlands bezeichneten Napoleon gerichtet: «Der französische Sultan [Napoleon]» habe, so hieß es,
«aus deutschen Fürsten tributpflichtige Hospodars» [slawische Fürsten]
gemacht.[34] «Napoleon nimmt und gibt Länder, wie immer seine Launen
gestimmt sind, er handelt wie der Gott dieser Welt.»[35] Bei aller Polemik
in der Sprache wurden auch unangenehme Wahrheiten zum Ausdruck
gebracht. Der Verfasser benannte die Amoralität der deutschen Fürsten,
die sich weit über das Motiv des Schutzes hinaus um ihres eigenen Vor-

teiles willen unter vollem Bruch der Reichsverfassung mit Frankreich verbündet hätten. Ebenso wurden die preußische Neutralität und die drückende französische Besatzungsrealität scharf kritisiert. Eine zweite Auflage der Schrift, die allerdings nicht mehr zur Verteilung kam, war sogar noch polemischer, und es wurde darin zum Schutz der Reichsverfassung zu einem gemeinsamen militärischen Vorgehen Preußens, Österreichs und Sachsens gegen Napoleon aufgerufen.[36]

Die Resonanz der Broschüre in Bayern war beträchtlich, und die Auflage war binnen kürzester Zeit vergriffen. Der Inhalt eines in Augsburg beschlagnahmten Exemplars wurde über den Dienstweg, zu dem auch Montgelas gehörte, nach Paris übermittelt. Als Napoleon davon erfuhr, war es unmöglich, die Meldung zu ignorieren. Zu gut war ihm die Macht des geschriebenen Wortes bekannt: «Die Buchdruckerkunst ist ein mit gefährlichen Waffen gefülltes Zeughaus.»[37] Einen Tag später bezeichnete ein wahrscheinlich von Napoleon verfügter scharfer Artikel des Blattes «Journal de Paris» die Stein'sche Buchhandlung in Nürnberg als Vertreiber des frankreich- und rheinbundfeindlichen Pamphlets und drohte gleichzeitig ganz offen damit, diesen Frevel zu bestrafen. Von der nämlichen Stunde an schwebte über Johann Philipp Palm als Inhaber der genannten Buchhandlung ein Damoklesschwert. Fest steht, dass Palm die Schrift zwar nicht verfasst, wohl aber sie vertrieben hatte. Am 5. August 1806 diktierte Napoleon in den Tuilerien einen Befehl an seinen Generalstabschef in Deutschland, Marschall Berthier: «Mein Vetter, ich denke, dass Sie die Buchhändler von Augsburg und Nürnberg haben verhaften lassen. Es ist mein Wille, dass sie vor ein Kriegsgericht gezogen und in 24 Stunden erschossen werden.»[38]

Das von Napoleon verfügte Todesurteil passierte den Rhein und nahm den Instanzenweg über die französischen Dienststellen in Bayern. Die genauen Umstände der nun erfolgenden Verhaftung Palms waren auch eine Geschichte menschlicher Niedertracht. Am Vormittag des 14. August klopfte ein lumpenbekleideter Mann an der Stein'schen Buchhandlung in der Winklerstraße 29 in Nürnberg und bat darum, mit Palm sprechen zu dürfen. Ein junger, argloser Buchhalter ließ den Bettler zu Palm vor, der vor der drohenden Verhaftung gewarnt worden war und sich im zweiten Obergeschoss versteckt hielt. Der zeit seines Lebens für seine Wohltätigkeit Armen gegenüber bekannte Palm händigte dem Bettler 24 Kreuzer aus, wofür dieser sich überschwänglich bedankte und das Haus wieder verließ. Da auf die Ergreifung Palms eine Belohnung ausgesetzt war, kehrte der Bettler jedoch kaum eine Stunde später in Begleitung zweier französischer Gendarmen zurück und führte diese, ohne erst zu fragen, durch das Buchgeschäft in das zweite Obergeschoss hinauf zu dem Gesuchten. Die Gendarmen fesselten Palm an den Händen und führten ihn zum französischen Kommandanten von Nürnberg, der ihn die Nacht über in der Arrestzelle des Rathauses einsperren ließ. Am nächsten Tag wurde er ein letztes Mal zu seinem Wohnhaus geführt, wo er sich von seiner Frau und den drei kleinen Kindern verabschieden musste. Anschließend wurde er zurück zum Rathaus gebracht, vor dem ein Reisewagen bereitstand. In diesem brachte man den Delinquenten in Begleitung eines Anwalts zunächst in das französische Hauptquartier nach Ansbach, wo Marschall Bernadotte, der spätere König von Schweden, das Kommando führte und ein erbetenes Gespräch verweigerte. Stattdessen teilte ein Adjutant mit, dass der Marschall Palms wegen die gemessensten Befehle aus Paris habe und derselbe nach Braunau überstellt werden müsse.[39]

Das Todesurteil war Bernadotte demzufolge bekannt. Am nächsten Morgen wurde Palm über Ingolstadt und Landshut mitten durch das Königreich Bayern nach Braunau transportiert, wo er am 22. August ankam. Dieser Ort war für das Scheinverfahren und die Hinrichtung nicht zufällig gewählt geworden, da die nach wie vor französisch besetzte österreichische Stadt eben nicht bayerisch war und man somit mögliche rechtliche Schwierigkeiten mit dem Verbündeten vermied. Der Ausgang des am 24./25. August stattfindenden Gerichtsverfahrens gegen Palm stand, wie gesagt, durch den ausdrücklichen Befehl Napoleons von vorneherein fest und wurde Palm im Innenhof vor seiner Arrestzelle verkündet. Während es durch Intervention der bayerischen und württembergischen Regierungen gelang, den ebenfalls nach Braunau gebrachten und zur Todesstrafe verurteilten Donauwörther Handelsmann Joseph Schöderer und den Schorndorfer Gastwirt Peter Heinrich Merckle[40] sowie vier weitere Angeklagte, derer man nicht hatte habhaft werden können, später zu begnadigen, kündigte laut Montgelas Marschall Berthier in München an, «dass der unglückliche Palm für alle büßen werde».[41]

Am 26. August hob man Palm auf der Gasse vor seiner Arrestzelle auf einen Ochsenkarren, auf den auch zwei Priester stiegen, und fuhr ihn durch die mit Menschen dicht gesäumten Straßen Braunaus durch das Salzburger Tor zur Hinrichtungsstätte vor der Stadt. An der Richtstätte war die gesamte Garnison aufmarschiert. Der Priester Thomas Pöschl, der Palm in seinen letzten Stunden begleitete, berichtete in einem Brief an die Witwe Anna Palm über die nun folgenden Geschehnisse, dass Palm, «als ihm freigestellt wurde, seine Augen offen oder verbinden zu lassen, das erste wählte und seinen Tod mit offenen Augen erwarten wollte, was wir ihm doch missrieten, um aller Geisteszerstreuung vorzubeugen». Am Richtplatz angekommen, betete Pöschl mit Palm ein Vaterunser. Palm sagte anschließend laut und deutlich: «Ich bin unschuldig und ungerecht verurteilt worden.»[42]

Schließlich ließ der die Hinrichtung befehligende französische Offizier auf Palm feuern. Thomas Pöschl, der anschließend sofort zu ihm eilte, stellte mit einem überraschten Aufschrei fest, dass dieser noch lebte. Der französische Offizier ließ einige Soldaten erneut auf den blutend am Boden liegenden Palm feuern. Als sich Pöschl daraufhin über den reglos daliegenden Palm beugte, stellte er entsetzt fest, dass der Delinquent noch immer atmete. Zwei Soldaten eilten daraufhin auf Befehl des wütenden Kommandanten rasch heran, hielten Palm das Gewehr nahe an den Kopf und schossen. «Die Hirnschale Palms», so der Priester, «zersprang in Stücke.» Erst jetzt war Palm tot, und die französischen Soldaten marschierten in Richtung der Festung zurück, wo die ganze Bevölkerung unter Schock stand. Dem Befehl, den Buchhändler an Ort und Stelle zu bestatten, kamen die beiden Totengräber nicht nach. Die Männer nutzten den Umstand, dass die französischen Soldaten abgezogen waren, sowie die Verwirrung des allgemeinen Schockzustandes, luden die Leiche auf einen Handleiterwagen und karrten sie um die Stadt herum zum Friedhof. Dort entkleideten sie Palm, begruben ihn und teilten anschließend das, was er am Leibe getragen hatte, unter sich auf. Rund 20 Jahre später verkaufte einer der beiden Totengräber die von mehreren Kugeln durchschossene Weste an einen Zeitungsschreiber. Über diesen gelangte das makabre Kleidungsstück in das Stadtmuseum von Linz, wo es sich noch heute befindet.

Das Urteil wurde dem Befehl Napoleons gemäß in den Rheinbundstaaten in 6000 Exemplaren zweisprachig gedruckt, an öffentlichen Plätzen verteilt und an den Rathäusern angeschlagen.[43] Die Nachricht erreichte auf diese Weise einen ungeheuren Verbreitungsgrad, da selbst die Auflage viel gelesener Zeitungen seinerzeit selten 1500 Exemplare überstieg. Im bayerischen Ulm schrieb ein Chronist: «Das schreckliche Schicksal Palms erregte hier umso mehr Teilnahme, als sein Bruder hier als Stadtwundarzt (...) lebte und der Hingerichtete als ein braver und tätiger Mann mehreren Ulmern persönlich bekannt war.»[44]

Montgelas berichtete in seinen Memoiren, dass «bei der Nachricht der Hinrichtung ein Schrei der Entrüstung und des Abscheus durch das gesamte Deutschland ertönte (...). Die Federn der meisten Schriftsteller kehrten sich von nun an gegen Frankreich und sie bemühten sich, die Gemüter wider dasselbe aufzureizen.»[45] Unter diesen Schriftstellern bildete der Napoleon verehrende Goethe eine Ausnahme, wenn er bei einem Tischgespräch sagte, er finde es ganz in der Regel, «einem Schreier wie Palm (...) eine Kugel vor den Kopf schießen zu lassen (...), um ein für alle Mal durch ein eklatantes Beispiel abzuschrecken».[46] Die übrigen Vertreter des deutschen Geisteslebens zeigten sich dagegen nahezu durchgehend entsetzt,[47] wobei Napoleon durch den Gewaltakt tatsächlich auch viel an Sympathien bei denen verlor, die ihn bislang bewundert hatten.

Damals wie heute stellt sich die Frage nach der rechtlichen Bewertung des Verfahrens gegen Palm. Aufgrund der Bestimmungen der Rheinbundakte vom 22. Juli 1806 war Nürnberg Bestandteil des Königreichs Bayern. In der Realität war die Stadt jedoch seit Anfang März von französischen Truppen besetzt und von diesen noch nicht an Bayern übergeben worden. In diesen Zwischenzustand fiel die Verhaftung Palms – gleichwohl auf bayerischem Territorium und bayerisches Recht ignorierend, was zeigte, was die von Napoleon vielfach postulierte innere Souveränität des Königreiches im Zweifelsfall wert war. Der Transport des Gefangenen durch bayerisches Staatsgebiet in das exterritoriale Braunau, wo er ohne Anwalt nach einem Scheinprozess mit einem von vorneherein feststehenden Urteil hingerichtet wurde, war rechtlich nicht weniger fragwürdig.

Der Standpunkt Napoleons war allerdings ebensowenig völlig von der Hand zu weisen, da die Schrift einerseits zum Widerstand gegen die in Süddeutschland befindlichen französischen Armeen aufrief und darüber hinaus Preußen, Österreich und Sachsen offen zum Krieg gegen Frankreich aufforderten. Die Argumentation Napoleons, für das Leben der französischen Soldaten verantwortlich zu sein, das in der Schrift

eindeutig bedroht wurde, entsprach seiner Aufgabe als Oberbefehlshaber.

Über die Rechtmäßigkeit des Verfahrens ist aufgrund dieser kontro-
versen Sachverhalte in den letzten 200 Jahren viel geschrieben worden.
Während die meisten deutschsprachigen Autoren einen Rechtsbruch
entdeckten oder wie u. a. der Autor Bernt Ture von zur Mühlen von
einem Justizmord sprachen,[48] nannte der Militärhistoriker Marcus Junkelmann 1985 die Hinrichtung zwar eine unnötige Grausamkeit, jedoch
«keineswegs ein[en] Justizmord, sondern eine formal korrekte Maßnahme der französischen Armee».[49] Palm hinrichten zu lassen war,
gleich welche juristische Abwägung der Interessen man anlegen mag, im
Verhältnis zu dem, was er getan hatte, ein schreiendes Unrecht.

Während der Befreiungskriege 1813/14 wurde das von Palm verlegte
Buch, wie es der Historiker Professor Wolfgang Burgdorf treffend formulierte, zum «Kultbuch der deutschen Nationalbewegung» und «eine
der wichtigsten Referenzschriften der nationalen Agitation».[50] Ein bereits 1814 erschienener Nachdruck Julius von Sodens wurde jedoch aufgrund der die Politik Preußens und der süddeutschen Staaten kritisie-
renden Passagen stark gekürzt und «gereinigt». Selbst die unbestrittene
Tatsache, dass Bayern und Württemberg die Rangerhöhung zum König-
tum Napoleon zu verdanken hatten, wurde gestrichen, da man sich an
diesen Umstand nach 1814/15 nicht erinnern wollte. Dem Brockhaus-
Verlag wurde von den Ministerien Hardenberg und Metternich ein
Neudruck gänzlich untersagt. Dennoch kam es im 19. Jahrhundert zu
zahlreichen Neuauflagen und blieb das Schicksal Palms in der kollek-
tiven Erinnerung haften, wobei es jedoch vor allem nach 1870 oftmals im
Sinne deutscher nationalistischer Interessen uminterpretiert und miss-
braucht wurde.[51] Einen fatalen Höhepunkt fand dies, als der aus Braunau stammende Adolf Hitler 1925 im ersten Band seines Hetzbuches
«Mein Kampf» Palm gleich auf der ersten Seite als Märtyrer instrumentalisierte, «der für sein auch im Unglück heißgeliebtes Deutschland gefallen» sei.[52] Dieser Versuch historischer Vereinnahmung war jedoch
keineswegs für die besagte Zeit repräsentativ, so errichtete der Börsen-
verein des Deutschen Buchhandels im gleichen Jahr an der Hinrichtungsstätte in Braunau ein dem Geist von Rede- und Pressefreiheit ge-
widmetes Steindenkmal.

Das würdigste Andenken an den Nürnberger Buchhändler ist der

2002 gestiftete Johann-Philipp-Palm-Preis für Meinungs- und Pressefreiheit. Initiatoren und Preisstifter waren das Schorndorfer Apothekerehepaar Dr. Maria und Johann-Philipp Palm. Am historischen Vorbild ihres zu Beginn des 19. Jahrhunderts hingerichteten Vorfahren orientiert, der sich bis zuletzt geweigert hatte, den Namen des Verfassers der Schrift preiszugeben, würdigt der mit 20 000 Euro dotierte Preis Frauen, Männer und Institutionen, die «in herausragender Weise ein Beispiel für persönlichen oder institutionellen Einsatz zur ungehinderten Verwirklichung von Meinungs- und Pressefreiheit geben».[53] Kooperationspartner der Stiftung sind amnesty international, Reporter ohne Grenzen, der Verein Journalisten helfen Journalisten e. V., die Geburtsstadt Palms, Schorndorf, sowie das Haus der Geschichte Baden-Württemberg. Der Preisträger wird zweijährig jeweils an Palms Todestag bekannt gegeben.

An jenem tragischen 26. August 1806 hatte sich das altehrwürdige Reichskammergericht in Wetzlar zum letzten Mal schriftlich an den Kaiser in Wien gewandt, um nach dem Ende des Heiligen Römischen Reiches Deutscher Nation die Einstellung seiner seit 1495 andauernden Gerichtstätigkeit mitzuteilen. Anstatt wie im Protokoll vorgesehen, endeten die Richter das Schreiben nicht mit der Formel «Wir ersterben in tiefer Unterwürfigkeit», sondern mit «Wir ersterben in tiefster Erniedrigung».[54] Dieser Satz einschließlich des in den Superlativ veränderten Adjektivs von «tiefer» zu «tiefster» war bewusst abgeleitet aus dem Titel jener von Johann Philipp Palm vertriebenen verbotenen Flugschrift, der zu dem Zeitpunkt, als in Wetzlar die Feder über das Papier raschelte, von französischen Kugeln getroffen, vor den nördlichen Stadtmauern Braunaus lag.

Die bayerische Innenpolitik unter Montgelas

«Über all diesen Ministerien stand nominell der König,
tatsächlich aber der ‹dirigierende› Minister Montgelas.»[55]
Friedrich Doeblin, 1906

Betrachtet man die Geschichte des Hotels Bayerischer Hof am Münchner Promenadeplatz mit der alljährlich dort im Februar stattfindenden Sicherheitskonferenz, so ist man geneigt, dem Haus einen ganz speziellen Genius Loci zuzusprechen: Im Stadtpalais von Minister Montgelas, das heute Teil des Bayerischen Hofes ist, wurden bereits zu Beginn des 19. Jahrhunderts politische Entscheidungen von erheblicher Tragweite getroffen. Das größte innenpolitische Verdienst der Regierung Montgelas war hierbei das Aufbrechen einer erstarrten, aus dem Mittelalter stammenden gesellschaftlichen Ordnung, in der Adel, Klerus sowie Bürger- und Bauerntum unterschiedliche Rechte und Pflichten zukamen. Dieser Schritt nahm Errungenschaften der Französischen Revolution von 1789 auf, und da es analog zum Sturm auf die Bastille keinen Sturm auf die Münchner Residenz gab, wurde dies auch als «Revolution von oben» bezeichnet.[56]

«Oben» war in Bayern zwischen 1799 und 1817 vor allem der Mehrfachminister Montgelas, der sich in den ersten Monaten des Jahres 1808 daranmachte, eine verfassungsähnliche Konstitution auszuarbeiten. Für die von ihm in kürzester Zeit entworfene, aus sechs Titeln mit 45 Paragraphen bestehende bayerische Konstitution vom 1. Mai 1808[57] sowie die ergänzenden Organischen Edikte gab es vor allem drei Motive. Erstens war es geboten, einem drohenden Einmischungsversuch Napoleons in die inneren Angelegenheiten Bayerns durch eine für alle Mitglieder allgemeinverbindliche Rheinbundverfassung zuvorzukommen. Zweitens war es notwendig, einen Ersatz für die aufgehobenen Ständeverfassungen zu schaffen, was nach dem Ende des Alten Reiches rechtlich bedenkenlos möglich war. Drittens schließlich sollte die Konstitution in den rund 80 neu hinzugewonnenen Gebieten sowie in Altbayern ein einheitliches Nationalbewusstsein schaffen. Dies war umso dringlicher, als durch die neuen Territorien neben einer Unzahl an unterschiedlichen Gesetzen und Verwaltungsstrukturen vor allem in Franken und Schwaben zahlreiche Protestanten hinzugekommen waren, die es ins katholische Altbayern zu integrieren galt. Eine schlichte Übertragung der alten Strukturen konnte also schon allein aus Rücksicht auf religiöse Befindlichkeiten und Traditionen nicht erfolgen.

Im Zentrum der Montgelas'schen Konstitution standen die Schaffung von Kreisdeputationen und einer sogenannten Nationalrepräsentation, die die abgeschafften Landstände ersetzen sollte und deren Abgeordnete nun Vertreter des Volkes und nicht der aus dem Absolutismus herrührenden Stände waren. Gleichwohl unterschied sich die Wahl der Abgeordneten sehr von dem, was wir heute als demokratisch empfinden. Jede der 15 Kreisbehörden sollte sieben Abgeordnete entsenden, die nach einem indirekten, hochkomplizierten Wahlverfahren ausschließlich aus und von den reichsten Bürgern gewählt werden konnten. Dies bedeutete nichts anderes, als dass die demokratische Partizipation an ein entsprechend hohes Vermögen gebunden und die Bauernschaft davon vollständig ausgeschlossen war. Eine ausgewogene «Repräsentation» der bayerischen Nation konnte so nicht entstehen. Die «Nationalrepräsentation» berief sich auch nicht selbst ein, sondern wurde vom König einberufen – bei dem die ausschließliche Gesetzesinitiative lag. Letztlich beschränkte sich ihre Funktion auf die eines beratenden Gremiums.

Tatsächlich traten weder die Nationalrepräsentation noch die Kreisdeputationen, die vom König ernannt wurden, in der Ära Montgelas jemals zusammen, was dieser mit den «Kriegswirren» begründete. Vermutlich lag es jedoch schlicht am fehlenden Willen der Entscheidungsträger Montgelas und Max Joseph. Einerseits hielt man das Volk für noch zu unreif und politisch ungebildet,[58] andererseits fürchtete man, dass die Einberufung der Nationalrepräsentation ähnlich wie die Versammlung der französischen Generalstände im Jahr 1789 eine nicht kontrollierbare Eigendynamik entwickeln könnte. Zumindest hatte Montgelas 1799 im letzten Augenblick genau aus diesem Grund die geplante Einberufung eines allgemeinen Landtags verhindert.[59]

Revolutionär an Montgelas' Innenpolitik war hingegen die weitgehende Entmachtung des Adels. So wurde die aus dem Mittelalter stammende landständische Verfassung abgeschafft, womit dem Adel das traditionelle Gremium seiner politischen Einflussnahme genommen wurde. Ferner wurden die Leibeigenschaft aufgehoben (Organisches Edikt vom

28. Juli 1808) und die Steuerbefreiung des Adels sowie die adelige Gerichtsbarkeit bzw. die sogenannte Hofmarktobrigkeit, die der allgemeinen Gleichheit vor dem Gesetz bislang entgegengestanden hatte, abgeschafft. Allerdings bestanden die Patrimonialgerichte, die fortan unter staatlicher Aufsicht standen, noch bis zum Jahr 1848 fort. Darüber hinaus wurde im Rahmen der Verwaltungsreformen das Monopol des Adels auf Stellen im Staatsdienst aufgehoben. Da es gebildete Schichten noch nicht in ausreichendem Maß gab, kamen Max Joseph und Montgelas jedoch zu der Überzeugung, dass man den Adel für den Aufbau des neuen Staates weiterhin brauchte. Trotz aller vorgeblichen Chancengleichheit stammte daher auch zukünftig die überwiegende Zahl der hohen Beamten aus dem Adel.

Entscheidend für das neue Bayern war eine hocheffizient arbeitende Verwaltung. Um sich zu vergegenwärtigen, welcher Quantensprung in diesem Bereich unter Montgelas vollzogen wurde, ist es hilfreich, sich die vor ihm herrschenden Verhältnisse vor Augen zu führen: Die höheren Verwaltungsämter waren nahezu ausnahmslos von Adeligen oder Geistlichen besetzt. Käuflich- und Erblichkeit der Ämter, Vetternwirtschaft, Inkompetenz durch nicht vorhandene Ausbildung, Korruption und Willkür waren nicht nur in Bayern, sondern in den meisten deutschen Staaten vor 1800 an der Tagesordnung. Die von Montgelas in Kraft gesetzten Verwaltungsreformen beinhalteten auf radikale Weise das genaue Gegenteil. Maßgeblich für das neue Beamtentum war die Staatsdienerpragmatik von 1805, die aufgrund der allgemeinen Verhältnisse in allen deutschen Landen Vorbildcharakter entwickelte. Es waren darin die praktische Unkündbarkeit, Besoldungsstufen und finanzielle Altersversorgung des Beamten selbst als auch für seine Hinterbliebenen festgelegt. Um der Bestechlichkeit vorzubeugen, wurden die Beamtengehälter grundsätzlich angehoben.[60] Die bislang höchst fragwürdige Auswahl der Beamten wurde durch eine festgelegte Vorbildung, strenge Ausbildung und Prüfungen ersetzt; Beförderung war an regelmäßig überprüfte Leistung gebunden. Es bedeutete dies nicht weniger als den formal gleichen Zugang zu Staatsämtern für alle Bürger, ein gesellschaftliches Novum. Als Zeichen staatlicher Autorität im äußeren Erscheinungsbild erhielten die Beamten einheitliche, den Rang kenntlich machende Uniformen sowie in höheren Positionen Beamtendegen mit Löwenkopf und dem Monogramm des Königs.[61] Der (nicht vorurteilsfreie) österreichische Gesandte in München sagte über die neuen Uniformen, diese seien «so verschiedenartig und prächtig, dass die Leute der Regierung wie ein Blumenbeet aussahen»,[62] gerade so, als wären die Uniformen am österreichischen Hof weniger farbenfroh gewesen.

Die höchsten Beamten des neuen Bayern waren die Minister, unter denen Montgelas durch sein besonderes Vertrauensverhältnis zum König eine besondere Stellung einnahm. Bezeichnenderweise stand er über weite Strecken gleich drei von insgesamt fünf Ministerien vor – als leitender Minister dem Außenministerium von 1799–1817, dem Innenministerium von 1806–1817 und dem Finanzministerium von 1803–1806 und 1809–1817. Nur dem Justiz- und dem neu geschaffenen Kriegsministerium stand er nie vor, griff aber in wichtige Entscheidungen ein, wenn sie ihm nicht vorgelegt worden waren.[63] Königliche Dekrete bedurften nun der Gegenzeichnung durch den zuständigen Minister, und das war in erster Linie Montgelas.

Die mit den inneren Reformen verbundene territoriale Neuordnung Bayerns vom 21. Juni 1808[64] erfolgte nach französischem Vorbild. Die dem allmächtigen München unmittelbar untergeordneten Verwaltungseinheiten bildeten vergleichbar den Departements Kreisbehörden, denen analog zu den Präfekten Generalkommissare vorstanden. Um die altbayerischen mit den neubayerischen Gebieten zu verschmelzen, wurde das Königreich in 15 möglichst gleich große Kreisbehörden aufgeteilt, die – ebenfalls nach französischem Vorbild – bis auf zwei Ausnahmen nach Flüssen benannt waren und je aus 19 000 bis 26 000 Einwohnern bestanden. Auf historisch gewachsene Traditionen wurde dabei keinerlei Rücksicht genommen.[65] Nach mehrfachen Veränderungen durch Gebietsverschiebungen blieben bei der territorialen Ausgestaltung Bayerns im Jahr 1816 davon acht Kreise übrig, die wiederum die Vorläufer der heutigen Regierungsbezirke bildeten.

Den neuen Machtstrukturen untergeordnet, folgten lokale Behörden, die weitgehend weisungsabhängig und, bedingt durch den Montgelas'schen Zentralismus, mit recht wenig Befugnissen ausgestattet waren, was zu einer totalen Überlastung der administrativen Machtzentrale und infolgedessen zu einer Stockung der Entscheidungsprozesse führte.[66] So wie in Frankreich alle Macht von Paris ausging, kamen im Königreich Bayern alle politischen Entscheidungen fortan aus München. Montgelas war bei allem Liberalismus und aller Fortschrittlichkeit eben auch ein Minister, der die Kontrolle des Staates über alles und jedes bis hinab in die kleinste Einheit und in jeden Lebensbereich hinein verwirklicht sehen wollte.

Da die Konstitution die Gleichheit aller vor dem Gesetz festlegte[67] und die adelige Gerichtsbarkeit aufgehoben war, bedurfte es einer Reform des Justizwesens, was durch das Organische Edikt vom 24. Juli 1808 erfolgte. Es verfügte die Unabsetzbarkeit der Richter, regelte Ausbildung und Besoldung sowie die Trennung von Justiz und Verwaltung.[68] An oberster Stelle der juristischen Hierarchie stand das Oberappellationsgericht in München, dem zwei Instanzen untergeordnet waren.[69] Revolutionär war, dass der König in Privatstreitigkeiten fortan der Gerichtsbarkeit unterstand und in laufende Verfahren nicht eingreifen konnte. Es war somit ein wesentliches Element der staatstheoretischen Lehre der Gewaltenteilung in gesetzliche Form gebracht. Aus heutiger Sicht fast selbstverständlich waren die Einführung der Sicherheit der Person und des Eigentums sowie die Freiheit des Gewissens. Lediglich im Fall der Desertion konnte fortan das Vermögen entzogen werden.[70]

Auch das Strafrecht wurde reformiert.[71] Nachdem die Folter bereits 1806 beseitigt worden war,[72] wurden nun mittelalterliche Straftatbestände wie Hexerei (die letzte «Hexe» in Bayern, ein 15-jähriges Mädchen, war 1756 in Landshut hingerichtet worden), Ketzerei und menschenunwürdige Strafen, die nach altbayerischem Recht möglich waren und an die Scharia erinnern, abgeschafft. Bis dahin hatte der Strafenkatalog das Abhacken von Händen, Abschneiden der Ohren, Vierteilen, Pfählen, Rädern, Ertränken, das Zwicken mit glühenden Zangen und das Lebendigbegrabenwerden enthalten,[73] wobei diese Praktiken jedoch zuletzt kaum noch Anwendung gefunden hatten. Die letzte öffentliche Räderung fand in München 1805 statt.[74] 1807 verschwanden bayernweit als «Merkmal finsterer Zeiten» die letzten Pranger. Als das neue Strafrecht 1813 schließlich eingeführt wurde, war es das modernste Europas.[75]

Am 10. Juni 1813 verfügte ein Edikt die wirtschaftliche, soziale und religiöse Gleichstellung der Juden.[76] Der Inhalt desselben ließ allerdings, was die tatsächliche rechtliche Gleichstellung anging, zu wünschen übrig. Zwar waren in dem Edikt Gewerbefreiheit, Rechtssicherheit und freie Ausübung der jüdischen Religion gewährleistet. Gleichzeitig war dies jedoch mit strengen Kontrollen und Einschränkungen verbunden, um die Anzahl der ansässigen Juden nicht ansteigen zu lassen.[77] Da jüdische Bankiers zu den wichtigsten Kreditgebern des Staates zählten und 81 Prozent der Staatsanleihen zeichneten,[78] waren *wohlhabende* jüdische Mitbürger von dieser Restriktion ausgenommen, wobei eben gerade deshalb von einer tatsächlichen Gleichbehandlung nicht gesprochen werden kann. War die Regierung Montgelas in Anlehnung an die Französische Revolution (dort war die völlige Gleichberechtigung der Juden 1791 hergestellt worden) bei vielen Reformen allen deutschen Staaten weit voraus, so galt dies nicht für die Behandlung der jüdischen Bevölkerung. Ein Ministerialreferent brachte bereits damals diese Politik gut auf den Punkt, wenn er das Edikt als das Ergebnis «eines unglücklichen Hin- und Herschwankens zwischen dem Alten, zu welchem man nicht zurückkehren will und auch nicht mehr kann, und dem Neuen, gegen das man sich mit allem Widerwillen sträubt», bezeichnete.[79] Die tatsächliche und vollständige Gleichstellung der Juden erfolgte in Bayern erst 1871.

Neben der Neuorganisation der Verwaltung und der Beamtenschaft war die Ordnung der Finanzen die drängendste innenpolitische Aufgabe der Regierung Montgelas. Allerdings war sie hier deutlich weniger erfolgreich. Gräfin Ernestine von Montgelas, die Ehefrau des Ministers, brachte dies in offenen Worten zum Ausdruck, für die ein Zeitgenosse eingekerkert worden wäre. Im Jahr 2006 wurden dieselben von dem Grünen-Abgeordneten Eike Hallitzky im bayerischen Landtag leicht abgewandelt an den damaligen Finanzminister Faltlhauser gerichtet: «Als Außenminister war er gut, als Innenminister passabel, als Finanzminister verdient er, gehängt zu werden.»[80]

Anders als die Finanzlage des Freistaates im Jahr 2006 war zweihundert Jahre zuvor jene des Königreiches Bayern tatsächlich als katastrophal zu bezeichnen. Die durch Säkularisation und Mediatisierung neu hinzugekommene Gebiete hatten nicht bloß einen Zuwachs an Einnahmen gebracht, sondern auch die Schulden um insgesamt 57 Millionen Gulden anwachsen lassen,[81] wobei sich allein die übernommenen Schulden der Stadt Nürnberg auf 11,7 Millionen Gulden beliefen. Darüber hinaus verschlang der Unterhalt der Armee zwischen 1804 und 1815 93,3 Millionen Gulden.[82] Zudem mussten für den Ausbau der Verwaltung ungeheure Summen aufgewendet werden. Zwar sollten sich all diese Investitionen im Verlauf des 19. Jahrhunderts auszahlen, doch kurz- und mittelfristig waren sie schwer zu stemmen. In manchen Jahren übertrafen die Ausgaben die Einnahmen um das Vierfache.[83] So stiegen die Staatsschulden von 25 Millionen Gulden beim Regierungsantritt Max Josephs 1799 bis zum Jahr 1811 auf die für damalige Verhältnisse ungeheure Summe von 118,1 Millionen Gulden an.[84] Um die Schulden zu finanzieren, wurden fortgesetzt Anleihen bei verschiedenen Bankhäusern platziert, wobei u. a. die Zolleinnahmen verpfändet wurden. Infolge der Kriege von 1809 und 1812 musste die Regierung sogar zu Zwangsanleihen bei den Untertanen übergehen.

Verwaltungstechnisch lag die Oberhoheit über die Finanzen nach der Abschaffung der Landstände allein beim Finanzministerium in München, d. h. zwischen 1803–1806 und 1809–1817 bei Montgelas selbst. Die insgesamt 114 regional unterschiedlichen Steuern, wie beispielsweise Abgaben bei Hochzeiten, wurden abgeschafft. Stattdessen wurde die Besteuerung im Königreich in vier direkte Steuern geordnet: Gewerbesteuer, Grundsteuer, Haussteuer und Dominikalsteuer.[85] Grundlegend war die Gleichheit der Besteuerung aller vor dem Gesetz, also auch des Adels, der sich bislang einer gerechten Belastung auf Kosten der niederen Stände zu entziehen gewusst hatte.[86]

Alle fiskalpolitischen Maßnahmen waren aber bei Weitem nicht ausreichend, um der gewaltigen, vorwiegend kriegsbedingten Schulden Herr zu werden. Montgelas griff daher auch zu dem Mittel der Wirtschaftsförderung. So wurde etwa die Form des landwirtschaftlichen Anbaus von der Dreifelderwirtschaft hin zur Fruchtwechselwirtschaft verlagert, um so die Produktivität zu steigern. Zur nachhaltigen Verbesserung der landwirtschaftlichen Produktion wurde zudem 1803 die Forst- und Landwirtschaftsschule Weihenstephan gegründet. Im Bereich des Handels senkte Montgelas die Einfuhrabgaben, ließ die Salzeinfuhr verbieten und bis 1811 alle Binnenzölle schrittweise aufheben, wodurch im Königreich Bayern ein einheitlicher Wirtschaftsraum mit ungehindertem Warenverkehr entstand. Durch die Neuordnung der Zollorganisation im Jahr 1808 wurde dieses System noch perfektioniert.[87]

Jedoch verfolgte Montgelas eine zweigleisige Politik. So wurden einerseits vormalige Gewerbemonopole durch staatliche Konzessionen ersetzt. Andererseits wurden im Gegensatz zu anderen Rheinbundstaaten

Kurfürst Carl Theodor war einer der unbeliebtesten Herrscher, den es in Bayern jemals gegeben hatte.

Benjamin Thompson, der spätere Graf von Rumford, stand in Carl Theodors Diensten und brachte zahlreiche zukunftsweisende Neuerungen auf den Weg.

Der Englische Garten in München, mit dessen Anlage im Jahr 1789 auf Anregung des Grafen von Rumford begonnen wurde, gilt heute als eine der größten Volkspark-anlagen der Welt. In dem 1795 entstandenen Aquarell sind links der klassizistische Rumfordsaal sowie in der rechten Bildmitte der Chinesische Turm zu sehen. Von hinten als Spaziergänger abgebildet in weiblicher Begleitung der Graf von Rumford selbst.

Im Herbst 1796 erreichten die infolge der Französischen Revolution ausgebrochenen Kriege erstmals München. Die französischen Truppen Moreaus brachten auf dem Roten Turm, der als Wahrzeichen des alten München galt, Scharfschützen in Stellung, woraufhin ihn die Österreicher mit Artillerie in Brand schossen.

General Moreau führte in
den Jahren 1796 und 1800
die französische Rhein-
armee zweimal nach
Bayern, wo die Zivilbevölkerung entsetzlich unter
ihr zu leiden hatte.

Zwischen Moreau und Napoleon
entwickelte sich im Laufe der Zeit
eine tiefe Animosität, was darin
mündete, dass Napoleon den
General 1804 in die USA ins Exil
schickte.

Als eines der berühmtesten deutschen Gemälde gelangte im Rahmen des II. Koalitionskrieges auch die «Alexanderschlacht» von Albrecht Altdorfer aus München nach Paris. Napoleon gefiel das Bild so gut, dass er es später in seinem Badezimmer in den Tuilerien aufhängen ließ.

William Turner fertigte um 1835 dieses Aquarell der Schlacht von Hohenlinden.
Zu sehen ist, wie Artillerie auf kurze Distanz inmitten eines heftigen
Schneetreibens in die Reihen der Kavallerie feuert.

Zu Beginn des Jahres 1806 hatte sich Eugène de Beauharnais einen martialischen Oberlippenbart wachsen lassen. Als Napoleon dies sah, ließ er sofort den Bart entfernen, bevor sein Stiefsohn Augusta Amalia erstmals vorgestellt wurde. Das Gemälde von Joseph Stieler zeigt ihn in nachnapoleonischer Zeit als Herzog von Leuchtenberg.

Die älteste Tochter König Max Josephs, Augusta Amalia von Bayern, war von der für sie arrangierten Hochzeit zu Beginn alles andere als begeistert. Die Ehe, aus der sieben Kinder hervorgingen, war jedoch wider Erwarten eine sehr glückliche.

Max IV. Joseph trat im Februar 1799
die Regierung in Bayern an.

Unter seinem kongenialen Minister
Maximilian Montgelas wurde das Land
in kaum mehr als einem Jahrzehnt
grundlegend modernisiert.

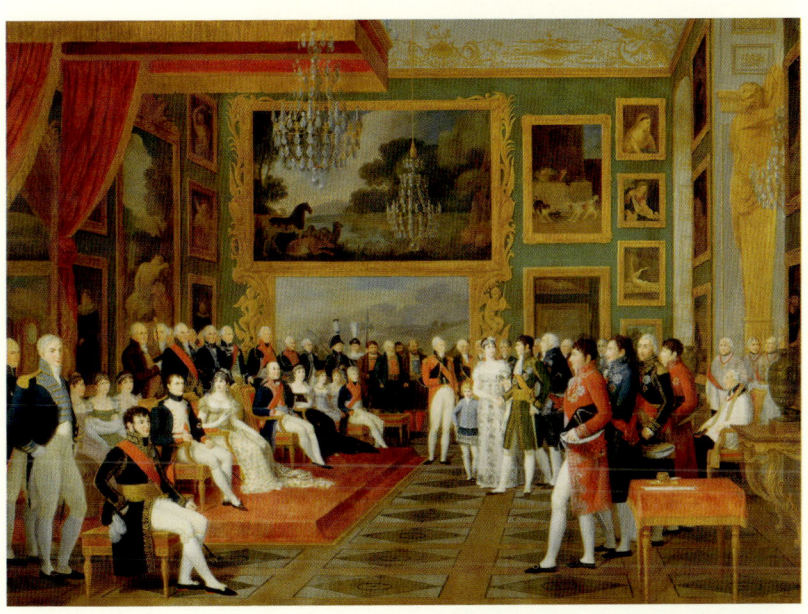

Napoleon ließ die Ziviltrauung zwischen Eugène de Beauharnais und Augusta Amalia
von Bayern in der grünen Galerie der Münchner Residenz von dem Maler Menageot
großformatig in Öl malen. Allerdings war Menageot bei dem historischen Ereignis
selbst nicht anwesend und musste sich bei der Entstehung des Gemäldes auf
Portraitskizzen stützen, die ihm aus München geliefert wurden.

Die Erhebung zum Königreich bedeutete für Bayern eine gewaltige Aufwertung. Allerdings wurde die Krone selbst erst in den Jahren 1806/07 in Paris gefertigt, und es kam in der bayerischen Geschichte niemals zu einer Krönung. Der Leitstein in der Krone war ursprünglich der Blaue Wittelsbacher, der 1951 heimlich verkauft wurde und heute durch ein Imitat ersetzt ist.

Franz II. (I.) legte im August des Jahres 1806 die Krone des Heiligen Römischen Reiches Deutscher Nation nieder und war fortan nur noch der österreichische Kaiser Franz I. Als solchen zeigt ihn das Gemälde von Friedrich von Amerling.

Bayern erfuhr durch das Bündnis mit Napoleon eine erhebliche territoriale Vergrößerung und reichte in den Jahren 1806–1810 im Süden bis zum Gardasee.

Unmittelbar vor Beginn der Schlacht von Abensberg hielt Napoleon auf einer
Anhöhe östlich der Stadt eine mitreißende Ansprache, die neben den bayerischen
Offizieren sogar Kronprinz Ludwig, direkt links neben Napoleon dargestellt, begeisterte.

Der Nürnberger Buchhänd-
ler Johann Philipp Palm
trug diese Weste bei seiner
Hinrichtung in Braunau am
26. August 1806. Da die
erste Schussfolge nicht
tödlich war, mussten die
französischen Soldaten zwei
weitere Male auf Palm
nachschießen.

*Das Gemälde von Charles Thévenin zeigt den Sturm der französischen Truppen
auf Regensburg, das 1809 noch nicht bayerisch war. Die überhöht dargestellte
Predigersäule in der linken Bildmitte steht an besagter Stelle bis heute.
Der herrenlose Araberschimmel links unterhalb derselben symbolisiert die
kurz zuvor erfolgte Verwundung Napoleons.*

General Erasmus von Deroy, den die bayerischen Soldaten liebevoll «Vater Deroy» nannten, erhielt während der Ersten Schlacht von Polozk eine Kugel in den Unterleib, an der er einige Tage später starb.

Die russische Gewehrkugel, die Deroy am 18. August 1812 tödlich verwundete, befindet sich seitdem in einen roten Stein eingelassen im Besitz der direkten Nachfahren.

Übergang der bayerischen Chevaulegers über die Düna beim Vormarsch in Russland im Sommer 1812. Der Nördlinger Schlachtenmaler Albrecht Adam nahm an dem Feldzug im Gefolge von Vizekönig Eugène Beauharnais teil und fertigte dabei vor Ort zahlreiche Skizzen.

Der Rückzug der Grande Armée aus Russland gilt als die größte militärische Katastrophe des 19. Jahrhunderts, in der auch rund 30 000 bayerische Soldaten ihr Leben ließen. Albecht Adam war allerdings schon vor Beginn des Rückzuges nach Bayern zurückgekehrt und fertigte das Bild insofern aufgrund von Erzählungen

Im Jahr 2001 wurde im litauischen Wilna ein Massengrab der Grande Armée mit 2000 Toten entdeckt. Laut den Quellen erreichten die Schrecken des Rückzugs dort noch einmal einen grausamen Höhepunkt.

Napoleon ließ, um seinen Rückzug zu decken, in der Nacht vom 30. auf den
31. Oktober 1813 die Vorstadt von Hanau in Brand schießen.

Während die bayerisch-österreichischen Truppen unter Wrede den Rhein
am 22. Dezember auf der Höhe von Hüningen überschritten, ging die Schlesische
Armee unter Feldmarschall Blücher, wie in dem Gemälde von Wilhelm Camphausen
dargestellt, in der Silvesternacht über den Grenzstrom. Wrede entsandte den
Ordonanzoffizier von Thurn und Taxis zu Blücher, der am 2. Januar 1814
über die nur wenige Tage bestehende Pontonbrücke bei Kaub ging.
Bei den Verhandlungen auf dem Wiener Kongress versuchte Wrede u. a.
auch – erfolglos – Kaub als Teil der bayerischen Rheinpfalz zu erhalten.
Es wurde Preußen zugesprochen.

Wrede führte die bayerische Armee auch in der äußerst verlustreichen Schlacht von Hanau, bei der er schwer verwundet wurde.

links: Die Kugel durchschlug das Koppelschloss Wredes mit dem bayerischen Löwen und drang in seinen Unterbauch ein.
rechts: Die Ärzte konnten das Geschoss seinerzeit nicht entfernen, und Wrede trug die Kugel bis zu seinem natürlichen Tod im Jahr 1838 im Körper. US-amerikanische Truppen nahmen die Kugel sowie das Koppelschloss 1945 zusammen mit Wredes Orden als Kriegsbeute mit.

Die Franzosenzeit – Der Rheinbund 1808

– – – Grenze des Rheinbundes
✕ Schlachten

Ostsee

Nordsee

Bornholm

Schleswig
● Schleswig
Holstein
Rügen
● Stralsund

KGR.
PREUSSEN

Wismar
Lübeck ●
Hamburg ●
Hzm.
Mecklenburg-
Schwerin
● Schwerin
● Stettin

Ostfries-
land
(1807 NL)
● Oldenburg
● Bremen
● Lüneburg
Hzm.
Warschau

KGR.
NIEDER-
LANDE
Hannover
● Strelitz
● Posen

Rhein
● Osnabrück
● Münster
Hannover ●
Braunschweig ●
● Potsdam
● Berlin
Spree
Oder
Netze
Warthe

Xanten ●
Düsseldorf ●
Kgr. Westphalen
● Magdeburg
Saale
● Cottbus
Köln ●
Aachen ●
Ghzm.
Hessen
● Kassel
Weimar ✕ Auerstedt
(1806)
Völkerschlacht (1813)
● Leipzig
Kgr. Sachsen
● Görlitz
Breslau ●

Hzm.
Nassau
Ghzm.
Hessen
Erfurt ● ✕ Jena
● Dresden
Elbe

Koblenz ●
Hanau
(1813)
Frankfurt ●
✕
Ghzm.
Würzburg
● Prag

Mainz ●
Ghzm.
Würzburg
Main
● Bayreuth
KAISERREICH
ÖSTERREICH

Trier ●
Worms ●
Würzburg ●
● Bamberg
Austerlitz ✕
(1805)

Luxemburg ●
Speyer ●
● Nürnberg

KAISERREICH
FRANKREICH
● Ansbach
● Regensburg
Karlsruhe ●
Donau-
wörth
Abensberg ✕ ✕ Eggmühl
(1809) (1809)
Moldau
Wagram
(1809)
✕

Lunéville ●
Stuttgart ●
Kgr.
Württemberg
✕ Elchingen
(1805)
Landshut ●
● Passau
Wien ● ✕

Straßburg ●
Ulm ●
● Augsburg
✕ (1809)
Neumarkt
Braunau ●
Linz ●
Aspern (1809)

Ghzm.
Baden
Freiburg ●
● München
Hohenlinden
(1800)
Donau
Salzach
● Salzburg
Enns

● Memmingen
Basel ●
Konstanz ●
● Lindau
Kgr. Bayern
● Kufstein

Zürich ●
Aare
Vaduz ●
Innsbruck ✕
Bergisel (1809)
● Graz
Mur

SCHWEIZ
Ilanz ●
Vorder-
rhein
Chur ●
Drau
● Villach

REP.
WALLIS
Adda
● Bözen
● Ljubljana

KGR. ITALIEN
Etsch
Save
● Triest

0 20 40 60 80 100 km

die Gewerbefreiheit nicht eingeführt und die Zunftschranken beibehalten, auch wenn diese durch die 1804 erlassene Gewerbeordnung durchlöchert wurden. Alle wirtschafts- und handelspolitischen Neuregelungen bewirkten jedoch zunächst wenig, da das Land infolge der kriegsbedingten Belastungen vielerorts ausgesogen war, was einen allgemeinen und starken Rückgang der Kaufkraft zur Folge hatte.[88]

Montgelas' Reformen waren janusköpfig. Fortschrittlich und zukunftsweisend waren die Gleichheit aller bayerischen Untertanen vor dem Gesetz, die Gleichberechtigung der Konfessionen, die – bedingte – rechtliche Gleichstellung der Juden und die Reform der Verwaltung. In der Realität blieb die Konstitution, die die Vorstufe zur bayerischen Verfassung von 1818 bildete, jedoch in vielem Halbwerk, was vor allem daran lag, dass man auf die alten Adelseliten beim Aufbau des neuen Staates nicht verzichten zu können glaubte. Aus diesem Grund wurde auf die Interessen des Adels in Teilbereichen Rücksicht genommen, wie etwa bei der Beibehaltung der Patrimonialgerichte, die Württemberg 1809 und Baden 1811 abschafften. Die bayerische Nationalrepräsentation trat nie zusammen, und die in der Konstitution vorgesehene Schaffung eines neuen Zivilrechts unterblieb, durch das der Adel erneut an Privilegien eingebüßt hätte. Napoleon hatte zwar auf dem Erfurter Fürstenkongress 1808 die Einführung des fortschrittlichen Code Civil in allen Rheinbundstaaten vorgeschlagen, was aber in Bayern vor allem am Widerstand des Adels scheiterte.[89] Stattdessen gab es, je nachdem, wo im Königreich man sich befand, verschiedene zivilrechtliche Systeme. Ein einheitliches Zivilrecht wurde in Bayern erst durch das Bürgerliche Gesetzbuch (BGB) im Jahr 1900 eingeführt. Im Vergleich allerdings war Bayern, was die Reformen insgesamt anging, neben dem napoleonischen Modellstaat Westphalen deutschlandweit führend.

VI. KAPITEL

DIE SCHLACHTEN DES JAHRES 1809

Der österreichische Angriff auf Bayern

«Österreich war noch nie so wenig bedroht wie jetzt.»
Erzherzog Karl, 1809

Von den zahlreichen Denkmälern und Bauwerken aus dem 19. Jahrhundert, die heute in Europa in Verbindung mit den Napoleonischen Kriegen stehen, ragt eines in seiner Bedeutung hervor. Wie ein steinerner Pfeiler der Hoffnung erhebt sich an der bretonischen Atlantikküste unweit des Cap Finistère bei Penmarc'h der nach der Schlacht von Eggmühl benannte Leuchtturm in den meerumbrausten Himmel.

Während die anderen architektonischen Erinnerungsmale vom Trafalgar Square in London über den Arc de Triomphe in Paris bis zum Siegestor in München in ihrer Botschaft durchgehend den Ruhm von Waffentaten und nationaler Größe verherrlichen, verfolgt der Leuchtturm eine andere Absicht. Adélaide-Louise de Blocqueville, Gräfin von Eckmühl,[1] keine Geringere als die Tochter von Napoleons Marschall Davout, legte in ihrem letzten Willen 1892 fest, dass für die Errichtung eines Leuchtturmes in der Bretagne 300 000 Francs verwendet werden sollten.[2]

Der zutiefst menschliche Gedanke dieser Frau war es, dass durch das Licht des Leuchtturmes, der heute mit seinen 60 Metern einer der höchsten Europas ist, genauso viele Leben gerettet werden sollten, wie auf den napoleonischen Schlachtfeldern ihres Vaters gewaltsam getötet worden waren:

«Die Tränen, vergossen durch das Verhängnis des Krieges,
vor dem ich mich fürchte und den ich mehr denn je hasse,
mögen durch die vom Sturm geretteten Leben freigekauft
werden.»[3]

«Ich schwöre es und halte Wort!»,[4] hatte Kaiser Franz zu Napoleon an der Mühle von Saruchitz bei Austerlitz am 4. Dezember 1805 gesagt. In dem von ihm ratifizierten Friedensvertrag von Pressburg vom 26. Dezember 1805 waren zwischen Frankreich und Österreich «ewiger Friede und Freundschaft»[5] vereinbart worden. Sehr bald schon war dies der Vergessenheit anheimgefallen und sann Österreich auf einen Revanchekrieg. 1809 schien die Gelegenheit günstig, da Napoleon seit dem vergangenen Jahr in kräftezehrende militärische Auseinandersetzungen in Spanien verwickelt war. «Rache für Austerlitz» wurde in weiten Kreisen des österreichischen Hofes ein geflügeltes Wort.[6] Die stärksten Fürsprecher eines Revanchekrieges waren die 21-jährige Kaiserin Maria Ludovika, der bei Hohenlinden (1800) geschlagene Erzherzog Johann und Außenminister Graf Johann Philipp von Stadion. Die junge Kaiserin nutzte mit unablässiger und leidenschaftlicher Beredsamkeit ihren großen Einfluss auf Kaiser Franz, um diesen zu einem neuen Waffengang gegen Napoleon zu bewegen. Um auch das Volk für den neuen Krieg zu gewinnen, bestickte sie eigenhändig Fahnenbänder, die sie im Wiener Stephansdom aufhängen ließ. Außenminister Stadion ging in recht unrealistischer Einschätzung der Stimmungsverhältnisse davon aus, dass sich die unzufriedene Bevölkerung der Rheinbundstaaten nach einem österreichischen Einmarsch wie in Spanien gegen Napoleon erheben würde. Ausgehend von diesem Wunschdenken, hatte Stadion in psychologischer Vorbereitung des Feldzuges die bekannte antinapoleonische Schrift des Spaniers Pedro de Cevallos ins Deutsche übersetzen, drucken und in den Münchner Buchläden verteilen lassen.[7]

Der geplante österreichische Angriff zeichnete sich bereits zu Beginn des Jahres 1809 durch gewaltige Rüstungen und Aufmärsche ab. An der Grenze wurden derart massiv Truppen zusammengezogen, dass im kleinsten Bauernhaus zehn Mann untergebracht waren.[8] In den frühen Morgenstunden des 10. April 1809 überschritt die 130 000 Mann starke österreichische Hauptarmee unter Erzherzog Karl den Inn und drang in Bayern ein. Zwei weitere, rund 50 000 Mann starke österreichische Armeekorps unter dem Befehl von Feldmarschall-Leutnant Bellegarde rückten gleichzeitig in die Oberpfalz vor. Weiterhin marschierten wie bereits 1805 zwei österreichische Armeen in Norditalien und zusätzlich eine weitere in das mit Napoleon verbündete Großherzogtum Warschau ein.[9]

Die Invasionsarmeen waren *besser* vorbereitet als jene des Jahres 1805. Einerseits war die Aufrüstung anders als vier Jahre zuvor über einen längeren Zeitraum erfolgt, und an der Spitze der Truppen stand mit Erzherzog Karl, dem Bruder des Kaisers, diesmal ein durchaus fähiger Oberbefehlshaber. Gerade aber weil der Erzherzog über einen gewissen politischen und militärischen Weitblick verfügte, hatte er bis zuletzt vor einem neuen Krieg gegen Frankreich gewarnt. Karl hielt das Habsburgerreich für eine neue militärische Auseinandersetzung nicht genug vorbereitet und überhaupt einen Krieg aus moralischer Sicht für keineswegs gerechtfertigt, wenn er sagte: «Österreich war noch nie so wenig bedroht wie jetzt.»[10] Da sich jedoch die Kriegspartei bei Kaiser Franz durchgesetzt hatte, wurde in der zweiten Aprilwoche hunderttausendfach marschiert. Von österreichischer Seite ging man diesmal psychologisch weit intelligenter vor als 1805, indem in einem vielfach verteilten, «An die deutsche Nation» gerichteten Aufruf der Einmarsch als Befreiung Deutschlands vom napoleonischen Joch dargestellt wurde. Allerdings litt die Glaubwürdigkeit des Aufrufes darunter, dass das Tragen der bayerischen Kokarde im besetzten Teil des Landes sogleich verboten wurde.[11] Überhaupt war das tatsächliche Auftreten der Österreicher ein ganz anderes als das auf dem Papier großartig verkündete. In Landshut berichtete ein Augenzeuge: «Viktualien aller Art; Fleisch; Bier; Branntwein; Wein und Fourage mussten in Menge geliefert werden. Leder, Stiefel, Schuhe, Getreidesäcke; Pferde wurden nach Dutzenden, Hunderten und Tausenden requiriert.»[12]

Es verwundert daher nicht, dass der österreichische Aufruf in Altbayern nahezu durchgehend auf fruchtlosen Boden fiel. Lediglich in einigen Gebieten Frankens und Schwabens sowie bei einigen wenigen Professoren in München und Landshut[13] konnten die Österreicher Sympathien wecken. In dem erst drei Jahre zuvor keinesfalls freiwillig zu Bayern gekommenen Nürnberg öffneten die Bürger den Österreichern jubelnd die Stadttore, bewarfen die königlich-bayerischen Beamten mit Dreck und Steinen und verpassten ihnen wütende Fußtritte. Der bayerische Regierungskommissar Friedrich von Thürheim wäre von den aufgebrachten Bürgern beinahe auf offener Straße ermordet worden, wenn ihn nicht im letzten Augenblick Bürgerwache und österreichische Husaren gerettet hätten.[14]

Die Österreicher besetzten am 12. April München, während der Hof und der französische Gesandte Otto diesmal nach Dillingen flohen. Als erheblicher Nachteil erwies sich, dass die französischen und bayerischen Armeekorps zu Beginn des Angriffes verhältnismäßig weiträumig zwischen Inn und Donau zerstreut waren. Da Napoleon selbst noch nicht vor Ort war, zeigten sich seine Unterführer von der Situation vollkommen überfordert, und es erfolgten Befehle und Gegenbefehle, die wiederum zahlreiche Märsche und Gegenmärsche einleiteten, was zu einem beispiellosen Chaos führte. In dieses Chaos hinein wurde die in drei Divisionen gegliederte bayerische Armee in Stärke von insgesamt 32 515 Mann,[15] die das VII. Armeekorps der Grande Armée bildete, hineingerissen. Dem österreichischen Oberbefehlshaber Erzherzog Karl wäre es in dieser Situation militärisch ein Leichtes gewesen, die getrennt voneinander hin und her marschierenden Einheiten einzeln anzugreifen und aufzureiben. Bei aller Kompetenz fehlten dem Erzherzog hierfür allerdings die notwendige Energie und Entschlossenheit.[16]

In der Zwischenzeit wurde über den optischen Telegraphen, der vom 70 Meter hohen Ulmer Münsterturm[17] über zahlreiche Bergkuppen und Kirchtürme hinweg bis zur mächtigen Kathedrale Notre-Dame in Paris führte, die Nachricht von dem österreichischen Einmarsch an Napoleon übermittelt.[18] Wie nicht anders zu erwarten, handelte dieser weniger langsam. Mit der ihm eigenen zupackenden Energie und Entschlossenheit warf er u. a. die Garde in Eilmärschen von Spanien nach Deutschland, worüber der Grenadier Coignet berichtete: «Wir fuhren Tag und Nacht bis Ulm, wo wir in der Nacht eintrafen und einmal wieder in einem Bett schlafen sollten. Dazu kam es nicht. Kaum hatten wir gegessen, da rasselten die Trommeln schon wieder durch die Straßen. Keine Wagen mehr! Wir marschierten die ganze Nacht auf Augsburg. So ging es ohne Aufenthalt weiter; kaum dass man uns die Zeit zum Essen ließ. Wir sollten eiligst unsere weit vor uns schon am Feinde befindlichen Korps zu erreichen suchen.»[19]

Den kampfstarken Elitetruppen der Garde gelang es jedoch trotz aller Gewaltmärsche nicht, rechtzeitig zu den Kämpfen in Bayern einzutreffen, da Napoleons Kriegsführung noch schneller war. Der oberste Befehlshaber des Rheinbundes reiste, wie dem bayerischen König angekündigt, «wie der Blitz»[20] in einer achtspännigen Kutsche und nahezu ohne Eskorte[21] über den Rhein zum Kriegsschauplatz an der Donau. An jeder Poststation von Paris bis Donauwörth musste kaltes Wasser über die heißen Räder gegossen werden, um sie zu kühlen. Unter diesen recht dramatischen Umständen traf Napoleon mitten in der Nacht vom 16. auf den 17. April in Dillingen ein,[22] wo man den geflohenen bayerischen König wecken musste. Max Joseph sagte zu seinem mächtigen Verbündeten: «Sire, alles ist für verloren, wenn Majestät nicht schnell handeln», woraufhin dieser antwortete: «Seien Sie versichert, dass Sie in wenigen Tagen wieder in München sein werden.»[23] Max Joseph ersuchte Napoleon erneut, das Oberkommando über die bayerische Armee auf seinen ältesten Sohn, Kronprinz Ludwig, zu übertragen. Napoleon lehnte dies unter derselben Begründung ab, die er bereits einige Wochen zuvor in einem Brief mitgeteilt hatte: «Wenn es Krieg gibt, müssen Ihre Truppen ernsthaft handeln. Der Kronprinz (...) hat nie die Kriegsführung gelernt oder ausgeführt, er kann sie nicht kennen. Es hieße daher, mich des Nutzens Ihrer 40 000 Mann berauben,[24] würde man nicht an deren Spitze eine sichere und feste Persönlichkeit stellen. Ich habe zu Ihrer Führung den Herzog von Danzig [Marschall Lefebvre] ernannt, er ist ein alter Soldat. Wenn der Kronprinz einmal sechs oder sieben Feldzüge in allen militärischen Graden mitgemacht hat, kann er kommandieren.»[25]

Am 17. April traf Napoleon am frühen Morgen[26] im Heiligkreuzkloster in Donauwörth ein, worüber der französische Ordonanzoffizier Ségur berichtete: «Als er aus dem Wagen stieg und in sein Arbeitszimmer ging,[27] indem er einen raschen Blick auf die mit Stecknadeln bedeckte Karte warf, die ihm Montyon zeigte, war sein erstes Wort: ‹Wo ist der Feind?› – Die Antwort lautete: ‹Der Erzherzog hat den Inn überschritten, sich dann nach rechts gewendet und ist jetzt im vollen Marsch auf Regensburg.› Montyon hat mir es tausendmal erzählt, dass er bei diesen Worten Napoleons Gestalt habe wachsen sehen; seine Augen sprühten Blitze der Freude und Genugtuung, und, seinen Arm in Richtung nach Regensburg ausstreckend, habe er gerufen: ‹Was sagen Sie? Nein, das ist unmöglich!› – Endlich, als ihn eine bestimmtere Versicherung überzeugte, rief er, vor Freude schier außer sich, mit lauter Stimme und blitzenden Augen: ‹So habe ich ihn also! Es ist eine verlorene Armee! In einem Monat werden wir in Wien sein!›»[28]

Eine Unzahl an Kurieren verließ bereits kurze Zeit später das alte Benediktinerkloster an der Wörnitz mit zielgerichteten Befehlen, die verzettelten Truppenkörper zu konzentrieren.[29] Bereits am 18. und 19. April tobten in mehreren Dörfern nordöstlich von Abensberg kleinere Gefechte, die die Franzosen und Bayern sämtlich für sich entscheiden konnten. Über den von einem starken Frühlingsgewitter begleiteten Zusammenprall bei dem Dorf Arnhofen berichtete ein bayerischer Soldat: «Von beiden Seiten wurde mit gleicher Erbitterung gestritten, kein Teil wollte sich an den heftigen Regen kehren, der mit starken Donnerschlägen begleitet, herabfiel. Immer schrecklicher wurde die Kanonade auf der westlichen Seite, immer dichter wurde der Wald in Dampfwolken gehüllt. Leuchtende Blitze zuckten am schwarzen Himmelsgrunde hin und heftige Donnerschläge suchten mit dem Schall unserer Feuerschlünde zu wetteifern. Es war ein herzerbebender Anblick, Natur und Menschen zugleich im Kampfe begriffen zu sehen.»[30]

Am 20. April folgte schließlich die denkwürdige Schlacht von Abensberg. In der Nationalgalerie von Versailles befindet sich zu dieser ein von Napoleon in Auftrag gegebenes und 1810 vollendetes Gemälde des französischen Malers Jean-Baptiste Debret. Es zeigt die Ansprache Napoleons an die bayerischen Offiziere vor Beginn der Schlacht. Eine eingehendere Betrachtung dieses Bildes ist an dieser Stelle sinnvoll, da es die Begebenheit auf der heute so genannten Napoleonhöhe östlich von Abensberg detailgetreu (lediglich das rechts oben gezeigte Schloss mit Zwiebelturm ist eine Fantasiezugabe des Malers) festhält. Über das historische Geschehen selbst berichtete der bayerische Augenzeuge Christian Schaller: «Ein allgemeiner Freudenschrei kündigte die Ankunft Seiner Majestät des Kaisers von Frankreich an und wie von einem elektrischen Schlage berührt war plötzlich die ganze Armee mit Freude und Hoffnung erfüllt. Aus dem Auge eines jeden leuchtete die reinste, die unverkennbarste Freude, die Gewissheit eines nahen Sieges hervor. Noch nie war es meinem Auge gegönnt gewesen, diesen seltenen Sterblichen zu sehen und dennoch erkannte ich Ihn – nicht sowohl aus der Ähnlichkeit mit den Büsten, die ich von ihm gesehen hatte, als vielmehr an der Einfachheit seines Anzuges auf den ersten Blick, den ich der ankommenden Generalität, in deren Mitte Er sich befand, entgegen warf (...). Er trug einen bis am Halse zugeknöpften hellgrauen Rock, weißlederne Beinkleider und einen ganz dekorationslosen Hut von noch weniger als mittlerer Größe. Eine Reitgerte diente ihm in seiner Rechten, die Lebhaftigkeit seines Geistes zu versinnbildlichen.»[31] Es folgte nun jene Begebenheit, die im eigentlichen Mittelpunkt von Debrets Bild steht: «Ohne einen Augenblick zu verlieren», so der bayerische Leutnant, «wurden die Stabs- und Oberoffiziere vorgerufen, an welche seine Majestät zu Pferd mit aller jener Erhabenheit, die ihm eigen ist, in französischer Sprache eine lange Anrede hielt, die von Seiner königlichen Hoheit, unserem geliebten Kronprinzen sogleich von Satz zu Satz ins Deutsche übersetzt wurde.» Die Körperhaltung des Kronprinzen Ludwig von Bayern in dem Gemälde ist überaus aufschlussreich. Während die Blicke aller auf dem Bild dargestellten Personen enthusiastisch *auf* Napoleon gerichtet sind, hat der links neben ihm auf einem Pferd sitzende Kronprinz während der Übersetzung der Ansprache als Einziger sowohl den Kopf als auch den Oberkörper von Napoleon *abgewandt*. Die sinnbildhafte Bedeutung dieser Körpersprache war dem Maler sicherlich nicht bewusst: Ludwig war in seiner inneren Haltung von frühester Jugend an ein erklärter Feind Napoleons. Wenige Wochen vor der Schlacht hatte er mit dem österreichischen Gesandten Graf Stadion in München in Anwesenheit Bettina von Arnims auf die Niederlage des Kaisers derart leidenschaftlich angestoßen, dass das Kristallglas einen Sprung bekam, wobei er auf Lateinisch ausgerufen hatte: «Pereat»; zu Deutsch: «Er möge untergehen.»[32]

Durch Napoleon selbst auf diese Weise in höchstem Maße motiviert, begannen die Truppen gegen 9 Uhr am Vormittag ihren Angriff. Napoleon konnte den 24 000 Österreichern rund 60 000 Franzosen, Bayern und Württemberger gegenüberstellen,[33] die im Laufe der Schlacht den Gegner mit einem Verlust von 2600 Toten und Verwundeten sowie unter Abnahme von 4000 Gefangenen zurückdrängten. Napoleons Verluste beliefen sich demgegenüber auf lediglich 735 Mann, worunter sich 430 Bayern befanden.[34] Am Abend nahm der französische Kaiser sein Hauptquartier in der Brauerei «Weinzell» in Rohr. An dem historischen Gebäude befindet sich heute eine Gedenktafel und innerhalb desselben eine «Napoleon-Pizzeria», in der man auf Wunsch «Antipasti Napoleon», «Tagliatelle Napoleon», einen «Insalata Napoleon» oder ein «Napoleon-Dessert» essen kann.[35] Neben diesen gastronomischen Nachklängen hat die Schlacht an der Abens auch handfeste heraldische Spuren hinterlassen. Zur Erinnerung an den denkwürdigen Waffengang und vor allem in Anerkennung der in Verbindung mit ihr geleisteten Dienste in der Versorgung der Truppen und Verwundeten verlieh König Max Joseph Abensberg bereits im 31. Dezember 1809 ein neues Wap-

Der bayerische Kronprinz Ludwig stieß vor Beginn des Krieges von 1809 mit diesem Kristallglas dermaßen leidenschaftlich auf den Untergang Napoleons an, dass das Glas einen Sprung bekam.

pen in Form zweier gekreuzter Schwerter, das die Stadt bis auf den heutigen Tag offiziell führt.

Die Schlacht hatte zur Folge, dass zwei österreichische Armeekorps von der Hauptarmee Erzherzog Karls nach Süden hin abgedrängt wurden. Ausgehend von der falschen Annahme, dass es sich hierbei um die österreichische Hauptstreitmacht handle, verfolgte Napoleon diese energisch in Richtung Landshut. Dort zeigten sich, wie ein Bürger berichtete, schon am Abend des 20. April die Vorzeichen des herannahenden Unheils: «Um 6 Uhr abends kommt ein Trupp Ulanen und Husaren zum Isartor herein, wovon mancher 2, auch 3 gesattelte Pferde ohne Reiter führte und das gestern passierte Fuhrwesen eilt in Unordnung zurück. Das macht uns Stutzen und versetzt uns in Sorge. Die beiden Fürs-

ten Louis und Moritz von Liechtenstein kommen blessiert an und über-
nachten hier (...). Die ganze Nacht wird durchgepoltert und durch-
gerasselt von Menschen, Pferden und Wägen.»[36]

Die österreichischen Wagenkolonnen fluteten über die Isarbrücke
durch Landshut hindurch in Richtung Süden. Als Napoleon die Anhöhe
zwischen den Dörfern Ergolding und Altdorf nördlich der Stadt erreichte, ließ er Artillerie auffahren und ein verheerendes Feuer auf die
im Rückzug begriffenen Österreicher richten.[37] Getroffene Pferde, Menschen und in Brand geschossene Gespanne behinderten den weiteren
Rückzug vor und in Landshut erheblich. Unter hartnäckigen Kämpfen
gelang es Franzosen und Bayern, die Vorstädte zu erobern. Die von den
Österreichern in Brand gesteckte Isarbrücke vor dem Kasernenturm
wurde von französischer Infanterie unter Anführung von Napoleons
Adjutanten General Moutons erobert – eine Begebenheit, die dessen
kaiserlicher Dienstherr von dem Maler Louis Hersent 1810 ebenfalls in
Öl verewigen ließ.[38] Bei den Kämpfen vor dem Stadttor wurde u. a. der
bayerische Kavalleriegeneral Freiherr von Zandt von einer Gewehrkugel tödlich getroffen, dessen Grab auf dem Landshuter Hauptfried-
hof erhalten ist.[39] Nach dem Tod Zandts übernahm Wrede das Kommando und legte selbst mit Hand an, als es darum ging, elf eroberte
Kanonen umzudrehen und gegen die fliehenden Österreicher ins Feuer
zu bringen. Anschließend führte Wrede die bayerischen Chevaulegers,
dicht gefolgt von der Infanterie, nach Landshut hinein. In der Stadt
selbst, deren Straßen und Gassen mit in Brand geschossenen Wagen ver-
stopft waren, folgten kurze, aber erbitterte Straßenkämpfe. An der altehrwürdigen Martinskirche leisteten einige österreichische Kompanien
mit dem Gewehr im Anschlag Widerstand und wurden von einem
äußerst energisch geführten Bajonettangriff der Bayern zurückgewor-
fen.[40] In der Folge ergaben sich, so ein Landshuter, «ganze Rotten» österreichischer Soldaten, die «ihre Musketen, Patronentaschen, Säbel
und Kasketen [Helme] zur Erde» warfen.[41] Den beiden österreichischen
Armeekorps gelang indessen schwer dezimiert der Rückzug in südöstliche Richtung.

Die Schlacht von Landshut hatte Erzherzog Karl[42] rund 5000 Mann
an Toten, Verwundeten und Gefangenen gekostet; 36 Kanonen und rund
1000 Munitions- und Versorgungswagen waren in die Hände Napoleons
gefallen.[43] Demgegenüber lagen die Verluste der Grande Armée zwischen

lediglich 1500 und 2000 Mann. Das sich heute überaus aufgeräumt zeigende Landshut sah nach den Kämpfen aus wie nach einem Einfall der Hunnen. Der sich in der Stadt aufhaltende Dichter Clemens von Brentano berichtete: «Durch das stete Beutemachen der Bürger aus den in großer Menge vor den Toren zurückgelassenen Wagen, die meistens Kartätschen und Patronen enthielten, lag Pulver in allen Straßen und Feldern zerstreut (...) das weite Feld [vor Landshut] war durch die vielen erbeuteten und zerstreuten Hafersäcke mit unzähligen Papieren bedeckt und in den letzten Tagen, da es stiller geworden war, habe ich ungefähr 200 Epistolas militares [Briefe österreichischer Soldaten] zusammengelesen, meist Liebesbriefe, Schuldbriefe und Briefe guter besorgter Älterer. Viel Gutmütiges, Menschliches, viel verkehrtes Lustige, nichts ernstes Würdiges, das aus der bedrängten Zeit hervorging und eine Menge Briefe an einen Stabstrompeter, in den alles verliebt scheint. Sonst mehr frommes, als bei vielleicht irgend anderen Truppen.»[44]

Am Abend nahm Napoleon sein Hauptquartier in der Landshuter Stadtresidenz. «In wenigen Stunden stand Napoleon an demselben Fenster», so Brentano, «an dem zwei Tage vorher der Erzherzog gestanden und von den unendlich ermüdeten, schier vorbeilaufenden Truppen erschallte ein stetes, müdes mit Schweiß, Staub und lallender Siegestrunkenheit verhülltes ‹Vive l'Empereur›.»[45] In der alten Residenz der Wittelsbacher erreichte den Kaiser schließlich mitten in der Nacht ein Kurier Marschall Davouts, durch den er erfuhr, dass sich die Hauptkräfte der Österreicher nicht, wie angenommen, über Landshut zurückgezogen hatten, sondern sich im Raum Eggmühl befanden. Während mit der weiteren Verfolgung der bei Landshut geschlagenen Armeekorps Marschall Bessiers mit der Division Wrede beauftragt wurde,[46] zogen auf der Landstraße in nördliche Richtung kurze Zeit darauf die endlos erscheinenden Kolonnen der Grande Armée durch einen dichten Morgennebel in Richtung Eggmühl.

Der Löwe von Eggmühl

«Blut düngte den Boden und
die Leichen der Erschlagenen bedeckten die Fluren.»
Der bayerische Leutnant Schaller

Mächtig und wachsam blickend, erhebt sich inmitten einer Grünanlage in Eggmühl heute ein 1909 errichteter bayerischer Löwe, der in Form eines Denkmals an die welthistorische Schlacht erinnert. Obwohl am Sockel des Denkmales die Wappen *aller* beteiligten Staaten angebracht wurden, war dies 1909 keinesfalls als Ausdruck von friedliebender Völkerverständigung zu verstehen, sondern im besten Fall als ein notwendiger Kompromiss: An der Seite Frankreichs hatte man in der Schlacht, an die gedacht wurde, gesiegt, so dass dieses Wappen schwerlich fehlen konnte. Der damalige Erzfeind Österreich hingegen war 1909 der engste Verbündete des Deutschen Reiches, so dass dessen Wappen ebenfalls in jedem Fall angebracht sein musste. Über allem aber thront der mächtige, aus Bronze gegossene bayerische Löwe, der die Kraft und Größe Bayerns zum Ausdruck bringt. Mehr als alle nachträglichen Interpretationsversuche, das Denkmal sei primär dem Andenken der Gefallenen gewidmet – was es *auch* ist –, geben einige am Tag der Einweihung, dem 22. August 1909, entstandene Bilddokumente[47] über den vorherrschenden Geist der Stunde Aufschluss: Die offiziellen Schwarz-Weiß-Fotografien zeigen fröhliche, stolze Gesichter, darunter zahlreiche Mitglieder von Krieger- und Veteranenvereinen im Festtagsgewand, teilweise munter aus Bierkrügen trinkend, in einer Stimmung, als befände man sich auf dem Oktoberfest. Rein gar nichts aber ist zu sehen von einem Innehalten und einem teilnehmenden Gedenken an die Gefallenen von 1809.

Im historischen Bewusstsein von mehr als 72 Millionen Toten in zwei Weltkriegen zeigten hundert Jahre später in Eggmühl die beiden Gedenkveranstaltungen im April und August 2009 ein verändertes Bild. Die Redner fanden andere, nachdenkliche Worte, so sagte stellvertretend für die Bundeswehr Oberstleutnant d. R. Hans Neuner: «Die Opfer des Sieges und der Niederlage deckten am Abend nach der Schlacht das Gelände. Die weite Flur zwischen Eggmühl und Regensburg wurde für die Namenlosen zur letzten Ruhestätte in ihren Massengräbern. Längst hatte die Natur und der Alltag die Gräber und die Erinnerung daran überwuchert (...). Ich will passende zeitgenössische Worte über die Schlachten der napoleonischen Zeit und über Eiserne Kreuze, die damals [1813] zum ersten Mal verliehen wurden, zitieren. Sie stammen von dem bekannten Romanautor Karl May aus dem Jahr 1909, 100 Jahre nach der Schlacht von Eggmühl. Ich zitiere: ‹Wehe und tausendmal wehe dem Volke, welches das Blut und das Leben von Hunderttausenden vergießt, um anderthalb Schock Ritter des Eisernen Kreuzes dekorieren zu können! Wir brauchen Männer des Geistes, Männer des Wissens und der Kunst. Die wachsen aber nicht bei Wagram oder Waterloo!›»[48]

Mit diesem Mahnruf blieb Karl May nicht nur in Bayern, sondern in ganz Deutschland im Jahr 1909 allerdings weitgehend ungehört. Betrachtet man den vorherrschenden Geist bei den Einweihungsfeierlichkeiten des Löwendenkmales von Eggmühl und bei den vielen anderen zeitgenössischen Krieger- und Siegesdenkmälern, so versteht man, warum weniger als fünf Jahre später der Ausbruch des Ersten Weltkrieges bisweilen enthusiastisch begrüßt wurde und man freudig jubelnd in ein gigantisches Gemetzel zog, aus dem nur 25 Jahre später ein noch weitaus größeres hervorging. Nils Minkmar, Redakteur der «Frankfurter Allgemeinen Zeitung», fasste diese Kausalität 2005 treffenderweise wie folgt zusammen: «Von Napoleon zu Bismarck, von Bismarck zu Hitler ist es kürzer, als man denken möchte: Ein einzelner Kieselstein, der dreimal auf der Wasseroberfläche aufsetzt, bevor er in der Jetztzeit landet.»[49]

Zurück zum ersten Aufsetzen des genannten Kieselsteines, zurück zu Napoleon. Nach einem nächtlichen Gewaltmarsch von 43 Kilometern gegen Mittag des 22. April 1809 bei Eggmühl angekommen, berichtete der bayerische Artillerieleutnant Christian Schaller: «Je näher wir dem Ort unserer Bestimmung rückten, desto mehr verwundete Franzosen kamen uns entgegen, woraus wir schlossen, dass der Feind so weit nicht mehr entfernt sein konnte. Endlich, – als wir die Anhöhen von Schierling erreicht hatten, sahen wir die feindlichen Linien in einer unübersehbaren Kette auf den Gebirgshöhen um Eggmühl.»[50]

Das Erscheinen Napoleons an der Spitze von 65 000 Mann von Landshut her kam für die Österreicher vollkommen überraschend. Der

Kaiser nahm sofort seinen Gefechtsstand auf dem Kirchturm von Lindach, der sich in der südlichen Mitte zwischen den beiden am heftigsten umkämpften Dörfern Schierling im Westen und Eggmühl im Osten befand. Von dem Kirchturm aus hatte Napoleon mit dem Fernrohr einen sehr guten Überblick sowohl über die beiden Dörfer als auch über das nördlich daran anschließende Schlachtfeld. Das kleine Eggmühl wurde von Artillerie unter schweres Feuer genommen. Von einer Anhöhe[51] bei dem Dorf Unterlaichling aus hielten die Österreicher mit einer 16 Kanonen zählenden Batterie die Angreifer in Schach. In einer überaus kühn geführten Kavallerieattacke griff der bayerische General von Seydewitz diese an und ließ die Kanoniere niedersäbeln. Nach diesem Angriff war das österreichische Zentrum durchbrochen, und es zeigte sich einmal mehr das Bild einer sich fluchtartig zurückziehenden Habsburgerarmee.

Auf den Feldern um Eggmühl lagen nach der Schlacht weiträumig verstreut rund 10000 tote oder verwundete Menschen. Die Österreicher hatten erneut 6000 Mann sowie 5000 Gefangene verloren. Die Grande Armée zählte an Verlusten rund 3000 Mann, worunter 552 bayerische Soldaten waren.[52] Da derlei Zahlen eine recht nüchterne Art der historischen Betrachtung darstellen und nichts über die dahinterstehenden menschlichen Tragödien aussagen, soll die Darstellung der Schlacht von Eggmühl mit dem Augenzeugenbericht des bayerischen Beamten Joseph Ritter von Mußinan enden, der drei Tage nach dem Geschehen eine Reise über das Schlachtfeld unternahm: «Eben als man über die von Regensburg nach Landshut führende Straße kommt, mussten wir Halt machen, da wir bei 4000 österreichische Gefangene daherwandeln sahen (...). Zu Eggmühl fing die Szene an, schrecklicher und trauriger zu werden (...). Das Schloss war ganz leer, kein Fenster mehr darin, das Bier im Keller ausgelassen, kein Stück Vieh mehr zu sehen. Die Zimmer fanden wir angefüllt mit Toten und Blessierten, welche Letztere seufzend um Hilfe riefen.» Weiter berichtete der bayerische Beamte über den Anblick bei einer Mühle, wo die Österreicher eine Artilleriestellung gehabt hatten: «Besonders auf diesen Plätzen fanden wir eine Menge tote Soldaten, die meistens ganz nackt ausgezogen waren und eine große Anzahl getöteter Pferde; Waffengattungen aller Art, Kugeln, Haubitzen etc. Im Dorf zu Unterlaichling hatte das Elend den höchsten Grad erreicht. Da die durch Plünderung geleerten Häuser jetzt mit toten und blessierten

Soldaten bei 200 an der Zahl angefüllt waren. Die Verwundeten sind nach Versicherung der Bewohner größtenteils erst nach der Schlacht gestorben, weil sie nicht verbunden und verpflegt werden konnten.»[53]

Die Tausenden Toten der Schlacht von Eggmühl wurden oft erst Tage später in Massengräbern verscharrt, deren Standort heute meist nicht bekannt ist und an die keine Blume und kein Kreuz erinnern. Eine der ganz wenigen Ausnahmen stellt das inmitten des Dorfes Unterdeggenbach gelegene, stets blumengeschmückte Grab des französischen Generals Cervoni dar, genau an der Stelle, an der er durch eine Kanonenkugel seinen Tod fand.[54]

Am Abend nach der Schlacht zog sich die österreichische Armee in Richtung Regensburg zurück. Bei Alteglofsheim ließ Erzherzog Karl eine Auffangstellung anlegen, insbesondere durch die Kavallerie, um die verfolgenden Franzosen aufzuhalten. Es kam hier zum größten Reitergefecht des gesamten bayerischen Feldzuges, ohne dass der französische Vormarsch hätte gestoppt werden können. Die Ereignisse näherten sich nun dem alten Regensburg an der Donau, worüber ein Einwohner berichtete: «Morgens 6 Uhr verkündete der Kanonendonner von den benachbarten Bergen und von der Landshuter Straße her, dass die große französische Armee sich mit Riesenschritten nähere.»[55] Um seinen Rückzug zu sichern, hatte Erzherzog Karl Befehl gegeben, die Stadt so lange als möglich zu verteidigen. Sämtliche Stadttore waren verrammelt, auf den mittelalterlichen Mauern waren Kanonen aufgefahren, und es standen 4000 Soldaten Gewehr bei Fuß.[56] Der Kaiser ließ südlich der Stadt französische und bayerische Artillerie Stellung beziehen und Regensburg beschießen. Der Schlachtenmaler Albrecht Adam stand nur wenige Schritte von Napoleon entfernt und berichtete in seinen Erinnerungen: «Bald zeigten hohe Rauchsäulen und auflodernde Flammen die Wirkungen. Es brannte beinahe gleichzeitig in zwei verschiedenen Richtungen und bei der herrschenden Windstille stieg der Rauch in rötlich-grauen Säulen himmelhoch schauerlich-majestätisch empor. Da ich das alles gleichsam zu meinen Füßen vor sich gehen sah und ein Plätzchen fand, wo ich ungestört zeichnen konnte, packte ich sogar meine Farben aus und entwarf an Ort und Stelle ein Aquarell von dem brennenden Regensburg.»[57]

Auf Grundlage dieses vor Ort angefertigten Aquarells schuf der Nördlinger Maler im Jahr 1840 zwei fast identische Ölgemälde des Ge-

Der Nördlinger Maler Albrecht Adam, hier auf einer in der Mitte des 19. Jahrhunderts entstandenen Fotografie, war als 23-Jähriger Augenzeuge sowohl der Ansprache Napoleons vor der Schlacht bei Abensberg als auch der Beschießung Regensburgs.

schehens:[58] «Napoleon, welcher den ganzen Tag hindurch anwesend war und allenthalben gesehen wurde, stand gegen Abend nicht ferne von mir auf der Anhöhe mit einer ungeheuren Suite von mehr als hundert Köpfen; fast alle Generäle mit ihren Adjutanten hatten sich in einer Entfernung von etwa 40–50 Schritten hinter ihm versammelt. Das Ganze war prachtvoll von der Abendsonne beleuchtet. Unverwandt blickte er nach der Stadt in das mittlerweile bedeutend gewachsene Feuer. Er schien mir unheimlich, ich dachte an Nero.»[59]

In einem dieser Augenblicke legte einer der hoch auf der Regensburger Stadtmauer stehenden österreichischen Infanteristen sein Gewehr an und traf – Napoleon. Die Bleikugel fuhr dem auf seinem Schimmel sitzenden Kaiser in den rechten Fuß. Der ihm zu Hilfe eilende französische Offizier Marbot berichtete: «Der Schmerz war zuerst sehr heftig, so dass sich der Kaiser nicht mehr aufrechthalten konnte und sich auf den Marschall [Lannes] stützen musste; aber der sogleich herbeigeeilte Doktor Larrey erklärte die Verletzung für sehr leicht. Indessen verbreitete sich das Gerücht von Napoleons Verwundung mit Windeseile. Offiziere und Soldaten eilten von allen Seiten herbei und in einem Augenblick umgaben Tausende von Menschen den Kaiser, trotz der Geschütze des Feindes, die ihr Feuer auf die große Menschenansammlung richteten. Dieser

*Ausgehend von dem vor Ort bei Regensburg in unmittelbarer Nähe
Napoleons skizzierten Aquarell, fertigte Adam von der Beschießung der Stadt
dieses detailreiche Gemälde in zweifacher Ausfertigung an, wobei sich
beide Versionen nur minimal voneinander unterscheiden.*

unnützen Gefahr wollte der Kaiser seine Truppen entziehen und zugleich
die Besorgnisse der weiter entfernt stehenden Abteilungen beschwichti-
gen, bei denen sich bereits eine Bewegung nach dem Orte des allgemeinen Interesses bemerkbar machte, weshalb er, nachdem ihm ein Verband
angelegt war, wieder zu Pferde stieg und durch die Reihen ritt, überall
von den braven Kriegern, die er so oft zum Siege geführt hatte, aufs stür-
mischste begrüßt.»[60]

Inzwischen feuerten die französischen und bayerischen Kanonen un
entwegt weiter, bis sie schließlich im oberen Teil der mittelalterlichen
Stadtmauer eine Bresche geschossen hatten. Napoleons Truppen drangen mit Hilfe von Leitern in die Stadt ein, öffneten von innen das
Peterstor und eroberten anschließend Regensburg Straße um Straße.
Erzherzog Karl ließ nun auch den Rückzug der Garnison über die Steinerne Brücke befehlen und von den nördlich der Donau befindlichen
Anhöhen herab das kleine Stadt am Hof in Brand schießen, das sich
zwischen der Donaubrücke und seiner eigenen Stellung befand. Wie be-

absichtigt, verwandelten sich die zumeist alten Häuser des Städtchens in ein infernalisches Flammenmeer, wodurch das weitere Nachdrängen der Franzosen unmöglich wurde und die Schlacht beendet war.

Wie es am Tag danach zu beiden Ufern der Donau aussah, berichtete Albrecht Adam: «Morgens ging ich zeitlich in die Straßen, die schöne Stadt Regensburg gewährte einen höchst traurigen Anblick. Auf der Donaubrücke räumte man die Leichen weg und warf viele derselben in die Donau hinab. In den Straßen und um die Mauern lagen ebenfalls noch viele Tote und Pferde. Am grässlichsten aber sah es auf dem Friedhof aus: Hier war das Blut an den Wänden der Kapelle hoch hinauf gespritzt. Schwarzer Rauch entstieg noch immer den eingeäscherten Gebäuden und verdüsterte die Luft. Kurz, wohin das Auge sich wandte, überall Tod und Verwüstung.»[61] Stadt am Hof war im Laufe der vorangegangenen Nacht nahezu vollkommen eingeäschert worden; Erzherzog Karl hatte sich auf dem Rücken von dessen nunmehr obdachlosen Bewohnern den ungehinderten Rückzug nach Böhmen gesichert. Da Napoleon seinen erzherzoglichen Gegner nicht weiter verfolgte, war mit der Eroberung Regensburgs und dem Brand Stadt am Hofs der bayerische Feldzug so gut wie beendet. In einem Zeitraum von vier Tagen hatte die österreichische Armee rund 46 000 Mann an Gefallenen und Gefangenen, 73 Kanonen sowie eine ungeheure Menge an Kriegsmaterial verloren.[62]

Am selben Tag, als Napoleon sein Hauptquartier in dem am Regensburger Domplatz gelegenen Palast von Fürstprimas Carl von Dalberg bezog,[63] kam es 105 Kilometer südöstlich bei dem Marktflecken Neumarkt an der Rott zum letzten großen Gefecht auf bayerischem Boden. Feldmarschall-Leutnant Hiller hatte sich von Landshut mit seinen beiden geschlagenen, jedoch immer noch 34 000 Mann starken Armeekorps zunächst an den Inn zurückgezogen. Als er bemerkte, dass er nicht ernsthaft verfolgt wurde, und in Unkenntnis der verheerenden Niederlagen bei Eggmühl und Regensburg machte er wieder kehrt. Bei dem etwa auf halber Strecke zwischen Landshut und der österreichischen Grenze gelegenen Neumarkt traf er auf die rund 10 000 Mann starken Verfolger unter Marschall Bessiers und General Wrede. Zwangsläufig führten die ungleichen Kräfteverhältnisse dazu, dass die überraschten Franzosen und Bayern zurückgedrängt wurden. Das Nadelöhr der fast acht Stunden andauernden Schlacht war eine kleine Holzbrücke über die Rott, über die der französisch-bayerische Rückzug verlaufen musste.[64] An der Seite Wredes wurde hier eine Stabswache vom Pferd geschossen, während eine Gewehrkugel den Zweispitz des Generals selbst oberhalb des Kopfes durchschlug, so dass die Federn des Hutes durch die Luft flogen. Auch wenn Wrede nicht getroffen wurde, so mussten die Bayern bei Neumarkt doch 685 getötete oder verwundeten Soldaten sowie 122 Gefangene lassen,[65] die Österreicher ihrerseits verloren ebenfalls 900 Mann.

Bayernweit einzigartig auf diesem Schlachtfeld der Napoleonischen Kriege ist, dass auf den Feldern und Wiesen um das heutige Neumarkt St. Veit 50 eiserne Gedenkkreuze, sogenannte Neunerkreuze, die Standorte von Gräbern der Gefallenen kennzeichnen. Die bereits 1809 errichteten, ursprünglich einfachen Holzkreuze wurden 1836 von Bauern und bayerischen Kriegsveteranen durch wetterbeständigere Eisenkreuze ersetzt. Örtliche Vereine pflegen und erhalten diese bis auf den heutigen Tag. 1866 wurde an der Stelle, wo 195 französische Jäger zu Pferd nach dem Gefecht verscharrt worden sind, ein großes Kreuz, das sogenannte Franzosenkreuz errichtet, an dem alljährlich am Jahrestag der Schlacht ein Gedenkgottesdienst stattfindet. Weiter wurde 70 Jahre nach der Schlacht (1879) an der besagten Brücke über die Rott ein Kriegerdenkmal errichtet, das ähnlich wie in Eggmühl von einem sitzenden bayerischen Löwen gekrönt ist, der hier seine Tatzen auf ein bayerisches Wappenschild sowie ein Schwert gelegt hat. Wie der Löwe von Eggmühl reiht sich das steinerne Monument in jene Denkmäler ein, die bayerische Kriegsereignisse glorifizieren und Einblicke in die Mentalität vor dem Ersten Weltkrieg erlauben. So wurde der 100. Jahrestag der Schlacht in Neumarkt 1909 in einem aufwendigen Fest mit üppigem Blumenschmuck und wehenden Fahnen, Pferderennen und Zapfenstreich unter Mitwirkung von 160 Veteranenvereinen mit 450 Teilnehmern des Deutsch-Französischen Krieges (1870/71) sowie rund 10 000 Besuchern begangen.[66] Bei einer Parade beteiligte sich auch eine Holzgewehre tragende Knabenkompanie in den Napoleonischen Kriegen nachempfundenen blauen Uniformen, was eine «besondere Attraktion war»,[67] Seite an Seite mit den Kriegsveteranen und regulären Soldaten der bayerischen Armee. Vielleicht hatten die begeisterten, in den Reihen der echten Soldaten marschierenden Knaben Karl Mays «Winnetou» gelesen, kaum aber seine vor dem Krieg mahnenden und an den Geist des

Friedens appellierenden Worte. Dem Knabenalter entwachsen, zogen sie 1914 millionenfach in den Krieg – diesmal nicht mehr mit Holzgewehren.

Die Bayern in Österreich

«Eine unübersehbare Ebene mit brennenden Kornfeldern und rauchenden
oder zerstörten Dörfern lag ausgebreitet vor unseren Blicken da.»
Der bayerische Kanonier Christian Schaller

Nach der katastrophalen Niederlage in Bayern riet Erzherzog Karl seinem Bruder Kaiser Franz dringend, mit Napoleon Frieden zu schließen. Die Kriegspartei, allen voran die junge Kaiserin Maria Ludovika, behielt aber beim Kaiser die Oberhand, und so wurde das Blutvergießen fortgesetzt. Napoleon bestimmte als Hauptnachschubbasen für den weiteren Vormarsch auf Wien die Städte Passau und Ulm, wobei die Donau so viel als möglich genutzt werden sollte.[68] Die Grande Armée ließ er von Regensburg entlang der Donau nach Südosten eindrehen. In Mühldorf kam es am 27. April[69] zu einem Zusammentreffen mit General Wrede. Der bayerische Chevauleger Walter berichtete in lebhaften Bildern, wie er bei der Ankunft des französischen Kaisers in einem Gasthaus mit Wrede bei einer Flasche Wein saß, zu der ihn der General eingeladen hatte: «Während ich trank, sprengte ein französischer Offizier heran und meldete die Ankunft des Kaisers. Herr Generalleutnant Wrede räumte sogleich für den Kaiser sein Quartier und zog in ein Haus gegenüber. In wenigen Augenblicken danach kam Napoleon wirklich an. Wrede eilte ihm entgegen, der Kaiser aber umarmte ihn und besprach sich mit ihm einige Zeit, bestieg dann ein in Bereitschaft gehaltenes Pferd und ritt mit dem Herrn Generalleutnant vor die Stadt hinaus, um unsere Stellungen zu besichtigen, die ihm sehr wohl gefallen haben sollen. Während dieser Zeit war ich mit meinem Pferd am Arme vor dem Gasthof stehen geblieben und hatte an meiner Bouteille getrunken. Bald nach dem Wegritt des Kaisers zogen französische Garderegimenter [die mittlerweile aus Spanien in Bayern eingetroffen waren] durch die Stadt am Gasthof vorüber. Mehrere Bürger Mühldorfs hatten sich indessen bei dem Gasthof gesammelt und die Franzosen vorüberziehen gesehen und sagten nun zueinander, die schöne Haltung des französischen Militärs bewundernd: ‹Ist es denn ein Wunder, wenn die österreichischen Schlafkappen einmal um das andere Mal von den Franzosen geschlagen werden?›»[70]

Die bayerische Divison Wrede nahm bei der Ende April erfolgenden handstreichartigen Eroberung Salzburgs erneut mehr als 500 Gefangene. Kurz darauf erreichten auch die anderen beiden Divisionen von General Deroy und Kronprinz Ludwig Salzburg. Napoleons Weisung zufolge sollte die vereinigte bayerische Streitmacht nun zur südlichen Flankierung des Vormarsches auf Wien das aufständische Tirol bekämpfen und dort die strategisch wichtigen Alpenpässe zurückerobern. Napoleon selbst erreichte am 28. April bei Burghausen die Grenze,[71] woraufhin sofort mit dem Wiederaufbau einer Brücke, die zuvor von den Österreichern zerstört worden war, über die Salzach begonnen wurde. Jedoch verzögerte sich deren Fertigstellung wegen des ungemein starken Hochwassers.

Am 30. April überschritt Napoleon bei Braunau die Grenze zu Österreich[72] und trug den Krieg dorthin, von wo er gekommen war. Am 5. Mai sagte er dem recht fordernd auftretenden bayerischen Vertreter im französischen Hauptquartier von Verger zu, dass er die Einwohnerzahl des Königreiches Bayern von 3,3 Millionen auf 4 Millionen erhöhen werde, wobei er das gerade von Wrede eroberte Salzburg fest und «weitere Gebiete» nicht näher definiert zusagte.[73] Bereits am 12. Mai gelang es Napoleon erneut, Wien einzunehmen. Es folgte nun am 21. und 22. Mai 1809 die Schlacht von Aspern, an der die hauptsächlich in Tirol kämpfende bayerische Armee nicht teilnahm. Napoleon hatte über die nahe Wien gelegene Insel Lobau einen Teil der Grande Armée auf das Nordufer der Donau gebracht, wo Erzherzog Karl mit der österreichischen Hauptarmee mittlerweile stand. Der Kampf wogte lange und unter entsetzlichen Verlusten auf beiden Seiten unentschieden hin und her, bis schließlich am zweiten Tag die Entscheidung fiel. Der im Dienst eines französischen Generals stehende bayerische Pferdeknecht Andreas Bührlen berichtete in seinem Tagebuch: «Die vielen tausend, größtenteils schwer Verwundeten, wurden mit ihren abgerissenen Beinen, Armen (…) auf die Insel getragen. Welch schauderhafter Anblick, eine solche Menge verstümmelter Menschen sehen zu müssen, die erst noch die gräuliche Amputation ihrer Glieder auszustehen hatten. Die

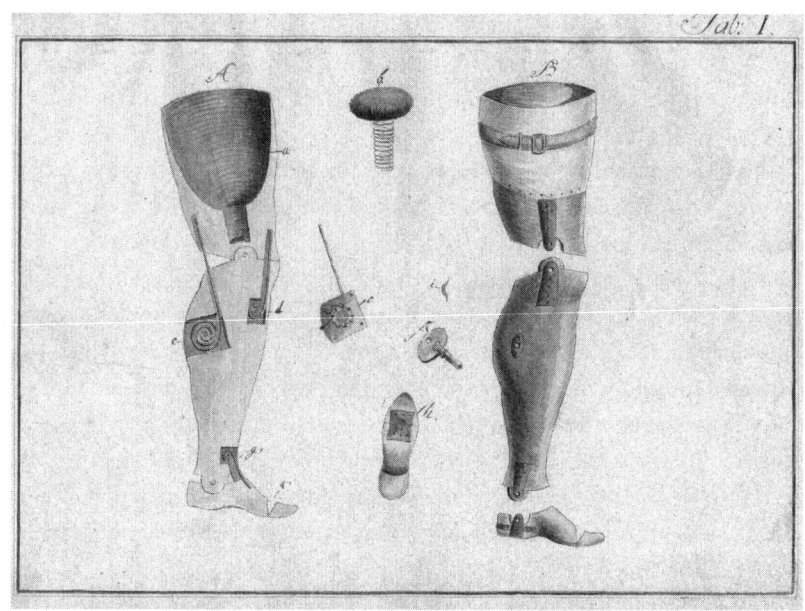

*Zahlreiche Soldaten kehrten aus den Napoleonischen Kriegen als Invaliden
wieder. Albrecht Berblinger, der später durch seinen misslungenen Flugversuch
so tragisch bekannt gewordene «Schneider von Ulm», meldete im Jahr 1808
diese mechanische Konstruktion einer voll funktionstüchtigen Beinprothese
in München zum Patent an, was jedoch vom Ministerium Montgelas aus
unbekannten Gründen abgelehnt wurde.*

unzählige Menge der auf dem Schlachtfelde gebliebenen Toten nicht gerechnet. Ich nahte mich einer Ambulanz, wo gerade einer der Unglücklichen herbeigetragen wurde, dem das Bein über dem Knie abgenom-
men werden musste. Ach großer Gott, wie sah der Mensch und wie
noch weit schauderhafter sah sein abgerissenes Bein aus. Kein Wunder,
wenn bei einem solchem Anblick der Ungläubige an der Gottheit voll-
ends verzweifeln will! Jetzt setzt der Feldarzt sein langes, blankes Mes-
ser an und schneidet das Fleisch mit einem Schnitt bis auf das Bein,
dann kommt die Säge. Kaum führte sie zwei Züge, so wurde mir's plötzlich übel, was mir in meinem Leben nicht vor begegnet war, und kaum
vermochte ich, mich schnell genug zu entfernen. Trostlos ging ich an die
große Donau, um zu sehen, ob wir nicht bald erlöst werden von dem
Übel und eben wollte ich die erfreuliche Nachricht zurückbringen, dass
man hinüber könnte, als ich plötzlich von allen Seiten schreien hörte:

‹Ein Schiff, ein Schiff!›, ich kehrte um und sah es wirklich auf die Brücke losdonnern, die dann mit den Pontonieren, die darauf blieben, in zwei Teile getrennt, an die Ufer liefen.»[74]

Tatsächlich war es den Österreichern gelungen, mittels brennender Schiffe, die sie die Donau herunterschickten, Napoleons Hauptbrücke vom Südufer auf die Insel Lobau zu zerstören. Da er somit keinerlei Nachschub mehr auf das Nordufer in die Schlacht bringen konnte, musste er sich am 22. Mai auf die Insel zurückziehen. Der Pferdeknecht berichtete weiter: «Als wir auf die große Brücke kamen, begegnete uns Napoleon. Er musste wegen Mangel an Platz hart an uns vorbei. Er machte ein stürmisches Gesicht. Man hörte den Ruf ‹Vive l'Empereur› nicht. Alles hing den Kopf.»[75] Nach der verlorenen Schlacht von Aspern befahl Napoleon der Division Wrede, in Eilmärschen nach Wien zu kommen. Dieser legte daraufhin die 230 Kilometer weite Strecke von Linz nach Wien in fünf Tagen zurück, was einer durchschnittlichen Marschgeschwindigkeit von 46 Kilometern am Tag entspricht. Diese ungeheure Anstrengung konnte nur durchgehalten werden, weil Wrede die manchmal von starken Regenfällen unterbrochenen, sehr heißen Sommertage mied und nur bei Nacht marschieren ließ. Am Tag wurde gerastet und Wrede ließ doppelte Portionen Proviant austeilen.[76] Ein bayerischer Infanterist berichtete über den Marsch: «Der Regen fiel den ganzen Tag mit solcher Lebhaftigkeit auf uns herab, dass wir alle bis auf die Knochen durchnässt waren (…). In dieser Lage erreichten wir Pukersdorf und glaubten hier unter ein Obdach untergebracht zu werden, aber vergebens, wir mussten unter dem größten Regen biwakieren und hatten weder Stroh noch andere Materialien, um eine Hütte zu erbauen; selbst an Brennholz litten wir Mangel. Traurige Aussichten auf eine Nacht, in der wir Entschädigung für die Beschwerlichkeiten des Tages suchten! Der Schlaf floh unser elendes Lager; wir gruppierten uns wie die Heringe auf den nassen Boden um das Feuer herum; ein Stein unter dem Kopfe musste uns statt eines Kissens dienen. Wie froh waren wir alle, als uns die Nachricht zu Ohren kam, dass um 12 Uhr wieder aufgebrochen werden müsste. Verrechnet, wir hatten nun mit anderen, weit größeren Unannehmlichkeiten zu kämpfen. Ein wütender, mit Regen vermischter Orkan, der die in rabenschwarze Finsternis eingehüllte Gegend durchzog, verursachte nun, dass wir die mit Kot angefüllten Gräben und Lücken, neben und auf der Straße nicht wahrnehmen konnten und daher nicht selten unser Konterfei bis zum Sprechen getroffen in denselben das Vergnügen hatten.»[77] Auf diese Weise erreichte die bayerische Division am 5. Juli Wien, während bei dem nahe gelegenen Wagram bereits der erste Tag der großen Entscheidungsschlacht tobte.

In den auf die verlorene Schlacht von Aspern folgenden Wochen hatte Napoleon die Donauinsel Lobau in ein gewaltiges Heerlager verwandelt. Nördlich des Stromes stand nach wie vor abwartend Erzherzog Karl mit der österreichischen Hauptarmee. Es gelang Napoleon in der ersten Juliwoche, sein angeschlagenes Heer um die italienische Armee von Vizekönig Eugène Beauharnais sowie um das Korps von General Marmont zu verstärken. Zusätzlich befand sich noch die bayerische Division General Wredes im Anmarsch. Auf diese Weise schaffte er es, seine auf der Lobau versammelte Streitmacht am 4. Juli auf rund 160 000 Mann zu bringen. Diesen konnte Erzherzog Karl auf dem jenseitigen Ufer der Donau aber nur rund 136 000 Mann entgegenstellen.

Die nun beginnende zweitägige Schlacht von Wagram war nach jener von Leipzig (1813) die zweitgrößte der gesamten Napoleonischen Kriege.[78] Der erste Tag (5. Juli), ohne Beteiligung der Bayern, glich demgemäß einem bis dahin nie gesehenen Gemetzel, bei dem jedoch keine Seite einen entscheidenden Vorteil erringen konnte. In der darauffolgenden Nacht ließ Napoleon General Wrede in sein Biwak bei Rachmannsdorf rufen. Die hier stattfindende Begebenheit entbehrte nicht einer gewissen Surrealität. Napoleon saß, in tiefe Gedanken versunken, auf einem Bärenfell am Biwakfeuer, während seine Marschälle und Generäle in einiger Entfernung abseits standen.[79] Der Kaiser empfing den um nur zwei Jahre älteren bayerischen General warmherzig, worüber ein Augenzeuge berichtete: «Zutraulich nahm er Wrede unter den Arm und von seiner Umgebung sich entfernend fragte er Wrede über die Ereignisse in Wien und den Zustand und Bewaffnung der bayerischen Division. Wrede bat inständig um die Ehre, an der bevorstehenden Schlacht teilnehmen zu dürfen. Endlich, gegen ein Uhr in der Nacht, erließ Napoleon den begehrten Befehl: ‹Die Division Wrede solle mit anbrechendem Tag über die Donau gehen, sich gegen die Stadt Enzersdorf bewegen und fernere Weisungen erwarten›.»[80]

In der ihm eigenen, fast poetischen Weise der Betrachtung berichtete Albrecht Adam, wie langsam die Morgenröte des 6. Juli herandämmerte, der die Entscheidung bringen musste: «Herrlich stieg am folgenden verhängnisvollen Tage die Sonne herauf und verbreitete ihren Glanz über die goldenen Saaten, welche heute, statt die Scheunen des Landmannes zu füllen, unter den Hufen der Rosse zertreten werden sollten. Schon mit dem ersten Dämmern des Tages sah man, soweit das Auge reichte, die Waffen der Österreicher blitzen; es herrschte dabei die größte Stille, und es lag in dem Anblicke etwas Unheimliches, aber Feierliches. Die Schlachtlinie dehnte sich auf einer durch sanfte Hügel hie und da unterbrochenen Ebene mehrere Stunden [über einen Raum von 18 Kilometern] weit aus. Gegen die österreichische Stellung hin erhob sich diese, wodurch eben der Anblick dieser Armee so imposant wirkte. Mit Tagesanbruch begann auf dem linken Flügel die Kanonade, die sich bald auf die ganze, ungeheure Linie ausdehnte. Es sollen von beiden Seiten weit über tausend Geschütze im Feuer gewesen sein. Napoleon ließ auf einen einzigen Punkt hundert Geschütze auffahren; wenn man bedenkt, welchen Raum diese allein in Anspruch nahmen, so kann man sich eine Vorstellung von der Ausdehnung jener Schlacht machen.»[81]

Am Nachmittag schlug endlich die Stunde der Bayern. Napoleon ließ die Division Wredes hinter der kaiserlichen Garde im Zentrum seiner Stellung aufmarschieren und hielt wie bei Abensberg eine kurze anfeuernde Ansprache. Gegen drei Uhr am Nachmittag wurde die bayerische Division eingesetzt, worüber der Kanonier Schaller berichtete: «Eine unübersehbare Ebene mit brennenden Kornfeldern und rauchenden oder zerstörten Dörfern lag ausgebreitet vor unseren Blicken da. Unsere Artillerie bildete mit 36 Kanonen und Haubitzen eine gerade Linie, auf deren Endpunkten noch 24 französische sich anschlossen.»[82] Ein an der Schlacht teilnehmender bayerischer Chevauleger erinnerte sich: «Man schoss von beiden Seiten so heftig mit Kanonen, dass sich allenthalben von den glühenden Kugeln das Getreide auf den Feldern entzündete und mancher von den Blessierten seinen Geist unter schrecklichen Qualen in Folgen des Brandes aufgab.»[83]

Bei Gerasdorf, das die bayerische Artillerie in Brand geschossen hatte, wurde General Wrede, der neben der Batterie auf seinem Pferd saß, das Tier unter dem Leib erschossen. Im nächsten Augenblick streifte eine Kanonenkugel seine rechte Brust seitlich und schleuderte ihn zu Boden. Der befehlshabende Offizier der Artilleriestellung, Major von Zoller, sorgte dafür, dass der schwer verwundete General auf einem anderen

Pferd sofort in die rückwärtigen Stellungen gebracht wurde. Es war genau diese Begebenheit, die der bayerische Schlachtenmaler Wilhelm Kobell in seinem monumentalen, heute im Schlachtensaal der Münchner Residenz befindlichen Gemälde festhielt.[84] Im Hintergrund des überaus kleinteiligen Bildes sind die Kolonnen der bayerischen Infanterie sowie bayerische Reiterei im Aufmarsch begriffen. Im Zentrum der Darstellung verlässt Wrede, auf einem Pferd vornübergebeugt und von seinem Stab begleitet, das Schlachtfeld. Der bayerische Artillerieleutnant Christian Schaller befand sich in jenen dramatischen Augenblicken nur wenige Meter von Wrede entfernt: «Ich konnte es kaum begreifen, als einige Minuten später die Nachricht, dass er [Wrede] verwundet sei, wie ein Lauffeuer sich verbreitete, denn der ganze Vorfall geschah einige Schritte von meiner Kanone und ich war so sehr mit Beobachtung der feindlichen Reiterei beschäftigt, dass ich wohl bemerkte wie sein Pferd plötzlich zusammenfuhr; allein ich schrieb es der heftigen Kanonade zu, wodurch es schüchtern gemacht worden sein könnte (…). Wie betrübt für uns wäre der Anblick gewesen, wenn diese Kugel ihre Richtung nur einen halben Zoll [ca. 12 Zentimeter] mehr rechts genommen hätte.»[85]

Der im Gegensatz zu Kobell vor Ort befindliche Albrecht Adam berichtete über das weitere Geschehen: «Prachtvoll, aber schauerlich war das Hin- und Herwogen des Kampfes anzusehen; einen wehmütigen Anblick gewährten die zertretenen, zum Teil schon schnittreifen Kornfelder: Sie sind das Grab vieler Tausende von Menschen und Pferden geworden. Man stieß auf Felder, welche mit Leichnamen und toten Pferden übersät waren. Da nämlich bei Wagram Kavallerie und Artillerie sehr tätig war, kostete es auffallend viele Pferde. Dieses dem Menschen so getreue Tier erregt immer großes Mitleid, weil sein Schmerz so stumm ist und weil es den Menschen oft so wehmütig anblickt. Manche dieser armen Tiere hinkten mit einem abgeschossenen Fuße auf drei Beinen herum. In großer Anzahl schleppten sich leicht und schwer verwundete Krieger aus dem Kampfe zurück oder wurden zurückgetragen.» Gegen drei Uhr am Nachmittag befahl Erzherzog Karl, die Schlacht abzubrechen, und den allgemeinen Rückzug in Richtung Ungarn. Für die nun einsetzende Verfolgung wurden unter anderem auch die kriegserprobten bayerischen Chevaulegers eingesetzt.

Das Schlachtfeld von Wagram bot am Abend ein Bild unvorstellbaren

Grauens. Albrecht Adam notiert: «Die Feuerschlünde waren verstummt, nicht aber das Ächzen und Stöhnen der Schwerverwundeten, denen man überall begegnete. Dort schleppten vier Soldaten einen General, in Ermangelung jeglichen Transportmittels, bloß in seinen Mantel gehüllt. Da trug ein Krieger seinen Kameraden, dem ein Fuß abgeschossen war, auf den Schultern, dort zogen andere statt der Pferde einen großen Karren, auf den sie Schwerverwundete geladen hatten; da führten französische Kürassiere, bloß um ihr Gepäck zu retten, Pferde zurück, welche elend auf drei Beinen einherhinkten: Kurz, es war eine grausige Szene. Alles trieb sich durcheinander, um noch eine Ortschaft zu erreichen und ein Obdach zu gewinnen. Überall stieß man auf abgeschossene Glieder, Waffen und Armaturstücke, Kopfbedeckungen, zerfetzte Kleider, Schuhe und auf alle möglichen Gegenstände, welche der Soldat mit und an sich trägt. Dazwischen lagen die furchtbaren eisernen Würfel, welche hier ihr wildes Spiel getrieben: An einigen Stellen war das Feld ganz mit Kanonenkugeln übersät.»[86] Eine reiche Anzahl dieser Kanonenkugeln und sonstiger Artefakte der Schlacht, einschließlich des Kaskettbeschlags eines bayerischen Soldaten, welche die Erde um Wagram in den letzten 200 Jahren freigab, befinden sich heute im Heimatmuseum von Deutsch-Wagram, das sich im ehemaligen Hauptquartier Erzherzog Karls befindet.

Nach der verlorenen Schlacht war klar, dass Österreich den Krieg erneut verloren hatte und im Friedensschluss Gebiete würde abtreten müssen. Montgelas hatte hierbei durch seinen Vertreter von Verger im französischen Hauptquartier, den bayerischen Anteil der Beute betreffend, territoriale Maximalforderungen stellen lassen. Die neue Ausdehnung Bayerns, so Montgelas' Anweisung, solle «so groß wie möglich» ausfallen, wobei in völliger Unbescheidenheit ganz Kärnten, ein Großteil der Steiermark, ein Teil Böhmens sowie neben dem bereits zugesagten Salzburg zusätzlich noch Berchtesgaden gefordert wurden. Die neue Ostgrenze Bayerns sollte an der Enns verlaufen.[87] Die Friedensverhandlungen zogen sich drei Monate hin, während denen Napoleon sein Hauptquartier in Schloss Schönbrunn[88] hatte und hier am 15. August 1809, seinem 40. Geburtstag, in Anerkennung ihrer Dienste Marschall Davout zum Fürsten von Eckmühl und General Wrede in den französischen Reichsgrafenstand erhob.[89]

Der am 14. Oktober 1809 geschlossene Frieden von Schönbrunn beendete den V. Koalitionskrieg offiziell. Als Preis für seinen mittlerweile dritten Angriffskrieg musste Kaiser Franz das ganze Innviertel, das halbe Hausbruckviertel sowie Berchtesgaden, Salzburg und weitere Provinzen an Napoleon abtreten.[90] Bei den Vorgesprächen über die Verteilung der Beute zeichnete sich ab, dass Bayern diesmal neben den zu erwartenden Vergrößerungen auch Gebiete an die Rheinbundnachbarn würde abgeben müssen. Bezeichnenderweise warnte Montgelas in diesem Zusammenhang (und natürlich nicht, als es um Franken oder Tirol ging), dass sich bei zu häufigem Monarchenwechsel die «Bindungen der Bürger an den Staat» abschwächen und «schließlich die Menschen sich nur noch für militärisch besetzt, nicht mehr für legitim regiert hielten».[91] Genau dies war im bayerischen Tirol der Fall, wo es 1809 zu einem gewaltigen Volksaufstand gegen die Fremdherrschaft gekommen war und im Oktober noch immer erbittert gekämpft wurde.

Andreas Hofer und der Volksaufstand in Tirol

> «Soldaten, ich frage euch, wie tief sind heute und gestern
> eure Gefühle von Menschlichkeit gesunken!»
> *General Wrede an die bayerischen Soldaten im Mai 1809*

Der Pressburger Frieden hatte im Dezember 1805 die Abtretung Tirols, das seit 1363 dem Habsburgerreich angehörte, an Bayern festgelegt. Montgelas hatte seinerzeit die Ansicht vertreten, dass die Eingliederung des Berglandes schon deshalb gut funktionieren würde, weil Bayern und Tiroler einander «durch Naturanlagen und Sitten» ähnlich seien.[92] In der ersten Phase der bayerischen Herrschaft 1806–1808 wurde bei der Verwaltung der neuen Provinz noch bedingt rücksichtsvoll vorgegangen. So hatte König Max Joseph den Tirolern die Beibehaltung ihrer seit 1511 bestehenden Verfassung zugesagt, welche u. a. festlegte, dass kein Bewohner zum Kriegsdienst außerhalb des Landes gezwungen werden durfte. Bei aller vordergründigen Rücksichtnahme muss klar gesagt werden, dass sich die in Tirol eingesetzte bayerische Verwaltung schlimmer benahm als eine angestochene Wildsau im Porzellanladen. In einem vor und während des Volksaufstandes in den Tiroler Wirtshäusern viel gesungenen Lied hieß es: «Der Bayer hat das Land verheeret wie eine

Sau die Flur zerstöret. Franz! Leg dem Rüssel Ringe an, damit er nicht mehr wühlen kann.»[93]

Tirol war ein tiefreligiöses Land, in dem der Katholizismus seit nahezu 1400 Jahren im täglichen Leben der meist armen Bergbauern zutiefst verwurzelt war. Während es unmittelbar nach der militärischen Besetzung im Spätherbst 1805 in einem von General Deroy erlassenen Aufruf noch geheißen hatte, dass man die Tiroler in ihrem «Hauswesen» und Eigentum sowie in ihrer Religionsausübung schützen werde,[94] hatten die bayerischen Beamten auf Anweisung Montgelas' nun nichts Besseres zu tun, als fast alle Klöster aufzuheben, die Prälatengüter versteigern zu lassen und die Feldkapellen zu schließen. Die Heiligenbilder und Kruzifixe an den Straßen und Wegen wurden entfernt, volkstümliche Feiertage und Prozessionen sowie das Läuten der Kirchenglocken am Ende des Arbeitstages und die Mitternachtsmesse an Heiligabend verboten. «Alles was durch die Religion der Väter und die Gebräuche unserer Vorältern dem Volke Ehrwürdig und Heilig war, ist vernichtet worden», schrieb der Tiroler Bauer Lorenz Rangger in seinen Erinnerungen.[95] Zwei gegen diese Maßnahmen aufbegehrende Bischöfe wurden kurzerhand des Landes verwiesen.

Mit dem Beginn der bayerischen Herrschaft stieg auch die steuerliche Belastung für die ohnehin armen Tiroler. Die Ausfuhr von Vieh nach Bayern wurde verboten, und die Wirtschaft lag schon bald in einem nie gesehenen Ausmaß am Boden. Eine neue Dimension der Unterdrückung erreichte die Fremdherrschaft nach dem Erlass der bayerischen Verfassung von 1808. Einhergehend mit dieser wurde die für die Tiroler seit Jahrhunderten identitätsstiftende Verfassung für null und nichtig erklärt und mussten die Alpensöhne fortan in der bayerischen Armee dienen. Mit dieser Maßnahme hatte König Max Joseph sein 1806 gegebenes Wort gebrochen, die Tiroler Landesverfassung beizubehalten. Weiter wurde der Name «Tirol» offiziell abgeschafft und die Provinz fortan unter der Oberbezeichnung «Südbayern» in den Etschkreis, den Eisackkreis und den Innkreis eingeteilt.

Mit der Einführung der bayerischen Verfassung in Tirol war die Grenze dessen überschritten, was die Bergbewohner hinzunehmen bereit waren. Tatkräftig von Wien aus mitorganisiert und teilweise durch britische Hilfsgelder finanziert, die durch englische Agenten teilweise eigenhändig in den Bergdörfern verteilt wurden, bereitete sich unter der

Führung des volkstümlichen Sandwirtes Andreas Hofer der Aufstand vor.[96]

Einen Tag vor dem Einmarsch der österreichischen Hauptarmee in Bayern unter Erzherzog Karl drang bereits am 9. April eine andere, 10 000 Mann starke österreichische Armee unter Feldmarschall-Leutnant von Chasteler über die Grenze durch das Pustertal nach Tirol vor. Im kleinsten Bergtal verkündeten die Sturmglocken der Kirchen den Beginn des von langer Hand vorbereiteten Volksaufstandes, der ursprünglich bereits am 9. Februar hätte beginnen sollen. Gerade so, als wären die verlorenen Söhne heimgekehrt, glich der Marsch der österreichischen Armee durch das Pustertal einem einzigen Triumphzug.[97] Da zu diesem Zeitpunkt nur 4326 bayerische Soldaten weiträumig in «Südbayern» verteilt standen,[98] wurden diese in wenigen Tagen fast ausnahmslos gefangen genommen und ganz Tirol mit Ausnahme der Festung Kufstein befreit. Hierbei kam es am 12. April auf dem 746 Meter hohen Bergisel südlich von Innsbruck zur ersten von insgesamt vier Schlachten, die die Aufständischen mit Ausnahme der letzten sämtlich für sich entscheiden konnten. Während überall in Tirol, Kufstein ausgenommen, die Symbole der bayerischen Macht in den Dreck der Straße fielen, wurde in Innsbruck aus einer Abstellkammer ein großer österreichischer Doppeladler hervorgeholt, in einer Art Prozession unter großem Jubel der Bevölkerung durch die Stadt getragen und am Posthaus angebracht.

Die von diesem Überraschungserfolg motivierten Tiroler marschierten anschließend in das bayerische Voralpenland und besetzten zeitweise die Städte Kempten, Kaufbeuren und Memmingen. Vorarlberger, die sich ebenfalls an dem Aufstand beteiligten, drangen bis zu dem badischen Konstanz vor, das sie erfolglos belagerten. Für Napoleon, der mittlerweile mit der Grande Armée entlang der Donau auf Wien vorstieß, stellte der Aufstand in der südlichen strategischen Flanke seines Vormarsches eine ernsthafte Bedrohung dar, weshalb er Marschall Lefebvre mit 10 000 Mann einschließlich der beiden bayerischen Divisionen Wrede und Deroy in die aufständische Alpenprovinz entsandte.[99] Zunächst ging es um die Eroberung des gut gesicherten Loferpasses, den Wrede am Himmelfahrtstag angreifen ließ (11. Mai 1809), während sich viele der gläubigen Tiroler Aufständischen gerade im Gottesdienst in dem benachbarten Dorf befanden.[100] Im weiteren Verlauf tobte am

*Die Tiroler kämpften beim Volksaufstand des Jahres 1809
zum Teil mit archaisch anmutenden Waffen, wie etwa dieser mit
spitzen Nägeln versehenen Holzkeule.*

13. Mai 1809 im nordtirolischen Wörgl eine blutige Schlacht, in der 10 000 Bayern und Sachsen unter General Wrede gegen die reguläre österreichische Armee unter Feldmarschall-Leutnant Chasteler kämpften. Wrede ließ das Dorf nördlich umgehen und es dann von Westen her mit Artillerie beschießen. Bei der anschließenden Verfolgung durch das untere Inntal kam es zu Szenen, die dem Dreißigjährigen Krieg in nichts nachstanden. Von bayerischer Seite wurden grausame Kriegsverbrechen gegen die Zivilbevölkerung verübt, die mit zu den furchtbarsten der gesamten Napoleonischen Kriege gehören.[101]

Wrede erließ daraufhin folgenden denkwürdigen Tagesbefehl an seine in weiten Teilen entmenschlichte Division: «Ihr habt Unbewaffnete gemordet, Häuser und Hütten geplündert und Feuer an Häuser und Dörfer gelegt. Soldaten, ich frage euch, wie tief sind heute und gestern eure Gefühle von Menschlichkeit gesunken! Blickt zurück auf den Weg von Lofer hierher, auf die Brandstätten, auf die geplünderten Dörfer, auf jene Leichen, die, ohne Waffen in der Hand, gemordet worden sind. Ich fordere euch auf, von heute an wieder das zu sein, was ihr sein wollt: Soldaten und Menschen!»[102] Auch Kronprinz Ludwig schrieb entsetzt, das brutale Verhalten der bayerischen Soldaten habe «die Menschheit beleidigt».[103]

Angesichts der heftigen Kämpfe, bei denen die Tiroler auch Felsbrocken von den Hängen hinabstürzen ließen,[104] wollten diese wohlgemeinten Worte allerdings nicht recht fruchten. Die Aufständischen kämpften neben Gewehren u. a. mit Holzstangen, an deren Enden Bajonette befestigt waren, eigens geschliffenen Sensen und Messern und wei-

teren, teilweise archaisch anmutenden Waffen.[105] Am 15. und 16. Mai
kam es bei Schwaz zu neuen Zusammenstößen. Da sowohl reguläre
österreichische Truppen als auch Aufständische aus allen Häusern schossen,[106] ließ Wrede Haubitzgranaten in die Stadt werfen, die zündeten
und Brände verursachten. Der bayerische General befahl daraufhin
zahlreiche Soldaten zum Löschen, was allerdings wegen des starken
Windes ein vergebliches Unterfangen war. Wrede schrieb in seinen Bericht: «Allein des Abends acht Uhr entstand ein starker Sturmwind,
warf die Funken der noch glühenden Feuersbrunst auf die Dächer des
geretteten Teils der Stadt und nun geriet auch dieser in Flammen, nichts
war vermögend diesem Unglück Einhalt zu tun; so liegt nun der größte
Teil dieser blühend gewesenen Stadt in einem Schutthaufen. Die schreck-
baren Blutmorde und Brandszenen, die ich täglich seit meinem Eindringen in Tirol leider sehen musste, haben das Innerste meiner Seele (…)
erschüttert.»[107]

Die beiden bayerischen Divisionen rückten anschließend zu beiden
Seiten des Inns gegen Innsbruck vor, wo Wrede am 19. Mai unter dem
Läuten aller Kirchenglocken einzog.[108] Vier Tage später traf der Befehl
Napoleons ein, dass Wrede mit seiner Division sofort auf den Haupt-
kriegsschauplatz nach Wien kommen solle, um die durch die Schlacht
von Aspern dezimierte Grande Armée zu verstärken.

Diese Schwächung der militärischen Präsenz in Tirol trug wesentlich zu den erneuten Erfolgen der Aufständischen bei. In der Zweiten
Bergiselschlacht am 25. Mai kämpften rund 14 000 Insurgenten sowie
1357 Mann reguläres österreichisches Militär mit sechs Kanonen[109] gegen die Bayern unter General Deroy, wobei die Schlacht am Abend
wegen Dunkelheit und eines heftigen Sturmregens abgebrochen werden
musste. Als jedoch am 29. Mai die Nachricht von der für Napoleon
verlorenen Schlacht von Aspern eintraf, wirkte dies derart anfeuernd
auf die Tiroler, dass sie die Bayern zurück bis nach Kufstein jagten.

Napoleon entsandte daraufhin nach der siegreichen Beendigung des
eigentlichen Krieges bei Wagram in der letzten Juliwoche 25 000 Mann
aus drei Himmelsrichtungen nach Tirol. Da aufgrund des mittlerweile
geschlossenen Waffenstillstands die Tiroler nun gänzlich auf sich allein
gestellt waren, «vergaßen» viele der nun befehlsgemäß aus dem Berg-
land abziehenden österreichischen Truppeneinheiten zahlreiche Munition und Waffen. Im Pustertal begingen die Franzosen bei ihrem Vor-

marsch schwere Gräuel gegen die Bevölkerung; im Inntal ließen die Bergbauern von den steilen Felswänden herab erneut Steinlawinen auf die bayerischen Eindringlinge niedergehen, die viele derselben unter sich begruben. Bei der Dritten Bergiselschlacht am 13. August schlugen die Rebellen, unter denen auch zahlreiche Frauen waren, geführt von Andreas Hofer, die 15 000 Mann starke, aus bayerischen und sächsischen Soldaten bestehende Armee erneut, woraufhin nahezu ganz Tirol wieder in die Hände der Aufständischen gelangte.[110]

Kaiser Franz, der noch einige Wochen zuvor unter dem Eindruck der gewonnenen Schlacht von Aspern feierlich gelobt hatte, niemals einen Frieden zu unterzeichnen, der Tirol nicht bei Österreich beließe,[111] vollzog mit der Unterzeichnung des Friedensvertrages von Schönbrunn – nicht zum ersten Male – eine Kehrtwende. Der Vertrag bestimmte, dass Tirol Teil des Königreichs Bayern blieb.

Nach der Unterzeichnung des Friedensvertrags verfügte Napoleon über genügend freie militärische Kräfte, um die aufständischen Tiroler niederzuschlagen. Insgesamt 50 000 Mann[112] drangen ab dem 16. Oktober von Norden und Süden in das aufständische Alpenland ein. Die drei bayerischen Divisionen setzten sich unter dem Oberbefehl General d'Erlons über Salzburg in Bewegung. Die nunmehr erneut von Norden über das Inntal vormarschierenden Truppen standen unter dem Befehl General Wredes, der wesentlich verständiger vorging als sein Vorgänger, der grobschlächtige Lefebvre. Unter seinem Kommando wurden nun vielfach Friedens- und Begnadigungsangebote gemacht, was viele der kriegsmüden Tiroler annahmen.

Am 1. November kam es zur vierten und entscheidenden Schlacht am Bergisel, die den Volkskrieg militärisch entschied. Diesmal gelang es den Bayern überraschenderweise in kürzester Zeit unter dem Verlust von nur einem Toten und 23 Verwundeten, den in der Geschichte des Aufstandes so berühmt gewordenen Berg zu erstürmen und die Tiroler zu verjagen. Einen Tag nach der letzten Schlacht in Tirol besuchte General Wrede das bayerische Biwak am Bergisel und wurde dort unter großem Jubel empfangen. Die ganze Wiese des Lagers war, so weit das Auge reichte, mit Federn gerupfter Gänse und Hühner bedeckt, die man den Bergbauern weggenommen hatte und gerade briet. Bei diesem Anblick konnte sich Wrede eines Lachens nicht erwehren.[113]

Nicht zum Lachen war es dagegen den Tirolern zumute. Nach der

Andreas Hofer trug diesen Rosenkranz bei seiner Verhaftung auf einer
Berghütte im Februar 1810 bei sich. Das historische Relikt kann als
Symbol für eines der Hauptmotive des Tiroler Volksaufstandes gelten,
die grobe Missachtung der religiösen Gefühle der Tiroler durch die
bayerische Verwaltung.

Niederschlagung des Aufstandes ließ besonders in dem unter französischer Besatzung stehenden Südtirol General Broussier im Pustertal Tiroler erschießen und aufhängen, oftmals vollkommen ungeachtet dessen,
ob sie an dem Aufstand beteiligt gewesen waren oder nicht. Das wichtigste Opfer dieses Rachefeldzuges war zweifellos der Führer der Aufständischen selbst, der Sandwirt Andreas Hofer. Am 28. Januar 1810
wurde sein Versteck auf der mehr als 1300 Meter hoch gelegenen Pfandleralm von dem Tiroler Franz Raffl für 1500 Gulden verraten, woraufhin er verhaftet und auf ausdrücklichen Befehl Napoleons in Mantua
erschossen wurde (20. Februar). Nur im nördlichen Tirol, wo die bayerischen Soldaten Wredes standen, fanden keinerlei Exekutionen statt.

Bayerns neue Grenzen

«Es ist mir unmöglich, Herr Herzog,
den vorgeschlagenen Vertrag zu unterzeichnen.»
König Max Joseph im Februar 1810

Nachdem einmal mehr Zehntausende Soldaten getötet worden waren
und im südlichen Tirol zahlreiche Männer an den Bäumen hingen, ging
es um die Verteilung der Kriegsbeute. Im Frieden von Schönbrunn
waren die Gebietsabtretungen Österreichs an Frankreich festgelegt
worden.[114] Napoleon beabsichtigte, aus Teilen dieser Gebiete in den

Folgemonaten die wichtigsten Rheinbundstaaten zu entschädigen. Um bei der Verteilung dieser Ländermasse nicht zu kurz zu kommen, kam es um die Jahreswende 1809/10 zu einer wahren «Wallfahrt» der Rheinbundfürsten in die französische Hauptstadt.[115] Auch König Max Joseph und Minister Montgelas reisten persönlich nach Paris. Die Verhandlungen zogen sich über Monate hin, in denen um jeden Quadratmeter Boden geschachert wurde.

Eine der Hauptstreitfragen war, wie viele Gebiete Bayern im Gegenzug für seine Gewinne an Württemberg würde abtreten müssen. Die diesbezüglichen französischen Vorstellungen waren König Max Joseph selbstverständlich entschieden zu hoch, wie er dem französischen Außenminister Champagny in einem Brief mitteilte: «Ist es möglich, dass der Kaiser seinen ersten und treuesten, ich wage zu sagen seinen einzigen freiwilligen Verbündeten, den er hat, misshandeln will? Es ist mir unmöglich, Herr Herzog, den vorgeschlagenen Vertrag zu unterzeichnen. Ich möchte an den Kaiser selbst eine Note übermitteln und an seine Gerechtigkeit appellieren.»[116]

Bei den Streitereien um kleine Grenzdörfer ließen beide Monarchen mehrfach Truppen aufmarschieren, und dieselben Soldaten, die noch wenige Monate zuvor bei Abensberg Seite an Seite gekämpft hatten, schossen in den Dörfern nun nicht selten aufeinander. Ein namentlich nicht bekannter Schauspieler in Augsburg brachte diese Hahnenkämpfe der beiden süddeutschen Könige bei einem gut besuchten Stück brillant auf den Punkt: Zwei Zwerge traten auf die Bühne, von denen einer die bayerischen und einer die württembergischen Nationalfarben trug. Die Zwerge beschimpften einander lange und heftig, bevor sie schließlich mit Fäusten aufeinander losgingen. In diesem Augenblick erschien eine riesenhafte Gestalt mit dem Emblem Napoleons auf der Bühne und steckte die beiden Zwerge unter schallendem Gelächter in einen Sack. Da das Bayern Montgelas' bei aller Fortschrittlichkeit aber eben auch ein Polizeistaat war, erging an die dortige Behörde der Befehl, den politisch bedenklichen Künstler in Haft zu nehmen. Der Schausteller entzog sich der Festnahme klugerweise durch Flucht.[117]

Am 28. Februar 1810 endeten die Auseinandersetzungen schließlich mit dem Abschluss des Pariser Vertrages. Durch diesen erhielt Bayern neben dem bereits zugesprochenen Salzburg Berchtesgaden, das Innviertel, das halbe Hausbruckviertel, das Markgrafentum und die Stadt

Bayreuth sowie das Fürstentum Regensburg. Für das Fürstentum Bamberg musste zusätzlich die ungeheure Summe von 15 Millionen Gulden an Frankreich bezahlt werden. An das Großherzogtum Würzburg abgegeben werden musste neben einigen kleineren Grenzgebieten die Stadt Schweinfurt. In «Südbayern» fiel das südliche Tirol an das Königreich Italien, Teile Osttirols mussten an die neu geschaffene französische Provinz Illyrien abgegeben werden.[118]

Vor allem in den fränkischen Gebieten war die Bevölkerung von der neuen Herrschaft wenig begeistert, was, wie in Tirol, vor allem an den sofort einsetzenden kirchenfeindlichen Maßnahmen bzw. den Säkularisationen lag. Auch hier gingen die Beamten teilweise mit einem hohen Maß an Arroganz und fast schon als antikatholisch zu bezeichnender Einstellung vor. So wurden auch hier zahlreiche katholische Feiertage von heute auf morgen abgeschafft, Prozessionen verboten und das Holz von kurzerhand abgebrochenen Kapellen und Martersäulen zu Sitzbänken verarbeitet.[119] In Nürnberg, das schon 1806 dem Königreich zugeschlagen worden war, erschienen zahlreiche antifranzösische («Deutschland in seiner tiefsten Erniedrigung») und antibayerische Pamphlete und Schmähschriften; beim Einzug der bayerischen Soldaten sagte die Kaufmannsfrau Merkel weinend zu ihren Kindern: «Ihr armen Kinder, jetzt seid ihr Fürstenknechte.»[120] In Würzburg war sowohl 1802 als auch 1814 bei den beiden bayerischen Machtübernahmen die Ablehnung groß; beim Abzug der Bayern im Jahr 1806 hatte es stürmische Jubelkundgebungen gegeben. Während des Krieges von 1809 war in Franken sogar eine «Fränkische Legion» unter der Führung des Grafen von Nostitz aufgestellt worden, deren Kampfkraft allerdings nicht ins Gewicht fiel. In Bamberg wurden 1810 die Besitzergreifungspatente des Königs abgerissen und mussten unter scharfe militärische Bewachung gestellt werden.[121]

Was die äußerst harten Verhandlungen mit Württemberg anging, hatte der französische Außenminister Champagny, der anders als sein Vorgänger Talleyrand nicht von Württemberg bestochen worden war, zum Vorteil der bayerischen Sache erreicht, dass die Verluste hier kleiner ausfielen, als ursprünglich vorgesehen. Im ergänzend abgeschlossenen Vertrag von Compiègne (24. April) sowie den bayerisch-württembergischen Staatsverträgen (18./25. Mai) musste Max Joseph lediglich die Städte Bopfingen, Buchhorn, Leutkirch, Ravensburg, Tettnang, Ulm und Wangen sowie einige weitere kleinere Grenzgebiete an den westlichen Nachbarn abtreten.[122] Montgelas ließ daraufhin eine verwaltungstechnische Neueinteilung vornehmen und die Zahl der bayerischen Kreise von bislang 15 auf neun reduzieren.

Da sich König Max Joseph und Montgelas sehr viel mehr Gebiete Österreichs erhofft hatten, war man über dieses Ergebnis enttäuscht. Einer der Gründe, warum Napoleon das Habsburgerreich verhältnismäßig schonend behandelt hatte, war, dass er Österreich als Gegenmacht zu Russland nicht allzu sehr schwächen wollte und zudem mit dem Gedanken spielte, die Habsburgerprinzessin Marie-Louise zu heiraten.

Das Reich ihres Vaters, Kaiser Franz, hatte in den Jahren zwischen 1792 und 1809 mittlerweile vier Kriege gegen Frankreich geführt und nach vier Niederlagen Unsummen an Kriegsreparationen bezahlen und mehrere Millionen Quadratkilometer Land an den Sieger sowie seine Verbündeten abtreten müssen. Unter den Zeichen dieser die Macht der Habsburger fundamental erschütternden Ereignisse war die 1791 geborene Marie-Louise aufgewachsen. Als Kind hatte sie zusammen mit ihrem Bruder Franz Karl eine Holzpuppe malträtiert, getreten, geohrfeigt und in die Ecke geworfen, die «Buonaparte» hieß. Den Kaiser der Franzosen bezeichnete sie voll Hass als «Menschenfresser» und «Usurpator»; 1805 und 1809, als sie in aller Eile zusammen mit ihrer Familie aus Wien vor den heranrückenden französischen Armeen hatte fliehen müssen, nannte sie die Wanzen in den täglich wechselnden Herbergen «Napoleons».[123]

Der unfreiwillige Namenspatron der kleinen ungeliebten Bettgenossen aber hatte ein Problem: Er brauchte, um die Thronfolge seiner Dynastie zu sichern, einen Erben, den ihm seine erste Frau Josephine nicht mehr schenken konnte. Aus diesem Grund ließ er sich Ende 1809 «zum Wohle Frankreichs» scheiden und machte sich auf die Suche nach einer neuen Frau aus höchstem europäischen Adel. «Man muss Sie opfern», schrieb der österreichische Außenminister Fürst von Metternich, der eigentliche Architekt der Heirat. Nach den harten Schlägen der Vergangenheit versprach sich der kühle Machtpolitiker von der Verbindung für Österreich die dringend benötigte Zeit, um sich zu erholen. Die 18-jährige Prinzessin selbst, die zeit ihres Lebens daran gewöhnt war zu gehorchen, wurde nicht groß gefragt und fügte sich in ihr Schicksal. Am 11. März wurde in der Wiener Augustinerkirche die Prokuratrauung vollzogen, und noch am selben Tage bestieg sie die prachtvolle Hofkutsche, die sie in die Hauptstadt des «Menschenfressers» bringen sollte.

Die Fahrt durch Bayern glich einem Siegeszug, bei dem der aus 36 Prachtkarossen bestehende Konvoi überall mit dem Ruf «Es lebe die Kaiserin» begrüßt wurde und in vielen Dörfern eigens Triumphbögen errichtet worden waren. An jedem Haltepunkt mussten 305 frische Pferde zum Wechseln bereitstehen, was bei der Fahrt durch Bayern insgesamt über 6000 Pferde ausmachte. Seit dem Jahr 1770, als Marie Antoinette auf ihrer Brautreise nach Frankreich denselben Weg genommen hatte, war in Bayern nicht mehr auf Staatskosten ein solcher Prunk und Aufwand betrieben worden. Kronprinz Ludwig holte die junge Braut in Haag ein,[124] und am Samstagabend des 17. März 1810 näherte sich der lange Kutschenkonvoi schließlich München. Drei Schwadronen bayerischer Dragoner sowie zwei weitere des Bürgermilitärs ritten ihr bis vor die Tore entgegen und eskortierten sie gemeinsam mit der französischen Bedeckung. Als Marie-Louise die alte Isarbrücke erreichte, begannen alle Kirchenglocken der Stadt zu ihren Ehren gleichzeitig zu läuten und donnerten die Kanonen Salut. Ganz München war eigens zu diesem Anlass prächtig illuminiert worden, was jedoch durch einen starken Regen und einen heftigen Wind gründlich zunichtegemacht wurde. In den Gassen erblickte Marie-Louise ein Transparent, das eindrucksvoll die ganzen Hoffnungen symbolisierte, die mit der Heirat nach so vielen Jahren des Krieges einhergingen: Inmitten des napoleonischen Adlers und des österreichischen Doppeladlers ruhte im tiefsten Frieden der bayerische Löwe.

Auch beim Verlassen der Stadt am 19. März wurde der Zug geleitet von bayerischer und französischer Kavallerie, dem Läuten aller Kirchenglocken und dem Donner von Kanonen, die der neuen Kaiserin Salut schossen, während sich ihr von acht Schimmeln gezogener Wagen in Richtung Westen bewegte. In Straßburg, so Marie-Louise in einem Brief an ihren siebenjährigen Bruder, wurden bei ihrem Empfang mehr als 1000 Schuss Kanonensalut abgefeuert. «Ich durchzog langsam die Straßen und kam unter dem größten Jubel der Volksmenge in dem kaiserlichen Palast an.» Die ehrlich empfundene Begeisterung, die Marie-Louise im kriegsmüden Frankreich allenthalben entgegenschlug, lag darin begründet, dass man in ihrer Ankunft einen Garant der Versöhnung mit dem Habsburgerreich und des Friedens überhaupt sah.

Aus Napoleons zweiter Ehe mit der Habsburgerin Marie-Louise
ging 1811 ein Sohn, der «König von Rom», hervor.

In Paris selbst übertrafen die Hochzeitsfeierlichkeiten alles bisher Da-
gewesene; die Stadt war erleuchtet, «wovon die ausschweifendste Fan-
tasie sich kein getreues Bild machen kann». Auf den Kirchtürmen
brannten Feuertöpfe, die mitten in der dunklen Luft zu schweben schienen. Den Arc de Triomphe, der zu diesem Zeitpunkt noch nicht fertig-

gestellt war, hatte man in seiner heutigen Form vormodelliert, und er schien, von der Stadt aus gesehen, von Feuerspielen beleuchtet im Freien zu hängen. Da sich Napoleon fortan rührend um seine neue Frau kümmerte, war die Ehe wider Erwarten eine scheinbar glückliche, und bereits 1811 wurde mit dem «König von Rom» der erhoffte Thronfolger geboren.[125] Die Illusion indessen, durch die Heirat mit Marie-Louise in Österreich einen zuverlässigen Verbündeten gewonnen zu haben, war eine der größten politischen Fehleinschätzungen Napoleons und sollte seinen Untergang wesentlich mit herbeiführen.

Bei aller Ehrerweisung von bayerischer Seite sah man die Hochzeit Napoleons mit der Habsburgerin und die Geburt ihres Sohnes nicht ohne Grund mit großer Sorge. Die Verbindung des französischen Kaisers mit Österreich bedeutete eine Zäsur für die Stellung Bayerns innerhalb des napoleonischen Bündnissystems. Fortan war das Königreich der Wittelsbacher nicht mehr Frankreichs wichtigster Verbündeter, sondern es war dies der «Erzfeind» Österreich, der seit Jahrhunderten danach getrachtet hatte, sich ganz Bayern einzuverleiben. Weiterhin war mit dieser Entwicklung jede künftige Territorialexpansion auf Kosten des Habsburgerreiches ausgeschlossen. Der Eindruck, dass man bei der Verteilung der Kriegsbeute von 1809 zu kurz gekommen war, trug ebenfalls dazu bei, dass sich in der Folgezeit die bayerisch-französischen Beziehungen zunehmend verschlechterten.

VII. KAPITEL

BAYERN IM KRIEG GEGEN RUSSLAND 1812

Der Fluss ohne Wiederkehr

«Der Feldzug von 1809 scheint nur ein Spaziergang
im Vergleich mit diesem.»
Albrecht Adam

Mächtig und stumm erhebt sich am Münchner Karolinenplatz ein fast
gänzlich schwarzer Obelisk fast 30 Meter in den Himmel. Vier Widder-
köpfe strecken an den vier Enden als Kriegssymbole des alten Rom ihr
Haupt kampfeslustig dem Vorübergehenden entgegen. Am 18. Oktober
1833, es war der 20. Jahrestag der Völkerschlacht von Leipzig, weihte
König Ludwig I. das Denkmal ein. Nicht weniger symbolträchtig war
das für den Bau verwendete Material, bei dem es sich um die Bronze
der Kanonen osmanischer Kriegsschiffe handelte, die während der Seeschlacht von Navarino 1827 von einer englisch-französischen Flotte auf
den Meeresgrund geschickt worden waren. Aufgrund dieser Seeschlacht
war nach jahrhundertelanger Besetzung die griechische Unabhängigkeit
erst möglich geworden, und genau dieser Gedanke der Unabhängigkeit – im übertragenen Sinne – Bayerns von der napoleonischen Fremdherrschaft war es, den Ludwig I. hierin zum Ausdruck gebracht sehen
wollte. Der nach antikem Vorbild gestaltete Obelisk erinnert an die
mehr als 30 000 im Jahr 1812 in Russland gefallenen Bayern.

Da nach der Vernichtung der französisch-spanischen Flotte im Oktober 1805 durch Lord Nelson eine Invasion der Britischen Inseln unmöglich geworden war, hatte Napoleon 1806 von Berlin aus die Kontinentalsperre erlassen, durch die England nunmehr wirtschaftlich in die
Knie gezwungen werden sollte. Diese Wirtschaftsblockade dehnte Napoleon auf sämtliche Staaten des europäischen Festlandes aus, die mit

König Ludwig I., hier auf einer später entstandenen Fotografie, nutzte seine Regierungszeit zwischen 1825 und 1848 mitunter dazu, um in der bayerischen Hauptstadt seine Vision eines «Athens an der Isar» zu verwirklichen. Mehrere der von Ludwig im Zentrum Münchens initiierten Bauwerke und Straßenbenennungen stehen in unmittelbarem Zusammenhang mit den Napoleonischen Kriegen.

ihm verbündet waren. Im Königreich Bayern litten zahlreiche Gewerbezweige und vor allem der Handel schwer unter diesem Diktat, was dazu führte, dass sich vor allem Weine und Kolonialwaren erheblich verteuerten. Allein 1810 bedeutete das Kontinentalsystem für Bayern einen jährlichen Verlust von 800 000 Gulden, was die Lebensbedingungen von Bauern und zahlreicher Gewerbetreibender erschütterte.[1] Auch das Textilgewerbe des Königreiches litt erheblich, und verschiedene Rohstoffe begannen zunehmend knapp zu werden.

Im selben Jahr 1810 brach der russische Zar Alexander I. den Vertrag von Tilsit (1807), in welchem der Beitritt zur Kontinentalsperre festgelegt war, indem er die Einfuhr englischer Waren plötzlich wieder erlaubte. Hierdurch verschlechterten sich die französisch-russischen Beziehungen drastisch. Als der Zar noch weiter ging und Napoleon ein Ultimatum stellte, sich hinter die Elbe zurückzuziehen, entschloss sich dieser zum Krieg. Es war neben Spanien der einzige Angriffskrieg, den Napoleon führte, und gleichzeitig derjenige mit den weitreichendsten Folgen. Halb Europa marschierte an der Seite Frankreichs, das gemeinsam mit seinen Verbündeten mit knapp 500 000 Mann die größte Armee aufstellte, die die Welt bis dahin gesehen hatte. Das Königreich Bayern als wichtigster

*Zu den von König Ludwig initiierten Bauten zählt neben der
Feldherrnhalle u. a. der große Obelisk am Karolinenplatz, der an die
30 000 in Russland gebliebenen Soldaten erinnert.*

Rheinbundstaat stellte hierbei vertragsgemäß das größte nichtfranzösische Truppenkontingent. Mitte Februar 1812 zogen einschließlich der gut ausgerüsteten Kavallerie, die insgesamt rund 6800 Reiter umfasste, unter den altbewährten Generälen Deroy und Wrede 30 249 Mann,[2] unter denen die Jüngsten 15 Jahre alt waren, sowie 66 bespannte Kanonen in Richtung polnisch-russischer Grenze.[3]

Während der Schlachtenmaler Albrecht Adam im Gefolge von Vizekönig Eugène Beauharnais auf der großen Heerstraße bereits den Weg nach Wilna nahm, überschritt die bayerische Armee erst einige Tage später den Grenzfluss Njemen.[4] Der nun folgende Vormarsch zur litauischen Hauptstadt erfolgte zunächst in strömendem Regen, der tagelang andauerte. Hierdurch, so der bayerische Kavalleriegeneral von Preysing, wurden die «ohnehin schlechten und sumpfigen Wege noch mehr verdorben».[5] Die Straßen wurden zu aufgeweichten und schlammigen Brühen, «so dass man die Batterien und Wagen nur mit vielen Mühen und Anstrengungen über die meist unbedeutenden Anhöhen zu schleppen vermochte und mehrere Pferde stecken blieben. Von diesem Tage ab

bis Wilna musste man täglich einige hundert Pferde liegen lassen, weil
die Wege immer grundloser und die Fouragebestände immer dürftiger
wurden.»[6]

Der kriegserfahrene General sprach hierbei freilich nur von dem Verlust der bayerischen Armeepferde – insgesamt jedoch gingen bereits in
den ersten Wochen des Vormarsches Zehntausende Pferde der Grande
Armée elend zugrunde. Ein Augenzeuge berichtete über die ungeheure
Anzahl der verendeten Tiere auf der Heerstraße nach Wilna: «Am
1. Juli betraten wir den russischen Boden: Auf einem Marsche von zehn
Stunden zählte ich fünfhundert in Folge des ungünstigen Klimas gefal-
lene Pferde. Es lässt sich darnach ein Maßstab anlegen von dem, was
hinter uns vorgegangen und von dem, was außer unserem Gesichts-
kreis lag.»[7]

So zeigte der Feldzug schon in den ersten Tagen, noch bevor es zu
irgendeiner ernst zu nehmenden Feindberührung gekommen wäre, seine
unheilvollen Vorzeichen. Der Kavalleriegeneral berichtete weiter: «Nichts
als verwüstete Häuser, im Stich gelassene Munitions- und geplünderte
Proviantwagen erblickte das Auge. Man glaubte auf den Retiradeweg
[Rückzugsstraße] einer geschlagenen Armee versetzt zu sein. Tausende
von toten Pferden und viele Menschenleichen auf und neben der Straße
hingestreckt verpesteten mit ihrer durch die warme Sonne vermehrten
Ausdünstung die Luft und infizierten unsere durch die Anstrengung und
drückende Hitze desto empfänglicheren Soldaten; so den Grunde le-
gend zu den verheerenden Krankheiten, welche bald darauf so furchtbar ihre Reihen lichteten (…). Einwohner waren nicht mehr anzutreffen
und Fouragebestände wie Lebensmittel überall vernichtet.»[8]

Anfang Juli 1812 erreichte die Grande Armée die Hauptstadt der
russischen Provinz Litauen, Wilna, wo der Kaiser große Heerschau über
seine Vielvölkerarmee abhielt. Am 14. Juli 1812, dem Jahrestag des
Sturms auf die Bastille, ritt Napoleon, gefolgt von seinem Generalstab,
auch in das bayerische Lager, wobei ihm vieltausendfach der begeisterte
Ruf «Vive l'Empereur» entgegenschlug.[9]

Tiefgraue Wolken bedeckten den Himmel, als Napoleon schweigend
auf seinem Araberschimmel saß, die Generäle Deroy und Wrede in
blauer, silberbestickter Uniform ebenfalls hoch zu Pferd einige Meter
hinter sich. Mit dumpfem Trommelschlag, klingendem Spiel und wehenden Fahnen zog die bayerische Armee am militärischen Oberbefehls-

haber des halben Abendlandes vorüber. Wegen ihrer guten militärischen Haltung trotz der anstrengenden Märsche sprach Napoleon den Bayern, die er seine «deutsche Garde»[10] zu nennen pflegte, seine ausdrückliche Anerkennung aus. Mehr noch als über das gespendete Lob freuten sich die bayerischen Soldaten allerdings über das Versprechen einiger Tagesrationen Zwieback, die allerdings ausblieben.[11] Das besondere Gefallen Napoleons hatte indessen die vorzügliche militärische Erscheinung der vier bayerischen Chevauleger-Regimenter gefunden, was weitreichende Folgen für den weiteren Verlauf der Ereignisse haben sollte: Tags darauf traf ein Befehl bei General Deroy ein, der die gesamte bayerische Kavallerie einschließlich einer Artilleriebatterie zur kaiserlichen Garde, d. h. in das Zentrum des Vormarsches nach Russland, beorderte.[12]

Die bayerische Infanterie zog daraufhin von Wilna ohne ihre Kavallerie weiter, um den Vormarsch der napoleonischen Hauptarmee im Norden zu flankieren. Lediglich die kommandierenden Generäle Deroy, Wrede und Saint Cyr durften eine berittene Abteilung als persönliche Leibwache behalten.[13] Ein altgedienter bayerischer Offizier bezeichnete diese Maßnahme nicht zu Unrecht als «eine gefährliche Verstümmelung eines bisher kraftvollen Körpers».[14] Tatsächlich sollte die Trennung der bayerischen Reiterei und der Infanterie schon bald überaus verhängnisvolle Folgen nach sich ziehen.

Ohne Unterbrechung und bedingt durch den schwerfälligen Tross keineswegs mit der Geschwindigkeit vergangener Napoleonischer Kriege, ging der Vormarsch in das Herz des Russischen Reiches hinein. Albrecht Adam schrieb aus Olszany am 11. Juli an seine Frau: «Ich fange an, den Mut sinken zu lassen, zwei volle Monate auf dem Marsche und für was? Und durch welche Länder? Es macht mir Herzweh, dass ich die mir von Gott geschenkte Zeit so elend vergeuden muss. Krieg! Das ist ein entsetzliches Wort! Da gilt keine Rücksicht auf das Wohl oder Verderben ganzer Nationen, und wehe dem, welcher sich mit dieser Furie bekannt macht und noch ein Herz hat, das für die Menschen schlägt.»[15] Auch König Max Joseph in München erkannte aufgrund der eingehenden Lageberichte die Situation durchaus realistisch und schrieb an Minister Montgelas: «Ihre Nachrichten über die Armee haben mich nicht überrascht. Die Russen spielen ihr Spiel, indem sie sich zurückziehen.»[16]

Auch wenn die Forschung heute weiß, dass dem russischen Rückzug keineswegs ein fester strategischer Plan zugrunde lag, sondern er in rechter Hilflosigkeit und improvisiert vonstattenging,[17] so zerstörten die Armeen des Zaren auf ihrem Rückzug eben doch alles, was den Eindringlingen hätte nützlich sein können. Entlang der Vormarschstraße, so der bayerische General von Preysing, waren «alle Gebäude und Magazine (...) in Aschehaufen verwandelt».[18]

Smolensk und die erste Schlacht von Polozk

«Ich musste durch die Stadt [Smolensk] marschieren,
wo ich nichts als noch rauchende Ruinen und Tausende
von toten und verstümmelten Körpern sah.»
Der bayerische Kavalleriegeneral von Preysing, August 1812

Während man in weiten Teilen Europas am 15. August 1812 den 43. Geburtstag Napoleons feierte, überquerte die bayerische Kavallerie durch eine Furt den Dnjepr. Infanterie und Artillerie der Grande Armée folgten «auf einer in großer Eile hergestellten, sehr schlechten Brücke».[19] Drei Tage später stand Napoleon vor der «Stadt der Heiligen Jungfrau», Smolensk. Hier kam es zu einer erbitterten Schlacht, bei der die französische Artillerie die Stadt am Dnjepr in Brand schoss. Adam berichtete: «Am Abend der Schlacht gewahrte man von unserm Lagerplatz aus ein schauerlich schönes Schauspiel: Die Stadt stand in hellen Flammen und die glühende Abendsonne vermischte ihre Strahlen mit der Glut des Brandes. Das Laub und die lichten Stämme der Birken glänzten durch wahrhaft magische Streiflichter wie vergoldet (...). Das Feuer wütete in der Stadt die ganze Nacht hindurch. Am folgenden Tag wurde die Stadt genommen. Die Russen hatten sie verlassen und zogen sich auf die gegenüberliegenden Anhöhen des rechten Dnjeprufers zurück. Napoleon ritt in Smolensk ein. Bald verließ der Feind auch diese Stellung und entschlüpfte aufs Neue. Abermals war für Napoleon die Hoffnung auf einen entscheidenden Schlag, auf einen glänzenden Sieg dahin (...). Das Elend und die traurigen Folgen dieses Zerstörungskrieges waren noch immer im Steigen. Das geplünderte und halbzerstörte Smolensk wurde in ein Lazarett der kläglichsten Art verwandelt. Es fehlte an Ärzten, Medikamenten und allem, was zur Pflege der vielen

Kranken und Verwundeten nötig war. Ein großer Teil derselben fiel hilflos dem Tode zur Beute. Die unausbleibliche Folge solcher Zustände, das Spitalfieber (der Typhus) raffte sie zu Hunderten weg.»[20] Nahezu Gleiches erinnerte auch der bayerische General von Preysing, der die Chevaulegers zwei Tage nach der Schlacht durch Smolensk führte: «Ich musste durch die Stadt marschieren, wo ich nichts als noch rauchende Ruinen und Tausende von toten und verstümmelten Körpern sah.»[21]

Die bayerische Infanterie marschierte indessen nach Nordosten in Richtung des an den Ufern der Düna gelegenen weißrussischen Polozk. Der bayerische Offizier Joseph Hofreiter berichtete: «Sehr fühlbar ward schon auf den nächsten strengen Märschen der Abgang aller Reiterei, die bisher dem ermatteten Fußvolk aus der Ferne Nahrung herbei schafften, Ordnung auf dem Zug erhalten, die Nachzügler eintreiben und die Lagerstätten gegen einen unternehmenden Feind leicht sichern konnten.»[22] Am 7. August erschienen am Horizont die Kirchtürme von Polozk, wobei keiner der Soldaten ahnte, dass der Name dieser Stadt schon bald als «Bayerngrab» in die Geschichtsbücher eingehen würde: «Wir vermeinten in eine, ihrer Berühmtheit in der polnisch-russischen Geschichte würdige, große reiche Handelsstadt einzuziehen und sahen nur einen schon vom Feind und Freund durchplünderten Flecken, der bis auf einige Juden und Mönche von seinen Bewohnern verlassen, nichts darbot, was uns erfreuen, was unsere ermatteten Kräfte erfrischen konnte.»[23]

Polozk, das für die Bayern zum Brennpunkt des Krieges von 1812 werden sollte, war von weiten russischen Wäldern umgeben, lag auf einer sumpfigen Hochebene und hatte rund 3500 Einwohner.[24] Die bayerische Infanterie war zu diesem Zeitpunkt, bedingt durch Krankheiten, bereits auf rund 15 000 Mann herabgeschmolzen, die gemeinsam im Bund mit 7000 Franzosen marschierten.

Im frühen Morgengrauen des 17. August 1812 eröffnete der russische General Wittgenstein mit 25 000 Mann die Erste, zweitägige Schlacht von Polozk. Innerhalb kurzer Zeit wurden die in vorderster Linie stehenden Franzosen zum Rückzug gezwungen. Der kommandierende Marschall Oudinot warf den Russen daraufhin mehrere bayerische Regimenter entgegen, wodurch der Angriff zum Stillstand gebracht werden konnte. General Deroy gelang es hierbei, eine von flüchtenden

Franzosen zurückgelassene Batterie von 20 Kanonen zurückzuerobern.[25] Bei Einbruch der Nacht stand es unentschieden. Marschall Oudinot hatte einen Schuss in den Unterbauch erhalten und musste den Befehl an General Saint-Cyr abgeben.[26] Dieser eröffnete am kommenden Tag eine Gegenoffensive, wobei es gelang, die Russen über den Schwerpunkt des Hauptstoßes in deren linke Flanke zu täuschen und sieben Kanonen zu erobern. General Deroy, der einen großen Bajonettangriff kommandierte, wurde von einem Schuss in den Unterbauch getroffen und auf halb verbrannten Brettern schwer verwundet vom Schlachtfeld getragen, während General Wrede heransprengte und das Kommando übernahm.[27] Genau diese Begebenheit sollte Wilhelm Kobell später zum Thema eines detaillierten Ölgemäldes machen, das sich heute im Schlachtensaal der Münchner Residenz befindet.[28]

Obwohl die französisch-bayerische Infanterie am Nachmittag die Schlacht gewonnen hatte, wirkte sich nun die Abwesenheit der bayerischen Kavallerie verhängnisvoll aus, denn, obwohl geschlagen, konnten die Russen nicht verfolgt und demzufolge auch nicht vernichtet werden. Der bayerische Offizier Hofreiter fasste dies wie folgt zusammen: «Selbst bewährte französische Oberoffiziere versicherten, dass die Schlacht von Polozk den Weg nach Petersburg geöffnet hätte, wenn Napoleon die bayerische Kavalleriedivision bei den Infanteriedivisionen gelassen haben würde.»[29] Stattdessen gelang es Wittgenstein unter Einsatz seiner schwachen Kavallerie, eine vollständige Niederlage abzuwenden und den bayerischen Angriff aufzuhalten. Mehr als 10 000 Mann beider Seiten waren am Ende des zweiten Tages auf dem Schlachtfeld geblieben.

Einer der Gefallenen auf bayerischer Seite war der 68-jährige General Erasmus von Deroy, der fünf Tage später seiner schweren Verletzung erlag. Am 25. August wurde der in der Armee hochverehrte General, dem die Soldaten liebevoll den Beinamen «Vater Deroy» gegeben hatten, neben mehreren anderen gefallenen Offizieren unter allen militärischen Ehren auf dem Jesuitenfriedhof St. Xaver in Polozk in die Erde hinabgelassen.[30] Kurz darauf entstand in der bayerischen Armee ein Lied, das in den folgenden 20 Monaten von der Düna bis an die Seine gesungen werden sollte:

«Drum thu nun deine Seele versorgen,
Denn du mußt jetzt fort ins Grab!
Du bist alldort gar wohl geborgen,
Brauchst nicht zu sorgen für Gut und Hab.
(...)
General Dürwa [Deroy] hat müssen sterben.
Es war eine Bleikugel Schuld daran,
Zu Staub und Aschen muß er werden,
Als wie der weiße Salomon.

In Polozk, bei den Jesuiten
Da wurdest du begraben ein;
Da wird dein Leichnam verfaulen müssen,
Und eine Speis der Würmer seyn.»[31]

Unmittelbar nach dem Tod Deroys stimmten Offiziere und einfache Soldaten in Polozk darin überein, dass dem Gefallenen in der Heimat ein Denkmal errichtet werden sollte. Aus dieser Initiative heraus wurde 21 Jahre später das Monument auf dem Münchner Karolinenplatz enthüllt, wobei Major von Siebein die Idee eines Obelisken bereits am 27. August in Polozk vorweggenommen hatte. Gleichwohl ist das Denkmal auf dem Karolinenplatz keinesfalls allein Deroy, sondern allen in dem Feldzug gefallenen Bayern gewidmet.[32] An Deroy hingegen erinnert heute ein 1856 errichtetes Denkmal in der Münchner Maximilianstraße.[33]

Borodino und der Brand von Moskau

«Was ich an Verwundungen und Verstümmelungen an Menschen
und Pferden an diesem Tage gesehen, ist das Grässlichste,
was mir je begegnete und lässt sich nicht beschreiben.»
Albrecht Adam

Noch viele Bayern sollten Deroy in den Tod folgen. Einige Tagesmärsche vor Moskau stellten sich die Russen Mitte September endlich zu der von Napoleon lange ersehnten Schlacht. Auf überaus eindrucksvolle Weise schilderte Albrecht Adam als Augenzeuge das Geschehen:

«Welch ein Anblick bot sich hier! Beinahe die ganze russische Armee stand in Schlachtordnung auf einer unabsehbaren Hügelreihe, eine Talschlucht, durch die sich ein kleiner Fluß, Kologha, schlängelt, trennte die beiden Armeen. Links von uns, etwa eine Stunde entfernt, liegt der unbedeutende Ort Borodino, nach welchem die Russen diese kolossale Schlacht nannten. Auch wir standen auf einem erhöhten Punkte, der uns einen weiten Überblick über das Ganze bot. – Der Anblick dieses Schlachtfeldes macht einen sehr ernsten Eindruck; es dehnt sich in seinen Hauptumrissen in großen strengen Linien aus, ist aber von sehr vielen Schluchten durchschnitten; der Boden ist kahl, von rötlicher, sandiger Erde, fast ohne alle Vegetation, nur große Strecken von Haselgebüschen finden sich darauf und düstere Tannenwälder begrenzen den Horizont (...). Der Kampf war äußerst heftig; viele Kugeln schlugen in der Nähe des Platzes ein, an welchem Prinz Eugène unbeweglich stand.»[34] Der bayerische Kavalleriegeneral von Preysing berichtete demgegenüber: «Die Schlacht hatte bereits begonnen und entspann sich bald auf der gesamten Linie; ein beispielloser Kanonendonner aus vielleicht mehr als 2000 Geschützen rollte unaufhörlich fort (...). Überhaupt hatte man auf jener Anhöhe das ebenso prächtige als seltene Schauspiel, beide gewaltige Armeen und das gesamte Schauspiel zu überblicken, während auf der ganzen Linie mit der größten Tapferkeit und beispielloser Erbitterung gefochten wurde (...). Nach Einbruch der Nacht hörte der Donner der Geschütze endlich auf und beide Armeen biwakierten auf dem Kampfplatz.»[35]

Insbesondere die bayerischen Chevauleger-Regimenter hatten einen schrecklichen Blutzoll entrichtet, wie Albrecht Adam notierte: «Einen betrübenden Eindruck machte auf mich der Platz, wo das 1. und 2. bayerische Chevauleger-Regiment so grässlich hingeopfert worden war. Außer vielen schwerverwundet am Boden herumliegenden Offizieren fand ich auch den Obrist des 1. Regiments, den Grafen von Wittgenstein, schon dem Tode nahe, in der Kraft der Jahre sein Leben aushauchen. Über seine blutenden Wunden war der Mantel gedeckt; ein sächsischer Arzt, ein junger, am Arme verwundeter Offizier und fünf verwundete Soldaten seines Regiments umgaben ihn. Sein Schwager, der in der ganzen Armee geachtete Baron Karl von Zweibrücken, hatte das Kommando nach seinem Falle übernommen, aber auch er wurde gleich danach von einem Kartätschenschuss in die Brust getroffen.»[36] Königin

Caroline in München berichtete in einem Brief an ihre Mutter, was die Nachricht von dem ungeheuer blutigen Gemetzel vor den Toren Moskaus bei König Max bewirkte: «Gestern nach dem Essen hat er alles, was er im Leibe hatte, gespien.»[37]

Einen Tag nach der Schlacht erfolgte der Aufbruch in Richtung Moskau. Von Preysing berichtete, «während wir an dem abgebrannten Borodino vorbei über das ganze Schlachtfeld zogen, konnten wir durch die vielen Tausende toter und verstümmelter Menschen und Pferde kaum durchkommen».[38]

Am 14. September erreichte Napoleon die westlich von Moskau gelegenen Anhöhen und nicht lange darauf auch Albrecht Adam: «Wer kann den Eindruck schildern, als die ganze ungeheure Zarenstadt mit ihren unzähligen Türmen, Kirchen und vergoldeten Kuppeln vor unsern Blicken sich ausbreitete! Der Himmel tat sich, nachdem er den ganzen Tag mit grauen Wolken bedeckt gewesen, am Abend auf und die goldenen Kuppeln und das große Kreuz, das den Kreml zierte, warfen die Strahlen der Abendsonne zurück, die das Zauberbild verklärte. Endlich lag das lang ersehnte Ziel vor uns! (...). Zwar stieg schon am äußersten Ostende der Stadt, das der Saum eines Waldes bedeckte, eine ungeheure Rauchsäule himmelhoch empor; aber man tröstete sich damit, dass es wahrscheinlich ein Magazin sei, das der Feind in Brand gesteckt. Dass wir das Grab von Napoleons Herrlichkeit vor uns sehen und Moskau bald als Aschenhaufen verlassen müssten, daran dachte Niemand.»[39]

Die bayerische Kavallerie erhielt indessen Befehl, die Stadt nordöstlich zu umgehen. Die Landschaft um Moskau war auf Anordnung Kutusows vollkommen verlassen, worüber von Preysing berichtete: «Dort glich [es] einer Geisterlandschaft (...). Selbst in diesem gut angebauten Landstrich und in der Nähe einer so volkreichen Stadt, war keine Spur lebender Menschen zu sehen und die Verheerung aller Lebensmittel, ja selbst der Gebäude und ihrer Einrichtung womöglich noch größer wie früher; das eben reif gewordene Getreide war absichtlich zertreten und verwüstet, alles Heu und Stroh stand in hellen Flammen und aus der nun so nahen Stadt Moskau stiegen ungeheure Rauchwolken zum Himmel empor.»[40]

Einen Tag nach dem Einzug Napoleons in Moskau brachen, veranlasst durch den russischen Gouverneur Rostoptschin, an mehreren Punkten der Stadt Brände aus. Albrecht Adam, der sich zu diesem Zeitpunkt unweit des Kreml aufhielt, erinnerte sich: «Durch Löschen dem Feuer Einhalt zu tun, daran war nicht zu denken: Es hatte zu schnell eine riesenhafte Ausdehnung bekommen und in kurzer Zeit ganze Stadtviertel in Asche gelegt. Wenn das Feuer auch auf einer Seite nachließ, so brach es auf einer andern desto wütender los. Man konnte nur zu deutlich erkennen, dass der Brand planmäßig geleitet war (...). Sinnend und bewundernd trieb ich mich in den Straßen umher, aber zu zeichnen war ich nicht im Stande; in der Schlacht und bei größter Gefahr verließ mich nie die nötige Ruhe; aber hier wurde man von den Ereignissen überwältigt. Ein Eindruck verdrängte den andern, keinen konnte man lange festhalten. Später habe ich es oft bitter bereut, nicht wenigstens einige Striche gemacht zu haben: Sie wären ganz unschätzbar gewesen.»[41]

In München jubelte, als die Nachricht von dem Jahrhundertbrand eintraf, der Napoleon nach wie vor zutiefst hassende bayerische Kronprinz Ludwig und nannte denselben «eine große heroische Tat»,[42] ohne freilich an die bayerischen Chevaulegers zu denken, die sich zu diesem Zeitpunkt vor der zu zwei Dritteln niedergebrannten Stadt befanden und weder Unterkünfte noch Verpflegung hatten.

Das Bayerngrab Polozk

«Aus manchen der von unseren Verwundeten und Kranken angefüllten
brennenden Häusern und Scheunen vernahm man noch das Ächzen.»
Joseph Hofreiter in Polozk, Oktober 1812

In Polozk war indessen eine Pattsituation eingetreten. Mehr als zwei Monate hatten sich dort die französisch-bayerische und die russische Armee gegenübergestanden, von denen sich keine für einen erneuten Angriff stark genug glaubte. Am 17. September verkündete der Salutdonner von den alten Wällen Polozks den fragwürdigen Sieg der Schlacht von Borodino. Zu diesem Zeitpunkt war die dort stehende bayerische Armee durch Krankheiten weiter in bedenklichem Ausmaß dezimiert worden.[43] Sämtliche Kirchen, Holzhäuser und Scheunen waren voll mit verwundeten oder kranken Soldaten, die Offiziere waren in den wenigen guten Steinhäusern untergebracht. Woran es am meisten fehlte, waren Medikamente. Ein mit der Extrapost aus München von König

Max Joseph persönlich entsandter Transport Arzneien nebst mehreren Kisten bester Weine aus den Kellern der Residenz kam für viele zu spät. Jeden Tag starben rund 100 bayerische Soldaten in den überfüllten Spitälern von Polozk, «der feuchte Boden [war] das Sterbelager, nicht hinlänglich Stroh unter, nichts als den dünn gewordenen Soldatenmantel auf dem ausgemergelten Körper, hatten die kalten Nächte manchen noch lebend bereits zum Tode erstarrt»,[44] berichtete voll Schrecken der Offizier Hofreiter.

Aus dem Jesuitenkloster, das in ein Lazarett umfunktioniert worden war, wurden die entkleideten Leichen täglich einfach aus den Fenstern in die vorbeiströmende Düna geworfen, was bei den gesunden Soldaten, die Zeuge dessen wurden, «lähmendes Entsetzen» hervorrief.[45] Auch die Versorgung mit Lebensmitteln war entweder vollkommen unzureichend oder überhaupt nicht vorhanden. Das mitgeführte Schlachtvieh, «dessen Fleisch ohne Salz fast die einzige Speise war»,[46] war fast gänzlich erkrankt. Ein Infanterist berichtete, wie man sich in dieser Situation zu behelfen versuchte: «Ich war bei meinen (...) Ausritten auf Fouragierung öfters Augenzeuge, wie die Soldaten auf den Äckern Wurzeln aller Art herausrissen, sie vom Kot reinigten und sie mit großem Heißhunger verzehrten. Dazu kam noch, dass in Folge der härtesten Entbehrungen viele erkrankten und ohne alle Arzneimittel blieben. Man kann sich denken, welche Verpflegung unter solchen Umständen die Verwundeten genossen.»[47] Auch an Trinkwasser herrschte Mangel, wie der abseits von der Düna befindliche Feldwebel Joseph Schrafel berichtete: «Am bittersten empfanden wir den Mangel an Wasser. In der ganzen Gegend war keine Quelle. Wir mussten unseren Durst aus einer großen Pfütze löschen; Wasser konnte man die braune Brühe, die zudem von unzähligen kleinen Würmern wimmelte, unmöglich nennen.»[48]

Inmitten des massenhaften Sterbens im Jesuitenkloster und den elenden Unterkünften von Polozk wurde am 12. Oktober der Namenstag des allgemein hochverehrten Königs Max Joseph begangen, was für die größte Not und Entbehrungen leidenden bayerischen Soldaten eine wichtige innere Verbindung mit der fernen Heimat darstellte. Dementsprechend wurde dieser Namenstag des Monarchen inmitten des eingeschlafenen Krieges an der Düna ausgiebig gefeiert. Ein bayerischer Offizier berichtete, dass kein Namenstagsfest «inniger» und «rührender gefeiert [wurde], als dort».[49] General Wrede ließ doppelte Rationen

Verpflegung und Branntwein an die Truppen austeilen und Wein aus seinem persönlichen Vorrat an zahlreiche Offiziere ausschenken. Am Abend war das bayerische Lager hell erleuchtet, wofür die Soldaten wochenlang das Fett ihrer Fleischportionen gespart hatten, um die selbst hergestellten Lampen zu füllen. Auch der Nürnberger Feldwebel Sebastian Walter berichtete über den unter ungewöhnlichen Umständen gefeierten Namenstag des bayerischen Königs im 1900 Kilometer von München entfernten Polozk: «Bei einem einfachen, für die damalige Zeit und Lage jedoch vortrefflichen Essen [wurden] auch einige Bouteillen Wein auf das Wohl unseres Königs getrunken ...»[50] Doch sollte es, wie ein bayerischer Offizier fortführte, «für die meisten (...) der letzte Festtag ihres Lebens sein».[51]

Immer noch war das Wetter herbstlich milde, und nichts deutete auf das bevorstehende Verhängnis hin. Diese Temperaturen veränderten sich jedoch schlagartig und fielen fast ohne Übergangszeit in den Keller; bereits am 14. Oktober begann es zu frieren. Da der Zar jedes Friedensangebot von Seiten Napoleons unbeantwortet gelassen hatte, befahl der Kaiser, wie sich zeigen sollte viel zu spät, am 19. Oktober den Rückzug in südwestliche Richtung. In der unentschieden endenden Schlacht von Malojaroslawez (24. Oktober) 125 Kilometer südwestlich von Moskau kam die bayerische Reiterei zum letzten Mal als geschlossener Verband zum Einsatz. Durch die Schlacht wurde Napoleon gezwungen, genau denselben Weg nach Polen zu nehmen, den er gekommen war.

Es begann nun jener Rückzug durch die Weiten Russlands von Moskau zur polnischen Grenze, der in der Geschichte seinesgleichen sucht. Der bayerische General von Preysing berichtete, wie die Kavallerie in den ersten Tagen des Rückzuges ein über alle Maßen elendes Biwak bezog, «es war nicht einmal so viel Holz aufzutreiben, um Feuer zu unterhalten und dazu wurde die heftigste Kälte durch einen schneidenden Wind gesteigert. Ermattet und seit vielen Tagen höchstens mit einigen Händevoll halbverfaulten Dachstrohs genährt, fielen unsere Pferde in immer größerer Zahl und dienten uns selbst als Nahrung (...). Seit dem Abmarsch von Malojaroslawez aber sah man auf der ganzen Strecke links und rechts alle Städte, Dörfer und Schlösser entweder in hellen Flammen oder bereits in Aschehaufen verwandelt (...). Die Kavallerie löste sich mit jedem Tag mehr auf, Bagage und selbst Geschütz mussten stehen bleiben; die Munitionswagen wurden von Zeit zu Zeit unter fürchterlichem Krachen in die Luft gesprengt. Keine lebende Seele war mehr zu sehen, die ganze Gegend vernichtet, zertreten und verdorrt gleich einer von der Sonne ausgebrannten Wüstenei, überall das Bild grauenhaften Elends.»[52]

Währenddessen standen sich, kaum dass ein Schuss gefallen wäre, an Napoleons nördlichem Verteidigungspunkt in Russland bei Polozk die französisch-bayerische und die russische Armee immer noch untätig gegenüber. In den vergangenen zwei Monaten waren dem russischen General Wittgenstein jedoch konsequent Verstärkungen zugeführt worden, so dass dessen Streitmacht im Oktober auf insgesamt rund 50 000 Mann angewachsen war. Demgegenüber hatte der französische Befehlshaber Marschall Saint Cyr nur noch 31 000 kampffähige Soldaten aufzubieten.

Auf nahezu demselben Schlachtfeld wie bereits acht Wochen zuvor eröffnete Wittgenstein am 18. Oktober mit einem großen Angriff die Zweite Schlacht von Polozk. Siebenmal stürmten die russischen Regimenter frontal gegen die französisch-bayerischen Stellungen an und wurden ein um das andere Mal zurückgeschlagen. Schließlich begann die russische Artillerie damit, das überwiegend aus Holz gebaute Polozk zu beschießen, was die Stadt nach einigen Stunden in ein Flammenmeer verwandelte.

Der bayerische Offizier Joseph Hofreiter berichtete, wie die Wirklichkeit nun jedes Horrorszenario an Grauen übertraf: «Jeder Teil des Pfahlwerks, jede Ruine, Dächer und Fenster schon von den Flammen ergriffener Häuser dienten, um die andringenden Russen durch wirksames Feuer zu vernichten; sie stürzten zu Hunderten von dem aus diesen Erhöhungen herabstürzenden Kugelregen zu Boden (…). Aus manchen der von unseren Verwundeten und Kranken angefüllten brennenden Häusern und Scheunen vernahm man noch das Ächzen, die Verwünschungen oder Gebete der Sterbenden, in furchtbarer Harmonie [sic].»[53]

Als am späten Abend des 19. Oktober der russische General Steinheil mit seinen Truppen dann auch noch plötzlich westlich von Polozk im Rücken der französisch-bayerischen Stellungen auftauchte, befahl Marschall Saint Cyr, eine Einkesselung befürchtend, den Rückzug. Um die energisch nachsetzenden Russen aufzuhalten, beorderte er am folgenden Tag die zu diesem Zeitpunkt gerade einmal noch 3800 Mann zählenden Bayern unter General Wrede als Nachhut.[54] Tatsächlich wehrten diese die nachdrängenden Russen erbittert ab, was General Steinheil nach hohen Verlusten zwang, die Verfolgung vorläufig einzustellen.

Nicht von der Verfolgung abhalten ließen sich jedoch die weitgehend unabhängig von den regulären Einheiten operierenden Schwärme der Kosaken. Diese brachten den Bayern am 24. Oktober einen aus psychologischer Sicht ungeheuer schweren Schlag bei, der verheerender war als der vorangegangene Verlust Zigtausender Soldaten. Einem Kosakenschwarm gelang es durch Zufall, sämtliche in einem Armeewagen befindlichen bayerischen Fahnen, 22 an der Zahl, zu erbeuten. Diese befinden sich heute, gleichwohl zerschlissen und von Motten angefressen, im Depot des Historischen Museums in Moskau.

Es war dies ein Verlust, der umso mehr schmerzte, als er durch das verfrühte Abbrechen einer Brücke über einen unbedeutenden Fluss durch die Franzosen verursacht worden war, wodurch den Russen neben den kostbaren Fahnen auch gleich noch mehrere schwere Kanonen in die Hände fielen. Ein bayerischer Soldat berichtete: «Den Eindruck, welchen der Verlust der Fahnen, der teuren Zeichen, die sie so oft zum Siege geleitet, auf die Bayern gemacht, kann niemand beschreiben. Das bittere Schmerzgefühl machte in lauten Verwünschungen gegen die treulosen Alliierten sich Luft, für die so viel geopfert und durch deren alleinige Schuld so schnöde verloren ging, was man, wäre es möglich gewesen, so gerne bis zum letzten Blutstropfen verteidigt hätte. Nur der Gedanke offenbarer Unmöglichkeit solcher Verteidigung milderte den Schmerz (...). Aber desto größer ward später die Entrüstung, als wir erfuhren, dass der Feind nicht entblödete, in amtlichen Berichten, was seine Soldaten in der Plünderung unserer Wagen gefunden, als durch schwer errungenen Sieg gewonnene Trophäen zu verkünden.»[55]

Der Verlust der Zweiten Schlacht von Polozk bedeutete für Napoleon nicht weniger als eine strategische Katastrophe. Der nachdrängenden russischen Armee unter Wittgenstein gelang es in den folgenden Tagen, das französische Hauptversorgungsdepot von Witebsk zu erobern und in der Folge die im Übergang über die Beresina begriffene Grande Armée gemeinsam mit Kutusow von Osten her anzugreifen, während eine weitere russische Armee unter Tschitschagow von Westen her attackierte. Dieser erdrückenden Übermacht ungeachtet gelang es Napoleon zwischen dem 27. und 29. November durch eine Kriegslist und unter aufopfernden Kämpfen, gleichwohl unter schweren Verlusten, die Reste seiner Armee über den unheilvollen Fluss nach Westen vor der vollständigen Vernichtung zu retten.[56]

Rückzug

«Das Verschlingende beim Namen nennen.»[57]
Hilde Domin

General Wrede ließ auf dem nun folgenden Rückzug, so ein bayerischer Infanterist, zahlreiche Versorgungswagen verbrennen, «um Pferde für die Kanonen zu gewinnen und den Verfolgern nichts als das Eisen übrig zu lassen (...). Rechts und links in den Wäldern lagen tote Soldaten, Pferde und zertrümmertes Fuhrwerk.» Als ein Kanonengespann, das von Ochsen gezogen war, im Schlamm stecken blieb, fiel man «über die Ochsen her und schlachtete sie; die Kanonen überließ man ihrem Schicksal, da man sie selbst nicht essen konnte».[58]

Je weiter der November vorrückte, umso katastrophalere Ausmaße nahm der Rückzug an. Der in den Reihen der Hauptarmee befindliche bayerische Kavalleriegeneral von Preysing berichtete: «Bei schneidendem Wind herrschte unerträgliche Kälte; der in schweren Flocken niederfallende Schnee verfinsterte den ganzen Horizont und löschte alle Wegspuren aus. Das Elend stieg auf den höchsten Grad, nach Hunderten fielen die durch Strapazen und Hunger entkräfteten Menschen und Pferde, an Hilfe war nicht zu denken, da sich jedermann nur bedacht zeigte, ähnlichem Schicksal zu entrinnen. Ob tot oder nicht, wurden die Unglücklichen vielmehr auf der Stelle von ihren eigenen Kameraden ohne alle Barmherzigkeit ausgeplündert, um vielleicht noch eine Krumme Brot oder zum Schutz gegen die Kälte ein Kleidungsstück zu erhaschen; die Pferde dienten nur noch zur Nahrung (...). Von jetzt an war die Haltung der Armee zusammengebrochen und alle Zucht und Ordnung verloren; jedermann dachte und handelte nur für sich und eine unbeschreibliche Teilnahmslosigkeit trat ein.»[59]

Anfang Dezember 1812 traf unweit von Wilna die aus Polozk zurückkehrende bayerische Infanterie auf der großen Heerstraße mit den von der Beresina kommenden, abgezehrten Resten der Grande Armée zusammen. Von der größten Armee, die die Welt bis dahin gesehen hatte, war zu diesem Zeitpunkt nicht mehr viel übrig. War die Erscheinung der von Polozk kommenden Bayern schon als recht heruntergekommen zu bezeichnen, so spottete der Anblick der noch vor vier Monaten so kraftstrotzenden, stolzen Reihen der Grande Armée jeder Beschreibung, die, so der bayerische Offizier Joseph Hofreiter, «wüsten Räuberhorden und umherwandelnden Gespenstern» ähnelten: «Nur sehr wenige hatten noch die gewöhnliche Fußbekleidung. Alte Hüte, Tornister, Stücke Tuch und Schafffelle um die Füße gebunden; um Kopf und Füße zerrissene Strohmatten, frisch abgezogene Pferdehäute und im glücklichen Fall ein Stück erbeutetes Pelzwerk über den zerlumpten Uniformstücken. Kürassiere mit übergehangenen Weiberröcken, Gardehusaren und Guiden (...) in Priestermänteln, Jäger in Rabinertalaren und russische Frauenmützen, wie es jedem die Gelegenheit oder der Zufall in Moskau und auf dem Rückzug in die Hände hatte liefert (...). Man stelle sich wo möglich viele Tausende den Schrecknissen des Hungers preisgegebene Bettler vor, über den Schultern Quersäcke von halbfaulem Pferdefleisch, den dürftigen Vorrat für die nächsten Biwake enthaltend, mit den schmutzigsten halbverbrannten, zum besseren Schutz vor der Kälte einen über den anderen hängenden, von Ungeziefer wimmelnden Lumpen bedeckt. Man füge zu diesem Aufzuge, diesen äußeren Zeichen des Elends, ihre unter der Last so vieler Leiden abgespannten, vom Schmutz und Rauch des Biwaks verstellten Gesichter hinzu, mit hohlen, erloschenen Augen, zerwirrten Haaren und langem, ekelhaften Bart von Eiszapfen behangen; so wird man doch nur einen schwachen Umriss haben, welches der unübersehbare Zug in den verschiedensten Schattierungen uns darbot. Mit unterschlagenen Armen, um die Hände zu verwahren, und tief verhüllten zur Erde gebeugtem Gesicht wankten, ohne umzusehen, Offiziere und Soldat neben einander fort; kaum in einigen Fetzen der Kleidung jener vor diesem erkenntlich, keine Äußerung mehr des Befehls, keine des Gehorsams oder der Achtung. Das Elend hatte unter ihnen die vollständigste Freiheit und Gleichheit bewirkt. Mehrere Stunden mussten wir neben diesem verworrenen Menschenstrom hinwandern. Die Elenden, des Anblicks militärischer Ordnung längst schon entwöhnt, schienen fast ebenso erstaunt über unsere, wenn auch schwachen, doch in geschlossenen Reihen marschierenden Bataillone, als wir über das schreckhaft bunte Gemisch ihrer zuchtlosen Masse. Um bei längerer Dauer des entsetzlichen Schauspiels dieses lebendigen Beispiels mutloser Verzweiflung nicht die Auflösung in sein eigenes Volk zu bringen, führte es Wrede, den ersten von der Heerstraße abweichenden Weg benützend, aus dem Bereich der Ansteckung, gleich gefährlich für den Geist durch die Wirkung des Beispiels, als für den Körper durch die von der Ausdünstung der lebenden Leichen verpesteten Luft.»[60]

Langsam näherten sich die Trümmer der Grande Armée sowie die auf einem Seitenweg marschierenden Bayern der litauischen Hauptstadt Wilna, in dessen Mauern man hoffte, gefüllte Magazine, warme Unterkünfte und Schutz zu finden. Einige Kilometer vor der Stadt trafen die Soldaten Wredes auf kampfbereite russische Truppen einschließlich zehn feuerbereiten Kanonen. Eine Aufforderung zur Niederlegung der Waffen wies Wrede entschieden zurück. Dem unmittelbar folgenden russischen Angriff hielt die tapfere Schar Bayern, fersentief im Schnee stehend, im geschlossenen Karree entschlossen stand. Joseph Hofreiter: «Kaltblütig ließ man die wütend Angreifenden nahen, um mit desto wirksamerem Feuer sie niederzustrecken. Auch viele der Unseren fielen, durch das zahlreiche feindliche Geschütz getötet oder verwundet.» Wrede indessen wurde keine Sekunde müde, seine Männer anzuführen und moralisch aufzurichten. «Immer geschlossen und fechtend zogen sie Schritt vor Schritt gegen die Stadt, aus welcher sie vergebens Hilfe gehofft.» Tatsächlich erreichte die furchtbar dezimierte Schar das rettende Stadttor von Wilna, doch verloren vor diesem durch den fortgesetzten Beschuss von einer Anhöhe herab in heillosem Chaos und Gedränge noch einmal zahlreiche Bayern ihr Leben.[61]

Am Morgen des 1. Dezember zog Wrede mit den übrig gebliebenen Bayern aus Wilna weiter in Richtung polnischer Grenze. Die abgezehrten Soldaten mussten sich jetzt durch knietiefen Schnee kämpfen, während das Thermometer auf 40 Grad minus fiel. An einer spiegelglatten, vereisten Anhöhe westlich der litauischen Hauptstadt mussten alle bis hierher so mühevoll geretteten bayerischen Kanonen und Fuhrwerke stehen gelassen werden, da schlichtweg niemand mehr die Kraft hatte, sie zu ziehen.

Die Darstellung des Feldzuges in Russland soll enden mit einem Bericht des Nürnberger Feldwebels Joseph Schrafel, der unweit der polnischen Grenze allein auf einen Ordonanzgang ausgeschickt wurde: «Es war eine mondhelle Nacht und die Kälte war schrecklich. Indem ich in meinem zerrissenen Mantel, das Gewehr auf dem Rücken, über die unabsehbare Schneeflur hinschritt um die Hauptstraße zu gewinnen, stieß ich an etwas und stolperte. Ich besah den Gegenstand näher. Ein Toter lag halbbedeckt im Schnee. Da es noch dämmrig war, konnte ich ihn nicht recht unterscheiden. Als ich mich nun weiter umschaute, stieß mein Blick überall auf Tote. Die feierliche Stille der Nacht, das blasse Dämmerlicht des Mondes, die entsetzliche Kälte, das unermessliche Schneemeer rings umher, besät mit martervoll Verstorbenen und ich der einzig Lebende auf diesem unabsehbaren Kirchhofe – dies alles machte einen solchen Eindruck auf mich, dass mir ein Schauder durch die Gebeine rieselte. Ich eilte vorwärts, ohne mich weiter umzusehen.»[62]

Von den 35 799 ausgezogenen bayerischen Soldaten – wobei die später nachgeschickten Verstärkungen hinzugerechnet sind – erreichten unter der Führung Wredes nur 68 die polnische Grenze. Hinzu kamen 1135 Mann (von 1786), die beim linken Flügel der Grande Armée unter Marschall Macdonald marschiert waren, sowie insgesamt 3920 Nachzügler, denen es im Lauf der unmittelbar darauffolgenden Wochen gelang, die rettende Memel zu überqueren. Weiterhin hinzugerechnet werden müssen 890 Gefangene, die im Lauf des Jahres 1814 in die Heimat zurückkehrten, sowie eine nicht genau zu bestimmende Anzahl an Soldaten, die nach ihrer Entlassung freiwillig in Russland geblieben sind. Die Zahl der Überlebenden ist daher bei ungefähr 6000 Mann anzusetzen, während tatsächlich knapp 30 000 bayerische Soldaten in Russland ihr Leben gelassen haben.[63]

In ganz Bayern gab es so gut wie keine Familie, die nicht einen Vater, einen Sohn oder einen Bruder in Russland verloren hätte. Das Nachwort des 1912 erschienenen Tagebuchs des bayerischen Kavalleriegenerals von Preysing endete demgemäß mit den Worten, «kein äußeres Zeichen, kein Kreuz kündet mehr die Ruhestätten und die Namen der vielen Tausende von Opfern dieses Krieges».[64]

König Ludwig I. mochten unabhängig davon genau diese Gedanken an die in den russischen Schneefeldern gebliebenen Landessöhne bewogen haben, als er Jahre später in der Münchner Residenz mit Leo von Klenze über ein Denkmal beratschlagte.[65] Um an die in Russland gefallenen Soldaten zu erinnern, die namenlos «an der Düna moderten», befahl der König, die bereits 1812 in Polozk entstandene Idee eines Obelisken aufzugreifen und sie an würdiger Stelle im Herzen der bayerischen Hauptstadt zu verwirklichen.[66] Die von Ludwig verfassten Inschriften an den vier Seitenflächen lauten: «Den dreyssig tausend Bayern die im russischen Kriege den Tod fanden», «Auch sie starben für des Vaterlandes Befreyung», «Errichtet von Ludwig I Koenig von Bayern» und schließlich «Vollendet am XVIII October MDCCCXXXIII». Die gelehrten Geister der Nachwelt stritten vor allem über den missverständlichen zweiten Satz «Auch sie starben für des Vaterlandes Befreyung», denn schließlich waren die 30 000 Bayern als Verbündete Napoleons gestorben, *von dem* das Vaterland auch aus Sicht der offiziellen bayerischen Politik ab Oktober 1813 ja gerade befreit werden musste.

Aus diesem Grund brachte die städtische Denkmalkommission 2013, im 200. Gedenkjahr der Völkerschlacht von Leipzig, am Fuß des Denkmals eine Tafel an, die über den umstrittenen Satz in folgender Weise aufklärte: «Mit der Inschrift versuchte König Ludwig I., den Tod der bayerischen Soldaten im Russlandfeldzug nachträglich als Beitrag zur Befreiung von der napoleonischen Herrschaft zu werten. Diese Umdeutung einer historischen Tatsache führte später immer wieder zu Debatten um die Aussage auf dem Obelisken».[67]

Dieser amtlichen Erklärung ist im Grunde lediglich hinzuzufügen, dass, wenn Napoleon den Krieg von 1812 für sich entschieden hätte – was militärisch denkbar war[68] –, die bayerischen Soldaten wie bereits 1805–1809 umjubelt durch blumengeschmückte Triumphbögen heimgekehrt wären und die (vermutlich ungleich weniger zahlreichen) Gefallenen im Gedenken der Heimat nicht für «des Vaterlandes Befreyung», sondern für Bayerns Größe und Ruhm an der Seite Frankreichs gestorben wären.

VIII. KAPITEL

DER SEITENWECHSEL DES JAHRES 1813

Der Vertrag von Ried und das Ende des Rheinbundes

«Wir sind auf einem Vulkan.»
Kronprinz Ludwig

Die Nachricht vom Verlust nahezu der gesamten bayerischen Armee in Russland wirkte in ganz Bayern durch alle Gesellschaftsschichten hindurch ungeheuer ernüchternd. Tiefe Erbitterung machte sich breit, wobei man für den gewaltsamen Tod der Väter, Söhne und Brüder, ungeachtet dessen, dass Russland am Ausbruch des Krieges eine wesentliche Mitschuld gehabt hatte, allein Napoleon verantwortlich machte.

Dieser Volksstimmung konnte der bayerische König Max Joseph allerdings keinesfalls Rechnung tragen. Das Königreich war im Rahmen des Rheinbundes nach wie vor offiziell mit Napoleon verbündet und tat zu diesem Zeitpunkt gut daran, aus diesem Bündnis nicht abrupt auszusteigen. Bereits im April 1813 führte Napoleon, was eine logistische Meisterleistung darstellte, eine neue, 500000 Mann starke Grande Armée über den Rhein nach Deutschland. Montgelas legte dem König in einem kühl rechnenden Memorandum am 25. April 1813[1] dar, über welche außenpolitischen Optionen Bayern verfügte:

1) Den Bündniswechsel auf die Seite der Alliierten.

Diese Möglichkeit war mit erheblichen Risiken verbunden und würde im Fall eines neuerlichen Sieges Napoleons mit einiger Wahrscheinlichkeit die Auslöschung Bayerns als eigenständigen Staat bedeuten.

2) Den Verbleib im Bündnis mit Napoleon.

Diese Option trug gleichfalls das Risiko in sich, im Falle eines alliierten Sieges von der europäischen Landkarte zu verschwinden.

3) Die Neutralität.

Eine solche würde keine der beiden verfeindeten Mächte dulden und mit Waffengewalt beantwortet werden.[2]

Tatsächlich ging es bei der Wahl des richtigen Bündnispartners für Bayern um nicht weniger als um Sein oder Nichtsein. Montgelas hielt infolge der ungeheuren Verluste in Russland zu Beginn des Jahres 1813 die Alliierten grundsätzlich für stärker und schrieb wörtlich, «dass ein Festhalten am Bündnis mit Frankreich jetzt lebensgefährlich für den Staat wäre».[3] Wer der richtige, d. h. der militärisch überlegene Bündnispartner sein würde, war im Frühjahr 1813 jedoch keinesfalls so klar absehbar, wie Montgelas es prognostizierte – auch dann nicht, als der preußische König Wilhelm III. am 17. März Frankreich den Krieg erklärte.

Nach dem Kriegseintritt Preußens dauerte es nicht lange, bis in München sowohl ein preußisches als auch ein russisches Ultimatum eintrafen, Bayern solle sich der neuen Koalition anschließen, sofern es ein eigenständiger Staat bleiben wolle. Weder die vier starken französischen Divisionen, die im Land standen, noch der Umstand, dass russische Reiterei am 7. April 1813 zeitweilig das bayerische Hof besetzte und bei dieser Gelegenheit gleich plünderte, machte die Entscheidungsfindung für den König einfacher.[4] Er schrieb an seinen Sohn Ludwig: «Es wäre eine Unbesonnenheit gegen Frankreich zu marschieren, umso mehr, als wir vier [französische] Divisionen im Land haben und an der Spitze Marschall Ney, einen harten und unternehmenden Mann. So uninteressiert auch die Absicht Österreichs sein mag, würde es unsere Vernichtung nicht ausnützen, um Napoleon zu bewegen, ihm einen Teil meiner Staaten zuzusichern?»[5]

Kronprinz Ludwig unternahm allerdings in seinem jugendlich-patriotischen Eifer alles, um seinen Vorstellungen politische Durchsetzungskraft zu verschaffen, wenn er an Montgelas schrieb: «Ich wünsche, dass es Krieg (gegen Frankreich gabe). Solche Vereinigung gegen Napoleon gibt es vielleicht in einem Leben nicht wieder – Großbritannien, Russland, Österreich, Preußen, Spanien, Portugal, Schweden. Wenn diese zusammenhalten, welche Kraft! Warum kann ich Bayern nicht nennen! Auch wenn Bayern kleiner würde, gewinnt es, frei von französischer Herrschaft werdend.»[6]

König Max Joseph jedoch hielt am französischen Bündnis fest. Durch die Siege Napoleons gleich zu Beginn des neuen Feldzuges bei Lützen

(5. April) und Bautzen (20./21. Mai) schien die Richtigkeit dieser Verfahrensweise zunächst vollauf bestätigt.

Unabhängig davon, wie die Würfel der Außenpolitik fallen sollten, war die Aufstellung einer neuen Armee die vordringlichste Aufgabe. Um die damit verbundenen ungeheuren Kosten aufbringen zu können, wurde eine monatliche Kriegssteuer von 15 Kreuzern auf 100 Gulden des Vermögenswertes für sämtliche Bewohner Bayerns eingeführt; auch wurde im ganzen Königreich vielfach für die Neuaufstellung der Armee gespendet.[7] Am 18. März befahl der König die Einberufung des Jahrganges 1793, wovon man sich 12 500 neue Soldaten erhoffte.[8] Im bayernfeindlichen Tirol hingegen entzogen sich die zum Dienst unter der weißblauen Fahne Berufenen gleich massenhaft und flohen über die Grenzen in das benachbarte Österreich oder in die Schweiz. Auch in Franken zeigten die Männer wenig Neigung, dem Ruf zum Kriegsdienst zu folgen.[9]

Im übrigen Königreich wurden alle nur irgend militärisch verwendbaren Männer zwischen 22 und 40 Jahren in einem Ausmaß einberufen, dass an Arbeitskräften auf dem Land ein spürbarer Mangel eintrat. Auf großen Bauernhöfen, wo fünf bis sechs Knechte in Lohn und Brot gestanden hatten, gab es plötzlich nur noch zwei.[10] Da aus Russland von den Zehntausenden Pferden so gut wie keines zurückgekehrt war, mussten Ersatztiere aus dem Ausland für die neu aufzustellende Kavallerie und den Tross gekauft werden.[11] Dasselbe galt für Gewehre; da die Waffenfabrik in Amberg in der Kürze der Zeit nicht genug produzieren konnte, mussten Tausende derselben zugekauft werden.[12]

Der Mann der Stunde war der nach dem Tode Deroys zum obersten bayerischen Militär aufgestiegene General Wrede, der mit der Aufstellung und Ausbildung der neuen Armee betraut war. In einer großen Parade wurde am 17. Juni den Bewohnern Münchens unter Anwesenheit des Königs die neue, mittlerweile auf 20 000 Mann angewachsene Truppe präsentiert.[13] Max Joseph setzte in Wrede unbedingtes Vertrauen: «Inzwischen habe ich eine schöne und gute Armee, deren Stimmung jeden Tag besser wird. Ich bin mit Wrede sehr zufrieden. Er ist ein ehrlicher Mann, guter Soldat und guter Verhandlungsführer – mit einem Wort, ich kann mich auf ihn verlassen.»[14] Aber auch bei den für die Zukunft des Landes entscheidenden Verhandlungen mit Österreich sollte Wrede schon bald eine staatstragende Rolle spielen.

Am 12. August 1813 erklärte Österreich Frankreich den Krieg, was sich für den weiteren Verlauf der Ereignisse entscheidend auswirken sollte. Die Kriegserklärung war wohlweislich lediglich gegen Frankreich gerichtet, nicht aber gegen die mit ihm verbündeten Rheinbundstaaten bzw. gegen Bayern. Gleichwohl bestimmte der kurz darauf geschlossene Vertrag von Teplitz (9. September)[15] als Kriegsziel der Alliierten u. a. die vollständige Zerschlagung des Rheinbundes. Der Umstand, dass Österreich Bayern im Kriegsfall geographisch nach wie vor geradezu umklammerte, wurde nun als massives Druckmittel benutzt, um die Entscheidungen in München im alliierten Sinne zu beeinflussen.

Vor allem weil Napoleon nach wie vor den Ruf eines militärischen Genies besaß und bereits in der Vergangenheit vielfach unmöglich Erscheinendes vollbracht hatte, schob Max Joseph die Entscheidung ängstlich weiter hinaus.[16] Der Sieg des französischen Kriegsherrn in der Schlacht bei Dresden (26./27. August), wo die Alliierten 38 000 Mann verloren, schien diese Haltung zunächst zu bestätigen. Erst eine ganze Serie rasch aufeinanderfolgender französischer Niederlagen bei Großbeeren (23. August), an der Katzbach (26. August), Kulm (30. August) und Dennewitz (6. September) – wo 2000 bayerische Soldaten fielen – gaben nicht nur den Ausschlag, das leckgeschlagene Schiff zu verlassen, sondern dessen Untergang nach Kräften noch zu beschleunigen.

Die Bündnisverhandlungen mit dem Habsburgerreich traten nun in die entscheidende Phase, wobei Metternich erkannt hatte, dass, sofern man Bayern für sich gewinnen wollte, Österreich endgültig auf die alten Annexions- und Zerstückelungspläne verzichten musste. Ausgehend von dieser neuen Verhandlungsbasis, führte der wetterwendige Außenminister die Verhandlungen. Er versprach für jene österreichischen Gebiete, die in jedem Fall zurückgefordert werden würden, im Gegenzug auf Kosten Frankreichs einen angemessenen Gebietsausgleich am Rhein. Auch sollte Bayern die von Napoleon erhaltene Königswürde in jedem Fall behalten und fortführen dürfen.[17]

Vom Kriegseintritt Österreichs bis zum Abschluss des Vertrages von Ried und der kurz darauf folgenden Völkerschlacht von Leipzig – in einem Zeitraum also von gerade einmal knapp acht Wochen – sollten sich das Schicksal des napoleonischen Reiches entscheiden und sich die politischen und militärischen Kräfte in Europa dramatisch zuungunsten des französischen Empereurs verschieben.

Nach der Kriegserklärung Österreichs unternahmen Montgelas, Ludwig und Wrede alles, um den immer noch zögerlichen Max Joseph für den Bündniswechsel zu gewinnen.[18] Unter der Last der Verantwortung schwankte dieser jedoch nach wie vor, wohlwissend, dass die Zukunft Bayerns nicht von den beredten Ratgebern, sondern von seiner Entscheidung allein abhing. Anfang Oktober gab der König dieser inneren Zwangslage in einem Brief an Kronprinz Ludwig folgendermaßen Ausdruck: «Vor drei Tagen habe ich Briefe von den Kaisern Alexander und Franz bekommen und einen vom König von Preußen. Der erste lässt durchblicken, dass ich sofort abschließen müsse und mit der Entschädigung bis nach dem Frieden warten soll. Das geht gegen meine Würde und wäre für meine Finanzen eine zu große Einbuße – das ist russisch! Der vom Kaiser von Österreich ist honigsüß und der des Preußen freundlich, sogar freundschaftlich, aber alle drei fordern, dass ich gegen den Kaiser Napoleon marschiere. Morgen expediere ich präzise Instruktionen für Wrede und werde ihm in einem Privatbrief beifügen alles in der Welt zu tun, um Neutralität zu erwirken. Wenn das nicht möglich ist, wird er erklären, dass ich keinen Schritt vorwärts mache, ehe ich den Kaiser [Napoleon] von meinem politischen Wechsel verständigt habe. Ihn zu verraten wäre eine Feigheit, die mit der Loyalität meines Charakters nicht zusammengeht (...). Wenn uns nur Österreich in der Folge nicht hintergeht! Das wäre umso ärgerlicher, als wir, solange Napoleon existiert, nicht mehr auf Frankreich rechnen können (...). Seit acht Tagen habe ich keine Ruhe, weder bei Tag noch bei Nacht. Es ist sehr natürlich. Unsere künftige Existenz hängt von den gegenwärtigen Ereignissen ab.»[19]

Am 15. August 1813 fand in der Münchner Residenz zum letzten Mal das «Napoleonfest» statt, die Feierlichkeiten zum Geburtstag Napoleons, die man seit 1806 in ganz Bayern und halb Europa mit großem Pomp gefeiert hatte.[20] Am selben Tag versicherte der österreichische Graf Apponyi General Wrede in Braunau die Freundschaft von Kaiser Franz und wurde während der Geheimverhandlungen mit dem österreichischen Gesandten das diplomatische Versteckspiel von 1805 in spiegelverkehrter Weise wiederholt. Die Gespräche wurden diesmal vor den Franzosen absolut geheim gehalten. Tatsächlich gelang trotz des Umstandes, dass Bayern am 15. September einen Waffenstillstand mit Österreich schloss, eine vollständige Täuschung des französischen Gesandten Mercy.[21]

Anfang Oktober begannen schließlich die dramatischen Verhandlungen im innbayerischen Ried. Zur wichtigsten Figur für die bayerische Seite wurde hierbei sowohl innen- als auch außenpolitisch Generalleutnant Carl von Wrede. Bereits seit März 1813 wirkte dieser mit aller Kraft auf einen Seitenwechsel hin und arbeitete seit August einen militärischen Plan aus, um Napoleon gegebenenfalls bei Würzburg den Rückzugsweg zu verlegen.[22] Bei den Verhandlungen mit den Österreichern selbst ging Wrede viel weiter, als er eigentlich autorisiert war, und wurde auf diese Weise, so der Montgelas-Experte Eberhard Weis, «zum eigentlichen Motor der Verhandlungen mit der Donaumonarchie».[23]

Bemerkenswerterweise fand das entscheidende Gespräch wieder in der Landvilla von Montgelas in Bogenhausen statt, wo 1805 der Seitenwechsel hin zu Frankreich beschlossen worden war. Am 7. Oktober traf Wrede hier nach einem Gewaltritt von Ried um sieben Uhr morgens ein, wo Montgelas und der König ihn bereits erwarteten. Wrede brachte ein auf wenige Stunden gesetztes Ultimatum der Österreicher mit – im Falle der Weigerung würden deren Truppen einmarschieren! Montgelas und Wrede bedrängten den schwankenden König, den Rheinbund zu verlassen und sich den Alliierten anzuschließen. Der König aber störte sich bei dem Vertragsentwurf Metternichs vor allem daran, dass die für das sicher abzutretende Tirol und Vorarlberg versprochenen Ausgleichsgebiete keinesfalls klar genannt waren. Metternich hatte diesen Punkt, wie die zukünftigen Entwicklungen zeigen sollten, in seinen diesbezüglichen Formulierungen recht bewusst im politischen Nebel gelassen.

Montgelas drängte darauf, den Vertrag dennoch anzunehmen, und führte die weitverbreitete Unzufriedenheit in der Bevölkerung gegen die französischen Verbündeten ins Feld. Als Montgelas und Wrede schließlich noch in die psychologische Trickkiste griffen und Max Joseph einige aller Wahrscheinlichkeit nach frei erfundene Äußerungen Napoleons mitteilten, die darauf hinausliefen, dass dieser ganz Europa allein beherrschen wolle,[24] setzte der König endlich seinen Namen unter den Vertragsentwurf. Mit diesem eilte Wrede dann sofort zurück nach Ried und schloss den Vertrag am 8. Oktober ab, der kurz darauf von beiden Seiten ratifiziert wurde.[25]

Die zentralen Punkte des Vertrages von Ried[26] waren zusammengefasst: 1) Der sofortige Austritt aus dem Rheinbund und die Mitwirkung Bayerns am alliierten Krieg gegen Napoleon. Die Auflösung des Rheinbundes wurde dabei als ausdrückliches Ziel formuliert. 2) Die Unterstellung der bayerischen Armee unter österreichischen Oberbefehl. Allerdings wurde die Befehlsgewalt der beiden am Inn stehenden bayerischen und österreichischen Armeen General Wrede übertragen. 3) Der österreichische Kaiser gab im Namen der Alliierten eine Garantie für «vollkommene und uneingeschränkte Unabhängigkeit Bayerns, auf dass es ungebunden und frei von jedem ausländischen Einfluss, das ganze Ausmaß seiner Souveränität genießen möge». Die Garantie galt auch für den gegenwärtigen territorialen Besitzstand des Königreiches mit Ausnahme des in den Geheimartikeln genannten. 4) In Geheimartikeln wurden die Rückgabe einiger früher zu Österreich gehörender Provinzen und die volle gleichwertige Entschädigung hierfür vereinbart.[27] Die Gebiete jedoch, mit denen Bayern genau entschädigt werden sollte, wurden, wie bereits erwähnt, nicht genannt. Es stellte dieser Winkelzug einen diplomatischen Erfolg Metternichs dar, auf den der Vertragsentwurf wörtlich in weitesten Teilen zurückging.[28]

Nichtsdestotrotz markierte der Vertrag von Ried einen der wichtigsten Wendepunkte in der neueren Geschichte Bayerns überhaupt. Zwar hatten die beiden Herzogtümer Mecklenburg-Schwerin (25. März) und Mecklenburg-Strelitz (30. März) den Rheinbund bereits Monate zuvor verlassen, doch lagen diese beiden Staaten an der nördlichen Peripherie des mitteleuropäischen Kriegsschauplatzes und waren sowohl in ihrer politischen Rolle als auch in ihrer militärischen Kraft kaum ausschlaggebend. Bayern hingegen war das zentral gelegene, stärkste und wichtigste Mitglied des Rheinbundes. Wie die Entwicklung zeigen sollte, würde nach dessen Austritt das ganze Bündnis in einer Art Dominoeffekt innerhalb weniger Wochen vollständig zusammenbrechen.

Nachdem der Vertrag von Ried geschlossen war, gab es hierfür natürlich keinerlei Garantie, und König Max Joseph war sich keineswegs sicher, ob er die richtige Entscheidung getroffen hatte. Noch am gleichen Tag schrieb er an Kronprinz Ludwig: «Wir gewinnen bei all dem nur, von Frankreich unabhängig zu werden, wobei wir wieder unter das österreichische Joch geraten (...). Dies ist ein Bekenntnis mein lieber Ludwig. Bewahren Sie diesen Brief sorgfältig auf. Früher oder später werden Sie gezwungen sein zu sagen: Mein alter Vater hat recht gehabt. Sprechen wir nicht mehr davon. Der Wein ist eingeschenkt. Nun muss er getrunken werden.»[29]

Und er wurde getrunken: Bayern erklärte Napoleon am 14. Oktober den Krieg.[30] Überaus groteske Szenen, an denen jede(r) Fastenredner(in) auf der Bühne des Nockerbergs viel Freude hätte, spielten sich nach Bekanntwerden der Kriegserklärung in München ab. Der Adelige Karl Heinrich Ritter von Lang berichtete: «Nun begann auch in München der böse französische Geist zu entweichen und einem brausenden Patriotismus in Schnauzbärten und himmelblauen [bayerischen] Röcklein Platz zu machen. Präsidenten, Kanzler und Räte fingen an zu exerzieren; die jungen Grafen und Barone suchten in den Kaffeehäusern und Wirtshäusern die alten Franzosenfreunde auf, um ihnen ihre Verwünschungen und Flüche auszuschütten.»[31] Zahlreiche Freiwillige eilten zu den Fahnen, die Chevaulegers der Nationalgarde wie auch elf Bataillone der mobilen Legion erklärten sich freiwillig bereit, auch außerhalb der Grenzen des Königreiches am Krieg teilzunehmen.[32] Der Philosoph Georg Wilhelm Friedrich Hegel schrieb in diesen Tagen als Augenzeuge in Nürnberg: «Unter den entsetzlichsten Jubelrufen hat in Nürnberg der Pöbel die Österreicher hereingeholt (…). Niederträchtiger kann die Gesinnung und das Betragen der Bürger nicht vorgestellt werden.»[33]

Wesentlich mitverantwortlich für diese Freude waren natürlich neben dem reinen Opportunismus die Arroganz und Raubsucht, mit denen die französischen Soldaten über Jahre hinweg in Bayern aufgetreten waren. Unmittelbar nach Abschluss des Vertrages ersuchte General Wrede den österreichischen Fürsten Reuß, die Grenze zu überschreiten und bei Braunau die Vereinigung mit der bayerischen Armee zu vollziehen. Dies geschah, und mit den Österreichern zählte die neue alliierte Armee stattliche 51 838 Mann.[34] Bei strömendem Regen marschierte die Vorhut am 9. Oktober – noch vor der Kriegserklärung – in Richtung Norden ab, um Napoleon, ungewiss, wo man auf ihn stoßen würde, anzugreifen.

Vorläufig wurde dieser jedoch nicht von Wrede, sondern zwischen dem 16. und 19. Oktober 1813 bei Leipzig von halb Europa angegriffen. Die Nachricht vom Seitenwechsel der Bayern schlug auf dem sächsischen Kriegsschauplatz ein wie eine Bombe und beeinflusste den Verlauf dieser größten Schlacht des 19. Jahrhunderts nicht unwesentlich: Sie bestärkte Teile der nach wie vor dem Rheinbund angehörenden württembergischen und sächsischen Truppen in der Entscheidung, mitten in der Schlacht eigenmächtig ihre Kanonen umzudrehen und auf die französischen Soldaten zu feuern. Der sächsischen Königin, die eine Schwester König Max Josephs war, sagte Napoleon nach Bekanntwerden des bayerischen Seitenwechsels: «Madame, ich habe Ihnen nur ein Wort zu sagen, Ihr Bruder ist der allergrößte Schuft.»[35]

Wrede befand sich zu diesem Zeitpunkt bereits in Dinkelsbühl. Als die Siegesmeldung von Leipzig dort durch einen Eilkurier gegen Mitternacht des 21. Oktober eintraf, wurde dies bei den bayerisch-österreichischen Truppen mit frenetischem Jubel aufgenommen.[36] Es ergab sich nun die vermeintlich einmalige strategische Gelegenheit, dem angeschlagenen Napoleon von Süden her in die Rückzugslinie zu fallen und ihm den Weg an den rettenden Rhein abzuschneiden. Zunächst jedoch würde Wrede die ihm unterstellte Armee dazu benutzen, halb Süddeutschland dazu zu zwingen, den Rheinbund zu verlassen. An der württembergischen Grenze bei dem kleinen Ellwangen angekommen, entsandte er seinen Flügeladjutanten Fürst Löwenstein nach Stuttgart zu König Friedrich von Württemberg mit der ultimativen Aufforderung, innerhalb von 36 Stunden aus dem Rheinbund auszutreten und sich der VI. Koalition anzuschließen. Im Falle einer Weigerung würde er Württemberg angreifen und die Verwaltung übernehmen, wobei Wrede diesen Schritt tatsächlich eigenmächtig unternahm.[37]

Für den Erfolg dieses Manövers war neben der Siegesnachricht aus Leipzig von großer Bedeutung, dass die württembergischen Truppen sich zu diesem Zeitpunkt fast alle in Sachsen befanden und somit das Land von militärischem Schutz nahezu entblößt war.[38] Nicht in der Lage, Gewalt mit Gewalt zu beantworten, musste sich König Friedrich der bayerischen Erpressung beugen, aus dem Rheinbund austreten und am 24. Oktober 1813 widerwillig eine Militärkonvention unterzeichnen, welche Wrede die wenigen Truppen, die sich im Land befanden – 3000 Mann Infanterie und 500 Mann Kavallerie –, unterstellten.[39]

Ermutigt durch diesen Erfolg, erließ Wrede in den folgenden Tagen Schreiben in derselben ultimativen Form an die Herrscher von gleich vier weiteren Rheinbundstaaten. Es waren dies der Großherzog von

Darmstadt, der Großherzog von Frankfurt, der Großherzog von Baden sowie der Großherzog von Würzburg. Der schnelle Vormarsch ging nun weiter in Richtung von letztgenannter Stadt, wobei Wredes klarer Befehl lautete, «sich zum Meister von Würzburg zu machen».[40]

Wredes Niederlage

«Es [Hanau] war das fürchterlichste Blutbad, dass ich je gesehen.»[41]
Gardegrenadier Coignet

Es war die Stunde der bayerischen Ultimaten. Am 24. Oktober vor dem zwischen Weinbergen gelegenen Würzburg angekommen, entsandte Wrede um neun Uhr vormittags Major Graf von Seiboltsdorf mit zwei Trompetern an das mittelalterliche Rennweger Tor. Der Parlamentär wurde in die Stadt eingelassen und mit verbundenen Augen durch die Gassen über die Mainbrücke in das französische Hauptquartier geführt und überbrachte die Aufforderung, Stadt und Festung binnen 24 Stunden zu übergeben. Der französische Platzkommandant General Turreau de Linières ließ als Antwort ausrichten, dass er nicht einmal wisse, dass sein Herr, der Kaiser von Frankreich, mit der Krone Bayerns in Krieg verwickelt sei[42] (tatsächlich war die Nachricht hiervon noch nicht nach Würzburg vorgedrungen), und weigerte sich, der Aufforderung Folge zu leisten. Wrede ließ daraufhin 82 Kanonen abprotzen und die Stadt in der Nacht beschießen. Geängstigt flüchteten die Bewohner in ihre Keller, während 500 Gebäude von den Geschossen getroffen wurden, darunter auch die Würzburger Residenz, die Napoleon einst als den «schönsten Pfarrhof Europas» bezeichnet hatte. In der in ein Heumagazin umgewandelten Johanniterkirche zündete eine Haubitzgranate, und es brach Feuer aus, das jedoch schnell wieder gelöscht werden konnte.

In einer Weise, die mehr an einen Schildbürgerstreich als an ein militärisches Unternehmen denken lässt, misslang in der Dunkelheit ein Sturmversuch der Bayern beim Sandertor, da die herbeigeschafften Leitern für die Mauern nicht lang genug waren! Am 26. Oktober um vier Uhr nachmittags wurde die Stadt schließlich übergeben – nicht aber die Festung Marienberg, wohin sich die Franzosen in Stärke von 2000 Mann zurückgezogen hatten.[43] Diese rund 100 Meter über dem Main gelegene Festung war zu stark, um von den Truppen Wredes im Handstreich genommen zu werden.

Während in den Straßen die Militärkapellen der Bayern und Österreicher munter Siegesmärsche spielten, hielt Wrede mit seinem Generalstab hoch zu Pferd seinen Einzug in der eroberten und bald bayerischen Stadt. Als kurz darauf ein österreichischer Kurier in Wredes Hauptquartier mit der Meldung eintraf, dass Napoleons geschlagene Armee sich rasch auf den Rhein zubewegte, brach dieser unter Zurücklassung eines Blockadekorps für den Marienberg sofort auf und führte seine Truppen auf der Landstraße in westliche Richtung. In Aschaffenburg erhielt er einen schmeichelnden Brief Metternichs, in dem es u. a. hieß: «Ich bedarf nicht Eurer Exzellenz die Versicherung des allgemeinen Vergnügens zu schildern, welches die schöne Stelle, welche Bayern übernommen, erregt hat.»[44] Ein weiterer, am selben Tag eingetroffener Brief Montgelas' verglich Wrede gar mit dem ruhmreichen katholischen Feldherrn Tilly, neben dem er tatsächlich 30 Jahre später als Denkmal in der Münchner Feldherrnhalle stehen sollte.

Solcherweise geschmeichelt, setzte Wrede seinen Marsch in raschem Tempo fort, um «jene Stellung zu wählen», so Wrede an den König, «in der ich dem Feind den größten Schaden zufügen kann».[45] Tatsächlich hatte die ihm unterstellte Armee in 14 Tagen bei anhaltend schlechtem Wetter 470 Kilometer zurückgelegt, was einer durchschnittlichen Marschleistung von 33,5 Kilometern am Tag entsprach. Durch diese Gewaltmärsche blieben viele Soldaten, obwohl ihre Tornister auf requirierten ochsenbespannten Wagen gefahren wurden, vor Erschöpfung zurück. Zu einem beträchtlichen Teil wurden die Truppen auch auf großen Kähnen den Main abwärts geschifft, wobei sich in jedem Boot 200 Mann befanden; die Pferde wurden an Land geführt. Die nächtliche Fahrt auf dem Main glich keineswegs einer idyllischen Schiffsreise, denn die Soldaten konnten sich wegen gänzlicher Überfüllung weder hinsetzen noch -legen, sondern mussten in den offenen Kähnen, vom kalten Schneeregen bis auf die Haut durchnässt, stehend zubringen.[46] Der Hauptteil der Truppen ging auf der Straße neben dem Main, wobei der Marsch außerordentlich beschwerlich war. Es herrschten, so Wredes Adjutant Fürst von Thurn und Taxis, ein schneidender Wind und heftiger Schneefall, der aber nicht liegen blieb, sondern sogleich schmolz, so

*Am 18. Juni 1841, dem
26. Jahrestag der Schlacht von
Waterloo, legte König Ludwig
den Grundstein zur Feldherrnhalle in München, die dann am
18. Oktober 1844, dem
31. Jahrestag der Völkerschlacht
von Leipzig, eingeweiht wurde.
Neben Graf von Tilly, Feldherr
des Dreißigjährigen Krieges, fand
darin Ludwigs väterlicher
Freund, Feldmarschall Wrede, als
bronzenes Standbild seinen Platz.
Die beiden Feldherren blicken
über die Ludwigstraße direkt auf
das dem bayerischen Heer
gewidmete Siegestor.*

dass die Straßen sehr schlecht und schlammig wurden.[47] Die verdreckte Landstraße führte nach Hanau, wo die letzte Schlacht Napoleons auf deutschem Boden stattfinden sollte.

Entrückt und aus einem anderen Jahrhundert blickt Feldmarschall Wrede von der Feldherrnhalle in München hinab in die Tiefe auf die japanischen Touristen, die in der Regel keine Ahnung haben, wen sie fotografieren. Fragt man hingegen einen alteingesessenen Münchner nach den beiden Bronzestandbildern, ist die Wahrscheinlichkeit recht hoch, als Antwort zu erhalten: «Der eine [Tilly] war kein Bayer, und der andere [Wrede] kein Feldherr.»[48] Da das eingängige Zitat aus dem Roman «Erfolg» von Lion Feuchtwanger (1884–1958) als vermeintliche Wahrheit Eingang in das Kollektivbewusstsein der Nachwelt gefunden hat, lohnt es der historischen Betrachtung. Dass der im heute belgischen Brabant geborene Tilly, katholischer Feldherr des Dreißigjährigen Krie-ges, geographisch kein Bayer war, ist eine unbestrittene Tatsache. Dass hingegen Feldmarschall Wrede von dem Romanschriftsteller unbe-rechtigterweise jeglicher militärischer Sachverstand abgesprochen wird, geht auf den Umstand zurück, dass er bei Hanau in einer einzigen Schlacht gegen Napoleon – der ebenfalls mehrere Schlachten verlor – an der Spitze der bayerischen Armee eine blutige Niederlage erlitt.

Wenige napoleonische Schlachtfelder in Europa haben sich heute so vollkommen verändert wie das von Hanau. Wo Ende Oktober 1813 mehr als 100 000 Mann um Leben und Tod rangen, befinden sich heute der Hauptbahnhof, Industrieanlagen und Wohnhäuser, die überwiegend nach dem Zweiten Weltkrieg gebaut wurden.

Gemächlich fließt der Main südlich der alten Handelsstadt vorüber, die sich 1813 im Großherzogtum Frankfurt, einem napoleonischen Modellstaat, befand. Im Norden wird Hanau in einer Art nach unten hin geöffnetem Hufeisen von der Kinzig umschlossen, die westlich der Stadt in den Main mündet. Nördlich der Kinzig wiederum verlief die strategisch wichtige Landstraße von Leipzig über Frankfurt nach Mainz. Östlich der Kinzig befanden sich im Jahr 1813 zunächst eine Ebene und daran anschließend ausgedehnte Nadelwälder.[49]

Nachdem bayerische Voraustruppen am 28. Oktober Hanau bei dichtem Schneetreiben erreicht und kampflos besetzt hatten, mussten diese noch am selben Tag vor den von Osten heranrückenden Vorhuten der Franzosen weichen. Durch einen Gegenangriff der bayerischen Kavallerie fiel die Stadt erneut in deren Hand, wobei Fürst von Waldeck, ein Neffe König Max Josephs, tödlich verwundet wurde. Von den französischen Truppen, auf die man am 28. und 29. Oktober traf, wurden mehr als 3000 Mann gefangen genommen, bei denen es sich fast ausnahmslos um verwahrloste Marodeure handelte. Dieser Umstand führte zu einer äußerst verhängnisvollen Fehleinschätzung. Am 29. Oktober traf Wrede kurz vor zwei Uhr nachmittags in Schloss Philippsruhe ein und besichtigte anschließend die Umgebung sowie die Vorposten seiner Truppen, wobei er in den bayerischen Biwaks von lautem Jubel empfangen wurde. Bei dieser Gelegenheit wurden ihm auch französische Gefangene vorgeführt.

«Hier sah ich», so ein Wrede attachierter Offizier, «wieder einige Abteilungen von gefangenen Franzosen einbringen; ich gestehe, dass viele unter ihnen in dem kläglichsten Zustand zu sein schienen und ihr Aussehen, vereinigt mit ganz wintermäßigem Anblick, den die Gegend nach einem sechsunddreißigstündigen Schneegestöber darbot, erinnerte mich unwillkürlich an die Szene vom vergangenen Jahr in Russland.»[50] Kurz gesagt, alles kündigte eine französische Niederlage an, zumal mehrere Kundschafter versicherten, dass sich die ganze Grande Armée in einem ähnlichen Zustand befände. Zusätzlich verstärkte sich im bayerischen Hauptquartier aufgrund falscher Berichte die Überzeugung, dass man es nur mit versprengten Truppen zu tun habe und Napoleon mit seiner Hauptarmee viel weiter nördlich über Kassel-Wetzlar an den Rhein marschiere.

Da Wrede aufgrund dieser Lagebeurteilung also nur mit schwachen und demoralisierten französischen Streitkräften ohne Napoleon rechnete, gab er der Armee Befehl, östlich der Kinzig in der Ebene zwischen Waldrand und dem Fluss in Stellung zu gehen, wobei sie die Landstraße nach Frankfurt absperrte. Über die wegen des wochenlangen Schneeregens zu Hochwasser angeschwollene Kinzig führten zwei Brücken nach Hanau. In Anbetracht eines für schwach geglaubten Feindes befand man es nicht für nötig, Feldbefestigungen zum Schutz der beiden Übergänge oder gar zusätzliche Brücken zu errichten. Solcherweise rückte in tiefem Nebel der 30. Oktober heran und mit ihm auf dem Rücken seines Grauschimmels Napoleon.

Die viel beschriebene Ruhe vor dem Sturm lag über dem schneebedeckten Land.[51] Durch die ausgedehnten Wälder marschierten die vollkommen intakten Kerntruppen der Grande Armée auf Hanau zu. Diese noch verstärkend, war es Napoleon gelungen, bei seinem Rückzug durch Erfurt aus den dortigen Depots den Munitionsbedarf seiner bei Leipzig schwer angeschlagenen Streitmacht aufzufüllen.[52] Wrede ließ seine Armee ab sieben Uhr morgens auf einer Frontausdehnung von ca. zweieinhalb Kilometern aufmarschieren.[53] Von der Bedrohung, die sich ihm aus den verschneiten Tannenwäldern näherte, ahnte er nichts und gab in relativer Siegesgewissheit Befehle, den Gegner im Norden zu umgehen, «um ihn mit Sack und Pack gefangen zu nehmen».[54]

Langsam begannen sich gegen neun Uhr die Nebelschwaden aufzulösen, wodurch sichtbar wurde, dass am Waldrand immer mehr Franzosen auftauchten. In geschlossenen Gefechtsformationen rückten sie schließlich aus dem Gehölz hervor und gingen zum Angriff über. Den Franzosen gelang es, die Bayern in Richtung der östlichen der beiden Brücken, der sogenannten Lamboybrücke, zu drängen. Als dort der erste Adjutant Wredes, Rittmeister von Besserer, mit dem Befehl eintraf, die Stellung zu halten, vernahmen die zusammenstehenden Offiziere aus dem Wald laut und deutlich wiederholt den wohlvertrauten, enthusiastischen Ruf «Vive l'Empereur».[55] Es war jener Ruf, den die Bayern etwas

mehr als ein Jahr zuvor während der großen Heerschau im russischen
Wilna selbst noch nach Leibeskräften gebrüllt hatten.

Nicht lange darauf zeigten sich am Waldrand Ehrfurcht gebietend die
hohen Bärenfellmützen der Alten Garde. Deren Erscheinen vertrieb die
letzten Zweifel, mit wem man es zu tun hatte: Vor den Bayern stand
eine gewaltige, von Napoleon selbst geführte Übermacht. Als diese mit
wildem Kriegsgebrüll und in bester militärischer Formation aus dem
Wald hervorbrach, konstatierte Wrede nüchtern: «Jetzt ist nichts mehr
zu ändern, wir müssen als brave Soldaten unser Möglichstes tun!»[56]
Sein Adjutant, Fürst August von Thurn und Taxis, nannte die wahren
Hintergründe, weshalb die Schlacht angenommen wurde: «Es handelte
sich hier nicht mehr darum, ob man sich in der Position würde behaupten können, sondern darum, den [alliierten] Mächten sowohl als der
ganzen Welt zu beweisen, dass es mit unserm Beitritt uns ernst gewesen. – Bayern hatte zu lange in dem üblen Ruf gestanden, dass es unzer-
trennlich mit Napoleon vereinigt sei, um nicht hier um jeden Preis
unseren Bruch mit Blut zu besiegeln.»[57] Rund 6000 Bayern sollten diese
politische Willensbekundung mit ihrem Leben bezahlen.

Gegen vier Uhr am Nachmittag war es Napoleon wie bei Wagram am
Waldrand bei Hanau gelungen, die berüchtigte «Große Batterie» zu bilden, d. h. nahezu seine gesamte Artillerie auf einen Punkt zu konzentrieren. Die Ebene vor Hanau, so ein Augenzeuge, bebte vor dem Donner
der Kanonen. Wredes Adjutant, Prinz von Öttingen-Spielberg, mit dem
er zudem verwandt war, wurde zwei Meter von ihm entfernt von einer
Kanonenkugel tödlich getroffen, als er gerade seine Hand an den Kopf
legte, um eine Meldung zu erstatten.[58]

Die bayerische Artillerie indessen schoss nach Kräften zurück; es
wirkte sich jedoch jetzt überaus verhängnisvoll aus, dass bereits vor
Würzburg viel Munition verschossen worden war und die Fuhrwerke
mit der Munitionsreserve in Uffenheim – drei Tagesmärsche vom
Schlachtfeld entfernt – durch eine schiere Schlamperei zurückgeblie-
ben waren.[59] Es entstand nun die groteske Situation, dass den Bayern
am entscheidenden Punkt der Schlacht die Munition ausging, während Napoleon, der die Schlacht von Leipzig mitunter deshalb verloren hatte, weil *ihm* die Munition ausgegangen war,[60] durch die Auffül-
lung seiner Bestände in Erfurt über genügend Schießbedarf verfügte.
Wrede ließ daraufhin die meisten Geschütze zurückziehen, um zu ver-

hindern, dass sie in Feindeshand fielen, wobei ein unbeschreibliches Chaos entstand.

Aus der Bedrängnis heraus ließ Wrede nun die Große Batterie mit den schnellen Chevaulegers und österreichischen Husaren angreifen. Ein verheerender Kartätschenhagel holte die bayerische und österreichische Kavallerie zu Hunderten von den Pferden. Dennoch gelang es den Reitern, kurzfristig in die Große Batterie einzubrechen und sechs Geschütze zu erobern.[61] Napoleon gab daraufhin seinem Kavalleriegeneral Nansouty Befehl, mit den Gardechasseur-, berittenen Gardegrenadier-, Kürassier- und Karabinierregimentern den ehemaligen Verbündeten einen nachhaltigen Unterricht in Kriegsführung zu geben. Auf der Ebene östlich von Hanau entwickelte sich nun eine der gewaltigsten Reiterschlachten der Napoleonischen Kriege, die der bayerische Hofmaler Wilhelm Kobell kurze Zeit später monumental ins Bild setzen sollte.[62] Der an dem Angriff teilnehmende französische Gardegrenadier Jean Roch Coignet berichtete in seinen Memoiren: «Ich war am äußersten linken Flügel, von dem ich mich in der Richtung auf Hanau entfernte. Da kam ein Trupp Bayern auf mich zugeritten, geführt von einem schönen Offizier. Wie er mich allein sah, griff er mich an, ich parierte aber seinen Stich und hieb ihm den halben Kopf herunter ...»[63]

Nachdem die überlegene französische Kavallerie die Chevaulegers vertrieben hatte, griff sie die übrig gebliebenen bayerischen Batterien an. Über das Geschehen bei diesen berichtete der bayerische Artilleriehauptmann Aign: «[Es] hieben die Kürassiere die Fuhrsoldaten von ihren Pferden herunter und auch auf die Artilleristen ein. – Da von denen, die neben uns standen, niemand unterstützte, sondern die feindliche Kavallerie unter uns herumsäbeln ließ und unsere Munition bis auf einen kleinen Teil durch das lebhafte Feuern verschossen war, so sah ich kein anderes Mittel, als mitten unter dem Feinde noch Kanonen und Wägen zu retten.»[64]

Nachdem die französische Reiterei sowohl die bayerische Kavallerie als auch den Großteil der Artillerie aus dem Feld geschlagen hatte, ließ Nansouty die Reiter in südöstliche Richtung schwenken und auf die in der Ebene stehende Infanterie einhauen. Den meist blutjungen, wenig geübten bayerischen Soldaten gelang es kaum, Karrees zu bilden. Unerbittlich wurden sie reihenweise von oben herab niedergesäbelt, und wer

sich dem entziehen konnte, rannte in panikartiger Auflösung der scheinbar rettenden Lamboybrücke zu.

Da die nicht allzu breite Holzbrücke bereits mit Soldaten überfüllt
war, hechteten viele Bayern, die Verfolger im Nacken, in die hochwas-
serführende Kinzig und versuchten schwimmend das andere Ufer zu
erreichen. Doch ertranken viele im eisig kalten Wasser oder wurden von
den Grenadieren der Alten Garde einfach erschossen. An der Lamboybrücke selbst spielten sich Szenen ungeheuren Chaos ab, wobei es sich
nun rächte, dass weder schützende Feldbefestigungen noch zusätzliche
Flussübergänge errichtet worden waren. Das hölzerne Geländer der
Brücke war längst gebrochen, während ein regelrechtes Knäuel von
Menschen, Pferden, Fuhrwerken und Kanonen hinüberdrängte. Viele
Soldaten wurden schlichtweg niedergetreten, andere wurden in den Fluss
gestoßen und ertranken.[65]

Den Franzosen gelang es jedoch nicht, die Kinzigbrücke zu nehmen,
gleichwohl dies mit hoher Wahrscheinlichkeit die völlige Vernichtung
der Armee Wredes bedeutet hätte. Napoleon ging es allerdings in erster
Linie um einen sicheren Rückzug an den Rhein. Als in der Nacht die
endlos erscheinenden Kolonnen der Franzosen auf der freigekämpften
Landstraße nördlich von Hanau vorüberzogen, wurden sie aus der
Stadt heraus erneut von den Bayern beschossen. Napoleon ließ daraufhin seinerseits um drei Uhr nachts Hanau mit schwerer Artillerie beschießen. Die Vorstadt sowie einige Häuser der Altstadt selbst gingen
in Flammen auf, was den spätherbstlichen Nachthimmel gespenstisch
rötete. Wrede ließ Hanau, um es zu schonen, räumen. Zum Schutz der
sich nunmehr ungehindert zurückziehenden Grande Armée besetzten
daraufhin französische Truppen Hanau erneut.

Der französische Kaiser hatte seine letzte Schlacht in Deutschland
gewonnen, und Wrede war mit seinem Ziel, diesem den Rückzug nach
Frankreich zu verlegen, blutig gescheitert. Wenig später sagte Napoleon
in der irrtümlichen Annahme, Wrede sei bei der Schlacht gefallen, zu
seinem in München böse getäuschten Gesandten Mercy: «Man hat Sie
in München betrogen, das ist unwürdig. Der König von Bayern hat sich
eines feigen Verrats schuldig gemacht. Übrigens ist es der Fußtritt des
Esels, der Löwe ist aber noch nicht tot. Ich habe ihnen eben ihren Wrede
totgeschlagen und bin über die Leiber der ganzen bayerischen Armee
hinweggeschritten. Der König wird mich nächstes Jahr wiedersehen,

und er soll sich an mich erinnern! Er war ein kleiner Fürst, den ich groß gemacht habe; er ist ein großer Fürst, den ich klein machen werde.»[66] Der weitere Gang der Ereignisse sollte zeigen, dass der erste Teil dieser Aussage zutreffend war, Napoleon es aber nicht mehr gelingen sollte, die von ihm veranlasste Vergrößerung wieder rückgängig zu machen. Der von ihm in den Stand eines französischen Reichsgrafen erhobene Wrede selbst, der bei ihm in eine vorzügliche militärische Schule gegangen war, sollte daran einen wesentlichen Anteil haben.[67]

Den Vormittag des 31. Oktober verbrachte Wrede damit, sein geschlagenes Heer neu zu ordnen und die verbliebene Munition verteilen zu lassen. Am Nachmittag erließ er den Befehl, «den Hanau noch besetzt haltenden französischen Streitkräften eine Schlappe beizubringen».[68] Bei dem erneuten Angriff auf die Stadt führte Wrede einzelne Kolonnen selbst an. Hierbei eröffneten an der malerischen Kinzigbrücke französische Infanteristen das Feuer auf den bayerischen Oberbefehlshaber, der in seiner silberbestickten blauen Uniform ein augenfälliges Ziel bot. Als ihm eine Kugel aus nur etwa zwanzig Schritt Entfernung[69] in den Unterleib fuhr, hielten ihn zwei Adjutanten geistesgegenwärtig fest, ansonsten wäre er vom Pferd gestürzt. Sofort wurde er von mehreren Offizieren nach hinten getragen und notdürftig versorgt. Ein Bauchschuss galt damals allgemein als tödlich. Der österreichische Feldmarschall-Leutnant Fresnel, der das Kommando übernahm, brach die Kämpfe an der mittlerweile in Brand geratenen Brücke ab. Erst einige Stunden später gelang es, das mittlerweile nur noch schwach besetzte Hanau endgültig zurückzuerobern.

Inzwischen rangen drei Ärzte, darunter der Leibarzt des Erbprinzen von Hessen-Darmstadt, der hierfür vom bayerischen König später in den Adelsstand erhoben wurde, um das Leben des schwer verwundeten Wrede. Sie konnten das Geschoss, da es sich zu nahe an lebenswichtigen Organen befand, nicht entfernen. In den nächsten Tagen eilten der österreichische Kaiser Franz I., der preußische König Friedrich Wilhelm III., der russische Zar Alexander I., Staatsminister Metternich und König Max Joseph zu Wrede, um Abschied zu nehmen und ihm ihre höchsten Orden zu verleihen.

Der vermeintlich Todgeweihte erholte sich jedoch wider Erwarten innerhalb weniger Wochen. Wrede, der noch viel für das Königreich Bayern leisten sollte, lebte mit der Kugel im Leib bis zu seinem natürlichen Tod auf Schloss Ellingen am 12. Dezember 1838. Als König Ludwig I. seinerzeit vom Tod seines väterlichen Freundes erfuhr, ordnete er «mit Tränen in den Augen»[70] eine dreitägige Staatstrauer an. Der König selbst wie auch alle bayerischen sowie die sich im Land aufhaltenden ausländischen Offiziere mussten ein schwarzes Trauerband an der Uniform tragen. Da es die erklärte Vision des philhellenistisch ausgerichteten Monarchen war, München architektonisch in ein «Athen an der Isar»[71] zu verwandeln, ließ er dem Verstorbenen in der Feldherrnhalle ein aus der Bronze geschmolzener Kanonen gegossenes Denkmal errichten. Bei der Einweihung am 18. Oktober 1844 – wieder am Jahrestag der Völkerschlacht von Leipzig – sagte der König, das Denkmal sei ein Ausdruck, «dass Verdienste nicht vergessen werden».[72] Der Preis jedoch war die französische Bleikugel, die Wrede 1813 bei Hanau getroffen hatte, die ihm zeit seines Lebens Beschwerden bereitete.

Erst nach seinem natürlichen Tod entfernte sie ein Arzt, dem Letzten Willen des Verstorbenen gemäß, aus dessen Leichnam. Die Obduktion ergab, dass das Geschoss, einen Teil der Koppelschnalle durchschlagend, abgeprallt, rechts unterhalb des Nabels in den Körper eingedrungen und ohne Verletzung der Gedärme im hinteren Bereich des Unterbauches in der Nähe der Wirbelsäule stecken geblieben war. Als sich im April 1945 die vorrückenden Amerikaner in Schloss Ellingen einquartierten, nahmen sie bei ihrem Abzug sowohl die historische Kugel als auch die Orden des Feldmarschalls mit.[73] Der heutige Verbleib dieser Gegenstände ist unbekannt.

Auf dem Weg nach Paris

«Frühmorgens leuchtet uns der Tag / Als man über den Rheine stach.»
Aus einem bayerischen Soldatenlied, 1814

Nachdem die verbündeten Monarchen im Spätherbst 1813 ihr Hauptquartier in die alte Krönungsstadt der Deutschen Kaiser, nach Frankfurt am Main, verlegt hatten, waren sie sich in ihren militärischen und politischen Zielen keineswegs einig. Vielmehr herrschten tief greifende Meinungsverschiedenheiten darüber, wie mit dem hinter den Rhein zurückgedrängten Napoleon weiter verfahren werden sollte. Während der österreichische Kaiser Franz den geschwächten Schwiegersohn am liebsten auf dem französischen Thron belassen hätte, drängten die Militärs, allen voran Blücher und Wrede, auf einen sofortigen Einmarsch in Frankreich und Napoleons vollständiger Niederringung. In Frankfurt kam es nun, da der Sieg greifbar nahe gerückt war, zu ersten Zankereien um die Verteilung der zukünftigen Beute. Preußen weigerte sich, den Vertrag von Ried anzuerkennen, und kündigte Ansprüche auf Ansbach und Bayreuth an.

Um im großen Spiel der Mächte nachdrucksvoller aufzutreten, reisten Wrede und König Max Joseph persönlich in das Hauptquartier an den Main, um, so Montgelas, die bayerischen Interessen bei «den unendlichen Wirrsalen der Umgestaltung Europas nicht in Vergessenheit geraten zu lassen».[74] In Frankfurt ging es, so Max Joseph, zu «wie im polnischen Reichstag» (Polen gab es seit 1795 mitunter deshalb nicht mehr, weil man im dortigen Reichstag unentwegt gestritten hatte). Seine Eindrücke fasste der König in einem Brief an den in München verbliebenen Montgelas wie folgt zusammen: «Verger [der bayerische Gesandte im Hauptquartier der Alliierten] hat sich jämmerlich benommen, besonders durch sein Eingeständnis, Instruktion für eine Abtretung Tirols zu haben. Dass es Österreich vielleicht jetzt gerade gut mit uns meint, da es vor sechs Wochen zu weit von uns entfernt war, nicht weiß, wie es sich herausziehen kann. Dass der Baron vom Stein ein Narr ist, aber glücklicherweise durch Nesselrode und Metternich in Schach gehalten wird. Dass endlich, wenn sich die Dinge derart entwickeln sollten, dass man gegen den Wortlaut des Vertrages von Ried einige Abtretungen zugestehen müsste, diese nur in München ausgehandelt werden könnten und indem man sich eine militärische Grenze sicherte, worin Salzburg, Vorarlberg, die Ämter Kufstein, Kitzbühel und Rattenberg inbegriffen waren und zwar mit der Garantie, dass ich diese Abtretungen durch ein an meine Staaten angreifendes Äquivalent ersetzt werden. Wenn Sie meiner Ansicht sind, so treffen Sie dementsprechend Ihre Anordnungen! (...) Max Joseph».[75]

In Frankfurt wurde viel diskutiert und vorläufig wenig beschlossen; das Einzige indessen, worüber man sich einig werden konnte, war, dass neben Murat Napoleons letztverbliebener Verbündeter Vizekönig Eugène Beauharnais «eingeladen» werden sollte, sich den Alliierten anzuschließen. Der mit Augusta Amalia von Bayern verheirate Stiefsohn Napoleons führte in Norditalien an der Spitze von 43 000 Mann einen zähen Krieg mit den Österreichern. Zu dieser Mission wurde Wredes Ordonanzoffizier von Thurn und Taxis mit einem persönlichen Schreiben des bayerischen Königs über die Alpen geschickt. Es stand dahinter das psychologische Kalkül, dass die schwiegerväterliche Tuchfühlung bei Eugène am ehesten den erstrebten Seitenwechsel herbeiführen könne.

Steigt man die 13 Steinstufen hinten rechts innerhalb der ehemaligen Hofkirche St. Michael in der Münchner Fußgängerzone in die Gruft der Wittelsbacher hinab, so steht man in der linken hinteren Ecke vor dem schweren, zinkeisernen Sarg von Eugène Beauharnais, Vizekönig von Italien (1805–1814) und Herzog von Leuchtenberg (1817–1824), über den nach dessen Tod der freilich napoleonbegeisterte Goethe gesagt hatte: «Er war einer von den großen Charakteren, die immer seltener werden, und die Welt ist um einen bedeutenden Menschen ärmer.»[76] In der Jesuitenkirche selbst befindet sich dessen eindrucksvolles, im Auftrag Augusta Amalias im Jahr 1824 von dem berühmten dänischen Bildhauer Bertel Thorvaldsen in Rom nach Entwürfen Leo von Klenzes geschaffenes Grabdenkmal.[77] Die von ihnen entworfene Figurengruppe ist voll vielfältiger Symbolik. Als zentrale Gestalt zeigt sie den seinerzeit in der bayerischen Bevölkerung tief verehrten Stiefsohn Napoleons in einer kurzen römischen Tunika als ruhmreichen Krieger; an seiner linken Hüfte hängt ein über die Schulter geriemtes Schwert, rechts von ihm liegen auf dem Boden der abgelegte Kriegerharnisch und der Brustpanzer. Beauharnais hat die linke Hand fest auf dem Herz, während die rechte als Symbol des Ruhmes einen Lorbeerkranz hält. Von der antikisierenden Grundgestaltung der gesamten Figurengruppe abweichend, hat der Held als Zugeständnis an die Realität einen Schnurr- und Backenbart, den er zeit seines Lebens zumeist trug. Während er in angedeuteter Bewegung in Begriff ist, sich zum Grabesportal hin umzuwenden, sitzt zu seiner Rechten, dem Betrachter zugewandt, Klio, die Muse der Geschichte, die mit einer Tafel und Schreibgerät seine Taten aufzeichnet.[78] Zur Linken des Herzogs stehen in der Gestalt zweier gelockter, geflügelter Knaben die beiden Genien (römische Schutzgeister) des Lebens und des Todes, die von Thorvarldsens Schüler Pietro Tenerani geschaffen wurden. Die keineswegs zufällig dem Herzog näher stehende Genie des Todes ist von den beiden Figuren die sichtbar stärkere und hält in der rechten Hand eine erloschene (Lebens-)Fackel, während sie den Arm sanft um die Taille des Bruders gelegt hat, dabei, ihn in Richtung des Grabesportals zu führen. Unterhalb ist das Marmormonument in ehemals goldenen, heute schwarzen Buchstaben mit dem Wahlspruch Eugène Beauharnais' versehen: «Honneur et Fidélité», zu Deutsch «Ehre und Treue».

Dieser hochgreifende Wahlspruch war indessen, wie seine Biographie belegt, keineswegs leeres Wortgeklingel, wie der aus dem alliierten Hauptquartier in Frankfurt nach Italien entsendete bayerische Offizier Thurn und Taxis berichtete: «Ich weiß, dass dieser Mann verschieden beurteilt wird; – ich kann meine Ansicht niemandem aufdringen, weiß aber so viel, dass das Andenken an diese Unterredung und mit demselben meine Achtung für ihn mir ewig bleiben wird.»[79] Die besagte Unterredung fand vor der Kirche des kleinen venezianischen Dorfes St. Michel unweit von Verona statt: «Ich wandte alles Mögliche auf, um ihm zu beweisen, dass nicht nur sein eigenes Interesse und das seiner Familie, sondern auch des italienischen Volkes, welchem er sehr attachiert war, erfordere, dass er sich von Frankreich unabhängig erkläre, indem, wie die Sachen damals standen, man ihn für den Beitritt zur Sache der Alliierten fast ohne Zweifel als Souverän des ganzen Landes von der Etsch an anerkannt haben würde, was den Italienern für die Zukunft den Charakter einer independenten Nation garantiert haben würde (...).» Der Vizekönig sagte weiter: «Er [Napoleon] ist mein Wohltäter, ich habe ihm sowohl als sein Statthalter in diesem Lande [als auch] als Oberbefehlshaber der französischen Armee in demselben Treue gelobt und bin verpflichtet, selbe zu halten (...). Er [müsse] vor den Augen von Europa als ein Undankbarer und als ein Verräter erscheinen, wenn er meinen Vorschlägen Gehör gebe.»[80]

Die Haltung Beauharnais' ist umso bemerkenswerter, wenn man bedenkt, dass zum selben Zeitpunkt nahezu alle vormals mit Napoleon verbündeten Herrscher und kurz darauf sogar mehrere französische Marschälle in einem wahren Wettbewerb an opportunen Seitenwechseln, Intrigen und offenem Verrat standen, worunter sich auch seine eigene Schwester Caroline und deren Mann, Joachim Murat, der Schwager Napoleons, befanden. Der von Napoleon eingesetzte König von Neapel wechselte am 8. Februar 1814 die Seiten, erklärte Napoleon den Krieg und führte seine Truppen gegen jene von Vizekönig Eugène Beauharnais. Der zusätzlich von Süden Angegriffene musste nach dem Sturz Napoleons aus Mailand fliehen und fand Zuflucht bei seinem Schwiegervater Max Joseph in München. Tatsächlich empfand der bayerische König für Beauharnais wegen dessen Treue und Geradlinigkeit Napoleon gegenüber ein Höchstmaß an Achtung,[81] obwohl es sich bei dem französischen Kaiser zu diesem Zeitpunkt um seinen militärischen Feind handelte. Max Joseph machte seinen Schwiegersohn schon bald zum Fürsten von Eichstätt und Herzog von Leuchtenberg (1817). Nach dem ersten Sturz Napoleons fühlte sich Eugène seinem Adoptivvater gegenüber entbunden und hielt sich nach dessen Rückkehr 1815 aus Loyalität Max Joseph gegenüber vollkommen zurück. Im Spätherbst 1813 jedoch musste sich der bayerische Offizier mit einem höflichen, aber ablehnenden Brief im Gepäck unverrichteter Dinge auf den Weg zurück über die Alpen machen, wobei er sich eine Lungenentzündung holte.[82]

Inzwischen war im alliierten Hauptquartier in Frankfurt die Entscheidung gefallen, den Rhein zu überschreiten und in Frankreich einzumarschieren. Das bayerisch-österreichische Armeekorps wurde hierzu durch ganz Baden nach Süden bis auf die Höhe von Basel verlegt. Am 22. Dezember gingen die bayerischen Soldaten, die nun als V. Armeekorps Teil der unter dem Befehl von Schwarzenberg stehenden Böhmischen Armee waren, auf einer Holzbrücke über den Rhein und sangen in einem patriotischen Lied: «Frühmorgens leuchtet uns der Tag / Als man über den Rheine stach.»[83]

Wrede saß, *mit* der Kugel von Hanau im Bauch, wieder zu Pferd und führte das bayerische Heer über die Vogesen in Richtung Paris, wobei zunächst die Festungen Hüningen und Belfort belagert werden mussten. Die Armee Schwarzenbergs zählte insgesamt rund 200 000 Mann, während die rund 100 000 Mann starke, aus preußischen und russischen Truppen bestehende Schlesische Armee unter Blücher in der Silvesternacht bei Kaub über den Rhein ging.[84] Beide alliierten Armeen hatten als Marschziel Napoleons Hauptstadt Paris.

Die Tatsache, dass sich der Kriegsschauplatz mittlerweile in Frankreich befand, heizte indessen das patriotische Hochgefühl im ganzen Königreich enorm an. Auf dem Hauptplatz von Nördlingen hielt Kronprinz Ludwig, dem es von seinem Vater verboten worden war, selbst an dem Feldzug teilzunehmen, eine feurige Rede an die «Männer und Jüng-

linge Bayerns», gegen das «französische Joch» die Waffen zu ergreifen.
Nachdem die ersten Siegesmeldungen in München eingetroffen waren,
ließ der Thronfolger die Worte «Beharrlichkeit, Teutschheit, Sieg» in
seinen Degen eingravieren.[85]

Die Kehrseite des allgemeinen patriotischen Überschwanges indessen
war, dass viele der nach Bayern geführten französischen Kriegsgefange-
nen den Typhus einschleppten, was eine schwere Epidemie auslöste.
40 000 Typhuskranke wurden allein ab dem Sommer 1813 im Königreich
gezählt, wovon 9000 der Krankheit erlagen. Zur Pflege der zahlreichen
Seuchenkranken wurden Frauenvereine gegründet, was ein gesellschaftliches Novum darstellte, die sich auch der Familien annahmen, die ver-
armt waren, weil ihre Männer ins Feld gerückt waren. In der Hauptstadt München stellte sich Königin Caroline selbst an die Spitze des
dortigen Frauenvereins: «Ich übernehme mit lebhaftem Vergnügen den
Schutz des mit Bewilligung des Königs sich bildenden Vereins und sehe
darin mit großer Zufriedenheit den Ausdruck edler Gesinnungen und
der Vaterlandsliebe der Frauen dieses Reiches.»[86]

Im Zentrum der bayerischen Landeshauptstadt verläuft von West
nach Ost über den Karolinenplatz mit dem mächtigen Obelisken bis
fast zum Odeonsplatz hin eine ausgedehnte Prachtstraße, an der sich
u. a. die Bayerische Landesbank, die Münchner Börse sowie das Volks-
theater neben zahlreiche klassizistische Palais reihen. Es ist dies die
Brienner Straße, mit deren Benennung König Ludwig I. 1826 dem «freu-
digen Zustand»[87] Ausdruck verlieh, in den ihn das Eintreffen der Siegesnachricht von La Rothière versetzt hatte. Allerdings war an der Schlacht
von *Brienne* vom 29. Januar 1814 kein einziger bayerischer Soldat beteiligt gewesen. An besagtem Tag kämpfte dort der preußische Feldmarschall Blücher mit der Schlesischen Armee allein gegen Napoleons
Hauptarmee und wurde von diesem geschlagen: Wrede mit den Bayern
befand sich zu diesem Zeitpunkt noch mehr als 50 Kilometer von der
Stadt entfernt. Die noble Straße im Zentrum Münchens verdankt ihren
Namen daher einer historischen Ungenauigkeit. Die beiden sowohl
zeitlich (drei Tage) als auch räumlich (fünf Kilometer) getrennten
Schlachten von Brienne vom 29. Januar 1814 und La Rothière vom
1. Februar 1814, an der die Bayern entscheidend teilnahmen, werden in
der Geschichtsschreibung oftmals fälschlicherweise zusammengefasst
als «Schlacht von Brienne» bezeichnet.

Nach der verlorenen Schlacht Blüchers ließ Schwarzenberg starke Kräfte in Richtung Brienne in Bewegung setzen. General Wrede änderte daraufhin die Marschrichtung der bayerischen Armee in eigener Initiative und lenkte sie in dieselbe Richtung.[88] Am letzten Januartag des Jahres 1814 war er vom Schlachtfeld noch dreißig Kilometer entfernt, welche die Bayern bei starkem Schneefall in der Nacht und im Laufe des frühen Vormittags zurücklegten.

Sowohl in den geographischen Gegebenheiten als auch in ihrem Verlauf weist die Schlacht von La Rothière Parallelen mit jener von Hanau auf. Wie bei Hanau befand sich östlich von La Rothière ein ausgedehntes Waldgebiet, allerdings mit dem Unterschied, dass es diesmal die Bayern waren, die unerwartet aus dem Wald hervorkamen. Napoleon hatte die La Rothière umgebenden Dörfer stark mit Infanterie besetzen lassen, während die dazwischenliegenden Felder von Kavallerie gedeckt waren. Die Schlacht begann, als Schwarzenberg auf breiter Front von Süden her angriff. Obwohl dessen rund 120000 Soldaten nur halb so viele französische gegenüberstanden,[89] kam der Angriff nur sehr schleppend vorwärts. Entscheidend sollte sich das Eingreifen des Korps Wrede in die Schlacht gegen zehn Uhr am Vormittag auswirken. Über den Augenblick, als die bayerische Reiterei aus dem Wald östlich von La Rothière brach, berichtete der Chevauleger Sebastian Walter: «Als wir früh zwischen 9 und 10 Uhr aus einem Walde herausmarschiert waren [fanden wir] den Feind in festen Stellungen wie zu einer Hauptschlacht.» Auf einer schneeverwehten Frontbreite von rund viereinhalb Kilometern stand den Bayern das französische Armeekorps unter Marschall Marmont, der Napoleon wenige Wochen später verraten würde, gegenüber, dessen Truppen zwar an Mannschaften sehr geschwächt waren, jedoch über 40 Kanonen verfügten.

Kaum dass die Bayern sich am Waldrand gezeigt hatten, eröffneten diese das Feuer. «Da erscholl plötzlich», so Walter weiter, «von rückwärts der Ruf ‹Haltet euch rechts!› und unser Generalleutnant Wrede sprengte vor und erteilte dem Obersten des [österreichischen] Ulanen-Regiments den Befehl, die feindliche Batterie, welche auf uns beim Herausmarschieren aus dem Wald gespielt [geschossen] hatte, zu nehmen.» Tatsächlich gelang es den österreichischen Lanciers, bis zu der Batterie vorzudringen und die Kanoniere niederzustechen. Anschließend «marschierte der übrige Teil unserer Streitmacht aus dem Wald hervor, stellte sich auf dem freien Raume auf und rückte Schritt für Schritt gegen den Feind vor. Drei bis vier Stunden dauerte das gegenseitige Kanonieren fort». Durch das heftige Schneetreiben war das Gelände so verschneit, dass beide Seiten ihre Geschütze nur unter großen Anstrengungen bewegen konnten. «Endlich stellte sich etwa um vier Uhr abends die französische Infanterie zwischen ihren Batterien in Karrees auf. Da erteilte Generalleutnant Wrede unserem Regiment und dem Chevauleger-Regiment König den Befehl, diese Karrees zu sprengen.»[90] Mit kühl rechnendem, militärischem Blick ließ der bayerische Befehlshaber auch das an der Straße nach Brienne liegende Dorf Chaumesnil angreifen, da dessen Einnahme den Weg in den Rücken der napoleonischen Truppen öffnen musste. Eine bayerische Batterie begann auf das Dorf zu schießen, war jedoch gezwungen, das Feuer wegen des immer heftiger werdenden Schneetreibens wieder einstellen.[91] Durch dieses Schneegestöber hindurch stürmten die Bayern kurz nach vier Uhr mit gefälltem Bajonett nach Chaumesnil. Da wegen des starken Schneefalls das Pulver auf fast allen Gewehrpfannen nicht mehr zündete, kam es in den Gassen und Häusern zu archaischen Nahkämpfen mit Bajonett und Säbel, die stundenlang andauerten. Teilweise hob der Schneesturm derart stark an, dass niemand mehr die eigene Hand vor dem Gesicht sehen konnte und die Kämpfe zwangsweise zum Erliegen kamen.

In den frühen Abendstunden gelang es den Truppen Wredes, die Franzosen endgültig aus dem Dorf zu vertreiben und anschließend auch noch die Ortschaft Monvilliers nördlich von La Rothière im Sturm zu erobern. Es geriet nun, wie von Wrede vorausgesehen, das Zentrum Napoleons in Gefahr, zertrümmert und von seiner Rückzugslinie abgeschnitten zu werden. Napoleon ließ daraufhin westlich des Dorfes 16 Kanonen in Stellung bringen und feuern. Anschließend führte er mit mehreren Regimentern persönlich einen Gegenangriff auf Chaumesnil an. Diese Regimenter, die den ganzen restlichen Tag mit den Bayern im Kampf standen, fehlten nun aber an den anderen Brennpunkten der Schlacht. Wrede ließ zudem erneut einen überaus geschickt geführten Kavallerieangriff auf die feindlichen Kanonen reiten. Anders als bei Hanau griffen die Chevaulegers die französischen Batterien diesmal nicht geschlossen frontal an, sondern führten unter Ausnutzung des Geländes die Attacke, in mehrere Abteilungen getrennt, von allen Seiten: «Wir führten den Befehl aufs pünktlichste aus und nahmen dabei zwei Batterien mit 16 bespannten Kanonen weg. Ein französischer Kanonier wehrte sich dabei aufs tapferste und schlug mit seinem Kanonenwischer auf einen unserer Chevauleger so stark übers Kreuz, dass derselbe beinahe vom Pferd stürzte. Ich kam ihm aber zu Hilfe und versetzte dem Kanonier einen Hieb, dass er zusammenstürzte.»[92] Nach dem Angriff lagen aber auch mehrere Dutzend bayerische Reiter tot im Schnee.

Hauptsächlich, weil derart starke Kräfte Napoleons durch die Bayern bei Chaumesnil gebunden waren, gelang es den Alliierten am Abend, südlich von La Rothière mehr und mehr an Boden zu gewinnen. Da Napoleons östliche Flanke durch Wredes Truppen stark bedroht war, verließ dieser gegen neun Uhr am Abend das Schlachtfeld und ritt zurück nach Schloss Brienne. Von hier aus befahl er den Rückzug, wobei sein Sekretär Fain über diese dramatischen Augenblicke berichtete: «Napoleon war nicht ohne Angst, die Feinde könnten ihren Vorteil nutzen, angreifen und den Rückzug behindern. Jeden Moment machte er ängstliche Erkundigungen und stellte sich ans Fenster, wo er einen überlegenen Blick auf die Reihen der Biwakfeuer hatte.»[93] Anders als bei Waterloo, wo eine sternenklare Nacht die Verfolgung begünstigen sollte, war die Nacht bei La Rothière tiefschwarz, was durch das anhaltende Schneetreiben noch verstärkt wurde. Dass eine Verfolgung unmöglich war, wurde unter anderem darin deutlich, dass einige bayerische Chevaulegers in der Dunkelheit irrtümlich auf verbündete württembergische Jäger einschlugen.[94] Wrede übernachtete im Pfarrhaus von Chaumesnil, während die meisten Truppen die Nacht unter freiem Himmel verbringen mussten, wo es weder Brennholz noch etwas zu essen gab.[95] Am darauffolgenden Tag besetzte der bayerische General gemeinsam mit dem württembergischen Kronprinzen Wilhelm das von Napoleon verlassene Schloss von Brienne. Der Wrede attachierte Ordonnanzoffizier Thurn und Taxis erinnerte sich: «Man konnte noch deutliche Spuren der Unordnung entdecken, mit der der Feind sich am Abend zuvor zurückgezogen. Pulverwagen waren in einen Teich rechts der Straße geworfen.»[96]

Als Wrede am Tag nach der Schlacht die versammelte Front der bayerischen Chevaulegers abritt, «wurde ihm auf der ganzen Linie ein dreimaliges Vivat zugerufen. Gleich darauf sprengte auch der Bruder des russischen Kaisers, der Großfürst Konstantin daher und auf Wrede zu, umarmte und küsste ihn, worauf ein dreimaliges Hurra auf der ganzen Linie erscholl.»[97]

Während der Großfürst auf diese herzliche Weise seine Anerkennung zeigte, darbten in Russland mehrere tausend bayerische Kriegsgefangene unter menschenunwürdigen Bedingungen. Königin Caroline versuchte zur selben Zeit, über ihre Schwester Elisabeth, die russische Zarin, das Schicksal der Gefangenen zu verbessern, und erreichte, dass hierfür 300 000 Rubel verwendet wurden.[98] Kurz nach der Schlacht von La Rothière traf Wrede im Schloss von Vendouvre mit Zar Alexander und Friedrich Wilhelm III. von Preußen zusammen. Der Zar verlieh ihm den St. Georgsorden II. Klasse und der preußische König den Schwarzen Adlerorden,[99] was zum Ausdruck brachte, dass Bayern endgültig im Kreis der Verbündeten angekommen war.

Die 1945 von amerikanischen Soldaten aus Schloss Ellingen entwendeten Auszeichnungen waren vollkommen begründet, denn Wredes Eingreifen war für den Ausgang der Schlacht entscheidend. Der Sieg entschied zwar nicht den Krieg, war jedoch vor allem aus psychologischer Sicht von erheblicher Bedeutung, da es sich um die erste Schlacht handelte, die in Frankreich unter bayerischer Beteiligung und zudem gegen Napoleon persönlich gewonnen worden war. Die Stimmung war daher geradezu euphorisch, und Blücher schrieb, dass Napoleon nicht mehr in der Lage sei, ihnen die Stirn zu bieten. Der Sieg von La Rothière wurde allerdings von den Alliierten weit überbewertet, da man allgemein annahm, dass Napoleon geschlagen und der Krieg quasi zu Ende sei. Dies war er nicht.

Hunger und Champagner

> «An diesem Weine labten wir uns trefflich,
> so dass ans Kochen gar nicht mehr gedacht wurde.»
> *Sebastian Walter*

Der Marsch ging nun durch die dünn besiedelte und trostlose Landschaft der Champagne. Die Soldaten litten Hunger, da die wenigen ärmlichen Bauernhöfe der Gegend zumeist schon von französischen Marodeuren ausgeplündert worden waren. Auch die Bayern plünderten und benahmen sich oftmals gewalttätig gegen die Zivilbevölkerung. In Anbetracht der sehr schlechten Versorgungslage ließ Wrede Schwarzenberg mitteilen, dass sein Korps seit drei Tagen ohne Lebensmittel und Fourage war, woraufhin dieser 70 000 Portionen Zwieback, 70 000 Portionen Branntwein sowie 18 000 Portionen Hafer liefern ließ.[100] Hinzu kam, dass die Truppen die Nächte meist unter freiem Himmel bei bitterster Kälte ohne Feuer verbringen mussten, da «das Land gänzlich an Holz mangelte».[101] Ein Feldzugsteilnehmer berichtete, dass es einmal so kalt war, dass «man sich genötigt [sah], damit anzufangen, mehrere Häuser abzubrechen, um Brennmaterialien zu erhalten».[102]

Einen Vorteil hatte der Marsch durch die trostlose Winterlandschaft allerdings, wie Blücher an seine Frau Amalia am 10. Februar 1814 schrieb: «Wir haben nur noch 15 Meilen bis Paris, in acht Tagen sind wir sicher vor dieser Hauptstadt [tatsächlich erfolgte dessen Besetzung erst am 31. März 1814], aller Wahrscheinlichkeit nach wird Napoleon die Krone verlieren (...). Wo ich jetzt bin, wächst der beste Champagner in ganz Frankreich und er wird hier vom Generale bis zum Pferdeknecht getrunken. Mir bekommt er auch ziemlich gut.»[103] Der damals wie heute beliebte edle Schaumwein bekam auch den ansonsten biergewohnten Bayern, wie ein Chevauleger in seinen Memoiren berichtete: «Es wurden viele Leute abgeschickt, um Holz und Stroh herzuschaffen, statt dessen mit einer Menge Bouteillen Champagner kamen, die sie in den Gärten aufgefunden hatten. An diesem Weine labten wir uns trefflich, so dass ans Kochen gar nicht mehr gedacht wurde.»[104]

Um die angespannte Versorgungslage zu entlasten, beschlossen die Alliierten, dass die Böhmische und die Schlesische Armee den weiteren Vormarsch auf Paris getrennt fortsetzen sollten. Napoleon wäre aber nicht Napoleon gewesen, wenn er sich diese Teilung des Gegners nicht sofort zu seinem Vorteil zunutze gemacht hätte. In mehreren meisterhaft geführten Gefechten und einer großen Schlacht schlug er die Alliierten binnen kürzester Zeit mehrfach und zwang sie zum Rückzug.[105] Die überaus schnell und hart geführten Schläge waren so ernüchternd, dass Schwarzenberg sogar um einen Waffenstillstand bat, den Napoleon ablehnte. An seinen Bruder Joseph schrieb er: «Diese Elenden, beim ersten Misserfolg fallen sie auf die Knie.»[106]

Im Zuge der wechselseitigen Kämpfe näherte sich bei mittlerweile schönem Frühlingswetter die Böhmische Armee einschließlich der

Bayern Ende Februar dem von mittelalterlichen Mauern umgebenen Bar-sur-Aube. Dasselbe zählte 4000 Einwohner, die durchgehend begeisterte Anhänger Napoleons waren. Hier stand am 27. Februar 1814 General Wrede mit dem bayerischen Korps keinem Geringeren als Marschall Oudinot gegenüber, der – Kuriosum der Geschichte – nur sieben Monate zuvor in der Ersten Schlacht von Polozk den Oberbefehl über die Bayern geführt hatte.

Während sich die eigentliche Schlacht auf dem offenen Gelände nördlich von Bar-sur-Aube entwickelte, griffen die Bayern von Osten her die Stadt selbst an. Der Angriff wurde wie üblich mit der Artillerie eröffnet, die das idyllische Städtchen unter Feuer nahm. Anschließend stürmten zwei Bataillone gegen das östliche verrammelte Stadttor, wo lange Zeit ein erbitterter Nahkampf tobte. Schließlich gelang es den Bayern, unter hohen Verlusten durch das Tor in die Stadt einzudringen, wobei der kommandierende Major Massenhausen von einer Gewehrkugel tödlich getroffen niedergestreckt wurde. Der Verlust ihres Kommandeurs versetzte die bayerischen Infanteristen in größte Wut, wodurch sich die Nahkämpfe in Bar-sur-Aube neben jenen in Tirol (1809) zu den blutigsten in den gesamten napoleonischen Kriegen entwickelten, an denen die bayerische Armee beteiligt war. Der Kampf wogte von einem Stadttor zum anderen die Hauptstraße entlang, wobei den Bayern aus allen Fenstern Gewehrfeuer entgegenschlug und jedes Haus einzeln erobert werden musste. Hinzu kam, dass sich von den Seitenstraßen her die napoleonbegeisterten Einwohner an den Kämpfen beteiligten und voll Wut auf die Bayern mit Dreschflegeln, Sensen und allerlei sonstigen improvisierten Waffen einschlugen. Als die Nachricht eintraf, dass sich die französische Armee außerhalb der Stadt über die Aube absetzte, begannen auch die Verteidiger innerhalb der Mauern ihren Rückzug über den Fluss. Den Bayern gelang es jedoch, die einzige Aubebrücke westlich der Stadt in einem Sturmangriff zu erobern, wodurch deren Verteidiger abgeschnitten waren und ihnen nichts anderes übrig blieb, als die Waffen zu strecken.[107]

Rund 800 Bayern waren auf dem Schlachtfeld geblieben; General Wrede wurde wenige Tage später vom bayerischen König in den Rang eines Feldmarschalls erhoben. Mit den teuer erkauften Lorbeeren ging der kräftezehrende Marsch auf Paris weiter, wobei es rund sechzig Kilometer weiter nordwestlich zur nächsten Auseinandersetzung kommen sollte.

Das Schlachtfeld von Arcis-sur-Aube ist heute noch genauso trostlos, wie es auch vor 200 Jahren schon gewesen sein mag. Die heutige Stadt befindet sich in einem Tal am südlichen Ufer der nach Westen fließenden Aube. Südlich steigt das Gelände langsam zu einem Höhenzug auf. Im Westen fließt von Süd nach Nord der Fluss Barbuise und mündet in die Aube. Durch seine damals durchweg sumpfige Beschaffenheit konnte die Barbuise von keiner der beiden Armeen überschritten werden und wurde dadurch das Schlachtfeld im Westen klar begrenzt. Die Böhmische Armee unter dem Kommando Schwarzenbergs zählte zu diesem Zeitpunkt 80 000 Mann, während Napoleon nur über 28 000 Mann verfügte. Schwarzenberg konnte, auf dem Höhenrücken südlich des Ortes angekommen, mit bloßem Auge erkennen, dass seine Armee der Napoleons zahlenmäßig weit überlegen war. In diesem Bewusstsein ließ der österreichische Befehlshaber seine Truppen in einem weiten Halbkreis hinter einem Höhenzug südlich von Arcis Aufstellung nehmen, so dass seine erhebliche Stärke den Augen Napoleons verborgen blieb. Um den Besitz des damals nur wenige hundert Einwohner zählenden Ortes und der südlich davon gelegenen winterkahlen Felder würden in den kommenden beiden Tagen nicht nur mehr als 100 000 Mann um Leben und Tod kämpfen, sondern es sollte dies auch die letzte große Schlacht des Jahres 1814 sein, die den Alliierten das Tor nach Paris öffnete. Auch an diese letzte große Schlacht des VI. Koalitionskrieges erinnert heute in München eine Straße.[108]

Dieser zweitägige Waffengang, bei dem auf französischer Seite erneut Napoleon selbst kommandierte, begann um zwei Uhr nachmittags mit einem Kavallerieangriff Schwarzenbergs. Die wechselseitigen Kämpfe in der Ebene, bei denen es zunächst vor allem um den Besitz des 1500 Meter westlich von Arcis gelegenen Dorfes Torcy-le-Grand ging, brachte keiner Seite einen entscheidenden Vorteil. Die Kämpfe dauerten bis in die Nacht hinein an, wobei die brennenden Häuser von Torcy-le-Grand die notwendige Beleuchtung lieferten. Abends gegen neun Uhr führte der französische Kavalleriegeneral Sebastiani an der Spitze von 2000 Reitern einen massiven Gegenangriff auf die russische Kavallerie sowie ein bayerisches Regiment und warf diese vollständig über den Haufen. Nur mit äußerster Mühe gelang es, den französischen Angriff aufzuhalten. Der 21-jährige Leutnant Peter von Hess, der im Generalstab Wredes diente, fertigte vor Ort vom ersten Tag des Geschehens

*Wrede arbeitete maßgeblich an dem Seitenwechsel durch den Vertrag von Ried
mit und führte die bayerische Armee in den Jahren 1813/14 von Braunau bis
nach Paris. Das Gemälde zeigt den bayerischen Feldmarschall auf dem Schlachtfeld von Arcis-sur-Aube, das den Alliierten das Tor nach Paris öffnete.
Auf dem Wiener Kongress war Wrede Bayerns diplomatischer Hauptvertreter.*

mehrere Bleistiftskizzen an, auf Grundlage derer er 1816 ein großfor-
matiges (204 x 323 cm), detailgetreues Ölgemälde der Schlacht schuf.[109]
Es befindet sich heute im Schlachtensaal der Münchner Residenz und
bildet eine historische Bildquelle ersten Ranges.

In der Nacht herrschte bei den Alliierten eine Art Schockstarre, weil
man nun die napoleonische Armee im Angesicht der Wucht ihrer Angriffe für viel stärker hielt, als sie es tatsächlich war. Da die zahlreichen

Wachtfeuer nördlich von Arcis dies zu bestätigen schienen, gab Schwarzenberg seinen Truppen den Befehl, in defensiver Stellung zu verbleiben. Gegen sieben Uhr am Morgen des folgenden Tages erhielt Napoleon auch noch 10 000 Mann an Verstärkungen. Der Kaiser befahl daraufhin um zehn Uhr vormittags Sebastiani erneut den Angriff nach Süden. Sobald die französische Kavallerie im Zuge desselben den Höhenrücken südlich von Arcis erreicht hatte, war zum ersten Male die gesamte Masse der Böhmischen Hauptarmee erkennbar. Als Napoleon diese Übermacht sah, befahl er den unverzüglichen Rückzug nach Norden. Dieser begann um zwölf Uhr mittags und wurde von 6000 Mann Infanterie und der Reiterei Sebastianis gedeckt. Der zögerliche Schwarzenberg indessen verblieb abwartend in seinen Stellungen. Der Umstand, dass die Franzosen abzogen, wollte zuerst von niemandem geglaubt werden, zu groß war nach wie vor der Respekt vor dem Abgott der Schlachten. Erst als man im Sonnenlicht durch die Fernrohre unverkennbar die französische Infanterie in großen Massen in nördliche Richtung abziehen sah, schwanden nach und nach die Zweifel. Um zwei Uhr nachmittags wagten sich die Alliierten nach Arcis-sur-Aube vor, das von der Nachhut Sebastianis erbittert verteidigt wurde. Um drei Uhr beauftragte Fürst Schwarzenberg das im Osten stehende Korps von Feldmarschall Wrede, weiter flussaufwärts über die Aube zu gehen, um die französischen Truppen aufzuhalten. Da diese jedoch alle Brücken abgebrochen hatten, mussten die Bayern, um den Fluss überqueren zu können, einen derartigen Umweg machen, dass sie an diesem Tag gar nicht mehr in die Kämpfe eingreifen konnten. Rund 900 königliche Soldaten hatten zu diesem Zeitpunkt ihr Leben verloren.

Arcis wurde indessen von den Alliierten mit 80 Kanonen beschossen, was sowohl unter der französischen Nachhut als auch unter den Bewohnern ein Blutbad anrichtete. Am Abend drangen die Verbündeten von zwei Seiten gleichzeitig in das Dorf ein, das im Zuge erbitterter und blutiger Nahkämpfe erobert wurde. Das Gemetzel dauerte, wie der Offizier Thurn und Taxis berichtete, bis um Mitternacht: «Ungefähr um 12 Uhr Nachts fielen die letzten Kanonenschüsse; gegen Mitternacht erst verlor sich das Kleingewehrfeuer ganz. Grand-Tory [Torcy-le-Grand], eine halbe Stunde von Arcis, brannte [immer noch] hell.»[110] Es war dies die schauderhafte Beleuchtung auf dem Weg nach Paris.

Am 30. März 1814 kam es am Montmartre vor den Toren von Paris noch einmal zu einer kleineren Schlacht, an der die Bayern allerdings nicht beteiligt waren und bei der die französische Niederlage in Anbetracht der alliierten Überlegenheit von vorneherein feststand. Nur einen Tag später hielten die verbündeten Monarchen ihren triumphalen Einzug in Paris. Die bayerische Armee folgte zwei Tage später und zog mit klingendem Spiel über den Boulevard de l'Hôpital durch die größte Stadt Kontinentaleuropas.

In München schossen nach dem Eintreffen der Nachricht Kanonen Salut, wurden Dankgottesdienste abgehalten und sagte König Max Joseph keineswegs unglücklich: «C'est fini avec Napoleon.»[111] Tatsächlich wurde derselbe, nachdem er sich auf Schloss Fontainebleau zurückgezogen hatte, zur Abdankung (6. April) gezwungen und ihm die kleine Mittelmeerinsel Elba als Exil zugewiesen. Dem bayerischen Volksmund entsprang kurze Zeit darauf, bezogen auf Napoleon, für den man noch sieben Jahre zuvor im ganzen Land in den Kirchen innig gebetet hatte, der poetisch hochkarätige Vers: «Jetzt muasst nach Sankt Elba [sic] zum Haselnussklaub'n, Dös is dir viel g'sünder als s' Länder ausraub'n!»[112]

Als neues Oberhaupt Frankreichs setzten die Alliierten den Bourbonenkönig Ludwig XVIII. ein. Jetzt, da der Krieg vorüber war, erhielt auch Kronprinz Ludwig endlich die lang ersehnte Erlaubnis des Vaters, sich nach Paris zu begeben. Hier traf er mit den siegreichen Monarchen zusammen und besuchte in Malmaison auch die Mutter seines Schwagers Eugène Beauharnais, Kaiserin Josephine. Bei einem Treffen mit dem österreichischen Kaiser Franz sagte dieser zu Ludwig: «Es hat den besten Eindruck gemacht, dass Ihr Land sich noch vor der Schlacht von Leipzig für uns erklärt hat. Daher wünsche ich auch, dass Bayern groß bleibe!»[113] Allerdings nicht zu groß, wie der bald stattfindende Wiener Kongress zeigen sollte. Von den Friedensverhandlungen in Paris wurde der Thronprinz auf Anweisung König Max Josephs vollständig ausgeschlossen und mit diesen Feldmarschall Wrede betraut.

Der Erste Pariser Frieden wurde am 30. Mai 1814 zwischen den Siegermächten und dem Bourbonenkönig Ludwig XVIII. *ohne* Mitwirkung Bayerns unterzeichnet,[114] womit trotz allen militärischen Engagements die politische Zweitrangigkeit des Königreichs zum Ausdruck gebracht wurde. Im Zuge der grundsätzlich beabsichtigten Restauration wurde das Königreich Frankreich in den Grenzen vom 1. Januar 1792 wiederhergestellt, und es durfte sogar einige der eroberten Grenzgebiete behalten. In dem Friedensvertrag wurde allerdings auch die baldige Gründung eines deutschen Staatenbundes genannt, was in Bayern mit nicht wenig Sorge aufgenommen wurde, fürchtete man doch wie bereits in Rheinbundzeiten eine neuerliche Bedrohung seiner Souveränität.

Die endgültige territoriale und politische Neugestaltung Europas wurde dem für den Herbst anberaumten Wiener Kongress übertragen. Dieser großen Länderneuverteilung vorausgreifend, unterzeichnete Wrede am 3. Juni einen Bayerisch-Österreichischen Staatsvertrag,[115] der u. a. bestimmte, dass ganz Tirol (mit Ausnahme des Amtes Vils) und Vorarlberg (mit Ausnahme des Amtes Weiler) innerhalb von zwei Wochen an Österreich zurückgegeben werden sollte und im Gegenzug das Großherzogtum Würzburg und das Fürstentum Aschaffenburg an das Königreich Bayern fallen würden. Der bis dahin in Würzburg regierende Erzherzog Ferdinand III. wurde mit dem vormals napoleonischen Satellitenstaat Toskana entschädigt. Der Austausch wurde bereits in den folgenden Wochen vollzogen.

Im Sinne des im Rieder Vertrag zugesagten «angemessenen Gebietsausgleichs» für die Rückgabe Tirols wurde von Metternich weiter großzügig die «Mainlinie», d. h. die Städte Hanau, Frankfurt und Mainz, in Aussicht gestellt.[116] Bemerkenswert an diesem wahrhaft machiavellistischen Meisterstück Metternich'scher Diplomatie war, dass Bayern seinen Teil des Vertrages von Ried erfüllen musste und Tirol sowie Vorarlberg zurückgab, während die über Würzburg und Aschaffenburg hinaus zugesagte bedeutsame Gebietserweiterung am Main auf den Wiener Kongress verschoben und dann dort nicht erfüllt wurde. Von jenem Freitag aber, an dem in Paris die Schreibfeder über das Papier das Staatsvertrags kratzte, datiert die bis auf den heutigen Tag bestehende Einheit Bayerns und Frankens, über deren keinesfalls einfache Beziehung allein zahlreiche Bücher zu schreiben wären.[117]

IX. KAPITEL

BAYERN AUF DEM WIENER KONGRESS

Bayern im Konzert der Großmächte

«Das abscheuliche Bayern ist aber gewiss um desto tätiger.»[1]
Georg von Strelitz, 1814

Im September 1814 traten in der österreichischen Hauptstadt Wien die Vertreter der gegen Napoleon siegreichen Mächte zusammen, um Europa neu zu ordnen. Montgelas selbst reiste, obwohl dies von Max Joseph ausdrücklich gewünscht war, nicht nach Wien, wobei die letztendlichen Gründe hierfür nicht bekannt sind.[2] Der bayerische König bestimmte demzufolge, wie bereits zuvor in Paris, als diplomatischen Hauptvertreter den mittlerweile in den Fürstenstand erhobenen Feldmarschall Wrede sowie in der zweiten Reihe Aloys von Rechberg. Obgleich Wrede für die Art der Verhandlungsführung in Wien genaue Anweisungen von Montgelas erhalten hatte, nahm er, da er um seine Schwächen auf dem diplomatischen Parkett wusste, die Mission nur mit größtem Widerwillen an.[3]

Auch König und Kronprinz begaben sich nach Wien, wo es neben der zukünftigen Gestalt Europas auch um Bayerns neue Grenzen ging. Der königliche Kutschentross wurde ab der österreichischen Grenze, die sich zu diesem Zeitpunkt noch im Hausbruckviertel befand, von einer glanzvoll uniformierten Bedeckung bis vor die Tore Wiens eskortiert und dort von Kaiser Franz persönlich eingeholt, der seine Gäste zur Hofburg bringen ließ.[4] «Meines Lebens glühendstes Verlangen», so Kronprinz Ludwig aus Wien, «ist erfüllt. Bayern mit Österreich; innig und herzlich fühlen beide Häupter füreinander, Frankreich endlich besiegt und das mehr, als es das kühnste Hoffen je zu erwarten vermocht.»[5] Indessen war das «herzlich und innig miteinander vereint» eine Illusion von vielen des Kronprinzen, worin auch der Grund gelegen haben mag, dass der 29-jährige von den politischen Beratungen erneut ausgeschlossen wurde.

Für Bayern ging es in Wien darum, die im Rieder Vertrag zugesagten und im Pariser Staatsvertrag bestätigten «angemessenen Entschädigungen» für das bereits abgetretene Tirol und die noch abzutretenden Gebiete zu bekommen. Im Osten wollte man unbedingt Salzburg und das Innviertel behalten und im Nordwesten das Staatsgebiet entlang der «Mainlinie» bis zu dessen Mündung in den Rhein erweitern, d. h. Hanau, Frankfurt und Mainz gewinnen. Ein weiteres Territorialziel stellte die ehemals wittelsbachische, rechtsrheinische Pfalz dar. Wrede in seiner geraden soldatischen Art war, wie von ihm selbst befürchtet, mit den Feinheiten und Spitzfindigkeiten des diplomatischen Haifischbeckens von Wien zu wenig vertraut. Sein und des Kronprinzen Auftreten ließen den preußischen Minister von Hardenberg den Ausspruch tun, die bayerischen Vertreter gingen mit ihren «ungeheuren Forderungen» herum wie «brüllende Löwen»,[6] wobei er natürlich völlig überging, dass Preußen noch viel weitgehendere Gebietsansprüche stellte. In der Hauptstadt des Habsburgerreiches, in die jeder, wie Blücher es formulierte, «sein Vieh hintreibt, es zu verkaufen oder zu vertauschen»,[7] wollten alle Beteiligten so viel für möglich von der zur Verteilung anstehenden Ländermasse für sich selbst gewinnen, was um Haaresbreite zu einem neuen großen europäischen Krieg geführt hätte.

Von Anfang an bildete die sogenannte sächsische Frage einen der zentralen Streitpunkte des Wiener Kongresses. Preußen wollte sich das ganze Königreich Sachsen einverleiben und hatte hierfür die Unterstützung Russlands, das seinerseits weite Teile des vormals preußischen Polen zu erhalten trachtete.[8] Die anderen Großmächte standen vor allem den weitreichenden, preußischen Vergrößerungsabsichten ablehnend gegenüber. Österreich erhob Einspruch gegen die Forderung König Friedrich Wilhelms III., da ein derart mächtiger Nachbar entlang seiner Nordgrenze eine dauerhafte Bedrohung dargestellt hätte. England, das seine traditionelle Außenpolitik der *Balance of Power* verfolgte, hatte im Sinne des kontinentalen Gleichgewichts ebenfalls wenig Interesse an einem um ganz Sachsen vergrößerten Preußen. Auch König Max Joseph stellte sich bereits von Kongressbeginn an entschieden in das sächsische Lager, da man fürchtete, dass ein zu starkes Preußen die restlichen deutschen Staaten dominieren würde,[9] wie es nach 1866 dann ja auch geschah.

Frankreich mit seinem außenpolitischen Vertreter Talleyrand, der alle (teilweise zuvor von ihm selbst mit herbeigeführten) politischen Umbrüche zu überleben verstand, stellte sich von Anfang an in das Lager der Gegner Preußens. Der französische Außenminister instrumentalisierte die sächsische Frage erfolgreich, um die vormaligen Alliierten systematisch zu entzweien und so das diplomatische Gewicht Frankreichs zu stärken.[10] Bayern kam bei dieser strittigen Frage ein erhebliches Gewicht zu. Der auf preußischer Seite stehende Georg von Strelitz konstatierte: «[Es] ist wieder eine recht hämische Intrige am Werk, an deren Spitze Gentz und Wrede stehen, nämlich sämtliche Subdelegierten der deutschen Fürsten dahin zu bringen, gegen die preußische Okkupation Sachsens sämtlich zu protestieren.»[11] Kurze Zeit später fügte er hinzu: «Das abscheuliche Bayern ist aber gewiss um desto tätiger. Dieses ist wegen Sachsen auf Preußen erbitterter wie irgendein anderer und keiner hat bei Metternich so gehetzt wie Wrede, sogar den guten Kronprinzen [Ludwig] haben sie verblendet (...). Soviel weiß ich wohl, dass ich glückselig sein wollte, wenn Preußen sogar reicher denn je aus diesem Kriege heimkehrte und diese garstigen Nöppel [Napoleon]-Könige, nämlich Bayern und Württemberg, das ungerechte Gut herausgeben und wieder Kurfürsten werden müssten.»[12] Der preußische Kanzler Hardenberg ging sogar so weit, es in einer Note an Staatsminister Metternich als Fehler zu bezeichnen, dass Österreich in der Vergangenheit nicht ganz Bayern geschluckt hatte. Metternich wiederum, die Wirkung berechnend, brachte diese Note König Max Joseph zur Kenntnis, der danach, wie beabsichtigt, nur umso aufgebrachter gegen Preußen war.

Aller äußeren Prachtentfaltung des Kongresses ungeachtet, die in der Geschichte einzig dasteht und Kaiser Franz jeden Tag allein 100 000 Gulden kostete, stimmten hinter vorgehaltener Hand die meisten Diplomaten einschließlich der bayerischen Vertreter im Spätherbst 1814 darin überein, dass die bestehenden Gegensätze nur mit einem neuen *Krieg* gelöst werden konnten. Metternich fragte Wrede bei einem geheimen Gespräch ganz direkt, ob er die bayerische Armee erneut in Kriegsbereitschaft versetzen lassen könne, was der Feldmarschall bejahte. König Max Joseph ließ am 31. Oktober eine allgemeine, auf mindestens 70 000 Mann berechnete Landesbewaffnung zuzüglich der Landwehrregimenter anordnen. Wenige Wochen später hatten die Gegner Preußens bereits einen vollständigen Kriegsplan vorbereitet, der von Feldmarschall Wrede wesentlich mit ausgearbeitet worden war. Der Feldzug sollte im März 1815 beginnen.[13]

Diesem zufolge sollte eine 200 000 Mann starke österreichische Armee unter Schwarzenberg durch Galizien an die Weichsel vorstoßen, während Wrede mit 120 000 Mann über Böhmen in Sachsen vordringen und dort den Preußen entgegentreten sollte. Im November 1814 marschierten auf beiden Seiten der Grenze Truppen auf.[14] Hauptzweck dieses Säbelrasselns war es, Preußen einzuschüchtern, das sich jedoch in seinem Standpunkt in der sächsischen Frage aller Kriegsdrohungen ungeachtet unbeweglich wie eine Eiche zeigte. Hardenberg erklärte, dass er «jeden weiteren Widerstand gegen die Einverleibung Sachsens in den preußischen Staat als Kriegserklärung ansehe»,[15] was den Widerstand der Gegner natürlich nur noch zusätzlich verstärkte. Während das Ringen um Sachsen andauerte, versuchte Wrede die Lösung der preußischen und der bayerischen Gebietsansprüche miteinander zu verbinden, woraufhin Metternich auf Salzburg und andere Gebiete verzichtete, selbstverständlich ohne sich schriftlich festzulegen.[16] Am 3. Januar 1815 unterzeichneten Österreich, Frankreich und England in Wien einen Geheimvertrag, der im Kriegsfall ein gemeinsames militärisches Vorgehen gegen Preußen und Russland vorsah.[17] In einem gleichfalls geheimen Zusatzabkommen schloss sich das Königreich Bayern dieser Allianz zwei Tage später an.[18] Während in Wien ein rauschender Ball den anderen jagte, stand Europa zu Beginn des Jahres 1815 am Abgrund eines neuen Krieges.

Diesen vor Augen und da zudem der russische Zar seine weitere Unterstützung verweigerte, erklärte sich Preußen schließlich Anfang Februar 1815 in der sächsischen Frage zu einem Kompromiss bereit, der vorsah, dass das Land geteilt bzw. nur etwa halb Sachsen von Preußen annektiert werden sollte. Eine von dieser Lösung enttäuschte, patriotisch aufgeheizte Volksmenge zerschlug daraufhin in Hardenbergs Haus in Berlin die Fenster.

«Die Angelegenheiten Sachsens sind beendigt», konnte König Max Joseph am 9. Februar an Montgelas nach München schreiben, «d. h. gekittet. Jetzt werden meine darankommen.»[19] Tatsächlich bildete, nachdem das sächsische Problem gelöst war, die Frage, wie Bayern entschä-

digt werden sollte, den Mittelpunkt des Kongresses.[20] Nachvollziehba-
rerweise hatte sich das Königreich mit seiner Haltung in der sächsischen
Frage in Preußen keine Freunde gemacht und wenig Unterstützung in
seinen Gebietsforderungen zu erwarten.[21] Auch beanspruchte Preußen
nun, da es nur das halbe Sachsen erhalten hatte, als Ausgleich im Rhein-
land Teile von Hessen-Darmstadt, das hierfür wiederum mit Teilen der
von Bayern begehrten Mainlinie entschädigt werden sollte. Der preußische Kongressteilnehmer Georg von Strelitz brachte es wie folgt auf den
Punkt: «Dadurch (...) dass Preußen nicht ganz Sachsen bekam, musste
es am Rhein weiter um sich greifen, als es anfänglich der Plan war;
dadurch ging nun ein Teil des für Bayern bestimmten Rheinanteils verloren und dadurch stehen nun die Ochsen am Berge, und umso mehr, da
Darmstadt und Weimar auch daran zerren (...). Von Seiten Bayerns und
Darmstadts wird übrigens die Sache mit großer Bitterkeit betrieben
(wahrscheinlich im Vorgefühl, dass ihr ganz rechter Lohn angehen
möge).»[22]

Tatsächlich sollte Bayern nun dafür, dass es «den Ritter für Sachsen»
gegeben hatte, einen hohen Preis bezahlen, worüber Kronprinz Ludwig
Jahrzehnte später urteilte: «Ich Tor wähnte, Österreich dächte nur an
Bayerns Vorteil, bewunderte es (...). Würde mein Vater nicht den Ritter
für Sachsen gemacht haben, wäre seine Entschädigung viel besser aus-
gefallen, hätte, wenn nicht ganz bis an die Mosel, doch bis an die Nahe
vom linken Rheinufer bekommen können.»[23]

Tatsächlich wurden nun, wie von Strelitz vorausgesehen, die von Bayern begehrten Provinzen zwischen Mosel und Nahe sowie das Gebiet
zwischen den Rheinstädten Kaub und Bacharach als Ersatz Preußen
zugesprochen.[24] Die heftigen Vorwürfe Wredes gegenüber Metternich,
er würde seine Versprechungen nicht einhalten, blieben erfolglos. Immerhin verzichtete Preußen nach einigem diplomatischen Geplänkel auf
die noch kurz zuvor geforderten Gebiete von Ansbach und Bayreuth.[25]
In einem neuen Plan schlug Metternich als nunmehrigen Ausgleich für
Bayern Fulda, das Fürstentum Ysenburg, den Kanton Alzey sowie
Frankfurt und Mainz vor, wobei der Umstand, dass mittlerweile auch
Friedrich von Württemberg seine Hände nach Mainz ausstreckte, die
Situation nicht einfacher machte.[26] Was die zukünftige staatliche Zuge-
hörigkeit von Frankfurt und Mainz anging, schien ein Gespräch zwi-
schen Zar Alexander und dem Freiherrn vom Stein am 4. März 1815

den Ausschlag gegeben zu haben. Vom Stein erklärte auf weit herge-
holte Weise, dass der zukünftige allgemeine Frieden gefährdet sei, wenn
Bayern zu groß werde, da Deutschland dadurch in zwei Hälften aufgeteilt würde. Von den überaus eloquent vorgetragenen Ausführungen
ließ sich der russische Zar überzeugen. Vom Stein ging noch einen
Schritt weiter und übergab diesem einen Tag später eine Denkschrift, in
der er mit Entschiedenheit die Forderung Bayerns auf Mainz, Frankfurt
und Hanau ablehnte.[27] Da sich der Zar nun dieser Auffassung an-
schloss, war die erstrebte Mainlinie für Bayern verloren.

Als einer der nächsten Verhandlungspunkte ging es um die Zugehörigkeit von Salzburg. Die am Rand der Alpen gelegene Geburtsstadt
Mozarts war seit dem Jahr 1810 bayerisch und die Sommerresidenz des
bayerischen Kronprinzen Ludwig, weshalb man das größte Interesse
daran hatte, sie zu behalten. Im Wiener Stephansdom betete der Thronfolger für den Verbleib der Stadt bei Bayern und äußerte bei einer Privataudienz mit der österreichischen Kaiserin Maria Ludovika, rheto-
risch gewandt: «Ach Majestät, ganz Tirol haben Sie, so viel schöne
Natur! Da muss ich immer denken, was der Prophet dem König David
gesagt hat: So viele Schafe besitzen Sie und nehmen dem anderen sein
einziges.»[28] Die Kaiserin lächelte ob des schönen Wortspiels, hatte aber
weder den Willen noch die Möglichkeit, Kaiser Franz und Metternich
diesbezüglich etwas entgegenzusetzen. Vor allem die österreichische
Vorgehensweise in der Salzburg-Frage sollten für Ludwig wie auch für
Max Joseph zu einer bitteren Lektion werden, wobei der König sagte:
«Intrigen, Frivolität und Schwäche [stehen] auf der Tagesordnung. Ich
glaube mich in meinem Alter einer gewissen Menschenkenntnis rühmen
zu können; seit ich jedoch in Wien bin, erkenne ich, dass ich bisher nur
ein Ignorant war (…). Diese Versammlung in Wien ist eine Hydra.»[29]

Metternichs Beteuerungen, er werde Bayern bei seinem Anspruch auf
Salzburg unterstützen, hielten genau bis zu dem Moment, als die sächsische Frage gelöst war. Nachdem die diplomatische und militärische
Unterstützung Bayerns hierfür nicht mehr benötigt wurde, gestalteten
sich die Dinge schlagartig anders: «Wir müssen Salzburg verlangen»,
verkündete Metternich Wrede gegenüber trocken.[30] Es kam daraufhin
zu einem heftigen Wortwechsel mit Max Joseph, bei dem der bayerische
König Metternich seine Verlogenheit offen an den Kopf warf. «Ich wage
mir zu schmeicheln, dass ihm auf der Welt die Wahrheit noch niemand

unverblümt ins Gesicht gesagt hat.»[31] An den realen Machtverhältnissen, die über Salzburg entschieden, änderte dieser Ausbruch natürlich nichts. Der Sachverhalt machte deutlich, dass Bayern zwar im Bund mit anderen Großmächten Preußen drohen konnte, alleine jedoch hierzu nicht in der Lage war, da ihm schlichtweg die hierfür notwendige militärische Potenz fehlte. Auch Salzburg sollte der Krone Bayerns verloren gehen.

Mitten in die Ränke und Intrigen hinein platzte am 7. März 1815 wie eine Bombe die Nachricht, dass Napoleon Elba verlassen habe. Der preußische Vertreter Georg von Strelitz behauptete, die Monarchen hätten während eines Balles davon erfahren: «Der König von Bayern schrie und perodierte [spottete] überlaut, er hätte das alles längst vorausgesagt; der Kaiser Franz stand ganz starr und machte Gesichter, als wolle er sagen ‹Ach lasst mich ungeschoren›, und der Kaiser Alexander und unser König [der preußische] wisperten sich lächelnd in die Ohren.»[32]

Da auf dem Wiener Kongress zur Fastenzeit gar keine Bälle veranstaltet wurden,[33] muss zumindest der äußere Rahmen der behaupteten und vielfach abgeschriebenen Begebenheit ein anderer gewesen sein. Von der Dramatik her mag sich die Szene aber durchaus anderswo so oder ähnlich abgespielt haben, da keiner der Monarchen die Nachricht von der Rückkehr Napoleons mit völliger Gemütsruhe aufgenommen haben dürfte. Noch «im Ballsaal» traten, so von Strelitz, die gekrönten Häupter zusammen und erklärten in plötzlich wiedererlangter Einmütigkeit nicht eher zu ruhen, bis Napoleon endgültig besiegt sei. Nur wenige Wochen später befanden sich erneut die Armeen halb Europas, darunter auch ein diesmal 70000 Mann starkes bayerisches Heer, auf dem Marsch in Richtung Frankreich. Wrede versuchte vor seiner Abreise, die neue Situation sogar dahingehend zu benutzen, die bayerischen Gebietsforderungen drastisch zu erhöhen, was den um ein Bonmot niemals verlegenen Talleyrand äußern ließ, die Bayern seien die «Preußen des Südens» geworden.[34]

Militärisch war Wrede keineswegs davon überzeugt, dass die politisch zerstrittene Koalition gegen Frankreich einen neuerlichen Sieg erringen würde, «solange», wie er es formulierte «ein Mann von Kopf und Herz [Napoleon] an dessen Spitze steht».[35] Der erfahrene bayerische Feldmarschall sollte jedoch in diesem Punkt irren: Die Entscheidung auf dem Schlachtfeld fiel diesmal für alle Beteiligten unerwartet schnell. Napoleon wurde von Wellington und Blücher in der Schlacht von Waterloo am 18. Juni 1815 entscheidend geschlagen. Bei der Verfolgung erbeuteten die Preußen die Kutsche Napoleons, worin sich neben dessen Hut und Degen auch seine sämtlichen Orden, darunter der Hubertusorden, befanden.[36] Als König Max Joseph, der Napoleon diese höchste bayerische Auszeichnung einst persönlich verliehen hatte, die Nachricht aus dem belgischen Waterloo erhielt, sagte er: «Mit diesem Mann, sind wir Gott sei Dank fertig.»[37] Die bayerische Armee hatte zu diesem Zeitpunkt den Rhein noch gar nicht überschritten und kam bei den Kämpfen in Frankreich nur noch rudimentär zum Einsatz.[38]

Nach der endgültigen Niederringung Napoleons trafen Feldmarschall Wrede und Kronprinz Ludwig erneut in Paris zusammen und machten sich u. a. auf die Suche nach den von der Rheinarmee aus München im Jahr 1800 entwendeten Kunstwerken.[39] Das wahrscheinlich spektakulärste Gemälde, das sie im Zuge dessen entdeckten, war das Meisterwerk der Altdeutschen Malerei – die monumentale «Alexanderschlacht» von Albrecht Altdorfer aus dem Jahr 1529, das in Napoleons Badezimmer in den Tuilerian gehangen hatte.[40] Wrede und Ludwig ließen es einpacken und zurück nach München schicken, wo es sich heute in Raum II der 1836 eröffneten Alten Pinakothek befindet.

Im Zuge dieses Aufenthaltes Ludwigs kam es auch zu einer neuerlichen, zukunftsweisenden Begegnung mit Leo von Klenze, den er kurz darauf nach München holen und zu seinem Architekten machen sollte. In den folgenden Jahrzehnten würde der Kronprinz und spätere König (1825) dort mit Klenzes Hilfe seine Vision eines «Athens an der Isar» verwirklichen,[41] so dass der dänische Schriftsteller Christian Andersen 1840 über einen Besuch schreiben würde: «Der alte Teil der Stadt München kommt mir vor wie ein veredelter Rosenstock, aus welchem jährlich neue Zweige hervorschießen, aber jeder Zweig ist eine Straße, jedes Blatt ein Palais, eine Kirche oder ein Monument, und alles erscheint so neu, so frisch, denn es hat sich in diesem Augenblick entfaltet.»[42]

Indessen schlossen die Alliierten am 20. November 1815 den Zweiten Pariser Frieden, laut dem die neuerlich besiegte Grande Nation diesmal 700 Millionen Francs an Kriegsreparationen bezahlen musste und auf die Grenzen von 1790 zurückgedrängt wurde. Sie musste im Osten mehrere Grenzgebiete, darunter Landau, Saarlouis und Saarbrücken, abtreten.[43] Der Vertrag sollte schon bald auch Bayern zugutekommen, da dadurch die 1816 dem Königreich zugeschlagene Rheinpfalz im Westen größer ausfallen konnte.

Die Gründung des Deutschen Bundes

«Das Deutschland der Bayern hört bei ihren Grenzmarken auf.»[44]
Der sächsische Offizier von Nostitz, 1815

Die Rückkehr Napoleons hatte bewirkt, dass der Wiener Kongress bereits am 9. Juni zu einem Abschluss gebracht werden konnte und sich die zerstrittenen Mächte Europas äußerlich wieder eng zusammenschlossen. Die Zeit der großen Schlachten in Europa wurde nach Waterloo für einige Jahrzehnte beendet und Napoleon auf das weltentlegene St. Helena verbannt.

Gleichwohl waren die in Wien getroffenen Entscheidungen in Europa für Millionen Menschen enttäuschend. Freiheitliche Rechte wurden nicht gewährt, weder Deutschland noch Italien und schon gar nicht Polen wurden in einem Nationalstaat zusammengefasst; Polen blieb gar erneut für mehr als 100 Jahre von der Landkarte verschwunden. Stattdessen teilten die Mächtigen zahlreiche kleinere Länder ohne jede Rücksicht auf ethnische oder sprachliche Zugehörigkeiten unter sich auf.

Das 1806 aufgelöste Heilige Römische Reich Deutscher Nation unter Führung der Habsburger sollte – darin bestand unter den in Wien versammelten Mächten mit Ausnahme einiger Kleinstaaten[45] seltene Einigkeit – nicht wiederbelebt werden. Auch würden die unter Napoleon durchgeführte Mediatisierung und Säkularisation nicht rückgängig gemacht werden, obwohl der Vertreter des Heiligen Stuhles, Kardinal Consalvi, im Namen des Papstes genau dies forderte.[46] Gleichwohl sollte auf dem Kongress eine Nachfolgeinstitution des Alten Reiches in der Mitte Europas entstehen, jedoch von gänzlich anderem Zuschnitt. Die Frage, wie dies konkret aussehen konnte, wurde in Wien monatelang kontrovers debattiert. Sowohl Preußen als auch Österreich favorisierten zu Kongressbeginn neben einer gemeinsamen Verfassung die Bildung von starken Bundesorganen, die dann natürlich von den beiden Großmächten dominiert gewesen wären. Die Vorschläge gingen so weit, dem Bund die Rechte der Münzprägung, der Zollgesetzgebung, der Besteuerung und der uneingeschränkten Gesetzgebung sowie Verwaltungsfunktionen zu übertragen, was aber vor allem von Bayern entschieden abgelehnt wurde.[47] Die Differenzen in der sächsischen Frage hatten jedoch eine gemeinsame Verhandlungsführung der beiden Großmächte verhindert.

Da naturgemäß auch nach Lösung dieses Streitpunktes ein starkes Misstrauen zwischen Österreich und Preußen herrschte, einigte man sich schließlich auf einen «Deutschen Bund», der eine lose Verbindung der 38 deutschen souveränen Einzelstaaten darstellte.[48] Dieser wurde in der Bundesakte, die Bestandteil der Schlussakte des Wiener Kongresses war, am 8. Juni 1815 konstituiert.[49]

Die ursprüngliche Absicht, den Bund mit einem gemeinsamen Legislativ- und Exekutivorgan, einem gemeinsamen Bundesgericht sowie einem ständigen Parlament in Frankfurt am Main auszustatten, scheiterte vor allem am Widerstand Bayerns, das bereits im Rheinbund starke gemeinsame Institutionen verhindert hatte. König Max Joseph berief sich hierbei auf die im Vertrag von Ried gegebenen Zusagen der uneingeschränkten Souveränität. Der preußische Diplomat von Strelitz bezeichnete hierbei die bayerische Verhandlungsführung empört als «Ausgeburt des krassesten Egoismus»,[50] gerade so, als wären die preußischen Ziele von edelstem Altruismus getragen gewesen. Die vorrangige Ausrichtung des Bundes war defensiver Natur bzw. darauf angelegt, gemeinsam eventuelle Angriffe von außen abzuwehren, was aus der jüngsten historischen Erfahrung heraus natürlich primär gegen Frankreich gerichtet war. Gleichwohl ging der Staatenbund über rein deutsche Belange weit hinaus, so waren auch die Könige von Großbritannien und Dänemark sowie der Großherzog von Luxemburg für ihre deutschen Besitzungen Mitglied.

Neben seiner defensiven Funktion sollte das lockere Bündnis zwischen den deutschen Staaten nach 23 Jahren fast ununterbrochener Kriege ein stabilisierendes, friedenssicherndes Organ in Europa bilden. Bemerkenswert ist, dass es Bayern nicht zuletzt *durch* den Deutschen Bund, der die Spannungen zwischen den beiden Großmächten Österreich und Preußen für lange Zeit bedingt neutralisierte, gelang, seine staatliche Souveränität zu bewahren. Nur fünf Jahre nach der Auflösung des Deutschen Bundes infolge des Deutsch-Deutschen Krieges von

1866 und der damit verbundenen Verschiebung der Kräfteverhältnisse hin zu Preußen nahm die Unabhängigkeit Bayerns ein jähes Ende. Der Deutsche Bund war aber auch ein Bund der Restauration, d. h. der Wiederherstellung der vorrevolutionären, repressiven Zustände nach innen, was seinen Höhepunkt in den nur vier Jahre später erlassenen Karlsbader Beschlüssen von 1819 fand.[51]

Der Vertrag von München

«Ich hasse den Vertrag.»[52]
Montgelas zum Vertrag von München, 1816

Noch in Wien war am 23. April 1815 unter Mitwirkung der Großmächte ein vorläufiger Vertrag zwischen Österreich und Bayern unterzeichnet worden, der den Gebietsausgleich zugunsten Max Josephs in Nordbaden, Nordwürttemberg und Hessen großzügig regelte.[53] Nach der neuerlichen Niederringung Napoleons setzte Metternich in Paris im November 1815 die Annahme eines Protokolls zwischen den Großmächten durch, in dem die Bayern mehrfach gemachten Gebietszusagen für null und nichtig erklärt wurden. Das neue Protokoll sah vor, dass Bayern Salzburg, das Inn- und Hausbruckviertel *abzutreten* und sich als Ausgleich mit den linksrheinischen Gebieten der Pfalz ohne die an Preußen und Hessen abgetretenen Gebiete abzufinden habe.[54]

Da Montgelas und Rechberg hiergegen entschieden protestierten, blieb die Frage der zukünftigen bayerisch-österreichischen und bayerisch-badischen Grenzen vorläufig weiter ungelöst.[55] Es war Max Joseph jedoch einmal mehr entschieden klargemacht worden, dass Österreich mit Unterstützung der Großmächte die im Rieder Vertrag sowie den beiden Staatsverträgen vom 3. Juni 1814 und 23. April 1815 gegebenen Versprechungen eines angemessenen Gebietsausgleichs nicht einhalten würde.

Anschließend wurde eine von Metternich verfasste Note übergeben, sich den österreichischen Forderungen zu fügen, und Kaiser Franz ließ, um dem Nachdruck zu verleihen, in altbewährter Manier an der Grenze Truppen aufmarschieren. Zar Alexander sagte in St. Petersburg zum österreichischen Gesandten, er begrüße es, «dass man Bayern endlich durch Androhung von Gewalt zur Vernunft bringe».[56] Auch Bayern mobilisierte Truppen, wie der österreichische Gesandte von Hruby aus München berichtete: «In größter Eile und bei Nacht schickt man Truppen und Artillerie von hier nach Salzburg ab. Auch rekrutiert man überall sehr viel.»[57] Allerdings war Max Joseph klar, dass seine Armee im Kriegsfall gegen das militärisch weit überlegene Österreich kaum etwas würden ausrichten können. Nicht ernsthaft in der Lage, Gewalt mit Gewalt zu beantworten und zum ersten Mal ohne eine Großmacht im Rücken, war der bayerische Verhandlungsspielraum gering.

Der Friedensgeist der Heiligen Nacht mochte den bayerischen König nicht unbewegt gelassen haben, als er am 24. Dezember 1815 erklären ließ, den österreichischen Forderungen grundsätzlich zuzustimmen.[58] Am selben Tag schrieb er aber einen Brief an den Zaren mit der Bitte um Beistand[59] und schickte einige Wochen später seinen Sohn Ludwig zu Kaiser Franz nach Mailand, um noch einmal Fürsprache für ein bayerisches Salzburg zu halten. In Mailand angekommen, wurde um den Kronprinzen opulente Pracht entfaltet, um ihn gleichermaßen einzulullen und zu beeindrucken. Bei dem entscheidenden Gespräch mit Kaiser Franz am 31. Januar 1816 sagte Ludwig schließlich: «Ich rufe die Hochherzigkeit Eurer Majestät an, lassen Sie uns Salzburg!»[60] Der Kaiser, im vollen Bewusstsein seiner wiedergewonnenen Übermacht, entgegnete: «Ich kann da nicht hochherzig sein, ich muss im Interesse meiner Untertanen regieren, kann Ihnen keinen so wichtigen Punkt wie diese Stadt freiwillig überlassen»[61] und fügte hinzu: «Wenn nicht mit Guten, so mit Gewalt und zwar bald, da die Ehre der Monarchie es fordert und jede Verzögerung die Sache erschwert.»[62]

Als Ludwig das Gespräch auf die rechtsrheinische Pfalz brachte, entgegnete Franz, dass er Baden nicht zur Herausgabe «zwingen könne», während er selbst im selben Augenblick ja gerade dabei war, Bayern zur Herausgabe Salzburgs zu zwingen.[63] Anschließend warf der österreichische Kaiser dem Thronfolger vor, Bayern könne nie genug kriegen (sic), und fügte hinzu, «der Streit sei wie eine Krankheit, die einmal überwunden werden müsse».[64]

Um ein Vielfaches an Menschenkenntnis gereift, trat der Kronprinz die Heimreise nach München an, wo der König nach dem Erhalt der niederschmetternden Antwort bezeichnenderweise eine Kolik bekam.[65] Erst nachdem auch die letzte Hoffnung einer Unterstützung durch den russischen Zaren geschwunden war, wurde am 16. April der Vertrag von München[66] unterzeichnet, der in offenem Widerspruch stand zu den viel weitgehenderen Gebietszusagen, die man Bayern vorher gemacht hatte. Das Königreich trat darin den Großteil der im Frieden von Schönbrunn (1809) gewonnenen Gebiete wieder ab, wobei es sich um das Herzogtum Salzburg, das Hausbruck- und das Innviertel sowie das bereits seit 1806 bei Bayern befindliche Tirolerische Amt Vils handelte. Einzig die Gebiete links der Salzach, der sogenannte Rupertiwinkel, sowie Berchtesgaden verblieben nach zähen Verhandlungen bei Bayern.

Im Gegenzug erhielt König Max Joseph neben dem böhmischen Amt Redwitz die fuldaischen Ämter Brückenau und Hammelburg sowie Teile von Biberstein, die vier hessischen Ämter Alzenau, Amorbach, Heubach und Miltenberg sowie die neu geschaffene Provinz der linksrheinischen Pfalz. Das letztere, aus 6003 Quadratkilometern am Kartentisch zusammengesetzte Gebiet bestand zu 60 Prozent aus alten, während des I. Revolutionskrieges verloren gegangenen Wittelsbacher Gebieten. Hinzu kamen 43 ehemalige Territorien des Alten Reiches. Dass die bayerische Rheinpfalz mit dem Gebiet um Landau größer ausfallen konnte, war auch eine Folge des Zweiten Pariser Friedens von 1815, in dem Frankreich nach der hunderttägigen Herrschaft Napoleons u. a. diesen Grenzstreifen hatte abtreten müssen.

Dass es nicht gelungen war, auch die von 1214 bis 1794 dem Haus Wittelsbach gehörige rechtsrheinische Pfalz bzw. die geforderte Landbrücke der badischen Gebiete Main,- Tauber- und Neckarkreis zu erhalten, hatte auch mit einem anderen Umstand zu tun. Die aus dem Haus Baden stammende bayerische Königin Caroline hatte die Verhandlungen zugunsten ihres ersten Heimatlandes bzw. ihres Bruders, des badischen Großherzogs, beeinflusst und wesentlich mit dafür gesorgt, dass die rechtsrheinisch-pfälzischen Gebiete bei den Zähringern verblieben.[67]

Der Vertrag besagte jedoch, dass die badische, rechtsrheinische Pfalz mit den alten Wittelsbacher Städten Mannheim und Heidelberg beim Aussterben der regierenden, männlichen Linie des Herrscherhauses der Zähringer an das Königreich Bayern fallen sollte. Dieser Fall würde nie eintreten.[68] Als Ersatz sollte Österreich, bis es so weit war, an Bayern jährlich 100 000 Gulden bezahlen, was den angenommenen Einkünften des betreffenden Gebietes entsprach. Dieser Betrag wurde dann auch tatsächlich Jahr für Jahr bis 1918 an das bayerische Königreich bezahlt. Als Folge des Verlusts der rechtsrheinischen Pfalz blieben die bayerisch-badischen Beziehungen für viele Jahrzehnte angespannt.

Da Bayern somit bis 1945, als die Rheinpfalz der französischen Besatzungszone und später dem neuen Bundesland Rheinland-Pfalz zugeteilt wurde, nicht über ein zusammenhängendes Staatsgebiet verfügte, sprach der Vertrag von München dem Königreich zumindest die Benutzung der durch das Großherzogtum Hessen führenden Heerstraße zwischen dem bayerischen Stammland und der neuen linksrheinischen Provinz zu.

Eine administrative Eigenheit der nunmehr bayerischen Rheinpfalz war es, dass sowohl der Code Civil als auch die vormalige französische Verwaltungsstruktur der Einteilung in Kantone, Bürgermeistereien und Gemeinden beibehalten wurden, da sich dies in den nahezu zwanzig Jahren französischer Herrschaft bewährt hatte. »Worum man im rechtsrheinischen Bayern«, so Eberhard Weis, «bis 1848 noch erbittert kämpfte: Abschaffung der Grundherrschaft, der Patrimonialgerichtsbarkeit und anderer Adelsvorrechte, Einführung der Öffentlichkeit und Mündlichkeit der Rechtspflege, Schwurgerichte, Trennung von Justiz und Verwaltung auch auf der Ebene der Bezirksämter, dies alles bestand in der Pfalz bereits seit französischer Zeit und die bayerischen Regierungen pflegten hier, was sie rechts des Rheins unter Ludwig I. [1825–1848] noch zu verhindern suchten. Die Weichen für diese Entwicklung waren unter Montgelas gestellt worden, der wohl erkannt hatte, dass den Pfälzer Institutionen die Zukunft gehörte.»[69]

Weis bezeichnet den Umstand, dass hier diese bewährten Strukturen fortexistierten, zu Recht als ein historisches Verdienst Bayerns. Der erste Regierungspräsident der nunmehr bayerischen Rheinpfalz wurde Hofrat Ritter Franz Xaver von Zwackh, weshalb die Beamten dort fortan allgemein «Zwackel» genannt wurden. In weiten Teilen der neuen Provinz war in Erinnerung an die alte Zugehörigkeit zum Haus Wittelsbach die Zustimmung der Bevölkerung – anders als in Franken – für den neuen Landesherrn groß. König Max Joseph berichtete bei seinem Antrittsbesuch in einem Brief an Montgelas vom 30. Juni 1816: «Meine Reise war die glücklichste Epoche meines Lebens. Ich bin in Zweibrücken mit einer Begeisterung aufgenommen worden, die an Irrsinn grenzt. Pirmasens, Kaiserslautern, Dürkheim, Frankenthal,

Kirchheim, Neustadt, Speyer haben rivalisiert, aber was mich außer mich gebracht hat, war mein Empfang in Landau. Ich gestehe, ich erwartete mir, dass man mir dort ein wenig Maß an Freundschaft bewahrt hätte, aber in dem Maß, wie ich Sie gefunden, konnte ich sie nicht zu hoffen wagen.»[70]

Obwohl der Vertrag von München einen erneuten Zuwachs an Bevölkerung von 96 000 Bewohnern brachte – während durch die abgetretenen Gebiete 385 000 Einwohner verloren gingen, gewann das Königreich insgesamt 430 000 Einwohner hinzu –, wurde die unter militärischem Zwang zustande gekommene Vereinbarung von patriotischen Kreisen in Altbayern mit bitterer Enttäuschung aufgenommen.[71] In Wirklichkeit jedoch bedeutete der Vertrag einen großen Gewinn, da während der gesamten Verhandlungen im Raum gestanden hatte, dass Bayern als Entschädigung gar nichts bekäme. Weiter sollte sich der Tausch wirtschaftlich auf lange Sicht als Segen herausstellen, da es in der wenige Jahrzehnte später einsetzenden Industrialisierung vor allem die dicht bevölkerte Rheinpfalz war, die aufblühte, während zum selben Zeitpunkt das abgetretene Innviertel und Salzburg recht ärmlich und rückständig blieben. Mit dem Vertrag von München hatte Bayern seine letztendliche territoriale Gestalt erhalten. Es sollte diese Grenzen, abgesehen von kleineren Veränderungen nach dem preußisch-österreichischen Krieg von 1866, bei dem Bayern auf der Seite Österreichs kämpfte und verlor (Bezirksämter Gersfeld und Orb an Preußen), 1920 (Stadt Coburg durch Volksabstimmung an Bayern) und 1945 (Abtrennung der Pfalz), bis in die Gegenwart beibehalten.

Nachdem durch den Vertrag die Gebietsstreitigkeiten beendet waren, wurden durch die Heirat von Kaiser Franz (es war seine vierte Ehe) mit der bayerischen Prinzessin Charlotte die bayerisch-österreichischen Beziehungen zusätzlich auf eine zukunftsweisende Grundlage gestellt, wobei Österreich in seinem latenten Spannungsfeld zu Preußen an einem dauerhaften guten Verhältnis zu Bayern nunmehr tatsächlich ein ernsthaftes Interesse hatte. Somit trat trotz der Zumutungen des Vertrages von München anstelle von Jahrhunderten erbfeindschaftlicher Kriege und des tiefen Misstrauens eine lange Zeit gutnachbarlicher Beziehungen.[72] Diese am Ende der Napoleonischen Kriege aus der Taufe gehobene Freundschaft hatte allerdings einen hohen Preis: 1866 zog Bayern an der Seite Österreichs in den Krieg gegen Preußen, das bei Königgrätz fulminant siegte. Nur fünf Jahre später verlor das Königreich Bayern seine staatliche Selbstständigkeit und ging keinesfalls freiwillig im von Preußen dominierten Deutschen Reich auf.

SCHLUSSWORT

Da Bismarck in den Jahren 1866–1871 nicht im Ansatz ein Gegner vom Format Montgelas' gegenüberstand, ist Bayern heute zwar kein eigenständiges Land mehr, wohl aber innerhalb Deutschlands das mit den wahrscheinlich am deutlichsten ausgeprägten Eigenheiten («Mia san mia»). Darüber hinaus ist der Freistaat mit 70 550 km² das flächenmäßig größte Bundesland.[1] Neben der bis 1918 von den bayerischen Herrschern innegehabten Königswürde ist auch dies zweifellos Napoleon sowie Monteglas' äußerst geschickter Bündnispolitik zu verdanken.

Ungeachtet der Tatsache, dass die Industrialisierung in Bayern im Vergleich zu anderen Ländern verhältnismäßig spät einsetzte, wurden doch die Zentren derselben, Augsburg, Nürnberg und Würzburg zu Beginn des 19. Jahrhunderts hinzugewonnen. Dass Bayern heute neben Baden-Württemberg und Hessen zu den einzigen Geberländern im Länderfinanzausgleich gehört, hat viele Gründe. Die Gebietsgewinne der Napoleonischen Zeit gehören sicher dazu. Auch ohne den unter Montgelas geschaffenen straffen, zentralistischen Einheitsstaat sowie den von ihm ermöglichten einheitlichen Wirtschaftraum wäre der heutige Wohlstand kaum denkbar. Und nicht zuletzt auf dem Gebiet des Rechts sind die Entscheidungen des kongenialen Gespanns Max Joseph und Montgelas bis heute wirksam. So schreibt der Rechtshistoriker Walter Demel vollkommen zutreffend: «Blicken wir etwa auf unser geltendes Zivil- bzw. Strafrecht, so müssen wir feststellen, dass es auch nach zwei Weltkriegen, fundamentalen politischen Umbrüchen und einer rasanten technischen Entwicklung trotz aller großen und kleinen Änderungen und Neuerungen noch weitgehend auf den im 19. Jahrhundert geschaffenen Grundlagen ruht.»[2]

Die bayerische Erfolgsgeschichte, die in der Napoleonischen Zeit ihre Wurzeln hat, ließ einen bayerischen Ministerpräsidenten, erfüllt von dem im Freistaat nie mangelnden Selbstbewusstsein, 2013 sagen, Bayern sei die «Vorstufe zum Paradies», worüber die Frankfurter Allgemeine Zeitung dann unter der Überschrift «Napoleon, Strauß, Seehofer» berichtete.[3] Gleichwohl ist die «Vorstufe zum Paradies» nicht frei von Widersprüchen: Während sich einerseits die Erinnerungskultur an die Napoleonischen Kriege nach den Katastrophen der beiden Weltkriege grundlegend gewandelt hat, was vor allem in den Gedenkveranstaltungen in Eggmühl des Jahres 2009 sowie dem Denkmal von Hohenlinden seinen Ausdruck fand, so gilt Bayern heute zugleich als «Eldorado der deutschen Rüstungsindustrie». Nicht nur in Bayern, sondern in ganz Deutschland beruht der heutige Wohlstand auch auf dem Export von Unglück und Leid, das die an diktatorische Unrechtsstaaten gelieferten Waffen auslösen. Da sich weite Teile der Gesellschaft mit diesem Faktum arrangiert haben und Geschichte mehr sein muss, als bloße Reflektion über die Vergangenheit, soll der Kreis dieser historischen Darstellung schließen mit einem Wort Friedrich Schillers, der bei seiner akademischen Antrittsrede an der Universität Jena im Jahr 1789 zu den versammelten Studenten sagte: «Es ist keiner unter Ihnen allen, dem Geschichte nicht etwas Wichtiges zu sagen hätte; alle noch so verschiedenen Bahnen Ihrer künftigen Bestimmung verknüpfen sich irgendwo mit derselben; aber eine Bestimmung teilen Sie alle auf gleiche Weise miteinander – sich als Menschen auszubilden.»[4]

ANMERKUNGEN

I BAYERN UND DIE FRANZÖSISCHE REVOLUTION

1 Pichler: Chronik des Großherzoglichen Hof- und Nationaltheaters in Mannheim, S. 67 f. Die Schiller-Expertin Liselotte Homering von den Reiss-Engelhorn-Museen in Mannheim teilte zu dem betreffenden Zitat mit, dass der Chronist dasselbe in seinem 1879 verfassten Buch von einem «Augenzeugen» in mündlicher Überlieferung habe. Insofern sei es mit einer gewissen Vorsicht zu genießen. | 2 Rall: Kurfürst Karl Theodor, S. 334. | 3 Schroll: Prinzessin Auguste Amalie von Bayern, S. 32. | 4 Großegge (Hrsg.): Der Landkreis Ebersberg Geschichte und Gegenwart (Bd. 6), S. 41. | 5 Weis: Montgelas, (Bd. 2) S. 213. | 6 Nicolai: Beschreibung einer Reise durch Deutschland und die Schweiz nebst Bemerkungen über Gelehrsamkeit, Industrie, Religion und Sitten, S. 752 ff. | 7 Großegge (Hrsg.): Der Landkreis Ebersberg Geschichte und Gegenwart (Bd. 6), S. 41. | 8 Weidner: Rumford, S. 241. | 9 Ebenda, S. 264. Die Suppe in ihrer ursprünglichen Form bestand lediglich aus Graupen und Erbsen. Kartoffeln wurden erst später beigefügt. | 10 Großegge (Hrsg.): Der Landkreis Ebersberg Geschichte und Gegenwart (Bd. 6), S. 43, 47 u. 98 f. | 11 Weidner: Rumford, S. 267 ff. Vgl. Schattenhofer: Beiträge zur Geschichte der Stadt München, S. 92. | 12 Riesbeck: Briefe eines reisenden Franzosen über Deutschland an seinen Bruder zu Paris, S. 132. | 13 Museumsdorf Bayerischer Wald (Hrsg.): Museumsführer – Museumsdorf Bayerischer Wald, S. 90 f. | 14 Die Begebenheit trug sich in der im Innviertel gelegenen Stadt Wels zu. Das altbayerische Innviertel befand sich durch den Frieden von Teschen (1779) zum Zeitpunkt des Papstbesuches bereits bei Österreich. Meindl: Geschichte der Stadt Ried, S. 497. | 15 14 227 Höfe und 46 903 Familien standen unter geistlicher Grundherrschaft. Großegge (Hrsg.): Der Landkreis Ebersberg Geschichte und Gegenwart (Bd. 6), S. 99. Vgl. Glaser (Hrsg.): Krone und Verfassung (Katalog), S. 411. | 16 Renner: 1. Januar 1806. Als Bayern Königreich wurde, S. 131 f. | 17 http://blog.br.de/studio-wien/2014/03/14/bayern-und-oesterreich-sind-seelenverwandt/. | 18 Weis: Montgelas (Bd. 2), S. 713. Vgl. Aichner: Das bayerische Heer, S. 250. Vgl. Adalbert: Max I. Joseph von Bayern, S. 501. Der bayerische General Wrede bezeichnete das Verhältnis zu Österreich wörtlich als «Erbfeindschaft». Der bayerische König Max Joseph sprach von Österreich u.a. als dem «natürlichen Feind». | 19 Es handelte sich hierbei vor allem um das fränkische Regiment «Janus». Dorn: Die Schlacht von Sendling 1705, S. 27 ff. | 20 Glaser (Hrsg.): Krone und Verfassung (Katalog), S. 33. | 21 Die österreichische Ratifikation des Friedensvertrages von Teschen mit Kurfürst Carl Theodor erfolgte am 16. Mai 1779. München, Bayerisches Hauptstaatsarchiv (Zweibrücker Urkunden 2135). | 22 Zur Übernahme des Innviertels durch Österreich siehe Kleinhanns/Hauser: Das Innviertel, S. 169 ff. Bruchstücke des niederbayerischen Dialekts haben sich im Innviertel bis heute erhalten. | 23 Sturmberger: Das Innviertel und Bayern – Wünsche, Propaganda und Fakten seit 1779. | 24 Das «Rabenhaus» in Braunau befindet sich in der Palmstraße 10. | 25 Der Fürstenbund zwischen Preußen, Sachsen und Hannover. München, Bayerisches Hauptstaatsarchiv (Zweibrücker Urkunden 2488). Vgl. Rall: Kurfürst Karl

Theodor, S. 233 ff. | **26** Schad: Macht und Mythos, S. 32. Vgl. Schroll: Prinzessin Auguste Amalie von Bayern, S. 35. | **27** Ebenda, S. 32 f. | **28** Der in Neuengland geborene Benjamin Thompson stand seit 1788 in den Diensten Kurfürst Carl Theodors, der ihn 1790 in den Reichsgrafenstand erhob. | **29** Die Isarauen dienten als kurfürstlicher Jagdgrund. Die Hirschau wurde von 1798 bis 1804 als nördliche Fortsetzung des Englischen Gartens bis zum Aumeister angelegt. | **30** Weidner: Rumford, S. 97. Im Januar des Jahres 1800 wurde das Gelände der aufgelösten Militärgärten dem öffentlichen Teil hinzugefügt. | **31** Heimers: Die Trikolore über München, S. 12. | **32** Ebenda, S. 16 f. | **33** Ebenda, S. 17. | **34** Weissensteiner: Große Herrscher des Hauses Habsburg, S. 276. | **35** Leidinger/Moritz/Schippler: Schwarzbuch der Habsburger, S. 167. | **36** Wieczorek/ Probst/Koenig (Hrsg.): Lebenslust und Frömmigkeit (Bd. 1), S. 411. | **37** Heimers: Die Trikolore über München, S. 411. | **38** Weidner: Rumford, S. 83 f. | **39** Aichner: Das bayerische Heer, S. 241. | **40** Uebe: Der Stimmungsumschwung in der bayerischen Armee, S. 3. | **41** Aichner: Das bayerische Heer, S. 245. | **42** Heimers: Die Trikolore über München, S. 27. | **43** Aichner: Das bayerische Heer, S. 241. | **44** Die Plünderung des Bierkellers des Angerklosters erfolgte durch Condesche Truppen, die mit den Österreichern verbündet waren. Heimers: Die Trikolore über München, S. 30. Über die Anzahl der auf dem Gasteig befindlichen Bierkeller siehe Schattenhofer: Beiträge zur Geschichte der Stadt München, S. 62. | **45** Uebe: Der Stimmungsumschwung in der bayerischen Armee, S. 3. | **46** Corti: Ludwig I. von Bayern, S. 18. | **47** Wagner (Hrsg.): Das Landgericht Aichach, S. 47. | **48** Großegge (Hrsg.): Der Landkreis Ebersberg Geschichte und Gegenwart (Bd. 6), S. 73 f. | **49** Dieselben Schändungen ereigneten sich auf dem Friedhof von Ambach. Helml: Franzosen gegen Österreicher 1796, S. 302 f. Eine reiche Anzahl diesbezüglicher Berichte in: Wagner (Hrsg.): Das Landgericht Aichach, S. 1 ff. | **50** Weidner: Rumford, S. 196. | **51** Ebenda. | **52** Heimers: Die Trikolore über München, S. 31 ff. | **53** Eine weitere Kugel der Kanonade steckt zwischen zwei Fenstern im zweiten Geschoss des Hauses in der heutigen Zweibrückenstraße 8. Der damalige Gastwirt des Gasthofes «Zum Postgarten» ließ die Kugel dort einmauern. Das historische Artefakt wurde bei der Errichtung eines neuen Gebäudes im Jahr 1903 erneut eingemauert. Ebenda, S. 111 f. | **54** Rall: Kurfürst Karl Theodor, S. 336 u. 347. | **55** Gmeinwiser: Die bayerische Politik im Jahre 1805, S. 64. Vgl. Rall: Kurfürst Karl Theodor, S. 343 f. | **56** Cole: Die Schlacht bei den Pyramiden, S. 16. | **57** Rall: Kurfürst Karl Theodor, S. 349 ff. | **58** Adalbert: Max I. Joseph von Bayern, S. 350 ff. Vgl. Schad: Macht und Mythos, S. 33. | **59** Schattenhofer: Beiträge zur Geschichte der Stadt München, S. 62 f. | **60** Buttlar: Leo von Klenze, S. 243 f. U. a. soll der König gesagt haben: »Mir ist es nicht recht, dass ich lebenslänglich sitzen muss.» Die Max Joseph vorgelegten Entwürfe stammten von Leo von Klenze und Johann Martin von Wagner. Roth/Groth-Schmachtenberger: Münchner Denkmäler, S. 8. | **61** Ebenda. | **62** Lang: Die Memoiren des Karl Heinrich Ritters von Lang (Bd. 2), S. 146. Vgl. Weis: Montgelas (Bd. 2), S. 24 ff. | **63** Glaser (Hrsg.): Krone und Verfassung (Katalog), S. 80 u. 707. Max Joseph trug diese Ohrringe von mindestens 1785 bis zu seinem Tod im Jahr 1825. | **64** Die Aussage stammte von dem böhmischen General von Nostitz. Adalbert: Max I. Joseph von Bayern, S. 703. Vgl. Renner: 1. Januar 1806. Als Bayern Königreich wurde, S. 63. | **65** Kluckhohn: Aus dem handschriftlichen Nachlass Lorenz Westenrieders, S. 63. | **66** Ebenda. Vgl. Heimers: Die Trikolore über München, S. 43 f. Vgl. Walter: Erinnerungen aus meinem Leben, S. 10. Die eskortierende Kavallerie bestand neben regulären Truppen auch aus Bürgerwehr. | **67** http://www.tebis.com/ Newsletter/05_06/de/art_montgelas.html. | **68** Dracula auf Urlaub. Münchner Merkur, Ausgabe vom 27. April 2009. | **69** Ebenda. | **70** Maximilian Joseph Graf von Montgelas bekommt ein Denkmal. Münchner Merkur, Ausgabe vom 25. April 2005. | **71** Montgelas bewohnte das Stadtpalais seit 1803, davor befanden sich sowohl seine Wohnräume als auch seine Dienstzimmer in der Münchner Residenz. | **72** Weis: Montgelas (Bd. 2), S. 13. | 73 Die vollständige Übersetzung des Ansbacher Memoires bei Weis: Bayern entsteht, S. 23 ff. | 74 Weis: Montgelas (Bd. 2), S. 91. | 75 Ebenda, S. 4 ff. u. 32. Eine vollständige Aufstellung der Reformen siehe bei Weis: Maximilian von Montgelas – Ein Lebensbild, S. 37 ff. | 76 Weis: Montgelas (Bd. 2), S. 87 ff. Die Landschaftsverordnung hatte 16 Mitglieder. Diese setzten sich aus acht Adeligen, vier Prälaten sowie vier Bürgermeistern der größten Städte zusammen. | 77 Weis: Montgelas (Bd. 2), S. 35. | 78 Ebenda, S. 1 f. u. 34 f. Vgl. Weis: Die neue Regierung und ihr innenpolitisches Programm, S. 10. | 79 Ebenda. | 80 Heimers: Die Trikolore über München, S. 45. | 81 Glaser (Hrsg.): Krone und Verfassung (Katalog), S. 108. Vgl. Heimers: Die Trikolore über München, S. 57. | 82 Ebenda. | 83 Weidner: Rumford, S. 82. | 84 Walter: Erinnerungen aus meinem Leben, S. 17 f. | 85 Adalbert: Max I. Joseph von Bayern, S. 389. | 86 Heimers: Die Trikolore über München, S. 49. | 87 Ebenda, S. 50. | 88 Glaser (Hrsg.): Krone und Verfassung (Katalog), S. 89 Savoy: Kunstraub, S. 84 ff. Vgl. Heimer: Die Trikolore über München, S. 55. | 90 Schawe: Altdeutsche und Altniederländische Malerei, S. 66. | 91 Mannlich: Rokoko und Revolution, S. 477. Vgl. Savoy: Kunstraub, S. 87. | 92 Seeberger/Holl: Wie Bayern vermessen wurde, S. 13 ff. | 93 Wie Dürers Selbstbildnis verschwand, treibt Forscher immer noch um. Der Trick mit dem Pelzrock. In: Nürnberger Zeitung, Ausgabe vom 25. November 2014. | 94 Die letzten französischen Truppen rückten erst am 11. April 1801 ab. Heimers: Die Trikolore über München, S. 71. | 95 Ebenda, S. 56. | 96 Weis: Montgelas (Bd. 2), S. 49 f. | 97 Ebenda. | 98 Großegge (Hrsg.): Der Landkreis Ebersberg Geschichte und Gegenwart (Bd. 6), S. 7. | 99 Zima: Von der Schlacht von Hohenlinden bis zur Ausrufung des Königreichs Bayern, S. 6. | 100 Schneider: Hohenlinden 1800: Die vergessene Schlacht, S. 78 | 101 London/Rivington (Hrsg.): The Poetical Register (Bd. 2), S. 231. | 102 Die nördlich von Hohenlinden verlaufende Isen ist ein kleiner Bach, der keinesfalls als Strom zu bezeichnen ist. Campbell hat den bekannten Quellen zufolge das Schlachtfeld von Hohenlinden selbst niemals bereist, wohl aber München. Der Dichter verwechselte daher wahrscheinlich die im Winter durchaus stromartige Isar, die weit vom Schlachtfeld entfernt verläuft, mit der kleinen Isen. | 103 Über den Einsatz der französischen Artillerie berichtete u. a. Walter: Erinnerungen aus meinem Leben, S. 20. | 104 Großegge (Hrsg.): Der Landkreis Ebersberg Geschichte und Gegenwart (Bd. 6), S. 93. | 105 Adalbert: Max I. Joseph von Bayern, S. 413. | 106 Zima: Von der Schlacht von Hohenlinden bis zur Ausrufung des Königreichs, S. 10. | 107 Ebenda, S. 9. Die französischen Verluste werden mit 2500–6000 Toten und Verwundeten angegeben. Vgl. Walter: Erinnerungen aus meinem Leben, S. 21. Vgl. Heilmann: Leben des Grafen Erasmus von Deroy, S. 9. Vgl. Großegge (Hrsg.): Der Landkreis Ebersberg Geschichte und Gegenwart (Bd. 6), S. 13. | 108 Ebenda, S. 79. | 109 Ebenda, S. 80 ff. Die hier genannten Vergewaltigungen durch französische Soldaten in Bayern sind allerdings auf den August des Jahres 1800 bezogen. Vgl. Leinfelder: Menschenschicksale im Zweiten Koalitionskrieg, S. 27 ff. | 110 Großegge (Hrsg.): Der Landkreis Ebersberg Geschichte und Gegenwart (Bd. 6), S. 84 f. Zur Flucht der Bevölkerung aus ihren Dörfern siehe auch Glaser (Hrsg.): Krone und Verfassung (Katalog), S. 118 ff. | 111 Großegge (Hrsg.): Der Landkreis Ebersberg Geschichte und Gegenwart (Bd. 6), S. 83. Die Begebenheit trug sich allerdings in der Zeit des vorangegangenen Waffenstillstands zu. | 112 Ebenda, S. 88 f. | 113 Ebenda, S. 80. | 114 Großegge (Hrsg.): Der Landkreis Ebersberg Geschichte und Gegenwart (Bd. 6), S. 60 ff. Vgl. Glaser (Hrsg.): Krone und Verfassung (Katalog), S. 118 ff. | 115 Großegge (Hrsg.): Der Landkreis Ebersberg Geschichte und Gegenwart (Bd. 6), S. 90. Vgl. Glaser (Hrsg.): Krone und Verfassung (Katalog), S. 116 f. | 116 Walter: Erinnerungen aus meinem Leben, S. 21. | 117 Glaser (Hrsg.): Krone und Verfassung (Katalog), S. 113 f. | 118 Großegge (Hrsg.): Der Landkreis Ebersberg Geschichte und Gegenwart (Bd. 6), S. 55 f.

II DER WECHSEL AN DIE SEITE NAPOLEONS

1 Der vollständige Vertragstext des Friedens von Lunéville bei Hufeld: Der Reichsdeputationshauptschluss von 1803, S. 57 ff. Vgl. Schmid/Unger (Hrsg.): 1803. Wende
in Europas Mitte, S. 24 ff. | 2 Weis, Montgelas (Bd. 2), S. 55. | 3 Ebenda, S. 53. |
4 Ebenda, S. 39. | 5 Ebenda, S. 117 f. | 6 Ebenda, S. 54. | 7 Bayerisches Hauptstaats-
archiv: Bayern Urkunden 1329. | 8 Weis: Montgelas (Bd. 2), S. 117. | 9 Ebenda,
S. 127. | 10 Ebenda, S. 118. | 11 Ebenda. | 12 Ebenda S. 117 u. 133. Vgl. Gmeinwiser:
Die bayerische Politik im Jahre 1805, S. 21. | 13 Schmid/Unger (Hrsg.): 1803. Wende
in Europas Mitte, S. 27. | 14 Weis: Montgelas (Bd. 2), S. 146. | 15 Renner: 1. Januar
1806. Als Bayern Königreich wurde, S. 18. | 16 Weis: Montgelas (Bd. 2), S. 137 ff. |
17 Hofmann (Hrsg.): ...sollen bayerisch werden, S. VIII. | 18 Ebenda. | 19 Ebenda,
S. 38. Vgl. Schattenhofer: Beiträge zur Geschichte der Stadt München, S. 133. | 20 Hof-
mann (Hrsg.): ... sollen bayerisch werden, S. 31. | 21 Ebenda, S. 28. | 22 Ebenda,
S. 17. | 23 Es handelte sich um die 30. Sitzung der Reichsdeputation. Schmid/ Unger
(Hrsg.): 1803. Wende in Europas Mitte, S. 28. Vgl. Weis: Montgelas (Bd. 2),
S. 118 f. | 24 Schmid/Unger (Hrsg.): 1803. Wende in Europas Mitte, S. 27. Vgl. Glaser
(Hrsg.): Krone und Verfassung (Katalog), S. 125. | 25 Ebenda. | 26 Es handelte sich
um § 2 des Reichsdeputationshauptschlusses. Hufeld (Hrsg.): Der Reichsdeputationshauptschluss von 1803, S. 74 f. Vgl. Weis: Montgelas, (Bd. 2) S. 118. Ein Teil der genannten Gebiete musste in den Jahren 1806 und 1810 wieder an Württemberg abgetre-
ten werden. | 27 Einige wenige Gebiete der bis dahin bayerischen Kurpfalz fielen auch
an Hessen-Darmstadt, Nassau und Leinigen. Weis: Montgelas (Bd. 2), S. 131. |
28 Ebenda, S. 128 f. Kurfürst Max Joseph brachte dies auch in einem ausdrücklichen
Dankschreiben an Cetto persönlich zum Ausdruck. | 29 Weis: Montgelas (Bd. 2),
S. 117. | 30 Schmid/Unger (Hrsg.): 1803. Wende in Europas Mitte, S. 25. Vgl. Härter:
Reichstag und Revolution, S. 584 f. | 31 Ledermann: Der Anschluss Bayerns an Frank-
reich im Jahre 1805, S. 187. | 32 Rottenkolber, Josef: Die Säkularisation des Reichs-
stifts Elchingen, S. 22. | 33 Weis: Montgelas (Bd. 2), S. 115 u. 152. | 34 Glaser (Hrsg.):
Krone und Verfassung (Katalog), S. 130. | 35 Weis: Montgelas, (Bd. 2) S. 115, 160 u.
222. | 36 Ebenda, S. 222. | 37 Bayerisches Hauptstaatsarchiv (Hrsg.): Bayern ohne
Klöster?, S. 462. | 38 Die zahlreichen Klosterwälder warfen allerdings nach dem Zeit-
punkt ihres Erwerbs kaum Gewinne ab. Weis: Montgelas (Bd. 2), S. 217. | 39 Ebenda,
S. 208. Vgl. Haus der Bayerischen Geschichte (Hrsg.): Bayern entsteht, S. 117. Vgl.
Bayerisches Hauptstaatsarchiv (Hrsg.): Bayern ohne Klöster?, S. 181 ff. | 40 Weis:
Montgelas (Bd. 2), S. 208 f. | 41 Ebenda, S. 217. | 42 Ebenda, S. 211. | 43 Allerdings
unterhielten nur die größeren Klöster in geringem Umfang Militär. | 44 Glaser (Hrsg.):
Krone und Verfassung (Katalog), S. 150. Die diesbezüglichen Zahlen variieren, so gibt
Weis allein für Altbayern 4000 vollbeschäftigte Arbeiter und 32 000–37 000 betroffene
Familien an. | 45 Weis: Montgelas (Bd. 2), S. 212 f. | 46 Glaser (Hrsg.): Krone und
Verfassung, S. 150 u. 430. Vgl. Weis: Montgelas (Bd. 2), S. 206 ff. Weis gibt 40 Prozent
an. Ebenda, S. 212. Manchmal wurden an die ehemaligen Klosterbediensteten auch
kleine Grundstücke verteilt. | 47 Bayerisches Hauptstaatsarchiv (Hrsg.): Bayern ohne
Klöster?, S. 97 ff. | 48 Weis: Montgelas (Bd. 2), S. 207. | 49 Haus der Bayerischen Ge-
schichte (Hrsg.): Bayern entsteht, S. 117. | 50 Das Angebot des bayerischen Staates an
die betroffenen Bauern erfolgte am 6. Juni 1803. Glaser (Hrsg.): Krone und Verfassung
(Katalog), S. 150. | 51 Weis: Montgelas (Bd. 2), S. 215 f. | 52 Haus der Bayerischen
Geschichte (Hrsg.): Bayern entsteht, S. 117. Vgl. Weis: Montgelas (Bd. 2), S. 207 und
210. | 53 Ebenda, S. 208. | 54 Ebenda, S. 211. Vgl. Bayerisches Hauptstaatsarchiv
(Hrsg.): Bayern ohne Klöster?, S. 137 ff. | 55 Oftmals retteten einzig und allein Initia-
tiven der Bevölkerung die Kirchen. Vgl. Bayerisches Hauptstaatsarchiv (Hrsg.): Bayern
ohne Klöster?, S. 306. | 56 Ebenda, S. 154. | 57 Ebenda, S. 304 f. | 58 Haus der
Bayerischen Geschichte (Hrsg.): Bayern entsteht, S. 117. | 59 Glaser (Hrsg.): Krone

und Verfassung (Katalog), S. 151. | 60 Weis: Montgelas (Bd. 2), S. 199. | 61 Glaser (Hrsg.): Krone und Verfassung (Katalog), S. 138. | 62 Weis: Montgelas (Bd. 2), S. 199 f. | 63 Zu Beginn des 19. Jahrhunderts handelte es sich hierbei um das Geheime Landesarchiv; ab 1812 um das neugegründete Allgemeine Reichsarchiv. Heute befinden sich die eingezogenen Archivbestände der Klöster Altbayerns im Bayerischen Hauptstaatsarchiv in München. Die übrigen Archivalien befinden sich regional zugeordnet in den Staatsarchiven der Oberpfalz, Schwabens und Frankens. | 64 Weis: Montgelas (Bd. 2), S. 201. Vgl. Bayerisches Hauptstaatsarchiv (Hrsg.): Bayern ohne Klöster?, S. 114ff u. 198. | 65 Ebenda, S. 122 ff. | 66 Ebenda, S. 127 ff. | 67 Ebenda, S. 111. | 68 Weis: Montgelas (Bd. 2), S. 201. Vgl. Haus der Bayerischen Geschichte (Hrsg.): Bayern entsteht, S. 114. | 69 Weis: Montgelas (Bd. 2), S. 201 f. | 70 Mannlich: Rokoko und Revolution, S. 531. | 71 Weis: Montgelas (Bd. 2), S. 228 f. | 72 Ebenda, S. 204. | 73 Bayerisches Hauptstaatsarchiv (Hrsg.), Bayern ohne Klöster?, S. 131. Vgl. Weis: Montgelas (Bd. 2), S. 211. | 74 Bayerisches Hauptstaatsarchiv (Hrsg.): Bayern ohne Klöster?, S. 280 u. 143 f. | 75 Glaser (Hrsg.): Krone und Verfassung (Katalog), S. 411. | 76 Wencker-Wildberg (Hrsg.): Napoleon. Die Memoiren seines Lebens, S. 261. | 77 Napoleon III. (Hrsg.): Correspondance de Napoleon I. Nr. 8252 (Tome 10), S. 124 f. | 78 Das Schreiben ist wiedergegeben in den Erinnerungen von Madame de Rémusat. Sie sprach von der «nichtssagenden Unbestimmtheit dieser echt diplomatischen Antwort». Falkenhausen (Hrsg.): Im Schatten Napoleons, S. 177. | 79 Schulz: Geschichte des Krieges im Jahre 1805, S. 6. Insgesamt gab England sieben Millionen Pfund an Subsidien für das Zustandekommen der III. Koalition aus. Sherwig: Guineas and Gunpowder, S. 165. | 80 Holzhausen: Bonaparte, Byron und die Briten, S. 60. | 81 Ebenda. | 82 Die englischen Schiffe waren solider gebaut als die französischen, die Admirale verfügten über mehr Erfahrung und die Mannschaften waren besser ausgebildet. Roloff: Napoleons Pläne einer Landung in England 1803 bis 1805, S. 259. | 83 Tulard: Napoleon oder der Mythos des Retters, S. 205. | 84 Klitscher: Michel Ney, S. 134. | 85 Schneidawind: Der Krieg im Jahre 1805 auf dem Festlande Europen's, S. 15. | 86 Ebenda, S. 13. | 87 Ebenda, S.15. | 88 Konrad (Hrsg.): Napoleons Leben. Ich, der Kaiser, S. 214. | 89 Montgelas: Denkwürdigkeiten, S. 93. | 90 Krauss: 1805. Der Feldzug von Ulm, S. 172. | 91 Ebenda, S. 23. | 92 Bibl: Erzherzog Karl, S. 155. | 93 Mann: Friedrich von Gentz, S. 135. | 94 Ledermann: Der Anschluss Bayerns an Frankreich im Jahre 1805. S. 170. Hauptinitiator der Defensivallianz vom 6.11.1804 war der österreichische Außenminister Graf Ludwig Cobenzl. | 95 Wertheimer: Geschichte Österreichs und Ungarns (Bd. 1), S. 236. | 96 Dieser Vertrag ging über die Defensivallianz mit Russland weit hinaus. Dieselbe war ein halbes Jahr zuvor geschlossen worden und galt nur für den Fall, dass Napoleon die Grenzen überschritt (Vertrag vom 6. November 1804). Russland hatte sich in dieser Defensivallianz bereit erklärt, die englischen Subsidien zu vermitteln. Ebenfalls finden sich darin für den Fall eines erfolgreichen Kriegsausgangs umfangreiche territoriale Zusagen an Österreich. Der Vertrag verpflichtete Österreich, innerhalb von drei Monaten 235 000 Mann unter Waffen zu stellen. Regele: Karl Freiherr von Mack und Johann Ludwig Graf Cobenzl, S. 149 u. 151. Moriggl: Der Feldzug des Jahres 1805, S. 30. | 97 Schneidawind: Der Krieg im Jahre 1805 auf dem Festlande Europen's, S. 15 f. | 98 Wertheimer: Geschichte Österreichs und Ungarns (Bd. 1), S. 262. | 99 Gmeinwiser: Die bayerische Politik im Jahre 1805, S. 71. | 100 Ledermann: Der Anschluss Bayerns an Frankreich im Jahre 1805, S. 185. | 101 Krauss: 1805. Der Feldzug von Ulm, S. 156. | 102 Wertheimer: Geschichte Österreichs und Ungarns (Bd. 1), S. 292. | 103 Morigl: Der Feldzug des Jahres 1805, S. 42. | 104 Thiers: Geschichte des Consulats und des Kaiserreichs (Bd. 5), S. 57. | 105 Krais: Fortsetzung des Tagebuchs, S. 7 f. Vgl. Moriggl: Der Feldzug des Jahres 1805, S. 67. Vgl. Wertheimer: Geschichte Österreichs und Ungarns (Bd. 1), S. 253. Vgl. Duffy: Die Schlacht bei Austerlitz, S. 50. | 106 Die Wehrpflicht galt zu dieser Zeit nur in bestimmten Teilen Österreichs wie etwa Böhmen und Mähren. Ebenda, S. 36. | 107 Ledermann: Der Anschluss Bayerns an Frankreich im Jahre 1805, S. 204. | 108 Ebenda, S. 196 u. 208. | 109 Ebenda, S. 204. | 110 Ebenda, S. 195 f. | 111 Montgelas: Denkwürdigkeiten, S. 94. | 112 Schulz: Geschichte des Krieges im Jahre 1805, S. 16. Vgl. Allgemeine Zeitung. Ausgabe vom 31. Oktober 1805. Nr. 304, S. 1202. | 113 Angeli: Ulm und Austerlitz, S. 466. | 114 «Auch befand sich viele, zum Teil sehr schwere Artillerie bei den Kolonnen.» Allgemeine Zeitung. Ausgabe vom 31. Oktober 1805. Nr. 304, S. 1202. | 115 Angeli: Ulm und Austerlitz, S. 432. | 116 Krauss: 1805. Der Feldzug von Ulm, S. 133. Der Autor schrieb, dass das Konferenzprotokoll – bemerkenswerter Umstand – abhandengekommen sei. | 117 An der Sitzung nahmen neben dem Kaiser und den Erzherzögen Johann und Karl, der auch zugleich Präsident des Hofkriegsrates war, der für das Oberkommando in Deutschland berufene Erzherzog Ferdinand, FML. Schwarzenberg, FML. Zach, die Grafen Grünne und Latour, General von Mayer sowie die Mitglieder der Kriegspartei, Kabinettsminister Colleredo, Staatsminister Cobenzl, FML. Mack und Staatsrat Collenbach, den Schwarzberg später als den größten Urheber des Krieges bezeichnete, teil. Regele: Karl Freiherr von Mack und Johann Ludwig Graf Cobenzl, S. 161. | 118 Angeli: Ulm und Austerlitz, S. 432. | 119 Moriggl: Der Feldzug des Jahres 1805, S. 46. | 120 Angeli: Ulm und Austerlitz, S. 432. Vgl. Duffy: Die Schlacht von Austerlitz, S. 51. | 121 Krauss: 1805. Der Feldzug von Ulm, S. 207. | 122 Napoleon III. (Hrsg.): Correspondance de Napoleon I., Nr. 9264 (Tome 11), S. 299 f. | 123 Krauss: 1805. Der Feldzug von Ulm, S. 115. | 124 Konrad (Hrsg.): Napoleons Leben. Ich, der Kaiser (Bd. 1), S. 183 f. | 125 Schneidawind: Der Krieg im Jahre 1805 auf dem Festlande Europen's, S. 18. | 126 Krais: Fortsetzung des Tagebuchs, S. 9. | 127 Schneidawind: Der Krieg im Jahre 1805 auf dem Festlande Europen's, S. 18. | 128 Moriggl: Der Feldzug des Jahres 1805, S. 72. | 129 Gmeinwiser: Die bayerische Politik im Jahre 1805, S. 43. | 130 Sieburg: Napoleon, S. 14. | 131 Lafarelle: Mémorial de campagne, S. 279 f. | 132 Gmeinwiser: Die bayerische Politik im Jahre 1805, S. 106. | 133 Krauss: 1805. Der Feldzug von Ulm, S. 111. | 134 Ebenda. | 135 Bernhardi: Denkwürdigkeiten aus dem Leben, S. 147. | 136 Napoleon III. (Hrsg.): Correspondance de Napoleon I., Nr. 9130 (Tome 11), S. 160 ff. | 137 Konrad (Hrsg.): Napoleons Leben. Ich, der Kaiser, S. 13. | 138 Napoleons Geheimdienstchef Savary hatte mit demselben Auftrag bereits im Sommer 1804 Bayern bereist. Krauss: 1805. Der Feldzug von Ulm, (Beilage 13) 25. August 1805. | 139 Wencker-Wildberg: König Murat, S. 186. | 140 Krauss: 1805. Der Feldzug von Ulm, S. 116. | 141 Gmeinwiser: Die bayerische Politik im Jahre 1805, S. 18 u. 44. | 142 Napoleon III. (Hrsg.): Correspondance de Napoleon I. Nr. 9134 (Tome 11), S. 166 ff. | 143 Ledermann: Der Anschluss Bayerns an Frankreich im Jahre 1805, S. 210. | 144 Gmeinwiser: Die bayerische Politik im Jahre 1805, S. 18 u. 44. Das topographische Büro hatte besonders in den letzten Monaten vor Ausbruch des Krieges eine «fieberhafte Tätigkeit» entfaltet. Ledermann: Der Anschluss Bayerns an Frankreich im Jahre 1805, S. 210. | 145 Ebenda, S. 210. | 146 Bacher: Chronik 1803 bis 1808 (Bd. 3), S. 421. Vgl. Schultes: Chronik von Ulm, S. 374. | 147 Dupont: Murat, S. 205. | 148 Rose: Napoleon I., S. 18. | 149 Freytag-Loringhoven: Die Heerführung Napoleons in ihrer Bedeutung für unsere Zeit, S. 10. | 150 Ebenda, S. 6 u. 8. Lediglich 600 junge Offiziere waren ohne Kriegserfahrung. | 151 Duffy: Die Schlacht bei Austerlitz, S. 23. | 152 Mayerhoffer: 1805. Der Krieg der 3. Koalition, S. 8. | 153 Zum Schutz der Küsten ließ Napoleon in Boulogne lediglich 30 000, in Holland 14 000 Mann zurück. Rose: Napoleon I., S. 18. | 154 Coignet: Von Marengo bis Waterloo, S. 85. | 155 Kircheisen (Hrsg.): Napoleon I., S. 353. | 156 Falkenhausen (Hrsg.): Im Schatten Napoleons, S. 194. | 157 Krauss: 1805. Der Feldzug von Ulm, S. 113. | 158 Die Villa von Montgelas, der sogenannte Edelsitz Steppberg, befand sich auf dem Anwesen Nummer 23 im Münchner Stadtteil Bogenhausen. Das Gebäude selbst wurde im Jahr 1820 abgerissen, während das Anwesen 1838 in den Besitz der Herzöge von Bayern überging. Im Jahr 1900 erwarb es der Farbenfabrikant Ernst Philipp Fleischer. Der unter ihm begonnene Bau einer neuen Villa im Jahr 1909 wurde in den frühen 1920er Jahren für den Reichsfinanzhof fertig gestellt. In dem Anwesen mit der heutigen Hausnummer Ismaninger Straße 109 hat gegenwärtig der Bundesfinanzhof seinen Sitz. Freundliche Auskunft von Dr. Thomas Heimers, Stadtarchiv München. | **159** Montgelas: Denkwürdigkeiten, S. 100. Vgl. Ledermann: Der Anschluss Bayerns an Frankreich im Jahre 1805, S. 207. Das Datum wurde vom 25. auf den 24. August umdatiert, da letzteres Datum mit dem Friedens- und Freundschaftsvertrag zwischen Bayern und Frankreich aus dem Jahre 1801 zusammenfiel. | **160** Montgelas: Denkwürdigkeiten, S. 100. | **161** Dufraisse: Napoleon und Bayern, S. 223. Die territorialen Zugeständnisse waren festgelegt in Artikel 1 und 7 des Vertrages. | **162** Gmeinwiser: Die bayerische Politik im Jahre 1805, S. 174. Vgl. Baer/Becker/Gottlieb: Geschichte der Stadt Augsburg, S. 544. | **163** Gmeinwiser: Die bayerische Politik im Jahre 1805, S. 167. | **164** Haupt: Die Vereinigung der Reichsstadt Augsburg mit Bayern, S. 90. Über den genauen Verlauf der Übernahme siehe das Werk von Anton Heut: Die Übernahme der Taxisschen Reichsposten in Bayern durch den Staat. | **165** Gleichwohl findet sich die Forderung nach der Königswürde für Bayern in einem ersten Vertragsentwurf von Montgelas vom 27. April 1805. Gmeinwiser: Die bayerische Politik im Jahre 1805, S. 33. | **166** Ebenda, S. 21 ff., 33 u. 181. | **167** Montgelas: Denkwürdigkeiten, S. 111. | **168** Gmeinwiser: Die bayerische Politik im Jahre 1805, S. 58 u. 160. | **169** Ebenda, S. 25 u. 58. | **170** Ledermann: Der Anschluss Bayerns an Frankreich im Jahre 1805, S. 166. | **171** Der Vertrag selbst wurde lediglich auszugsweise, soweit es für Information der Armee nötig war, in den Artikeln 5, 7 und 9 bekannt gegeben. Dieser beschnittene Auszug wurde bei Aretin: Verzeichnis der Bayerischen Staatsverträge 1503–1819, S. 93 veröffentlicht. Der vollständige Vertrag ist abgedruckt bei Ledermann: Der Anschluss Bayerns an Frankreich im Jahre 1805, S. 246 ff. | **172** Ebenda, S. 211. | **173** Ledermann: Der Anschluss Bayerns an Frankreich im Jahre 1805, S. 203. | **174** Aretin: Heiliges Römisches Reich (Teil II), S. 330. | **175** Junkelmann: Napoleon und Bayern (2014), S. 40. Junkelmann gibt im Anmerkungsverzeichnis seines Werkes in der Ausgabe von 2014 vollkommen zutreffend an, dass das betreffende Zitat zwar von Mack verwendet wurde; dieser es aber im Nachhinein von Napoleon abgeschrieben hat. | **176** Wolzogen: Memoiren, S. 20. | **177** Ledermann: Der Anschluss Bayerns an Frankreich im Jahre 1805, S. 230. | **178** Kleßmann: Deutschland unter Napoleon in Augenzeugenberichten, S. 38. | **179** Regierungsblatt für die Kurpfalzbaierische Provinz in Schwaben vom 26. Oktober 1805, S. 956. | **180** Ledermann: Der Anschluss Bayerns an Frankreich im Jahre 1805, S. 212. | **181** Regierungsblatt für die Kurpfalzbaierische Provinz in Schwaben vom 26. Oktober 1805, S. 956 f. Vgl. Gmeinwiser: Die bayerische Politik im Jahre 1805, S. 134. | **182** Regierungsblatt für die Kurpfalzbaierische Provinz in Schwaben vom 26. Oktober 1805, S. 957. | **183** Ledermann: Der Anschluss Bayerns an Frankreich im Jahre 1805, S. 213. | **184** Adalbert: Max I. Joseph von Bayern, S. 478. | **185** Montgelas: Denkwurdigkeiten, S. 95. | **186** Ledermann: Der Anschluss Bayerns an Frankreich im Jahre 1805, S. 213. | **187** Monteglas: Denkwürdigkeiten, S. 103. | **188** Gmeinwiser: Die bayerische Politik im Jahre 1805, S. 46 u. 77. | **189** Ebenda, S. 77, 92 u. 134. | **190** Krauss: 1805. Der Feldzug von Ulm, S. 185. | **191** Gmeinwiser: Die bayerische Politik im Jahre 1805, S. 63. | **192** Ebenda, S. 100. | **193** Krauss: 1805. Der Feldzug von Ulm, S. 238.

III DAS ENTSCHEIDUNGSJAHR 1805

1 Krauss: 1805. Der Feldzug von Ulm, S. 174 f. | **2** Die Überschreitung des Inn dauerte bis morgens acht Uhr an. Ledermann: Der Anschluss Bayerns an Frankreich im Jahre

1805, S. 220. Vgl. Pflug/Gerster/Günthert: Erinnerungen eines Schwaben, S. 130. |
3 Der Einmarsch kam für die Bayern keinesfalls überraschend. FML. Mack hatte am
7. September den Kurfürsten von Bayern sowie die bayerischen Kommandanten entlang des Inn darüber informiert, dass er am 8. September einmarschieren werde. Krauss:
1805. Der Feldzug von Ulm, S. 240. | 4 Ebenda, S. 234. | 5 Gmeinwiser: Die bayeri-
sche Politik im Jahre 1805, S. 104. | 6 Ledermann: Der Anschluss Bayerns an Frankreich
im Jahre 1805, S. 221. | 7 Auch wenn Montgelas später wiederholt jede Beteiligung an
der Abfassung des Schreibens in Abrede stellte, so war er, was auch Kronprinz Ludwig
vermutete, mit hoher Wahrscheinlichkeit der Urheber desselben. Ledermann: Der An-
schluss Bayerns an Frankreich im Jahre 1805, S. 219. | 8 Wolzogen: Memoiren,
S. 22. | 9 Gmeinwiser: Die bayerische Politik im Jahre 1805, S. 93. | 10 Montgelas:
Denkwürdigkeiten, S. 101. | 11 Der Befehl zum Aufbruch der kurfürstlichen Truppen
erfolgte in der Nacht vom 8. auf den 9. September; d. h. unmittelbar nach dem österreichischen Einmarsch. Regierungsblatt für die Kurpfalzbaierische Provinz in Schwaben
vom 26. Oktober 1805, S. 959. Der Marschbefehl ist datiert vom 7. September 1805
und gab den Truppen Marschziel, Weg und Unterbringung an. Gmeinwiser: Die bayeri-
sche Politik im Jahre 1805, S. 134. | 12 Aichner: Das bayerische Heer, S. 242 u. 247. |
13 Uebe: Der Stimmungsumschwung in der bayerischen Armee, S. 6. | 14 Gmeinwiser:
Die bayerische Politik im Jahre 1805, S. 87. | 15 Ebenda | 16 Ebenda, S. 96. |
17 Ebenda, S. 135. | 18 Krauss: 1805. Der Feldzug von Ulm, S. 184 f. | 19 Gmein-
wiser: Die bayerische Politik im Jahre 1805, S. 102. | 20 Ebenda, S. 97. | 21 Thiers:
Geschichte des Consulats und des Kaiserreiches (Bd. 5), S. 60. | 22 Krauss: 1805. Der
Feldzug von Ulm, S. 194. | 23 Mühlbach: Rastatt und Jena, S. 502. | 24 Montgelas,
die kurfürstliche Familie und der Hofstaat folgten wenige Stunden später. Ledermann:
Der Anschluss Bayerns an Frankreich im Jahre 1805, S. 222 f. Vgl. Montgelas: Denk-
würdigkeiten, S. 101. | 25 Karsten: Wie können die Künstler sonst bestehen. In: Da-
mals: Ausgabe 7/2007, S. 76. | 26 Gmeinwiser: Die bayerische Politik im Jahre 1805,
S. 95. | 27 Ledermann: Der Anschluss Bayerns an Frankreich im Jahre 1805, S. 232. |
28 Ebenda, S. 223. | 29 Junkelmann: Napoleon und Bayern (1985), S. 94. Die offizielle
Begründung für die Abreise aus München gegenüber Schwarzenberg lautete: «zum Besuch der fränkischen Provinzen». Gmeinwiser: Die bayerische Politik im Jahre 1805,
S. 48. | 30 Allgemeine Zeitung. Ausgabe vom 28. Oktober 1805, Nr. 301, S. 1189. |
31 Regierungsblatt für die Kurpfalzbaierische Provinz in Schwaben vom 26. Oktober
1805, S. 960. In seinem Bericht schrieb Ribaupierre: «Ich erklärte förmlich, die bayerischen Truppen werden sich nicht entwaffnen lassen und werden Feuer geben.» Vgl.
Gmeinwiser: Die bayerische Politik im Jahre 1805, S. 135. | 32 Ledermann: Der An-
schluss Bayerns an Frankreich im Jahre 1805, S. 218 ff. | 33 Ebenda, S. 221 f. Vgl.
Gmeinwiser: Die bayerische Politik im Jahre 1805, S. 47. | 34 Ledermann: Der An-
schluss Bayerns an Frankreich im Jahre 1805, S. 230. | 35 Ebenda, S. 228. | 36 Regie-
rungsblatt für die Kurpfalzbaierische Provinz in Schwaben vom 26. Oktober 1805,
S. 962 f. | 37 Ledermann: Der Anschluss Bayerns an Frankreich im Jahre 1805, S. 229. |
38 Westenrieder: Tagebuch. In: Kleßmann: Deutschland unter Napoleon in Augenzeu-
genberichten, S. 38. | 39 Westenrieder: Tagebuch. In: Abhandlungen der historische
Klasse der königlich bayerischen Akademie der Wissenschaften (Bd. 16), S. 161. | 40 Le-
dermann: Der Anschluss Bayerns an Frankreich im Jahre 1805, S. 223 u. 225. |
41 Ebenda, 214. | 42 Gmeinwiser: Die bayerische Politik im Jahre 1805, S. 135. |
43 Ledermann: Der Anschluss Bayerns an Frankreich im Jahre 1805, S. 224. |
44 Ebenda, S. 224. | 45 Ebenda, S. 224 f. | 46 Westenrieder: Tagebuch. In: Abhand-
lungen der historische Klasse der königlich bayerischen Akademie der Wissenschaften
(Bd. 16), S. 161. | 47 Ebenda. | 48 Ledermann: Der Anschluss Bayerns an Frankreich
im Jahre 1805, S. 228. | 49 Mack sandte am 16. und 17. September Weisungen an das
Kurfürstliche Landeskommissariat nach Amberg, in denen er befahl, dass sämtliche

Abgaben, Steuern und Gefälle aller Art in den Kassen gesammelt werden sollten. Allgemeine Zeitung. Ausgabe vom 24. Oktober 1805, Nr. 297, S. 1173. Vgl. Gmeinwiser: Die bayerische Politik im Jahre 1805, S. 104 f. | 50 Krauss: 1805. Der Feldzug von Ulm, S. 187. | 51 Ferdinand stieg im Gasthof der Weinwirtin Stürzer ab. Westenrieder: Tagebuch. In: Abhandlungen der historische Klasse der königlich bayerischen Akademie der Wissenschaften (Bd. 16), S. 162. | 52 Ebenda, S. 161 f. | 53 Krauss: 1805. Der Feldzug von Ulm, S. 206. | 54 Allgemeine Zeitung. Ausgabe vom 12. September 1805, Nr. 255, S. 1018. | 55 Krauss: 1805. Der Feldzug von Ulm, S. 206. Die restlichen österreichischen Besatzungstruppen standen überwiegend im südlichen Schwaben. | 56 Der Haltebefehl erging am 20. September. Klier: Diarische Geschichte des französisch-baierischen Krieges in Deutschland gegen die Österreicher in den letzten Monden des Jahres 1805, S. 4. | 57 Zitiert bei Krauss: 1805. Der Feldzug von Ulm, S. 205. | 58 Ebenda, S. 207. | 59 Ebenda, S. 134. | 60 Gmeinwiser: Die bayerische Politik im Jahre 1805, S. 103 ff. | 61 Krauss: 1805. Der Feldzug von Ulm, S. 187. | 62 Ebenda, S. 132. | 63 Ebenda, S. 187. | 64 Trostel: Darstellung der Schicksale Ulms, S. 7. Der Chronist Bacher schrieb dem gegenüber, es sei drei Uhr nachmittags gewesen. Bacher: Chronik 1803–1808 (Bd. 2), S. 429. | 65 Trostel: Darstellung der Schicksale Ulms, S. 6 f. | 66 Krauss: 1805. Der Feldzug von Ulm, S. 233. | 67 Rottenkolber: Die Stadt Ulm unter bayrischer Herrschaft, S. 280. | 68 Regierungsblatt für die Kurpfalzbaierische Provinz in Schwaben vom 26. Oktober 1805, S. 963. | 69 Westenrieder: Tagebuch. In: Abhandlungen der historische Klasse der königlich bayerischen Akademie der Wissenschaften (Bd. 16), S. 162 ff. | 70 Heller von Hellwald: Die Katastrophe von Ulm im Jahre 1805 Aktenmäßig geschildert, S. 3. | 71 Angeli: Ulm und Austerlitz, S. 463. | 72 Bacher: Chronik 1803–1808 (Bd. 2), S. 433. | 73 Trostel: Darstellung der Schicksale Ulms, S. 8. Vgl. Baader: Kurze Geschichte der Kriegsvorfälle zu Ulm, S. 10. Beide Zeitzeugen erwähnen nicht explizit, dass Mack bei dieser Besichtigung dabei gewesen sei. Da er jedoch am selben Abend in Ulm einen Bericht über den Zustand der Anlagen anfertigte, darf hiervon ausgegangen werden. | 74 Krauss: 1805. Der Feldzug von Ulm, S. 201. Vgl. Lupin: Selbstbiographie des Friedrich Freiherrn von Lupin aus Illerfeld (Bd. 3), S. 151 ff. | 75 Unold: Geschichte der Stadt Memmingen, S. 460 f. | 76 Ebenda. | 77 Lupin: Selbstbiographie des Friedrich Freiherrn von Lupin aus Illerfeld (Bd. 3), S. 156. | 78 Hoser: Die Geschichte der Stadt Memmingen, S. 39. Auf den Zufahrtsstraßen vor den Stadttoren wurden Palisaden errichtet. Büchele: Memmingische Cronica. In Memminger Geschichtsblätter (Jahresheft 1974), S. 11. | 79 Die Schanze im Nordosten befand sich zwischen Kalchstor und Lindentörle. Die Feldbatterien wurden zwischen Krugs- und Westertor in Stellung gebracht. Ebenda. | 80 Junkelmann: Napoleon und Bayern (1985), S. 95. | 81 Baader: Kurze Geschichte der Kriegsvorfälle zu Ulm, S. 9. | 82 Stadtarchiv Rain, Ratsprotokoll 1805. | 83 Wertheimer: Geschichte Österreichs und Ungarns (Bd. 1), S. 292 f. | 84 Ebenda. | 85 Regierungsblatt für die Kurpfalzbaierische Provinz in Schwaben vom 26. Oktober 1805, S. 959. Das Ratsprotokoll der Stadt Rain am Lech für das Jahr 1805 sprach von einem Verlust von 20 %. | 86 Baader: Kurze Geschichte der Kriegsvorfälle zu Ulm, S. 9. | 87 Krauss: 1805. Der Feldzug von Ulm, S. 187. | 88 Westenrieder: Tagebuch. In: Abhandlungen der historische Klasse der königlich bayerischen Akademie der Wissenschaften (Bd. 16), S. 162. Bei dem Stürzerschen Gasthaus handelt es sich um das Gasthaus Zum Goldenen Hirschen in der früheren Theatinerstraße 18. Im Jahr 1805 hatte es die Hausnummer 151 im Kreuzviertel und gehörte Marianne Stürzer, der Witwe des Weinwirtes Joseph Stürzer. Heute ist das Grundstück Teil der sogenannten Fünf Höfe an der Ecke Theatinerstraße/Salvatorstraße. Freundliche Auskunft von Dr. Thomas Heimers, Stadtarchiv München. | 89 Montgelas: Denkwürdigkeiten, S. 107. | 90 Schneidawind: Der Krieg im Jahre 1805 auf dem Festlande Europen's, S. 66. | 91 Krauss: 1805. Der Feldzug von Ulm, S. 208. | 92 Ledermann: Der Anschluss Bayerns an Frankreich im Jahre 1805,

S. 233. | 93 Ebenda. Vgl. Regierungsblatt für die Kurpfalzbaierische Provinz in Schwaben vom 26. Oktober 1805, S. 965. | 94 Ledermann: Der Anschluss Bayerns an Frankreich im Jahre 1805, S. 234 f. | 95 Montgelas: Denkwürdigkeiten, S. 109. | 96 Gmeinwiser: Die bayerische Politik im Jahre 1805, S. 62. | 97 Ledermann: Der Anschluss Bayerns an Frankreich im Jahre 1805, S. 231 ff. | 98 Junkelmann: Napoleon und Bayern (1985), S. 96 f. | 99 Regierungsblatt für die Kurpfalzbaierische Provinz in Schwaben vom 26. Oktober 1805, S. 965. | 100 Ledermann: Der Anschluss Bayerns an Frankreich im Jahre 1805, S. 205. | 101 Schad: Bayerns Königinnen, S. 58. | 102 Ledermann: Der Anschluss Bayerns an Frankreich im Jahre 1805, S. 233. | 103 Ebenda | 104 Krauss: 1805. Der Feldzug von Ulm, S. 285. | 105 Wencker-Wildberg (Hrsg.): Napoleon. Die Memoiren seines Lebens (Bd. 9), S. 74. | 106 Gmeinwiser: Die bayerische Politik im Jahre 1805, S. 62. | 107 Junkelmann: Napoleon und Bayern (1985), S. 96. | 108 Thiers: Geschichte des Consulats und des Kaiserreichs (Bd. 5), S. 47 f. | 109 Morrigl: Der Feldzug des Jahres 1805, S. 95. | 110 Geib: Memoiren des Marschalls Ney, Herzogs von Elchingen (Bd. 1 + 2), S. 305. | 111 Lafarelle: Mémorial de campagne, S. 280. | 112 Freytag-Loringhoven: Die Heerführung Napoleons in ihrer Bedeutung für unsere Zeit, S. 25. | 113 Allgemeine Zeitung. Ausgabe vom 28. Oktober 1805, Nr. 301, S. 1090. | 114 Allgemeine Zeitung. Ausgabe vom 3. Oktober 1805, Nr. 276, S. 1102. | 115 Kircheisen (Hrsg.): Die Erinnerungen des Generals Grafen Paul Philipp von Ségur, S. 208. Anderen Angaben zufolge handelte es sich nur um 1000 elsässische Bauernwagen. Freytag-Loringhoven: Die Heerführung Napoleons in ihrer Bedeutung für unsere Zeit, S. 25. | 116 Allgemeine Zeitung vom 14. Oktober 1805, Nr. 237, S. 1147. | 117 Ebenda. | 118 Napoleon III. (Hrsg.): Correspondance de Napoleon I., Nr. 9274 (Tome 11), S. 304 f. | 119 Kircheisen (Hrsg.): Die Erinnerungen des Generals Grafen Paul Philipp von Ségur, S. 208. | 120 Ledermann: Der Anschluss Bayerns an Frankreich im Jahre 1805, S. 239. | 121 Ebenda, S. 240. Vgl. Regierungsblatt für die Kurpfalzbaierische Provinz in Schwaben vom 26. Oktober 1805, S. 968. | 122 Allgemeine Zeitung. Ausgabe vom 6. Oktober 1805, Nr. 279, S. 1115. Vgl. Gmeinwiser: Die bayerische Politik im Jahre 1805, S. 50. | 123 Ledermann: Der Anschluss Bayerns an Frankreich im Jahre 1805, S. 239. Die Daten des Vertrages wurden folgendermaßen geändert: Unterzeichnung des Vertrages in Würzburg: 23. September 1805; bayerische Ratifikation in Würzburg: 28. September 1805; französische Ratifikation in Straßburg: 29. September 1805. Die Rasur im französischen Originalvertrag ist deutlich sichtbar. | 124 Bitterauf: Die Gründung des Rheinbundes und der Untergang des alten Reiches, S. 176. | 125 Fisher: Studies in Napoleonic Statesmanship, S. 97. | 126 Gmeinwiser: Die bayerische Politik im Jahre 1805, S. 173. | 127 Ebenda, S. 107. | 128 Junkelmann: Napoleon und Bayern (1985), S. 104. | 129 Die Schrift trägt den Titel «Geschichtliche Darstellung der Verhältnisse, welche das Benehmen Seiner Kurfürstlichen Durchlaucht von Pfalzbayern geleitet haben. Würzburg, 29. September 1805» und erschien in der Allgemeinen Zeitung. Ausgabe vom 10. Oktober 1805, Nr. 283, S. 1130 sowie der vollständige Text in der Ausgabe von 22. Oktober 1805, Nr. 295, S. 1164. Eine weitere Staatsschrift erfolgte im Oktober. Vgl. Günther: Würzburger Chronik (Bd. 3), S. 64. | 130 Hubensteiner: Bayerische Geschichte, S. 332. | 131 Comeau: Souvenirs des guerres d'Allemagne, S. 206 ff. | 132 Gmeinwiser: Die bayerische Politik im Jahre 1805, S. 52. | 133 Wichmann: Wilhelm von Kobell, S. 64 ff. u. 346 ff. | 134 Erichsen/Heinemann (Hrsg.): Bayerns Krone 1806, S. 210 ff. Das Gemälde «Die Kapitulation von Ulm am 20. Oktober 1805» ist verschollen und wird in der Nummerierung innerhalb dieser Darstellung nicht berücksichtigt. | 135 Das mit Abstand bislang gründlichste Werk zum Gefecht von Wertingen stammt von dem verstorbenen Stadtarchivar von Wertingen Jürgen Fiedler: Das Gefecht von Wertingen. | 136 Bei Dachau kam es am 11. Oktober zu einem kleineren Gefecht. Schuler: Napoleon in Bayern, S. 68 f. | 137 Dormann: Feldmarschall Fürst Wrede, S. 35. | 138 Ebenda. | 139 Stadtarchiv München: Materialien und Notizen zu des Felix Joseph Lipowsky Lebensge-schichte. | **140** Schuler: Napoleon in Bayern, S. 68 f. | **141** Ebenda, S. 155 f. | **142** Co-meau: Souvenirs des guerres d'Allemagne, S. 216 f. Vgl. Schuler: Napoleon in Bayern, S. 143. Vgl. Wichmann, Wilhelm von Kobell, S. 342 ff. | **143** Schuler: Napoleon in Bayern, S. 133. Vgl. Wichmann, Wilhelm von Kobell, S. 340 ff. | **144** Wichmann: Wihelm von Kobell, S. 346 f. u. 901. «Ein Expertise der Beschließung von Ulm» auf S. 344 f. Vgl. Erichsen/Heinemann (Hrsg.): Bayerns Krone 1806, S. 210 ff. | **145** Kur-pfalzbayerische Staatszeitung, Ausgabe vom 25. Oktober 1805. | **146** Schroll: Prinzes-sin Auguste Amalie von Bayern, S. 81. | **147** Aichner: Das bayerische Heer, S. 243. | **148** Dormann: Feldmarschall Fürst Wrede, S. 37. | **149** Ebenda. | **150** Die Verfolgung der aus Ulm entkommenen Reiterabteilung unter Erzherzog Ferdinand und Fürst Schwarzenberg durch Murat über Nürnberg an die böhmische Grenze zog sich bis fast Ende Oktober hin. | **151** Weis: Montgelas (Bd. 2), S. 307 f. | **152** Adalbert: Max I. Joseph von Bayern, S. 495 f. | **153** Ebenda, S. 496. | **154** Weis: Montgelas (Bd. 2), S. 309 f. Die aufgehobene Reichspost in Bayern wurde am 24. Februar 1806 an das Haus Thurn und Taxis als Thronlehen «aber nur in der Eigenschaft eines Pächters», so Montgelas, übertragen. Fürst von Thurn und Taxis musste hierfür jährlich 25 000 Gul-den an den bayerischen Staat bezahlen und sich verpflichten, «die bayerische Gerichts-barkeit und Staatsoberaufsicht in der Postverwaltung anzuerkennen». Vgl. Montgelas: Denkwürdigkeiten, S. 144. | **155** Weis: Montgelas (Bd. 2), S. 310. | **156** Ebenda, S. 314. | **157** Dormann: Feldmarschall Fürst Wrede, S. 40. | **158** Junkelmann: Napo-leon und Bayern (1985), S. 112. | **159** Dormann: Feldmarschall Fürst Wrede, S. 42 f. | **160** Kircheisen (Hrsg.): Die Erinnerungen des Generals Grafen Paul Philipp von Ségur, S. 287 ff. | **161** Ebenda.

IV DIE ERHEBUNG ZUM KÖNIGREICH

1 Erichsen/Heinemann (Hrsg.): Bayerns Krone 1806, S. 19 ff. | **2** Ebenda, S. 17 f. | **3** Der vollständige Vertragstext bei Oer: Der Friede von Preßburg, S. 131 ff. | **4** Uebe: Der Stimmungsumschwung in der bayerischen Armee, S. 18. Napoleon überwies Bayern jedoch auf dringende Bitten Berthiers hin zumindest eine Million Franc. Montgelas: Denkwürdigkeiten, S. 128. | **5** Die endgültige vertragliche Übergabe des Territoriums von Ansbach an Bayern erfolgte im Pariser Vertrag vom 15. Februar 1806. Die tatsäch-liche Übergabe wurde jedoch bis zum Sommer desselben Jahres hinausgezögert. | **6** Adal-bert: Max I. Joseph von Bayern, S. 501. | **7** Sauer: Der schwäbische Zar, S. 235. Vgl. Adalbert: Max I. Joseph von Bayern, S. 500. | **8** Weis: Montgelas (Bd. 2), S. 311. | **9** Ebenda. | **10** Adalbert: Max I. Joseph von Bayern, S. 502. | **11** Oer: Der Friede von Preßburg, S. 271 ff. Der Friedensvertrag wurde von Talleyrand unterzeichnet und bereits einen Tag später von Napoleon ratifiziert. Von österreichischer Seite unterzeichneten Fürst von Liechtenstein und Feldmarschall-Leutnant Gyulay. | **12** Montgelas: Denk-würdigkeiten, S. 135 f. | **13** Weis: Montgelas (Bd. 2), S. 314 f. | **14** Ebenda, S. 316. | **15** Adalbert: Max I. Joseph von Bayern, S. 503. | **16** Kircheisen (Hrsg.): Die Erinne-rungen des Generals Grafen Paul Philipp von Ségur, S. 210. | **17** Erichsen/Heinemann (Hrsg.): Bayerns Krone 1806, S. 17. | **18** Tulard: Itinéraire de Napoléon, S. 245. | **19** Corti: Ludwig I. von Bayern, S. 38. Vgl. Adalbert: Max I. Joseph von Bayern, S. 505. | **20** Erichsen/Heinemann (Hrsg.): Bayerns Krone 1806, S. 21. | **21** Noch bei der Bestellung der Kroninsignien am 3. Mai 1806 schrieb Max Joseph: «Wir haben für die zu unserer feyerlichen Krönung nötigen (...) [Kroninsignien] den Auftrag gegeben». Königin Caroline schrieb am 5. Februar 1806: «Er [Max Joseph] (...) hat seine Krönung auf Oktober [1806] angesetzt». Erichsen/Heinemann (Hrsg.): Bayerns Krone 1806, S. 37. | **22** Ebenda, S. 22. | **23** Schroll: Prinzessin Auguste Amalie von Bayern, S. 90. Vgl. Heimers: Die Trikolore über München, S. 90. Montgelas und Napoleon selbst waren bei dem Staatsakt nicht anwesend, wobei die bislang bekannten Quellen über den Grund ihrer Abwesenheit bei diesem sehr wichtigen Ereignis schweigen. | 24 Erichsen/ Heinemann (Hrsg.): Bayerns Krone 1806, S. 22. Vgl. Heimers: Die Trikolore über München, S. 90. | 25 Erichsen/Heinemann (Hrsg.): Bayerns Krone 1806, S. 194. Vgl. Adalbert: Max I. Joseph von Bayern, S. 511. Vgl. Gmeinwiser: Die bayerische Politik im Jahre 1805, S. 185. | 26 Neben der Ehe mit Augusta Amalia verheiratete Napoleon im April 1806 den badischen Thronfolger Karl mit Stephanie Beauharnais, einer Verwandten Josephines. 1807 folgte die Verheiratung von Napoleons jüngstem Bruder Jérôme mit der württembergischen Prinzessin Katharina. Gmeinwiser: Die bayerische Politik im Jahre 1805, S. 23. | 27 Das Original des Briefes befand sich 1980 in Privatbesitz in Texas. Erichsen/Heinemann (Hrsg.): Bayerns Krone 1806, S. 215. Vgl. Corti: Ludwig I. von Bayern, S. 37. | 28 Adalbert: Eugene Beauharnais, S. 126. Vgl. Schroll: Prinzessin Auguste Amalie von Bayern, S. 97. | 29 Ebenda, S. 99 f. | 30 Ebenda. | 31 Erichsen/Heinemann (Hrsg.): Bayerns Krone 1806, S. 23. Vgl. Renner: 1. Januar 1806. Als Bayern Königreich wurde, S. 51. | 32 Adalbert: Eugène Beauharnais, S. 131. | 33 Adalbert: Max I. Joseph, S. 132. Vgl. Renner: 1. Januar 1806. Als Bayern Königreich wurde, S. 49. Im Hoftheater wurde an jenem Abend die Oper «Castor und Pollux» von Rameau aufgeführt. | 34 Bereits am 4. Januar hatte Napoleon, noch in München, Max Joseph mitgeteilt, dass die bisherige Form des Bündnisses für die Zukunft nicht ausreiche. Weis: Montgelas (Bd. 2), S. 333. | 35 Badische Historische Kommission (Hrsg.): Karl Friedrich von Baden (Bd. 5), S. 518 ff. | 36 Braig: Wiblingen, S. 235. Die Württemberger waren dort schließlich gezwungen, das Feld zu räumen. | 37 Weis: Montgelas (Bd. 2), S. 537. | 38 Ebenda, S. 337 f. | 39 Die Freie Reichsstadt Nürnberg bezahlte an Talleyrand ungeheure Summen für den Erhalt ihrer Unabhängigkeit, wurde aber im Sommer 1806 dennoch Bayern zugesprochen. Weis: Montgelas (Bd. 2), S. 339. | 40 Ebenda, S. 333 ff. Vgl. Sauer: Der schwäbische Zar, S. 254 f. | 41 Montgelas: Denkwürdigkeiten, S. 135 f. Vgl. Weis: Montgelas (Bd. 2), S. 339 u. 345. | 42 Napoleon III. (Hrsg.): Correspondance de Napoleon I. (Tome XIII), S. 168 f. | 43 Adalbert: Max I. Joseph von Bayern, S. 519. In der bayerischen Armee war die aus Zeiten des Absolutismus stammende Haartracht bereits durch einen Armeebefehl vom 24. Dezember 1805 abgeschafft worden. Aichner: Das bayerische Heer S. 248. | 44 München, Bayerisches Hauptstaatsarchiv: Rheinbundakte vom 12. Juli 1806. (Bayern Urk. 1668). Der Text ist vollständig abgedruckt bei Hufeld (Hrsg.): Der Reichsdeputationshauptschluss von 1803, S. 134 ff. | 45 Die Unabhängigkeit Oldenburgs war darüber hinaus zusätzlich durch den Tilsiter Vertrag von 1807 garantiert. | 46 Dasselbe wurde in Artikel 38 bestimmt. Weiterhin musste sich Bayern in Artikel 37 verpflichten, Augsburg und Lindau militärisch zu befestigen und auszurüsten, «damit im Falle eines Krieges der Marsch der Armeen keinen Aufenthalt erleide». | 47 Weis: Montgelas (Bd. 2), S. 346. | 48 Braig: Wiblingen, S. 237. | 49 Erklärung der Rheinbundstaaten über ihren Austritt aus dem Reich. 1. August 1806. In: Hufeld (Hrsg.): Der Reichsdeputationshauptschluss von 1803, S. 138 ff. | 50 Adalbert: Max. I. Joseph von Bayern, S. 521. | 51 Montgelas: Denkwürdigkeiten, S. 143. | 52 Erklärung des Kaisers Franz II. über die Niederlegung der deutschen Kaiserkrone. 6. August 1806. In: Hufeld (Hrsg.): Der Reichsdeputationshauptschluss von 1803, S. 141 ff. | 53 Über diesen Umstand, der Max Joseph an der Besitzergreifung hinderte, beschwerte er sich bei Napoleon. Adalbert: Max I. Joseph von Bayern, S. 526. | 54 Heilmann: Feldmarschall Fürst Wrede, S. 99. | 55 Adalbert: Max I. Joseph von Bayern, S. 529. | 56 Uebe: Der Stimmungsumschwung in der bayerischen Armee, S. 27. Vgl. Bunde/Gärtner/Stein: Die Bayerische Armee 1806–1813, S. 61. | 57 Uebe: Der Stimmungsumschwung in der bayerischen Armee, S. 39. | 58 Ebenda, S. 33 ff. | 59 Heilmann: Feldmarschall Fürst Wrede, S. 100. | 60 Uebe: Der Stimmungsumschwung in der bayerischen Armee, S. 41. | 61 Junkelmann: Napoleon und Bayern (1985), S. 193. | 62 Corti: Ludwig I.

von Bayern, S. 50. | 63 Adalbert: Max I. Joseph von Bayern, S. 532. | 64 Uebe: Der Stimmungsumschwung in der bayerischen Armee, S. 36. | 65 Ebenda. Vgl. Heilmann: Feldmarschall Fürst Wrede, S. 105. | 66 Bei den die Belagerungen der preußischen Festungen thematisierenden Gemälden handelte es sich um «Eroberung der Festung Brieg», «Belagerung von Breslau» sowie «Erstürmung der Festung Glatz», die allerdings erst gegen Ende des IV Koalitionskrieges stattfand. Wichmann: Wilhelm von Kobell, S. 348 ff. u. S. 376 f. | 67 Bunde/Gärtner/Stein: Die Bayerische Armee 1806–1813, S. 65. | 68 Adalbert: Max I. Joseph von Bayern, S. 534. Vgl. Schultes: Chronik von Ulm, S. 392. | 69 Adalbert: Max I. Joseph von Bayern, S. 535. | 70 Weis: Montgelas (Bd. 2), S. 358. | 71 Adalbert: Max I. Joseph von Bayern, S. 53. | 72 Glaser (Hrsg.): Krone und Verfassung (Katalog), S. 214. | 73 Weis: Montgelas (Bd. 2), S. 353 ff. | 74 Ebenda, S. 362. | 75 Ebenda, S. 349. | 76 Adalbert: Max I. Joseph von Bayern, S. 132. Vgl. Tulard: Itinéraire de Napoléon, S. 245. | 77 Erichsen/Heinemann (Hrsg.): Bayerns Krone 1806, S. 37. | 78 Ottomeyer: Die Kroninsignien des Königreichs Bayern, S. 6 ff. | 79 Glaser (Hrsg.): Krone und Verfassung (Katalog), S. 208. | 80 Ottomeyer: Die Kroninsignien des Königreichs Bayern, S. 8. | 81 Zur Geschichte des Blauen Wittelsbachers siehe vor allem: Evers/Möckl/Nöth: Der Wittelsbacher und der Hope-Diamant. In: Chemie in Unserer Zeit, S. 356 ff. | 82 Siehe u. a. Max I. Joseph im Kronornat von Moritz von Kellerhofen (München, 1806) und König Max Joseph im Kronornat von Joseph Stieler (München, 1822). Abbildungen in: Erichsen/Heinemann (Hrsg.): Bayerns Krone 1806, S. 27 u. 36. | 83 Schleifstein der Schande. Spiegel, Ausgabe vom 25. Januar 2010. | 84 Ebenda. | 85 Der Blaue Wittelsbacher. Ein Schnäppchen im Vergleich zur Landesbank. FAZ, Ausgabe vom 10. Dezember 2008. | 86 Evers/Möckl/Nöth: Der Wittelsbacher und der Hope-Diamant. In: Chemie in Unserer Zeit, S. 359. | 87 Schleifstein der Schande. Spiegel, Ausgabe vom 25. Januar 2010. | 88 Der Blaue Wittelsbacher. Ein Schnäppchen im Vergleich zur Landesbank. FAZ, Ausgabe vom 10. Dezember 2008.

V BAYERN UNTER NAPOLEON

1 Gmeinwiser: Die bayerische Politik im Jahr 1805, S. 130. | 2 Burgdorf: Palms Schicksal als Beispiel für das Sag- und Machbare, S. 2. Vgl. Trostel: Darstellung der Schicksale Ulms in den Monaten September und Oktober 1805, S. 22. In den neubayerischen, säkularisierten Gebieten sowie in den mediatisierten, katholischen Reichsstädten war die Begeisterung, sofern sie nicht staatlich verordnet war, dahingegen eher verhalten. | 3 Zitiert bei Renner: 1. Januar 1806. Als Bayern Königreich wurde, S. 115. | 4 Ebenda, S. 81 ff., 100 u. 105 ff. | 5 Ebenda, S. 58. | 6 Uebe: Der Stimmungsumschwung in der bayerischen Armee, S. 13. | 7 Die Gratifikationen wurden auf die Generäle Deroy und Wrede sowie an jeweils 20 verdiente Offiziere und Soldaten verteilt. Ebenda, S. 20. | 8 Das zweibändige Werk erschien anonym in den Jahren 1806/07. | 9 Schuler: Napoleon in Bayern, S. 108 f. | 10 Gmeinwiser: Die bayerische Politik im Jahr 1805, S. 130. | 11 Ebenda, S. 123. | 12 Westenrieder: Tagebuch. In: Abgedruckt in Abhandlungen der Historischen Classe der königlich bayerischen Wissenschaften (Bd. 16), S. 165 f. | 13 Gerhauser: Die Kriegslasten der Bürgerschaft Aichachs 1791–1809, S. 28 f. | 14 Freundliche Mitteilung des Stadtarchivs Aichach. | 15 Gmeinwiser: Die bayerische Politik im Jahre 1805, S. 122. | 16 Ebenda, S. 123. | 17 Uebe: Der Stimmungsumschwung in der bayerischen Armee, S. 17. | 18 Stadtarchiv Mindelheim: Plünderung durch die Franzosen 1805. | 19 Ebenda. | 20 Stadtarchiv Mindelheim: III Ia Kriegserlittenheiten 1695–1812. Vgl. Zoepfl: Geschichte der Stadt Mindelheim, S. 99 f. | 21 Stadtarchiv Mindelheim: Plünderung durch die Franzosen 1805. | 22 Hoser: Die Geschichte der Stadt Memmingen (Bd. 2), S. 39. | 23 Seida: Augsburgs Geschichte ..., S. 858 f. | 24 Höpfner: Der Krieg von 1806 und 1807 (Bd. 1),S. 191 ff. | 25 Schultes:

Chronik von Ulm, S. 386. | 26 Adalbert: Max I. Joseph von Bayern, S. 511. Vgl. Uebe: Der Stimmungsumschwung in der bayerischen Armee, S. 19. | 27 Burgdorf: Palms Schicksal als Beispiel für das Sag- und Machbare, S. 11. | 28 Junkelmann: Napoleon und Bayern (1985), S. 144. | 29 Burgdorf: Palms Schicksal als Beispiel für das Sag- und Machbare, S. 11. | 30 Mühlen: Napoleons Justizmord am deutschen Buchhändler Johann Philipp Palm, S. 28 f. | 31 Ebenda, S. 101. | 32 Burgdorf nannte als wahrscheinlichen Verfasser Palms Geschäftspartner Philipp Christian Yelin. Burgdorf: Palms Schicksal als Beispiel für das Sag- und Machbare S. 1. Vgl. Mühlen: Napoleons Justizmord am deutschen Buchhändler Johann Philipp Palm, S. 114 ff. | 33 Ebenda, S. 104. | 34 Weite Teile Südosteuropas standen zu Beginn des 19. Jahrhunderts unter Herrschaft des Osmanischen Reiches, das von Sultan Selim III. regiert wurde. | 35 Mühlen: Napoleons Justizmord am deutschen Buchhändler Johann Philipp Palm, S. 107. | 36 Ebenda, S. 102 f. u. 109. | 37 Ebenda, S. 7 u. 43. | 38 Ebenda, S. 46 f. | 39 Ebenda, S. 55 f. | 40 Merckle hatte lediglich ein Exemplar der Flugschrift «Deutschland in seiner tiefen Erniedrigung» an den Handelsmann Schöderer aus Donauwörth weitergegeben, was für seine Verhaftung durch französische Soldaten genügte. Sauer: Der schwäbische Zar, S. 252 f. | 41 Montgelas: Denkwürdigkeiten, S. 132. | 42 Ebenda. | 43 Mühlen: Napoleons Justizmord am deutschen Buchhändler Johann Philipp Palm, S. 96. | 44 Schultes: Chronik von Ulm, S. 389. | 45 Montgelas: Denkwürdigkeiten, S. 132 f. Vgl. Sauer: Der schwäbische Zar, S. 252 f. | 46 Seibt: Goethe und Napoleon, S. 158. Vgl. Mühlen: Napoleons Justizmord am deutschen Buchhändler Johann Philipp Palm, S. 120. | 47 Montgelas: Denkwürdigkeiten, S. 133. Vgl. Burgdorf: Palms Schicksal als Beispiel für das Sag- und Machbare, S. 111. | 48 Es ist zugleich der Titel des Werkes von Bernt Ture von zur Mühlen | 49 Junkelmann: Napoleon und Bayern (1985), S. 150. Die wörtliche Aussage findet sich in dieser Form in der Neuauflage des Buches 2014 nicht mehr. | 50 Burgdorf: Palms Schicksal als Beispiel für das Sag- und Machbare, S. III. Vgl. Mühlen: Napoleons Justizmord am deutschen Buchhändler Johann Philipp Palm, S. 119 u. 122. | 51 Ebenda, S. 124 ff. | 52 Ebenda, S. 121. | 53 Palm-Stiftung (Hrsg.): Gründung, Geschichte, Stiftungszwecke, S. 1 ff. | 54 Burgdorf: Palms Schicksal als Beispiel für das Sag- und Machbare S. 111. | 55 Doeberl: Die Entstehung des modernen Staates in Bayern, S. 16. | 56 Auch der konservative preußische Minister von Hardenberg bezeichnete Montgelas als «revolutionären Minister». Doeberl: Die Entstehung des modernen Staates in Bayern, S. 74. | 57 Weis: Montgelas (Bd. 2), S. 374 ff. Montgelas hatte den Auftrag zur Ausarbeitung einer Verfassung unter König bereits am 8. Juni 1807 erhalten. Die Konstitution einschließlich der Organischen Edikte trat am 1. Oktober 1808 in Kraft. Zur bayerischen Konstitution von 1808 siehe vor allem Tianinen: Die bayerische Konstitution von 1808 und die öffentliche Diskussion darüber. | 58 Doeberl: Die Entstehung des modernen Staates in Bayern, S. 13. Vgl. Glaser (Hrsg.): Krone und Verfassung (Katalog), S. 154. | 59 Weis: Die neue Regierung und ihr innenpolitisches Programm, S. 15. | 60 Weis: Montgelas (Bd. 2), S. 18. | 61 Haus der Bayerischen Geschichte (Hrsg.): Bayern entsteht, S. 152 ff. Vgl. Glaser (Hrsg.): Krone und Verfassung (Katalog), S. 158. | 62 Junkelmann: Napoleon und Bayern (1985), S. 161. | 63 Doeberl: Die Entstehung des modernen Staates in Bayern, S. 16. | 64 Allerhöchste Verordnung die Territorialeinteilung des Königreichs Baiern betreffend. München, Bayerisches Hauptstaatsarchiv (MInn 34 545). Vgl. Glaser (Hrsg.): Krone und Verfassung (Katalog), S. 164. | 65 Glaser (Hrsg.): Krone und Verfassung, S. 164 sowie Vgl. Hartmann: Bayerns Weg in die Gegenwart, S. 357. Vgl. Adalbert: Max I. Joseph von Bayern, S. 525. | 66 Glaser (Hrsg.): Krone und Verfassung (Katalog), S. 154. | 67 Ebenda, S. 160. | 68 Es galt dies nicht für die Landgerichte, die auch weiterhin verwaltungstechnische Aufgaben wahrnahmen. | 69 Glaser (Hrsg.): Krone und Verfassung (Katalog), S. 159. | 70 § 7 des das Justizwesen betreffenden Organischen Edikts. | 71 Die Arbeit an einem neuen Strafrecht begann 1800 mit dem Auftrag

an den Würzburger Rechtsprofessor Kleinschrod zur Ausarbeitung eines neuen Gesetz-
buchs, dessen Entwurf 1802 vorlag und der Öffentlichkeit zur Begutachtung vorgelegt
wurde – ein damals noch sehr neuartiges Vorgehen. Da der Entwurf auf Ablehnung
stieß, wurde 1804 ein neuer Auftrag an Paul Johann Anselm von Feuerbach erteilt, der
1804 Professor in Landshut und 1805 Referendar im Justizministerium geworden
war. | 72 Die Abschaffung der Folter erfolgte durch einen durch Erlass vom 4. Juli
1806 auf Betreiben Joseph von Stichaners. | 73 Glaser (Hrsg.): Krone und Verfassung
(Katalog), S. 160. Vgl. Schattenhofer: Beiträge zur Geschichte der Stadt München,
S. 122. | 74 Ebenda, S. 122. | 75 Glaser (Hrsg.): Krone und Verfassung (Katalog),
S. 158 ff. | 76 Doeberl: Die Entstehung des modernen Staates in Bayern, S. 58. |
77 Ebenda. Die Beschränkung der Rechte der jüdischen Bevölkerung kam vor allem unter dem Druck des konservativen Münchner Magistrats zustande, was in weiten Teilen
durch wirtschaftlichen Konkurrenzneid und antijüdische Ressentiments motiviert
war. Eine ausführliche Darstellung der Politik von Montgelas gegenüber den Juden bei
Weis: Montgelas (Bd. 2), S. 598 ff. | 78 Junkelmann: Napoleon und Bayern, S. 59. |
79 Doeberl: Die Entstehung des modernen Staates in Bayern, S. LIX. | 80 http://
www.gruene-fraktion-bayern.de/themen/von-schweinezyklen-und-teuren-sparmass-
nahmen. Das Originalzitat der Gräfin Montgelas lautete: «Als Außenminister könnte
man keinen besseren haben, als Innenminister ist er passabel, als Finanzminister ver-
diente er, gehenkt zu werden». Junkelmann: Napoleon und Bayern (1985), S. 163. |
81 Ebenda, S. 164. | 82 Aichner: Das bayerische Heer, S. 245. | 83 Doeberl: Die Ent-
stehung des modernen Staates in Bayern, S. XXVI. | 84 1815 stiegen die Schulden so-
gar auf mehr als 200 Millionen Gulden an. | 85 Doeberl: Die Entstehung des moder-
nen Staates in Bayern, S. XXVIII. | 86 Bereits am 7. Juni 1807 hatte ein königliches
Edikt jegliche Befreiung steuerlicher Privilegien aufgehoben, das gleichzeitig den zu
diesem Zeitpunkt noch bestehenden Landständen das Recht zur Steuererhebung ent-
zogen hatte. Doeberl: Die Entstehung des modernen Staates in Bayern, S. 12. | 87 Hä-
berle: Zollpolitik und Integration im 18. Jahrhundert, S. 129 ff. Vgl. Haus der Bayeri-
schen Geschichte (Hrsg.): Das bayerische Handwerk 1806–2006, S. 6. | 88 Haus der
Bayerischen Geschichte (Hrsg.): Das bayerische Handwerk 1806–2006, S. 10. | 89 Mont-
gelas: Denkwürdigkeiten, S. 171. Vgl. Weis: Bayern im Napoleonischen Kontinentalsystem, S. 31.

VI DIE SCHLACHTEN DES JAHRES 1809

1 Die französische Schreibweise ist «Eckmühl». | 2 Chatan: Eckmühl: Historie des
phares de Penmarc'h, S. 40. Vgl. Der Weg zur Hölle führt durch heißen Brei. FAZ, Aus-
gabe vom 21. Februar 2015. | 3 Blocqueville: Le Phare d'Eckmuhl sur la Pointe de
Penmarc'h, S. 1 ff. | 4 Kircheisen (Hrsg.): Die Erinnerungen des Generals Grafen Paul
Philipp von Ségur, S. 289. | 5 Artikel 1 des Friedensvertrags von Pressburg. Oer: Der
Friede von Preßburg, S. 271 ff. | 6 Stadt Regensburg (Hrsg.): Kulturführer Regensburg
08: 1809 Napoleon in Bayern, S. 20. | 7 Weis: Montgelas (Bd. 2), S. 413 f. | 8 Adal-
bert: Max I. Joseph von Bayern, S. 558. | 9 Kircheisen (Hrsg.): Die Erinnerungen des
Generals Grafen Paul Philipp von Ségur, S. 421. | 10 Färber (Hrsg.): Krieg und Frieden
1809, S. 10. | 11 Reithofer: Die Kriegsereignisse in Landshut, S. 27. | 12 Ebenda,
S. 24 f. | 13 Weis: Montgelas (Bd. 2), S. 413. | 14 Schultheiss: Kleine Geschichte
Nürnbergs, S. 112 f. | 15 Heilmann: Feldmarschall Fürst Wrede, S. 117 u. 185. |
16 Stadt Regensburg (Hrsg.): Kulturführer Regensburg 08: 1809 Napoleon in Bayern,
S. 23. Vgl. Heilmann: Feldmarschall Fürst Wrede, S. 123. Gleichwohl parteiisch schrieb
Napoleons Ordonanzoffizier Ségur hierzu in seinen Memoiren keinesfalls zu Unrecht:
«Er [Erzherzog Karl] war zu phlegmatisch, um aus der Zeit Vorteil zu ziehen.» Kirch-
eisen (Hrsg.): Die Erinnerungen des Generals Grafen Paul Philipp von Ségur, S. 425.

Vgl. Adalbert: Max I. Joseph von Bayern, S. 561. | 17 Der Ulmer Münsterturm wurde erst zwischen 1880 und 1890 auf seine heutige Höhe von 161 Metern gebracht. | 18 Schultes: Chronik von Ulm, S. 402. Die Nachricht traf am 12. April in Paris ein. Vgl. Kircheisen (Hrsg.): Die Erinnerungen des Generals Grafen Paul Philipp von Ségur, S. 425. Der optische Telegraph funktionierte durch von erhöhten Punkten wie Kirchturmspitzen oder Bergkuppen über eine größere Distanz von Hand gegebene Flaggenzeichen. Der Nachteil dieser Kommunikationsübermittlung war, dass sie nur bei klaren Sichtverhältnissen funktionierte. Vgl. Bundeskunsthalle (Hrsg.): Napoleon und Europa, S. 79 ff. | 19 Coignet: Memoires des Capitaine Coignet, S. 142. | 20 Heilmann: Feldmarschall Fürst Wrede, S. 122. | 21 Adalbert: Max I. Joseph von Bayern, S. 559. | 22 Tulard: Itinéraire de Napoléon, S. 311. | 23 Weis: Montgelas (Bd. 2), S. 416. | 24 Die Zahl ist wie oft bei Napoleon übertrieben. | 25 Weis: Montgelas (Bd. 2), S. 416. Zumindest durfte Ludwig aber eine der drei bayerischen Divisionen, allerdings unter dem Oberkommando Lefebvres, kommandieren. | 26 Napoleon traf in Donauwörth um zwei Uhr am Morgen ein. Tulard: Itinéraire de Napoléon, S. 311. Vgl. Heilmann: Feldmarschall Fürst Wrede, S. 122. | 27 Napoleons Arbeitszimmer im Donauwörther Heiligkreuzkloster befand sich im III. Stockwerk im sogenannten Enderlesaal. | 28 Kircheisen (Hrsg.): Die Erinnerungen des Generals Grafen Paul Philipp von Ségur, S. 426 f. | 29 Die diesbezüglichen Befehle Napoleons kompakt zusammengefasst bei Heilmann: Feldmarschall Fürst Wrede, S. 124. | 30 Schaller: Fragmente aus dem Feldzuge gegen Oestreich im Jahr 1809, S. 25 f. Vgl. Heilmann: Feldmarschall Fürst Wrede, S. 126. Zur Schlacht von Abensberg siehe vor allem: Stark: Erinnerungsblätter an die Schlachttage bei Abensberg 19. u. 20. April 1809. | 31 Schaller: Fragmente aus dem Feldzuge gegen Oestreich im Jahr 1809, S. 27. Vgl. Walter: Erinnerungen aus meinem Leben, S. 49. | 32 Putz: Die Leidenschaft des Königs, S. 34 f. | 33 Stark: Erinnerungsblätter an die Schlachtentage bei Abensburg 19. u. 20. April 1809, S. 79. | 34 Färber (Hrsg.): Krieg und Frieden 1809, S. 14. | 35 http://www.ristorante-napoleon.de/index.php?site= pasta. | 36 Reithofer: Die Kriegsereignisse in Landshut, S. 28. | 37 Heilmann: Feldmarschall Fürst Wrede, S. 133. | 38 Marbot: Memoiren des Generals Marcellin Marbot (Bd. 2), S. 88. Das Gemälde war ursprünglich ein persönliches Geschenk Napoleons an General Mouton und befindet sich heute in der französischen Nationalgalerie in Versailles. | 39 Walter: Erinnerungen aus meinem Leben, S. 49. Walter zufolge wurde von Zandt auf der Brücke selbst getroffen. Auf einer Erinnerungstafel an dem Haus an der Ecke Zweinrückenstraße/Fischergasse heißt es hingegen, dass von Zandt bei besagtem Haus gefallen wäre. Stadt Regensburg (Hrsg.): Kulturführer Regensburg 08: 1809 Napoleon in Bayern, S. 31. | 40 Heilmann: Feldmarschall Fürst Wrede, S. 135. | 41 Reithofer: Die Kriegsereignisse in Landshut, S. 32. | 42 Der österreichische Generalissimus hielt sich zu diesem Zeitpunkt bei der Hauptarmee nahe Eggmühl auf. | 43 Heilmann: Feldmarschall Fürst Wrede, S. 135. Vgl. Walter: Erinnerungen aus meinem Leben, S. 49. | 44 Schultz (Hrsg.): Achim von Armin und Clemens Brentano, S. 575 ff. | 45 Ebenda. | 46 Heilmann: Feldmarschall Fürst Wrede, S. 136. | 47 Schierling, Privatbesitz. Abgebildet bei Junkelmann: Der kühnste Feldzug, S. 95 u. 103. | 48 Auszugsweise Wiedergabe der Rede mit freundlicher Genehmigung von Oberstleutnant d. R. Hans Neuner. | 49 Eine Hand im Kittel. FAZ, Ausgabe vom 13. März 2005. | 50 Schaller: Fragmente aus dem Feldzuge gegen Oestreich im Jahr 1809, S. 34. | 51 Es handelte sich um den sogenannten Vorberg. | 52 Färber (Hrsg.): Krieg und Frieden 1809, S. 18. | 53 Der zitierte Beamte Joseph Ritter von Mußinan unternahm die Reise als Teil einer fünfköpfigen Gruppe. Spacek: Meine Heimat vor 200 Jahren, S. 30 f. | 54 Spacek: Meine Heimat vor 200 Jahren, S. 66. Vgl. Stadt Regensburg (Hrsg.): Kulturführer Regensburg 08: 1809 Napoleon in Bayern, S. 33. | 55 Wackenreiter: Die Erstürmung von Regensburg, S. 199. Über die Kämpfe um Regensburg siehe vor allem Wackenreiter: Die Erstürmung von Regensburg am 23. April 1809. | 57 Adam: Aus dem Leben eines Schlachtenmalers, S. 70. | 58 Eines der beiden besagten Gemälde befindet sich heute im Depot des Stadtmuseums von Regensburg, das andere im Historischen Museum in Hannover. Die beiden fast identischen Gemälde weichen lediglich in kleinen Details voneinander ab. | 59 Adam: Aus dem Leben eines Schlachtenmalers, S. 70. | 60 Marbot: Memoiren des Generals Marcellin Marbot (Bd. 2), S. 98 f. | 61 Adam: Aus dem Leben eines Schlachtenmalers, S. 71 f. | 62 Färber (Hrsg.): Krieg und Frieden 1809, S. 18 f. | 63 Wackenreiter: Die Erstürmung von Regensburg, S. 99. Die diesbezügliche Angabe bei Tulard (S. 314), Napoleon habe sich an diesem Tag ausschließlich in Prüll aufgehalten, ist unvollständig | 64 Heilmann: Feldmarschall Fürst Wrede, S. 138 ff. Das ausführlichste Werk über die Kämpfe bei Neumarkt St. Veit stammt von Franz-Joseph Gruber: Die Schlacht von Neumarkt an der Rott. 24. April 1809. | 65 Heilmann: Feldmarschall Fürst Wrede, S. 141. | 66 Gruber: Die Schlacht von Neumarkt an der Rott, S. 61 ff. | 67 Ebenda. | 68 Glaser (Hrsg.): Krone und Verfassung, S. 236 f. Marschall Daru organisierte daraufhin Schiffe an der anbefohlenen Linie; dreißig derselben allein in Ulm. | 69 Tulard: Itinéraire de Napoléon, S. 314. | 70 Walter: Erinnerungen aus meinem Leben, S. 51 f. | 71 Tulard: Itinéraire de Napoléon, S. 314. | 72 Ebenda. | 73 Weis: Montgleas (Bd. 2), S. 419. | 74 Bührlen: Tagebuch. In: Ulmer Bilderchronik (Bd. 2.), S. 39. | 75 Ebenda. | 76 Heilmann: Feldmarschall Fürst Wrede, S. 156. | 77 Schaller: Fragmente aus dem Feldzuge gegen Oestreich im Jahr 1809, S. 75 f. | 78 An der Völkerschlacht von Leipzig nahmen insgesamt nahezu eine halbe Million Soldaten teil, an der Schlacht von Wagram fast 300 000. | 79 Heilmann: Feldmarschall Fürst Wrede, S. 156. | 80 Walter: Erinnerungen aus meinem Leben, S. 59. | 81 Adam: Aus dem Leben eines Schlachtenmalers, S. 87 f. | 82 Schaller: Fragmente aus dem Feldzuge gegen Oestreich im Jahr 1809, S. 80. | 83 Walter: Erinnerungen aus meinem Leben, S. 60. | 84 Wichmann: Wilhelm von Kobell, S. 368 f. | 85 Schaller: Fragmente aus dem Feldzuge gegen Oestreich im Jahr 1809, S. 83 f. | 86 Adam: Aus dem Leben eines Schlachtenmalers, S. 87 ff. | 87 Weis: Montgelas (Bd. 2), S. 421 u. 426. | 88 Tulard: Itinéraire de Napoléon, S. 319 ff. | 89 Heilmann: Feldmarschall Fürst Wrede, S. 162. | 90 Weis: Montgelas (Bd. 2), S. 428. | 91 Ebenda, S. 427. | 92 Ebenda, S. 432. | 93 Pizzinni: Andreas Hofer, S. 119. | 94 Renner: 1. Januar 1806. Als Bayern Königreich wurde, S. 32 f. | 95 Pizzinni: Andreas Hofer, S. 119. | 96 Heilmann: Feldmarschall Fürst Wrede, S. 146 sowie ders.: Der Feldzug von 1809 in Tirol, S. 24. | 97 Ebenda, S. 25. | 98 Heilmann: Feldmarschall Fürst Wrede, S. 146. | 99 Die dritte bayerische Division Kronprinz verblieb zum Schutz der rückwärtigen Linien in Salzburg. Ebenda, S. 147. | 100 Ebenda, S. 147 f. | 101 Walter: Erinnerungen aus meinem Leben, S. 54. | 102 Heilmann: Feldmarschall Fürst Wrede, S. 148. | 103 Pizzinni: Andreas Hofer, S. 152. | 104 Walter: Erinnerungen aus meinem Leben, S. 54 u. 56. | 105 Heilmann: Der Feldzug von 1809 in Tirol, S. 36. | 106 Ebenda, S. 57. | 107 Heilmann: Feldmarschall Fürst Wrede, S. 151 f. | 108 Walter: Erinnerungen aus meinem Leben, S. 57. Vgl. Heilmann: Feldmarschall Fürst Wrede, S. 153. | 109 Die Zahlenangabe bezieht sich auf den zweiten Tag der Schlacht am 29. Mai. 1809. | 110 Pizzinni: Andreas Hofer, S. 182 ff. | 111 Rehtwitsch. Von der Etsch bis an den Belt, S. 259. | 112 Heilmann: Feldmarschall Fürst Wrede, S. 167. | 113 Ebenda, S. 170. | 114 Montgelas: Denkwürdigkeiten, S. 204. | 115 Weis: Montgelas (Bd. 2), S. 457. | 116 Ebenda, S. 462. | 117 Ebenda, S. 463. | 118 Der vollständige Vertragstext bei Kletke: Die Staatsverträge des Königreichs Bayern, S. 213 ff. | 119 Glaser (Hrsg.): Krone und Verfassung, S. 89. | 120 Ebenda, S. 94. | 121 Neukam: Der Übergang des Hochstift Bamberg an die Krone Bayerns 1802/03, S. 249 ff. | 122 Der vollständige Vertragstext des Vertrages mit Württemberg vom 18. Mai 1810 bei Kletke: Die Staatsverträge des Königreichs Bayern, S. 225 ff. Vgl. Feucht (Hrsg.): 1810, S. 10. Württemberg musste dafür seinerseits Territorien an das Großherzogtum Baden und Hessen-Darmstadt abtreten. Das Königreich Bayern hatte gegenüber dem Verlust von

490 000 Bewohnern neuerlich einen Gewinn von 565 000 Bewohnern zu verzeichnen. | 123 Die verkaufte Braut oder Napoleons Lorbeerblüte. FAZ, Ausgabe vom 17. März 2010. | 124 Heimers: Die Trikolore über München, S. 100. | 125 Der zweiundzwanzigste Kanonenschuss. FAZ, Ausgabe vom 23. März 2011.

VII BAYERN IM KRIEG GEGEN RUSSLAND 1812

1 Schwarz: Vorgeschichte des Vertrages von Ried, S. 2 ff. Vgl. Glaser (Hrsg.): Krone und Verfassung (Katalog), S. 285. | 2 Ebenda, S. 273. | 3 Preysing: Tagebuch, S. 1. | 4 Dormann: Feldmarschall Fürst Wrede, S. 78. | 5 Preysing: Tagebuch, S. 2. | 6 Ebenda. | 7 Adam: Aus dem Leben eines Schlachtenmalers, S. 153. | 8 Preysing: Tagebuch, S. 3. | 9 Uebe: Der Stimmungsumschwung in der bayerischen Armee, S. 95. | 10 Schrafel: Merkwürdige Schicksale des ehemaligen Feldwebels Joseph Schrafel, S. 33. | 11 Ebenda. | 12 Preysing: Tagebuch, S. 4. | 13 Walter: Erinnerungen aus meinem Leben, S. 65. | 14 Uebe: Der Stimmungsumschwung in der bayerischen Armee, S. 96. | 15 Adam: Aus dem Leben eines Schlachtenmalers, S. 156. | 16 Adalbert: Max I. Joseph von Bayern, S. 621. | 17 Siehe dazu vor allem Zamoyski: 1812. | 18 Preysing: Tagebuch, S. 8. | 19 Ebenda, S. 9. | 20 Adam: Aus dem Leben eines Schlachtenmalers, S. 178. | 21 Preysing: Tagebuch, S. 9. | 22 Hofreiter: Die Bayern in Russland, S. 22 f. | 23 Schrafel: Merkwürdige Schicksale des ehemaligen Feldwebels Joseph Schrafel, S. 33. u. 29 f. | 24 Dormann: Feldmarschall Fürst Wrede, S. 82. | 25 Uebe: Der Stimmungsumschwung in der bayerischen Armee, S. 101. | 26 Für seine Leistungen in der Ersten Schlacht von Polozk wurde General Saint-Cyr von Napoleon kurz darauf zum Marschall befördert. | 27 Heilmann: Leben des Grafen Bernhard Erasmus von Deroy, S. 104. | 28 Wichmann: Wilhelm von Kobell, S. 376 f. | 29 Hofreiter: Die Bayern in Russland, S. 46 f. | 30 Adalbert: Max I. Joseph von Bayern, S. 625. | 31 Ditfurth: Die Historischen Volkslieder des Bayerischen Heeres von 1620–1870, S. 79. | 32 Braun: Die Bayern in Russland 1812, S. 260. | 33 Roth/Groth-Schmachtenberger: Münchner Denkmäler, S. 30. | 34 Adam: Aus dem Leben eines Schlachtenmalers, S. 184 f. | 35 Preysing: Tagebuch, S. 13 f. | 36 Adam: Aus dem Leben eines Schlachtenmalers, S. 195. | 37 Adalbert: Max I. Joseph von Bayern, S. 625. | 38 Preysing: Tagebuch, S. 14. | 39 Adam: Aus dem Leben eines Schlachtenmalers, S. 202. | 40 Preysing: Tagebuch, S. 16. | 41 Adam: Aus dem Leben eines Schlachtenmalers, S. 206. | 42 Adalbert: Max I. Joseph von Bayern, S. 625. | 43 Hofreiter: Die Bayern in Russland, S. 52 f. | 44 Ebenda, S. 50 f. | 45 Uebe: Der Stimmungsumschwung in der bayerischen Armee, S. 104. | 46 Ebenda, S. 47. | 47 Walter: Erinnerungen aus meinem Leben, S. 67. | 48 Schrafel: Des ehemaligen Nürnberger Feldwebels Joseph Schrafels merkwürdige Schicksale, S. 34. | 49 Hofreiter: Die Bayern in Russland, S. 58. | 50 Walter: Erinnerungen aus meinem Leben, S. 66. | 51 Hofreiter: Die Bayern in Russland, S. 58 f. | 52 Preysing: Tagebuch, S. 22. | 53 Hofreiter: Die Bayern in Russland, S. 64 f. | 54 Heilmann: Der Feldzug 1813, S. 28. | 55 Hofreiter: Die Bayern in Russland, S. 72 f. | 56 Des Kaisers fließendes Verhängnis. FAZ, Ausgabe vom 28. November 2012. | 57 Aus dem Gedicht «Salva nos ex ore leonis». Das vollständige Gedicht lautet: «Dies ist unsere Freiheit/die richtigen Namen nennend/furchtlos/mit der kleinen Stimme/das Verschlingende beim Namen nennen/mit nichts als unserem Atem/salva nos ex ore leonis/den Rachen offen halten/in dem zu wohnen/nicht unsere Wahl ist». Domin: Hier. Gedichte, S. 118. | 58 Schrafel: Des Nürnberger Feldwebels Joseph Schrafels merkwürdige Schicksale, S. 53. | 59 Preysing: Tagebuch, S. 24 f. | 60 Hofreiter: Die Bayern in Russland, S. 96 ff. | 61 Ebenda, S. 108. | 62 Schrafel: Des Nürnberger Feldwebels Joseph Schrafels merkwürdige Schicksale, S. 54. | 63 Braun: Die Bayern in Russland 1812, S. 269. | 64 Preysing: Tagebuch, S. 33. Nachwort der Schriftleitung des Verlages. | 65 Reiser: Klenzes geheime Memoiren, S. 40 f. | 66 Die Bemühungen um die Errich-

tung eines diesbezüglichen Denkmals hatten bereits im Jahr 1812 begonnen, waren zunächst an den hohen Kosten gescheitert und hatten sich dann fast die ganzen 1820er Jahre hindurch gezogen. Braun: Die Bayern in Russland 1812, S. 260. | 67 Umgedeuteter Tod. Eine Tafel erklärt, was König Ludwig I. am Karolinenplatz vorhatte. Münchner Merkur, Ausgabe vom 27. Juni 2013. Das erklärende Schild befand sich allerdings lediglich im 200. Gedenkjahr der Völkerschlacht von Leipzig am Fuß des Obelisken und wurde danach wieder entfernt. | 68 Die vielfach verbreitete These, Napoleon hätte den Russlandfeldzug unter keinen Umständen gewinnen können, ist Geschichte von hinten erzählt. Entscheidender Punkt war hierbei u. a. die Schlacht von Borodino, in deren Anschluss Napoleon sich weigerte, die kampfstarke und nahezu vollkommen intakte Garde gegen die im Rückzug begriffene russische Hauptarmee einzusetzen. Der Einsatz der Garde in dieser Situation hätte mit höchster Wahrscheinlichkeit die Zertrümmerung der russischen Armee und damit das Ende des Krieges herbeigeführt.

VIII DER SEITENWECHSEL DES JAHRES 1813

1 Dem Memorandum folgte ein zweites, ergänzendes vom 12. Mai 1813. Beide Schriftstücke vollständig bei Doeberl: Bayern und die deutsche Erhebung wider Napoleon I., S. 365 ff. | 2 Corti: Ludwig I. von Bayern, S. 90. | 3 Weis: Montgelas (Bd. 2), S. 668. | 4 Dormann: Feldmarschall Fürst Wrede, S. 99. | 5 Adalbert: Max I. Joseph von Bayern, S. 635. | 6 Ebenda, S. 647. | 7 Landmann: Bayerns Anteil an der deutschen Erhebung 1813, S. 42. | 8 Schwarz: Vorgeschichte des Vertrags von Ried, S. 6. Vgl. Heilmann: Feldzug von 1813, S. 29. | 9 Endres: Die Eingliederung Frankens in den neuen bayerischen Staat, S. 90. | 10 Heilmann: Feldmarschall Fürst Wrede, S. 257. | 11 Jaeckel: Schlacht und Schlachtenbild, S. 272. | 12 Aichner: Das bayerische Heer, S. 251. | 13 Westenrieder: Tagebuch. In: Abhandlungen der Historischen Classe der königlich bayerischen Wissenschaften (Bd. 16), S. 104. | 14 Adalbert: Max I. Joseph von Bayern, S. 655. | 15 Der vollständige Vertragstext bei: http://www.documentarchiv.de/nzjh/1813/allianzvertrag-teplitz_preussen-russland.html. | 16 Winter: Fürst von Wrede, S. 38 f. | 17 Jaeckel: Schlacht und Schlachtenbild, S. 278. | 18 Weis: Montgelas (Bd. 2), S. 677. Vgl. Winter: Karl Philipp Fürst von Wrede als politischer Berater König Ludwig I. von Bayern, S. 43 ff. | 19 Junkelmann: Napoleon und Bayern (1985), S. 315 f. | 20 Adalbert: Max I. Joseph von Bayern, S. 650. | 21 Jaeckel: Schlacht und Schlachtenbild, S. 272. Vgl. Winter: Fürst von Wrede, S. 37. | 22 Ebenda, S. 30 u. 43 ff. | 23 Weis: Montgelas (Bd. 2), S. 677. Vgl. Winter: Fürst von Wrede, S. 40 f. | 24 Weiß: Wredes und des Königs Abkehr von Napoleon, S. 44. Zu den Verhandlungen in Ried siehe Meindl: Geschichte der Stadt Ried, S. 586 ff. | 25 Die Ratifikationen wurden am 14. Oktober, dem Tag der Kriegserklärung an Frankreich, ausgetauscht. Weis: Montgelas (Bd. 2) S. 681 ff. Vgl. Schwarz: Vorgeschichte des Vertrages von Ried, S. 6. Vgl. Winter: Fürst von Wrede, S. 50 ff. | 26 Der vollständige Vertragstext des Vertrages von Ried bei Kletke: Die Staatsverträge des Königreichs Bayern, S. 236 f. Meindl: Geschichte der Stadt Ried, S. 587 ff. | 27 Weis: Montgelas (Bd. 2), S. 685. | 28 Der Vertrag von Ried folgte in weitesten Teilen dem Vertragsentwurf Metternichs vom 13. September 1813. Winter: Fürst von Wrede, S. 50 ff. | 29 Weis: Montgelas (Bd. 2), S. 683. | 30 Jaeckel: Schlacht und Schlachtenbild, S. 272. | 31 Heimers: Die Trikolore über München, S. 106. | 32 Aichner: Das bayerische Heer, S. 251. | 33 Ludwig: Napoleon, S. 446. | 34 Müller: Die Schlacht bei Hanau, S. 10. | 35 Schroll: Prinzessin Auguste Amalie von Bayern, S. 160. | 36 Lang: Wrede vor Würzburg, S. 82. | 37 Müller: Die Schlacht bei Hanau, S. 15. | 38 Winter: Fürst von Wrede, S. 15. | 39 Sauer: Der schwäbische Zar, S. 336. Am 2. November 1813 schloss Württemberg darüber hinaus ebenfalls einen militärischen Allianzvertrag mit Österreich. | 40 Lang: Wrede vor Würzburg, S. 40 u.

82. | 41 Coignet: Von Marengo bis Waterloo, S. 213. | 42 Eichelsbacher: Kriegsnot, S. 96. Vgl. Lang: Wrede vor Würzburg, S. 83 f u. 94 ff. | 43 Ebenda, S. 84 f. | 44 Müller: Die Schlacht bei Hanau, S. 17. | 45 Ebenda, S. 20. | 46 Ebenda, S. 22. | 47 Thurn und Taxis: Aus drei Feldzügen, S. 148. | 48 Feuchtwanger: Erfolg. Drei Jahre Geschichte einer Provinz, S. 36. Die entsprechende Textpassage lautet: «Vor ihm hob sich die Feldherrnhalle, eine Nachbildung der Florentiner Loggia dei Lanzi, errichtet den beiden größten bayrischen Feldherren, Tilly und Wrede, von denen der eine kein Bayer und der andere kein Feldherr war.» | 49 Coignet: Von Marengo bis Waterloo, S. 212 f. | 50 Heilmann: Feldmarschall Fürst Wrede, S. 276. | 51 Ein Augenzeuge schrieb weiter wörtlich von einem «düsteren Morgen». Müller: Die Schlacht bei Hanau, S. 68. | 52 Jaeckel: Schlacht und Schlachtenbild, S. 273. | 53 Müller: Die Schlacht bei Hanau, S. 64. | 54 Jaeckel: Schlacht und Schlachtenbild, S. 276. | 55 Urff: Die Schlacht bei Hanau, S. 104. Vgl. Müller: Die Schlacht bei Hanau, S. 74. | 56 Ebenda, S. 75. | 57 Thurn und Taxis: Aus drei Feldzügen, S. 162. | 58 Müller: Die Schlacht bei Hanau, S. 78 u. 80. | 59 Ebenda, S. 67 f. Vgl. Urff: Die Schlacht bei Hanau, S. 106. Vgl. Jaeckel, Schlacht und Schlachtenbild, S. 273 u. 276. | 60 Marbot: Memoiren des Generals Marcellin Marbot (Bd. 2), S. 277 f. | 61 Müller: Die Schlacht von Hanau, S. 79. | 62 Wichmann: Wilhelm von Kobell, S. 381 f. | 63 Coignet: Von Marengo bis Waterloo, S. 213 f. | 64 Müller: Die Schlacht von Hanau, S. 82. | 65 Ebenda, S. 85. | 66 Weis: Montgelas (Bd. 2), S. 687. | 67 Mehrere Jahre später auf St. Helena, als der Zorn des ersten Eindrucks verflogen war, relativierte Napoleon seine Ansicht über das Verhalten des bayerischen Königs und sagte: «Der König von Bayern ließ mich mit Redlichkeit benachrichtigen, dass er (dem innen- und außenpolitischen Druck) nicht mehr widerstehen könne.» Junkelmann: Napoleon und Bayern (1985), S. 328. | 68 Zitiert bei Jaeckel, Schlacht und Schlachtenbild, S. 277. | 69 Thurn und Taxis: Aus drei Feldzügen, S. 164. | 70 Heilmann: Feldmarschall Fürst Wrede, S. 476. | 71 Zum Ausbau Münchens und Ludwig I. siehe vor allem das Werk von Adrian von Buttlar: Leo von Klenze. Leben – Werk – Vision. | 72 Heilmann: Feldmarschall Fürst Wrede, S. 476. | 73 Freundliche Mitteilung von Fürst Carl von Wrede. | 74 Montgelas: Denkwürdigkeiten, S. 378. | 75 Adalbert: Max I. Joseph von Bayern, S. 672. | 76 Schroll: Prinzessin Auguste Amalie von Bayern, S. 207. | 77 Die Originalentwürfe Leo von Klenzes zum Leuchtenberg-Denkmal befinden sich im Thorvaldsen-Museum in Kopenhagen sowie in der Staatlichen Graphischen Sammlung München. Eine allgemeine Beschreibung des Denkmales selbst nach dessen Einweihung im Jahr 1830 findet sich im Kunst-Blatt Nr. 30. Ausgabe vom 15. April 1830. | 78 Als Standardwerk über Eugène Beauharnais gilt nach wie vor das 1940 erschienene Werk Adalberts Prinz von Bayern: Eugene Beauharnais. | 79 Thurn und Taxis: Aus drei Feldzügen, S.175. | 80 Ebenda, S.174 f. | 81 Winter: Fürst von Wrede, S. 143. | 82 Thurn und Taxis: Aus drei Feldzügen, S. 175 ff. | 83 Ditfurth: Die Historischen Volkslieder des Bayerischen Heeres von 1620–1870, S. 97. | 84 Das mit Abstand gründlichste Werk über Blüchers Rheinübergang bei Kaub stammt von Bruno Dreier: Neujahr 1813/14: Mit Blücher bei Kaub über den Rhein. | 85 Corti: Ludwig I. von Bayern, S. 97 u. 100. | 86 Schad: Bayerns Königinnen, S. 41. Nach dem Ende der Napoleonischen Kriege im Jahr 1815 hatten die Frauenvereine ihren Daseinszweck verloren und lösten sich wieder auf. | 87 Adalbert: Max I. Joseph von Bayern, S. 674. | 88 Aichner: Das bayerische Heer, S. 251. | 89 Dormann: Feldmarschall Fürst Wrede, S. 117. | 90 Walter: Erinnerungen aus meinem Leben, S.77 f. | 91 Schmidt: Das K. B. Korps Wrede im Feldzuge 1814, S. 35. | 92 Walter: Erinnerungen aus meinem Leben, S. 77 f. | 93 Fain: Souvenirs de la Campagne, S. 47. | 94 Thurn und Taxis: Aus drei Feldzügen, S. 202. Vgl. Schmidt: Das K. B. Korps Wrede im Feldzuge 1814, S. 38. | 95 Ebenda, S. 39. | 96 Thurn und Taxis: Aus drei Feldzügen, S. 203. | 97 Walter: Erinnerungen aus meinem Leben, S. 80. | 98 Schad: Bayerns Königinnen, S. 40. | 99 Schmidt: Das K. B. Korps Wrede im Feldzuge 1814,

S. 40. | 100 Ebenda, S. 47. | 101 Thurn und Taxis: Aus drei Feldzügen, S. 206. | 102 Ebenda, S. 236. | 103 Brief Blüchers an seine Frau aus Vertus in der Champagne vom 10. Februar 1814. Privatbesitz, Ulm. | 104 Walter: Erinnerungen aus meinem Leben, S. 84. | 105 Schmidt: Das K. B. Korps Wrede im Feldzuge 1814, S. 48. Am 10. Februar besiegte Napoleon die Alliierten bei Champaubert, am 11. Februar bei Montmirail und am 15. Februar bei Vauchamp. | 106 Schmidt: Das K. B. Korps Wrede im Feldzuge 1814, S. 56. | 107 Ebenda, S. 76. | 108 Dollinger: Die Münchner Straßennamen, S. 28. | 109 Zur Malweise von Hess siehe: Wichmann: Die peintres de bataille, S. 411 ff. | 110 Thurn und Taxis: Erinnerungen aus drei Feldzügen, S. 282. Über die Kämpfe in Arcis siehe auch Schmidt: Das K. B. Korps Wrede im Feldzuge 1814, S. 98 ff. | 111 Adalbert: Max I. Joseph von Bayern, S. 676. Vgl. Westenrieder: Tagebuch. In: Abgedruckt in Abhandlungen der Historischen Classe der königlich bayerischen Wissenschaften (Bd. 16), S. 105. | 112 Museumsdorf Bayerischer Wald (Hrsg.): Museumsführer – Museumsdorf Bayerischer Wald, S. 20. | 113 Schroll: Prinzessin Auguste Amalie von Bayern, S. 165. | 114 Die Unterzeichnerstaaten des Ersten Friedens von Paris waren Großbritannien, Österreich, Russland, Preußen, Spanien, Portugal, Schweden und Norwegen. Der vollständige Text des Friedensvertrages bei Hauff: Die Verträge von 1815 und die Grundlagen der Verfassung Deutschlands, S. 136 ff.. | 115 Der vollständige Vertragstext bei Kletke: Die Staatsverträge des Königreichs Bayern, S. 263 ff. | 116 Winter: Karl Philipp Fürst von Wrede als Berater des Königs Max Joseph und des Kronprinzen Ludwig von Bayern, S. 141 u. 216. | 117 Zum Verhältnis zwischen altbayerischer und fränkischer Bevölkerung siehe u. a. Rieger: Die Stimmung und Haltung der fränkischen Provinzen im Jahr 1813 (Diss.).

IX BAYERN AUF DEM WIENER KONGRESS

1 Weis: Montgelas (Bd. 2), S. 700. | 2 Wahrscheinlich ist, dass Montgelas die bayerischen Aussichten auf territoriale Entschädigung in Wien als recht bescheiden einstufte und vermeiden wollte, dass ihm für die Verhandlungsergebnisse die Verantwortung angelastet würde. Winter: Karl Philipp Fürst von Wrede als Berater des Königs Max Joseph und des Kronprinzen Ludwig von Bayern, S. 156. | 3 Wrede und Max Joseph sprachen sich in Wien allerdings vor jeder Sitzung persönlich ab. Winter: Karl Philipp Fürst von Wrede als Berater des Königs Max Joseph und des Kronprinzen Ludwig von Bayern, S. 6 f., 120 ff. u. 174. Vgl. Weis: Montgelas (Bd. 2), S. 705. | 4 Adalbert: Max I. Joseph von Bayern, S. 689. | 5 Corti: Ludwig I. von Bayern, S. 107. | 6 Adalbert: Max I. Joseph von Bayern, S. 708. | 7 Pflugk-Harttung: Die Befreiungskriege, S. 361. Die Ausgangssituation auf dem Wiener Kongress brachte die Historikerin Alexandra von Ilsemann trefflich auf den Punkt, wenn sie schrieb: «Was der zum gemeinsamen Feind erklärte französische Kaiser zusammengefügt hatte, löste sich nun, da es an die territoriale Gewinnverteilung ging, durch nationale Egoismen und Interessen auf». Ilsemann: Die Politik Frankreichs auf dem Wiener Kongreß, S. 183. | 8 Der Plan, dass sich Preußen aus weiten Teilen seiner polnischen Gebietsanteile zugunsten Russlands zurückziehen und dafür ganz Sachsen bekommen solle, stammte von Zar Alexander. Winter: Karl Philipp Fürst von Wrede als Berater des Königs Max Joseph und des Kronprinzen Ludwig von Bayern, S. 189. | 9 Ebenda, S. 191 ff. | 10 Ilsemann: Die Politik Frankreichs auf dem Wiener Kongreß, S. 184. | 11 Zu dieser gemeinsamen Protestnote kam es zwar nicht, jedoch wurden die Gegensätze in der sächsischen Frage gleich zu Beginn des Kongresses deutlich. Adalbert: Max I. Joseph von Bayern, S. 698. | 12 Ebenda, S. 700. | 13 Winter: Karl Philipp Fürst von Wrede als Berater des Königs Max Joseph und des Kronprinzen Ludwig von Bayern, S. 201 f. | 14 Adalbert: Max I. Joseph von Bayern, S. 701. | 15 Winter: Karl Philipp Fürst von Wrede als Berater des Königs Max Joseph und des Kronprinzen Ludwig von Bayern, S. 205. | 16 Ebenda, S. 220 ff. |

17 Der vollständige Vertragstext bei Angeberg: Le congres de Vienne et les traites de 1815 (Bd. 1), S. 589 ff. Dem Vertrag traten weiterhin auch Holland und Hannover bei. Vgl. Ilsemann: Die Politik Frankreichs auf dem Wiener Kongress, S. 206 ff. **|** **18** Winter: Karl Philipp Fürst von Wrede als Berater des Königs Max Joseph und des Kronprinzen Ludwig von Bayern, S. 205. **|** **19** Adalbert: Max I. Joseph von Bayern, S. 705. **|** **20** Zamoyski: 1815, S. 493. **|** **21** Weis: Montgelas (Bd. 2), S. 708 f. **|** **22** Adalbert: Max I. Joseph von Bayern, S. 708. **|** **23** Ebenda, S. 713. **|** **24** Weiter erhielt Preußen das ehemals wittelsbachische und von 1806–1813 unter französischer Herrschaft stehende Herzogtum Berg. Winter: Fürst von Wrede, S. 222 u. 228. **|** **25** Die preußische Verzichtserklärung auf Ansbach und Bayreuth datierte vom 13. Februar 1815. Winter: Karl Philipp Fürst von Wrede als Berater des Königs Max Joseph und des Kronprinzen Ludwig von Bayern, S. 223. **|** **26** Ebenda, S. 223 u. 218. **|** **27** Keil: Die Beeinflussung des Wiener Kongresses durch Bayern, S. 64 f. Vgl. Zamoyski: 1815, S. 493. Auch Großbritannien lehnte ein bayerisches Mainz strikt ab. **|** **28** Corti: Ludwig I. von Bayern, S. 109. **|** **29** Adalbert: König Max I. Joseph von Bayern, S. 695. Vgl. Schroll: Prinzessin Auguste Amalie von Bayern, S. 173. **|** **30** Metternich war allerdings auch innenpolitisch von einer Partei um Fürst Schwarzenberg stark unter Druck gesetzt worden, die Salzburg um jeden Preis behalten wollte. Winter: Karl Philipp Fürst von Wrede als Berater des Königs Max Joseph und des Kronprinzen Ludwig von Bayern, S. 225. Vgl. Weis: Montgelas (Bd. 2), S. 705 f. **|** **31** Adalbert: Max I. Joseph von Bayern, S. 705. Vgl. Weis: Montgelas (Bd. 2), S. 725. Max Joseph hatte bereits am 24. Oktober 1814 in einem Brief an Montgelas die »an Falschheit grenzende Schwäche Metternichs« beklagt. **|** **32** Adalbert: Max I. Joseph von Bayern, S. 709. König Max Joseph soll wegen der Nachricht sogar «vor Angst» den Appetit verloren haben. **|** **33** Zamoyski: 1815, S. 496 ff. **|** **34** Ebenda, S. 522. **|** **35** Winter: Karl Philipp Fürst von Wrede als Berater des Königs Max Joseph und des Kronprinzen Ludwig von Bayern, S. 106. **|** **36** Tulard: La berline de Napoléon, S. 178 ff. Die Verleihung des Ordens war am 5. April 1805 erfolgt. **|** **37** Schroll: Prinzessin Auguste Amalie von Bayern, S. 181. Vgl. Aichner: Das bayerische Heer, S. 251. **|** **38** Die letzten französischen Grenzfestungen wurden unter bayerischer Beteiligung erst im September 1815 niedergerungen. Teile der bayerischen Truppen verblieben als Teil der 150000 Mann starken, alliierten Besatzungsarmee bis zum Jahr 1818 in Frankreich. Winter: Karl Philipp Fürst von Wrede als Berater des Königs Max Joseph und des Kronprinzen Ludwig von Bayern, S. 241 u. 244. **|** **39** Corti: Ludwig I. von Bayern, S. 102. **|** **40** Schawe: Altdeutsche und Altniederländische Malerei, S. 66. **|** **41** Buttlar: Leo von Klenze, S. 68 u. 444. Ludwig und Klenze waren sich zum ersten Mal bei einer Audienz am 26. Februar 1814 begegnet. Klenze wurde am 22. November 1815 der Architekt des bayerischen Kronprinzen und bereits am 17. April 1816 unter Ludwigs Vermittlung der Hofbaumeister König Max Josephs. **|** **42** Bauer: Geschichte Münchens, S. 111 f. **|** **43** Der vollständige Vertragstext unter: http://www.staatsvertraege.de/Frieden1814–15/2pfv1815-i.htm. **|** **44** Adalbert: Max I. Joseph von Bayern, S. 703. **|** **45** Die deutschen Kleinstaaten richteten am 16. November 1814 eine gemeinsame Adresse an Kaiser Franz, die deutsche Kaiserkrone wieder anzunehmen, was er jedoch ablehnte. Winter: Karl Philipp Fürst von Wrede als Berater des Königs Max Joseph und des Kronprinzen Ludwig von Bayern, S. 179 f. **|** **46** Zamoyski: 1815, S. 490. **|** **47** Ebenda. Vgl. Winter: Karl Philipp Fürst von Wrede als Berater des Königs Max Joseph und des Kronprinzen Ludwig von Bayern, S. 162 f. Zum beabsichtigten Führungsanspruch Preußens und Österreichs zu Kongressbeginn innerhalb des geplanten Bundes siehe ausführlich Gruner: Der Deutsche Bund, S. 17 ff. **|** **48** Die Lösung, einen losen Bund mit souveränen Bund mit souveränen Einzelstaaten zu gründen, ging auf einen Vorschlag Metternichs vom 24. Dezember 1814 zurück. Zamoyski, 1815, S. 488. Die nichtdeutschsprachigen Gebiete Preußens und Österreichs waren nicht Teil des Bundes. Winter: Karl Philipp Fürst von

Wrede als Berater des Königs Max Joseph und des Kronprinzen Ludwig von Bayern, S. 180 f. | **49** Siemann: Vom Staatenbund zum Nationalstaat, S. 333 ff. Der vollständige Vertragstext der Deutschen Bundesakte unter: http://www.documentarchiv.de/nzjh/dtba.html. | **50** Weis: Montgelas (Bd. 2), S. 698. | **51** Gruner: Der Deutsche Bund, S. 41 ff. Der vollständige Text der Karlsbader Beschlüsse unter: http://www.documentarchiv.de/nzjh.html. | **52** Weis: Montgelas (Bd. 2), S. 711. | **53** Der vollständige Vertragstext bei Kletke: Die Staatsverträge des Königreichs Bayern, S. 279 ff. Der Vertrag wurde auf Protest der von den Abtretungen betroffenen Staaten hin nicht in die abschließende Kongressakte vom 9. Juni 1815 mit aufgenommen. Winter: Karl Philipp Fürst von Wrede als Berater des Königs Max Joseph und des Kronprinzen Ludwig von Bayern, S. 226 ff. | **54** Ebenda, S. 249. | **55** Weis: Montgelas (Bd. 2), S. 707. | **56** Ebenda, S. 709. | **57** Adalbert: Max I. Joseph von Bayern, S. 723 ff. | **58** Weis: Montgelas (Bd. 2), S. 709. | **59** Adalbert: Max. I. Joseph von Bayern, S. 725. Weis: Montgelas (Bd. 2), S. 725. | **60** Corti: Ludwig I. von Bayern, S. 121. | **61** Ebenda. | **62** Adalbert: Max I. Joseph von Bayern, S. 723 ff. | **63** Weis: Montgelas (Bd. 2), S. 726. | **64** Adalbert: Max I. Joseph von Bayern, S. 726. | **65** Ebenda, S. 727. Vgl. Winter: Karl Philipp Fürst von Wrede als Berater des Königs Max Joseph und des Kronprinzen Ludwig von Bayern, S. 253. | **66** Kletke: Die Staatsverträge des Königreichs Bayern, S. 310 ff. | **67** Winter: Karl Philipp Fürst von Wrede als Berater des Königs Max Joseph und des Kronprinzen Ludwig von Bayern, S. 218. Vgl. Adalbert: Max I. Joseph von Bayern, S. 696. | **68** Dieser in den Vertrag aufgenommene Vorschlag stammte vom russischen Zaren Alexander. Winter: Karl Philipp Fürst von Wrede als Berater des Königs Max Joseph und des Kronprinzen Ludwig von Bayern, S. 217 u. 226 f. Vgl. Weis: Montgelas (Bd. 2), S. 712. | **69** Weis: Die Begründung des modernen bayerischen Staates unter König Max I. | **70** Adalbert: Max I. Joseph von Bayern, S. 729. | **71** Weis: Montgelas (Bd. 2), S. 712. | **72** Adalbert: Max I. Joseph von Bayern, S. 731.

SCHLUSSWORT

1 https://www.bayern.de/politik/bayern-in-zahlen/das-land-in-zahlen/. | **2** Demel: Die Entwicklung der Gesetzgebung in Bayern unter Max I. Joseph, S. 72. | **3** Napoleon, Strauß, Seehofer. FAZ, Ausgabe vom 13. September 2013. | **4** Schiller: Was heißt und zu welchem Ende studiert man Universalgeschichte, S. 106 f.

BIBLIOGRAPHIE

ARCHIVE

StadtA. Aichach: Papierbahn mit Einquartierungszetteln, Inventarnummer 1835.
StadtA. Mindelheim: III Ia 10 Kriegserlittenheiten 1695–1812.
StadtA. Mindelheim: Ausgab auf abgegebene Fourage für die kaiserlich Französischen Truppen: In: Plünderung durch die Franzosen 1805. Akten zur Versetzung des Pfarrers Jakob Vogl, anno 1807.
StadtA München: Lipowsky, Felix Joseph: Materialien und Notizen zu des Felix Joseph Lipowsky Lebensgeschichte. In: HV Manuskripte.
StadtA. Rain: Ratsprotokoll 1805.
StadtA Ulm: Bacher, Ludwig Albrecht: Chronik 1803 bis 1808 (Bd. 3), G 1 1808-3.
StadtA Ulm: Heller von Hellwald: Die Katastrophe von Ulm im Jahre 1805 Aktenmäßig geschildert, Ulm o. J.
StadtA Ulm: Regierungsblatt für die Kurpfalzbaierische Provinz in Schwaben vom 26. Oktober 1805, Ulm 1805.
Bayerisches Hauptstaatsarchiv: Zweibrücker Urkunden 2135.
Bayerisches Hauptstaatsarchiv: Rheinbundakte vom 12. Juli 1806.
Bayerisches Hauptstaatsarchiv: Bayern Urkunden 1329, 1668.

LITERATUR

Adalbert Prinz von Bayern: Eugene Beauharnais. Der Stiefsohn Napoleons. Ein Lebensbild, München 1950.
Adalbert Prinz von Bayern: Max I. Joseph von Bayern. Pfalzgraf, Kurfürst und König, München 1957.
Adam, Albrecht: Aus dem Leben eines Schlachtenmalers. Selbstbiographie nebst einem Anhange, Stuttgart 1886.
Aichner, Ernst: Das bayerische Heer in den Napoleonischen Kriegen. In: Glaser, Hubert (Hrsg.): Krone und Verfassung. König Max I. Joseph und der neue Staat. Beiträge zur Bayerischen Geschichte und Kunst 1799–1825, München 1980.
Allgemeine Zeitung (Kaiserlich- und Kurpfalzbaierische priviligierte allgemeine Zeitung), Ulm 1803–1807, Nr. 237, Nr. 276, Nr. 279, Nr. 283, Nr. 295, Nr. 301.
Angeberg, Comte: Bibliotheque Diplomatique Comte D'Angeberg Le Congres De Vienne Et Les Traites De 1815 (Volume 1. Part 2), Paris 1864.
Angeli, Moritz von: Ulm und Austerlitz. Studie aufgrund archivalischer Quellen über den Feldzug 1805 in Deutschland. In: Österreichische Militärische Zeitschrift (Bd. 1–3), Beiträge zur vaterländischen Geschichte, Wien 1877/78.
Aretin, Carl Maria, Freiherr von: Chronologisches Verzeichnis der Bayerischen

Staats-Verträge von 1503–1819. Nebst einer Sammlung von 94 bislang ungedruckten Recessen, Conventionen, etc., Passau 1838.

Aretin, Karl Ottmar Freiherr von: Heiliges Römisches Reich 1776–1806. Reichsverfassung und Staatssouveränität. Teil 1: Darstellung, Wiesbaden 1967.

Aretin, Karl Ottmar Freiherr von: Heiliges Römisches Reich 1776–1806. Reichsverfassung und Staatssouveränität. Teil 2: Ausgewählte Aktenstücke, Bibliographie, Register, Wiesbaden, 1967.

Baader, Clemens Alois: Kurze Geschichte der Kriegsvorfälle zu Ulm im Spätherbst 1805 samt sieben Beilagen, Leipzig und Augsburg 1806.

Badische Historische Kommission (Hrsg.): Karl Friedrich von Baden: Politische Correspondenz Karl Friedrichs von Baden 1783–1806 (Bd. 5), Heidelberg 1901.

Baer, Wolfram/Becker, Josef/Gottlieb, Gunther: Geschichte der Stadt Augsburg. 2000 Jahre von der Römerzeit bis zur Gegenwart, Augsburg 1985.

Bauer, Richard: Geschichte Münchens. Vom Mittelalter bis zur Gegenwart, München 2005.

Bayerisches Hauptstaatsarchiv (Hrsg.): Bayern ohne Klöster? Die Säkularisation 1802/03 und die Folgen, München 2003.

Bernhardi, Theodor von: Denkwürdigkeiten aus dem Leben des kaiserlich russischen Generals der Infanterie Carl Friedrich Grafen von Toll (5 Bde.), Leipzig 1866.

Bibl, Viktor: Erzherzog Karl Der beharrliche Kämpfer für Deutschlands Ehre, Wien 1942.

Biehn, Heinz: Alle Kronen dieser Welt, München 1974.

Bitterauf, Theodor: Die Gründung des Rheinbundes und der Untergang des alten Reiches, München 1905.

Blocqueville, Louise Adélaide d'Eckmühl, marquise de: Le Phare d'Eckmühl sur la Pointe de Penmarc'h: Testament de Mme. la Marquise de Blocqueville, Paris 1893.

Blücher, Gebhard Leberecht von: Brief an seine Frau aus Vertus in der Champagne vom 10. Februar 1814, Privatbesitz Ulm.

Böck, Hanns Helmut: Karl Philipp Fürst von Wrede als politischer Berater König Ludwig I. von Bayern (1825–1838); ein Beitrag zur Geschichte der Regierung König Ludwig I., München 1968.

Braig, Michael: Wiblingen. Kurze Geschichte der ehemaligen vorderösterreichischen Benediktinerabtei in Schwaben. In: Alb und Donau. Kunst und Kultur (Bd. 29), Weißenhorn 2001.

Braun, Rainer: Die Bayern in Russland 1812. In: Glaser, Hubert (Hrsg.): Krone und Verfassung. König Max I. Joseph und der neue Staat. Beiträge zur Bayerischen Geschichte und Kunst 1799–1825, München 1980.

Büchele: Memmingische Cronica. Abgedruckt in Memminger Geschichtsblätter (Jahresheft 1974), Memmingen 1974.

Bührlen, Andreas: Tagebuch. In: Höhn, Ernst: Ulmer Bilderchronik 1849–1890/ 1929–1930. (Bd. 2.), Ulm 1929/30.

Bunde, Peter/Gärtner, Markus/Stein, Markus: Die Bayerische Armee 1806–1813, Berlin 2011.

Bundeskunsthalle (Hrsg.): Napoleon und Europa. Traum und Trauma, München 2010.

Burgdorf, Wolfgang: Palms Schicksal als Beispiel für das Sag- und Machbare. In: 15. Braunauer Zeitgeschichte-Tage «Unfreiwilliger Held». Johann Philipp Palm: Biographie und Rezeption 1806–2006, Braunau 2006.

Buttlar, Adrian von: Leo von Klenze. Leben – Werk – Vision, München 2014.

Chantan, Roland: Eckmühl, Historie des phares de Penmarc 'h, Penmarch 1988.

Coignet, Jean-Roch: Von Marengo bis Waterloo. Memoiren des Capitaine Coignet., Stuttgart 1910.

Cole, Juan: Die Schlacht bei den Pyramiden. Napoleon erobert den Orient, Stuttgart 2010.

Comeau, Sebastien-Joseph Baron de: Souvenirs des Guerres d'Allemagne. Pedant la Revolution et L'Empire, Paris 1900.

Corti, Egon Caesar Conte: Ludwig I. von Bayern, München 1960.

Das Bayernland (Hrsg.): Bayern 1813, München 1913.

Demel, Walter: Die Entwicklung der Gesetzgebung in Bayern. In: Glaser, Hubert (Hrsg.): Krone und Verfassung. König Max I. Joseph und der neue Staat. Beiträge zur Bayerischen Geschichte und Kunst 1799–1825, München 1980.

Ditfurth, Franz Wilhelm von: Die Historischen Volkslieder des Bayerischen Heeres von 1620–1870: aus fliegenden Blättern, handschriftlichen Quellen und dem Volksmunde, Nördlingen 1871.

Doeberl, Michael: Bayern und die deutsche Erhebung wider Napoleon I. In: Abhandlungen der III. Klasse der königlichen Akademie der Wissenschaften (Bd. 24), München 1907.

Doeberl, Michael: Die Entstehung des modernen Staates in Bayern. In: Doeberl, Michael/Laubmann, Georg von (Hrsg): Montgelas, Maximilian Joseph von: Denkwürdigkeiten des Grafen Maximilian Joseph V. über die innere Staatsverwaltung. Nebst einer Einleitung über die Entstehung des modernen Staates in Bayern, München 1908.

Doeberl, Michael/Laubmann, Georg von (Hrsg): Montgelas, Maximilian Joseph von: Denkwürdigkeiten des Grafen Maximilian Joseph V. über die innere Staatsverwaltung. Nebst einer Einleitung über die Entstehung des modernen Staates in Bayern, München 1908.

Dollinger, Hans: Die Münchner Straßennamen, München 2007.

Domin, Hilde: Hier. Gedichte, Frankfurt am Main 1964.

Dormann, Hasso: Feldmarschall Fürst Wrede. Das abenteuerliche Leben eines bayerischen Heerführers, München 1982.

Dorn, Hubert: Die Schlacht von Sendling 1705. Chronologie einer bayerischen Tragödie, München 2005.

Dreier, Bruno: Neujahr 1813/14: Mit Blücher bei Kaub über den Rhein, Kaub 1992.

Dufraisse, Roger: Napoleon und Bayern. In: Glaser, Hubert (Hrsg.): Krone und Verfassung. König Max I. Joseph und der neue Staat. Beiträge zur Bayerischen Geschichte und Kunst 1799–1825, München 1980.

Duffy, Christopher: Die Schlacht bei Austerlitz. Napoleons größter Sieg, München 1979.

Dupont, Marcel: Murat. Cavalier, Maréchal de France, Prince et Roi, Paris 1980.

Durchhardt, Heinz: Der Wiener Kongress. Die Neugestaltung Europas 1814/15, München 2013.

Eichelsbacher, August: Kriegsnot in der Stadt Würzburg im Jahre 1813. In: Bayerns Anteil an der deutschen Erhebung 1813. In: Das Bayernland (Hrsg.): Bayern 1813, München 1913.

Endres, Rudolf: Die Eingliederung Frankens in den neuen bayerischen Staat. In: Glaser, Hubert (Hrsg): Krone und Verfassung. König Max I. Joseph und der neue Staat. Beiträge zur Bayerischen Geschichte und Kunst 1799–1825, München 1980.

Erichsen, Johannes/Heinemann, Katharina (Hrsg.): Bayerns Krone 1806. 200 Jahre Königreich Bayern, München 2006.

Evers, Jürgen/Möckl, Leonhard/Nöth, Heinrich: Der Wittelsbacher und der Hope-Diamant. In: Chemie in Unserer Zeit, Weinheim 2012.

Fain, Agathon Jean François: Souvenirs de la campagne de France, Paris 2014.

Falkenhausen, Friedrich Freiherrn von (Hrsg.): Im Schatten Napoleons. Aus den Erinnerungen der Frau von Remusat, Leipzig 1941.

Färber, Konrad Maria (Hrsg.): Krieg und Frieden 1809. In: Regensburger Almanach 2009, Regensburg 2009.

Fiedler, Jürgen: Das Gefecht von Wertingen 1805, Wertingen 2004.

Feucht, Stefan (Hrsg.): 1810. Die vergessene Zäsur. Neue Grenzen in der Region Bodensee-Oberschwaben, Konstanz 2013.

Feuchtwanger, Lion: Erfolg. Drei Jahre Geschichte einer Provinz, Berlin 2008.

Fisher, Herbert: Studies in Napoleonic Statesmanship Germany, Oxford 1903.

Freytag-Loringhoven, Hugo Friedrich von: Die Heerführung Napoleons in ihrer Bedeutung für unsere Zeit, Berlin 1910.

Geib, Karl (Hrsg.): Memoiren des Marschalls Ney, Herzogs von Elchingen (2 Bde.), Mannheim 1834.

Gerhauser, Lorenz Aloys: Die Kriegslasten der Bürgerschaft Aichachs 1791–1809, Aichach 1900.

Glaser, Hubert (Hrsg.): Krone und Verfassung. König Max I. Joseph und der neue Staat. Beiträge zur Bayerischen Geschichte und Kunst 1799–1825, München 1980.

Glaser, Hubert (Hrsg.): Krone und Verfassung. König Max I. Joseph und der neue Staat. Katalog der Ausstellung im Völkerkundemuseum in München 11. Juni–5. Oktober 1980, München 1980.

Gmeinwiser, Josef: Die bayerische Politik im Jahre 1805 (Diss.), München 1929.

Großegge, Arnold (Hrsg.): Der Landkreis Ebersberg Geschichte und Gegenwart (Bd. 6). Not, Leid und Tod – Umbruch und neue Hoffnung. Die Schlacht von Hohenlinden im Jahr 1800, eine historische Wende aus lokaler Perspektive, Ebersberg 1999.

Gruber, Franz-Joseph: Die Schlacht von Neumarkt an der Rott 24. April 1809, Neumarkt 2009.

Gruner, Wolf: Der Deutsche Bund 1815–1866, München 2012.

Günther, Leo: Würzburger Chronik, Personen und Ereignisse von 1802–1848 (Bd. 3), Würzburg 1925.

Häberle, Eckehard: Zollpolitik und Integration im 18. Jahrhundert. Untersuchungen zur wirtschaftlichen und politischen Integration von Bayern von 1765 bis 1811. In: Neue Schriftenreihe des Stadtarchivs München 1974, München 1974.

Härter, Karl: Reichstag und Revolution 1789–1806. Schriftenreihe der Historischen Kommission bei der bayerischen Kommission der Wissenschaften (Bd 46), Göttingen 1992.

Hartmann, Peter Claus: Bayerns Weg in die Gegenwart. Vom Stammesherzogtum zum Freistaat heute, Regensburg 1989.

Hauff, Ludwig: Die Verträge von 1815 und die Grundlagen der Verfassung Deutschlands, Bamberg 1864.

Haupt, Karl: Die Vereinigung der Reichsstadt Augsburg mit Bayern, München 1923.

Haus der Bayerischen Geschichte (Hrsg.): Bayern entsteht. Montgelas und sein Ansbacher Mémoire von 1796. Katalog zur Ausstellung des Hauses der Bayerischen Geschichte in Zusammenarbeit mit dem Bayerischen Hauptstaatsarchiv in Ansbach und München 1996/97, Augsburg 1996.

Haus der Bayerischen Geschichte (Hrsg.): Bayerns Weg in die Moderne. Bayerisches Handwerk 1806 bis 2006, Augsburg 2006.

Heilmann, Johann: Der Feldzug von 1809 in Tirol, im Salzburgischen und an der bayerischen Südgrenze. Mit besonderer Bezugnahme auf den Antheil der bayerischen Truppen bearbeitet, Berlin 1888.

Heilmann, Johann: Der Feldzug 1813: Anteil der Bayern seit dem Rieder Vertrag, München 1857.

Heilmann, Johann: Feldmarschall Fürst Wrede, Leipzig 1881.

Heilmann, Johann: Leben des Grafen Bernhard Erasmus von Deroy, Augsburg 1855.

Heimatverein Statt am Hoff (Hrsg.): Napoleon in Stadtamhof und Regensburg am 23. April 1809, Regensburg 2009.

Heimers, Manfred Peter: Die Trikolore über München. Vorgeschichte, Ablauf und Folgen der französischen Besatzung 1800/1801, München 2000.

Helml, Stefan: Franzosen gegen Österreicher in Bayern 1796, Sulzbach-Rosenberg 1996.

Heut, Anton: Die Übernahme der Taxisschen Reichsposten in Bayern durch den Staat. In: Deutsche Geschichtsbücherei (Bd. 4), München 1925.

Höpfner, Eduard von: Der Krieg von 1806 und 1807; ein Beitrag zur Geschichte der Preußischen Armee nach den Quellen des Kriegs-Archivs bearbeitet von Eduard von Höpfner, Starnberg 1991 (Reprint der Ausgabe von 1850–1851).

Hofmann, Hans Hubert (Hrsg.): ... sollen bayerisch werden. Die politische Erkundung des Majors von Ribaupierre durch Franken und Schwaben im Frühjahr 1802. Mit einer Karte, Kallmünz 1954.

Hofreiter, Joseph: Die Bayern in Russland oder Beschreibung der Kriegsthaten und Schicksale des bayerischen Heertheiles bei der großen Napoleonischen Armee im Feldzug von 1812 gegen Russland, Landshut 1833.

Hohrath, Daniel/Weig, Gebhard/Wettengel, Michael: Das Ende reichsstädtischen Freiheit 1802. In: Forschungen zur Geschichte der Stadt Ulm (Bd. 12), Ulm 2002.

Holzhausen, Paul: Bonaparte, Byron und die Briten. Ein Kulturbild aus der Zeit des ersten Napoleon, Frankfurt am Main 1904.

Hubensteiner, Benno: Bayerische Geschichte, München 1979.

Hufeld, Ulrich (Hrsg.): Der Reichsdeputationshautschluss von 1803, Köln 2003.

Ilsemann, Alexandra von: Die Politik Frankreichs auf dem Wiener Kongreß. Talleyrands außenpolitische Strategien zwischen Erster und Zweiter Restauration. In: Beiträge zur Deutschen und Europäischen Geschichte (Bd. 16), Hamburg 1996.

Jaeckel, Peter: Schlacht und Schlachtenbild. In: Glaser, Hubert: Krone und Verfassung. König Max Joseph und der neue Staat. Beiträge zur Bayerischen Geschichte und Kunst 1799–1825, München 1980.

Jahn, Joachim/Bayer, Hans-Wolfgang/Hoser, Paul: Die Geschichte der Stadt Memmingen. Vom Neubeginn im Königreich Bayern bis 1945 (Bd. 2), Stuttgart 2001.

Junkelmann, Marcus: Der kühnste Feldzug. Napoleon gegen Erzherzog Carl, 19.–24. April 1809. Teugn und Hausen – Abensberg – Landshut – Eggmühl – Regensburg, Schierling, 2009.

Junkelmann, Marcus: Napoleon und Bayern, Regensburg 1985.

Junkelmann, Marcus: Napoleon und Bayern. Eine Königskrone und ihr Preis, Regensburg 2014.

Karsten, Arne: Wie können die Künstler sonst bestehen? Die Würzburger Residenz und die Grafen von Schönborn. In: Damals: Ausgabe 7/2007.

Keil, Walter: Die Beeinflussung des Wiener Kongresses durch Bayern unter dem Ministerium Montgelas (Diss.), Erlangen 1950.

Keller, Irene u. Christian: Der Hausbruck als Grenze. Auszug aus der Geschichte des ehemaligen Grenzgebiets Bayern/Österreich, Ried 2012.

Kircheisen, Friedrich: Napoleon I. Ein Lebensbild in zwei Bänden (2 Bde.), Berlin 1927.

Kircheisen, Max Friedrich (Hrsg.): Die Erinnerungen des Generals Grafen Paul Philipp von Ségur; Adjutanten Napoleons I., Hamburg 1908.

Kleinhanns, Günther/Hauser Anton: Das Innviertel, Wien 1991.

Klemmer, Liselotte: Aloys von Rechberg als Bayerischer Politiker (1766–1849) (Diss.). In: Neue Schriftenreihe des Stadtarchivs München, München 1975.

Kleßmann, Eckhart: Deutschland unter Napoleon in Augenzeugenberichten, München 1982.

Kleßmann, Eckhart/Jürgens, Karl-Heinz: Napoleon. Lebensbilder, Gütersloh 1988.

Kletke, G. M.: Die Staatsverträge des Königreichs Bayern: In Bezug auf Justiz-, Polizei-, Administrations-, Landeshoheits-, Territorial- u. Grenz-, Bundes-, Kirchen-, Militair-, Preß- u. Nachdrucks-, Flußschifffahrts-, Post-, Eisenbahn-, Telegraphen u. Münz-Angelegenheiten. Von 1806 bis einschlißlich 1858 systematisch und chronologisch zusammengestellt, Regensburg 1860.

Klier, Franz Anton: Diarische Geschichte des französisch-baierischen Krieges in Deutschland gegen die Österreicher in den letzten Monden des Jahres 1805, München 1806.

Klitscher, Ernst: Michel Ney. Soldat der Revolution – Marschall des Kaiserreiches, Saarbrücken 1993.

Klinger, Kurt: Napoleon. Ich, der Kaiser – Eine Autobiographie, München 1978.

Kluckhohn, August von: Aus dem handschriftlichen Nachlass Lorenz Westenrieders (2 Bde.), München 1882.

Kobell, Luise von: Unter den vier ersten Königen Bayerns. Nach Briefen und eigenen Erinnerungen von Luise von Kobell (Bd. 1), München 1894.

Kommission für bayerische Landesgeschichte bei der Bayerischen Akademie der Wissenschaften (Hrsg.) (Bd. 33): Gesandtschaftsberichte aus München 1814–1848. Abteilung II: Die Berichte der österreichischen Gesandten. Bd. 1: Die Berichte aus der Zeit nach dem Rieder Vertrag bis zum Tod König Max Josephs von Bayern (vom Dezember 1813 bis zum September 1825), München 1939.

Konrad, Heinrich (Hrsg.): Napoleons Leben. Ich, der Kaiser (7 Bde.), Stuttgart 1912.

Krais, Johann Konrad: Fortsetzung des Tagebuch über diejenigen Begebenheiten, welche die vormalige Reichsstadt Biberach während des französischen Krieges vom Jahr 1802 an bis zum Jahr 1815 erfahren hat, Buchau 1822.

Krauss, Alfred: 1805. Der Feldzug von Ulm, Wien 1912.

Kunst-Blatt Nr. 30. Ausgabe vom 15. April 1830.

Kurpfalzbayerische Staatszeitung, Ausgabe vom 25. Oktober 1805.

Lafarelle, Antoine de: Mémorial de campagne 1805, Paris 1997.

Landmann, Karl von: Bayerns Anteil an der deutschen Erhebung 1813. In: Bayernland-Verlag (Hrsg.): Bayern 1813, Munchen 1913.

Lang, Hans: Wrede vor Würzburg. In: Bayernland-Verlag (Hrsg.): Bayern 1813, München 1913.

Lang, Karl Heinrich Ritter von: Memoiren des Karl Heinrich Ritters von Lang. Skizzen aus meinem Leben und Wirken, meinen Reisen und meiner Zeit. In zwei Theilen (Bd. 2), Braunschweig 1842.

Ledermann, Richard: Der Anschluss Bayerns an Frankreich im Jahre 1805 (Diss.). In: Forschungen zur Geschichte Bayerns (Bd. 9), Heidelberg 1901.

Leidinger, Hannes/Moritz,Verena/Schippler, Berndt: Schwarzbuch der Habsburger. Eine unrühmliche Geschichte eines Herrscherhauses, Wien-Frankfurt am Main 2003.

Leinfelder, Karl: Menschenschicksale im zweiten Koalitionskrieg. Die Hinrichtung des Handzeller Bauern Franz Probstmaier in Augsburg im Jahre 1800. In: Aichacher Heimatblatt. Beilage zur Aichacher Zeitung, Aichach 1956.

London, F. C./Rivington, J. (Hrsg.): The Poetical Register and Repository of Fugitive Poetry for 1801–11 (Bd. 2), London 1807.

Ludwig, Emil: Napoleon, München 1977.

Lupin, Friedrich von: Selbstbiographie des Friedrich Freiherrn von Lupin aus Illerfeld (Bd. 3), Weimar 1847.

Maenner, Ludwig: Bayern vor und in der Französischen Revolution, Berlin 1927.

Mann, Golo: Friedrich von Gentz. Geschichte eines europäischen Staatsmannes, Frankfurt am Main 1972.

Mannlich, Johann Christian: Rokoko und Revolution. Lebenserinnerungen des Johann Christian von Mannlich 1741–1822, Stuttgart 1996.

Marbot, Marcellin: Memoiren des Generals Marcellin Marbot. Madrid – Aspern – Torres Vedras (Bd. 2), Stuttgart 1907.

Mayerhoffer von Vedropolje, Eberhard: 1805. Der Krieg der 3. Koalition gegen Frankreich in Süddeutschland, Österreich und Oberitalien, Wien 1905.

Meindl, Konrad: Geschichte der Stadt Ried in Oberösterreich, München 1899.

Montgelas, Maximilian Joseph von: Denkwürdigkeiten des bayerischen Staatsministers Maximilian Grafen von Montgelas 1799–1817, Stuttgart 1887.

Moriggl, Alois: Der Feldzug des Jahres 1805 und seine Folgen für Österreich überhaupt und für Tirol insbesonders, Innsbruck 1861.

Mühlen, Bernt Ture von zur: Napoleons Justizmord am deutschen Buchhändler Johann Philipp Palm, Frankfurt am Main 2003.

Mühlbach, Luise: Napoleon in Deutschland: Rastatt und Jena (Bd. 3), Berlin 1858.

Müller: Die Schlacht bei Hanau. In: Hanauer Geschichtsverein (Hrsg.): Hanauer Geschichtsblätter 1913.

Museumsdorf Bayerischer Wald (Hrsg.): Museumsführer – Museumsdorf Bayerischer Wald, Tittling 1997.

Napoleon III. (Hrsg.): Correspondance de Napoleon I., (Tome 10, 11 u. 13), Paris 1858–70.

Neukam, Wilhelm G.: Der Übergang des Hochstift Bamberg an die Krone Bayern 1802/03. In: Bayern, Staat und Kirche, Land und Reich: Forschungen zur bayerischen Geschichte vornehmlich im 19. Jahrhundert; Wilhelm Winkler zum Gedächtnis, hrsg. von den staatlichen Archiven Bayerns. [Schriftleitung: Otto Schottenloher], München 1960.

Nicolai, Friedrich: Beschreibung einer Reise durch Deutschland und die Schweiz im Jahre 1781: Nebst Bemerkungen über Gelehsamkeit, Industrie, Religion und Sitten (Bd. 2), Berlin 1783.

Oberbayerisches Volksblatt (Hrsg.): (Sonderveröffentlichung): 200-Jahr-Feier. Schlacht von Neumarkt 1809, Neumarkt 2009.

Oer, Rudolfine Freiherrin von: Der Friede von Preßburg. Ein Beitrag zur Diplomatiegeschichte der napoleonischen Zeit. In: Neue Münstersche Beiträge zur Geschichtsforschung (Bd. 8), Münster 1965.

Ottomeyer, Hans: Die Kroninsignien des Königreichs Bayern, München 1979.

Palm-Stiftung (Hrsg.): Gründung, Geschichte, Stiftungszwecke, Schorndorf o. J.

Pflug, Johann Baptist/Gerster, Matthäus/Günthert: Julius Ernst von: Erinnerungen eines Schwaben 1780–1830; Kulturbilder aus der Kloster-, Franzosen- und Räuberzeit Oberschwabens, Ulm 1936.

Pflugk-Harttung, Julius von: Illustrierte Geschichte der Befreiungskriege 1813–1815.

Ein Jubiläumswerk zur Erinnerung an die große Zeit vor 100 Jahren, Stuttgart-Berlin-Leipzig, o. J. (1915).

Pichler, Anton: Chronik des Großherzoglichen Hof- und Nationaltheaters in Mannheim: zur Feier seines hundertjährigen Bestehens am 7. October 1879, Mannheim 1879.

Pizzinni, Meinrad: Andreas Hofer. Sein Zeit – sein Leben – sein Mythos, Innsbruck 2008.

Plersch, Robert: Die Heldenthaten Napoleons des Großen; Kaisers von Frankreich und Königs von Italien, in dem Feldzuge wider die Österreicher und Rußen, bis auf den Frieden von Preßburg im Jahre 1805. Eine periodische Kriegsgeschichte in zween Theile, Ulm 1806/07.

Posselt, Ernst Ludwig: Schlacht zu Hohenlinden in Baiern, im Jahre 1800 den 3ten Dec. Auch der Uebergang über die Salza, Einzug in Salzburg vom 13ten und 14ten Dec., o. O. 1801.

Preysing-Moos, Maximilian: Tagebuch des Generalmajors Maximilian Graf von Preysing-Moos, Führers der Bayerischen Kavallerie-Division, im Feldzuge nach Russland 1812, München 1812.

Putz, Hannelore: Die Leidenschaft des Königs. Ludwig I. und die Kunst, München 2014.

Rall, Hans: Kurfürst Karl Theodor. Regierender Herr in sieben Ländern. In: Forschungen zur Geschichte Mannheims und der Pfalz (Bd. 8), Mannheim 1993.

Regele, Oskar: Karl Freiherr von Mack und Johann Ludwig Graf Cobenzl Ihre Rolle im Kriegsjahr 1805. In: Mitteilungen des Österreichischen Staatsarchivs (Bd. 21), Wien 1969.

Rehtwitsch, Theodor: Von der Etsch bis an den Belt. Geschichtsbilder aus den Jahren 1806 und 1809, Leipzig o. J.

Reiser, Rudolf: Klenzes geheime Memoiren. Der große Architekt als Chronist und Kritiker, München 2004.

Reiss-Museum Mannheim (Hrsg.): Lebenslust und Frömmigkeit (1724–1799) zwischen Barock und Aufklärung (Bd. 1), Regensburg 1999.

Reithofer, Franz Dionys: Die Kriegsereignisse in Landshut am 16. und 21. April 1809. Als die ersten in diesem Kriegsjahre erzählt. Gesondert abgedruckt aus dem 17. Heft der Anekdoten und Charakterzüge aus den Kriegen in Süd- und Norddeutschland in den Jahren 1805 bis 1809, Leipzig 1809.

Renner, Oskar Carl: 1. Januar 1806. Als Bayern Königreich wurde, Rosenheim 1976.

Rieger, Leonhard: Die Stimmung und Haltung der fränkischen Provinzen im Jahre 1813, (Diss.), München 1921.

Riesbeck, Johann Kaspar: Briefe eines reisenden Franzosen über Deutschland an seinen Bruder zu Paris, o. O. 1784.

Rolotf, Gustav: Napoleons Plane einer Landung in England 1803 bis 1805. In: Preußische Jahrbücher (Bd. 93, Heft 2), Berlin 1898.

Rose, John Holland: Napoleon I., Stockholm 1907.

Roth, Hans/Groth-Schmachtenberger, Erika: Münchner Denkmäler, Freilassing 1981.

Rottenkolber, Josef: Die Säkularisation des Reichsstifts Elchingen. In: Aus dem Ulmer Winkel 1930 (Nr. 6), Ulm 1930.

Rottenkolber, Josef: Die Stadt Ulm unter bayerischer Herrschaft. In: Württembergische Vierteljahreshefte für Landesgeschichte, Ulm 1928.

Sauer, Paul: Der schwäbische Zar. Friedrich – Württembergs erster König, Stuttgart 1984.

Savoy, Bénédicte: Kunstraub. Napoleons Konfiszierungen in Deutschland und die europäischen Folgen, Wien 2011.

Schad, Martha: Bayerns Königinnen, Regensburg 1992.

Schad, Martha: Macht und Mythos. Die grossen Dynastien. Die Wittelsbacher, Augsburg 2000.

Schaller, Christian: Fragmente aus dem Feldzuge gegen Oestreich im Jahr 1809, Augsburg 1810.

Schattenhofer, Michael: Beiträge zur Geschichte der Stadt München, München 1984.

Schawe, Martin: Altdeutsche und Altniederländische Malerei, München 2006.

Scheglmann, Alfons Maria: Geschichte der Säkularisation im rechtsrheinischen Bayern. Vorgeschichte der Säkularisation (Bd. 1), Regensburg 1903.

Schiller, Friedrich von: Wallenstein II. Wallensteins Tod. Ein Trauerspiel in fünf Aufzügen, Stuttgart 2003.

Schleifer, Anton: Die Schlacht bei Hohenlinden am 3. Dezember 1800 und die vorangegangenen Heeresbewegungen. Nach den besten Quellen bearbeitet, Erding 1885.

Schmid, Alois: Handbuch der bayerischen Geschichte (Bd. IV,1): Das Neue Bayern Von 1800 bis zur Gegenwart. Erster Teilband: Staat und Politik, München 2003.

Schmidt, Lothar: Das K. B. Korps Wrede im Feldzuge 1814. In: K. B. Kriegsarchiv (Hrsg.); Darstellungen aus der Kriegs- und Heeresgeschichte (Heft 17), München 1908.

Schmoelzl, Joseph: Der Feldzug der Bayern von 1806–7 in Schlesien und Polen. Ein Beitrag zur Geschichte des königlich bayerischen Heeres. Nach vaterländischen Quellen bearbeitet, München 1856.

Schneidawind, Franz: Der Krieg im Jahre 1805 auf dem Festlande Europen's, Augsburg 1848.

Schneider, Günther: Hohenlinden 1800. Die vergessene Schlacht, Berg 2000.

Schrafel, Josef: Des Nürnberger Feldwebels Joseph Schrafel merkwürdige Schicksale im Kriege gegen Tirol 1809, im Feldzuge gegen Russland 1812 und in der Gefangenschaft 1812–1814, Nürnberg 1913.

Schroll, Armin: Prinzessin Auguste Amalie von Bayern (1788–1851). Eine Biografie aus napoleonischer Zeit, München 2010.

Schuler, Thomas: Napoleon in Bayern. Die Schlacht von Elchingen. Die Befreiung von München, Weißenhorn 2010.

Schultes, David A.: Chronik von Ulm von den Zeiten Karls des Großen bis auf die Gegenwart, Ulm 1915.

Schultheiß, Werner: Kleine Geschichte Nürnbergs, Nürnberg 1966.

Schultz, Hartwig (Hrsg.): Achim von Arnim und Clemens Brentano: Freundschaftsbriefe 1807 bis 1829 (Bd. 2), Frankfurt am Main 1998.

Schulz, Carl Gustav von: Geschichte des Krieges im Jahre 1805, Berlin 1847.

Schwarz, Hans Wolf: Die Vorgeschichte des Vertrages von Ried. In: Münchner Historische Abhandlungen (Heft 2), München 1933.

Seeberger, Max/Holl, Frank: Wie Bayern vermessen wurde. In: Hefte zur Bayerischen Geschichte und Kultur (Bd. 26), Haus der Bayerischen Geschichte (Hrsg.), Augsburg 2001.

Seibt, Gustav: Goethe und Napoleon. Eine historische Begegnung, München 2008.

Seida und Landsberg, Franz Eugen Freiherr von: Augsburgs Geschichte von der Erbauung der Stadt bis zum Tode Maximilian Josephs, ersten Königs von Bayern (Bd. 1), Augsburg 1826.

Sieburg, Friedrich: Napoleon. Die hundert Tage, Stuttgart 1963.

Sieman, Wolfgang: Vom Staatenbund zum Nationalstaat. Deutschland 1806–1871, München 1995.

Silberschmid, Rosa: Bayerische Flugschriften aus den Jahren 1805–1812, München 1922.

Schmid, Peter/Unger, Klemens (Hrsg.): 1803. Wende in Europas Mitte. Vom feudalen zum bürgerlichen Zeitalter. Begleitband zur Ausstellung im Historischen Museum Regensburg 29. Mai bis 24. August 2003, Regensburg 2003.

Sherwig, John: Guineas and gunpowder. British Foreign Aid in the Wars with France, 1793–1815, Harvard 1969.

Spacek, Franz: Meine Heimat vor 200 Jahren. Eine Bilderbuch zu Napoleons Schlacht von Eggmühl am 22. April 1809, Schierling 2009.

Stadt Regensburg (Hrsg.): Kulturführer Regensburg 08: 1809 Napoleon in Bayern, Regensburg 2009.

Stark, Nicolaus: Erinnerungsblätter an die Schlachttage bei Abensberg 19. u. 20. April 1809, Abensberg 1908.

Sturmberger, Hans: Das Innviertel und Bayern – Wünsche, Propaganda und Fakten seit 1779. In: Neue Warte am Inn 1960 (Nr. 30), Sonderbeilage, Braunau 1960.

Thiers, Adolphe: Geschichte des Consulats und des Kaiserreichs (Bd. 5), Leipzig 1848.

Thurn und Taxis, August von: Aus drei Feldzügen 1812 bis 1815. Erinnerungen des Prinzen August von Thurn und Taxis, Leipzig 1912.

Tianinen, Jorma: Die bayerische Konstitution von 1808 und die öffentliche Diskussion darüber, München 1967.

Trostel, Johannes: Darstellung der Schicksale Ulms in den Monaten September und Oktober des Jahres 1805, Ulm 1805.

Tulard, Jean/Garros Louis: Itinéraire de Napoléon au jour le jour, 1769–1821, Paris 1992.

Tulard, Jean: La berline de Napoléon. Les mystères du butin de Waterloo, Paris 2012.

Tulard, Jean: Napoleon oder Der Mythos des Retters. Eine Biographie, Tübingen 1979.

Uebe, Kurt: Der Stimmungsumschwung in der bayerischen Armee gegenüber den Franzosen 1806–1812. In: Münchner historische Abhandlungen (Zweite Reihe), Kriegs- und Heeresgeschichte (12 Heft), München 1939.

Unbekannter Verfasser: Moreau und sein letzter Feldzug eine historische Skizze von einem Offiziere seines Generalstabes, Tübingen 1801.

Unold, Jakob Friedrich: Geschichte der Stadt Memmingen: Vom Anfang der Stadt bis zum Tod Maximilian Josephs I., König von Bayern, Memmingen 1826.

Urff, G. S.: Die Schlacht bei Hanau. In: Bayerns Anteil an der deutschen Erhebung 1813. In: Bayernland-Verlag (Hrsg.): Bayern 1813, München 1913.

Verein Hohenlinden 2000 e. V. (Hrsg.): Zusammenfassung der Veranstaltungen zum 200-jährigen Gedenken an die Schlacht von Hohenlinden von 1996 bis 2003. Dokumentation zusammengestellt von Wolfgang Schierl, Hohenlinden 2003.

Völderndorff und Waradein, Eduard, Freiherr von: Rück-Erinnerungen an die Jahre 1813 und 1814 oder Berichtigungen verschiedener Ansichten und Urtheile, die Schlacht von Hanau, die Gefechte bey Mormant und Bar-sur-Aube, die Schlacht von Arcis und das Gefecht bey Ferre-Champenoise betreffend als Anhang zu des Oberstlieutenants von Plotho Werk: «Der Krieg in Deutschland in den Jahren 1813 und 1814.», München 1818.

Wackenreiter, Julius: Die Erstürmung von Regensburg am 23. April 1809, Regensburg 1865.

Wagner, Rudolf (Hrsg.): Das Landgericht Aichach 1796 Kriegsschauplatz. Berichte des Blumenthaler Kommendeverwalters Pröschel. In: Aichacher Heimatblatt (Beilage zur Aichacher Zeitung), Aichach 2009

Wahl, Volker (Hrsg.): Friedrich Schiller. Was heißt und zu welchem Ende studiert man Universalgeschichte? Die akademische Antrittsrede von 1789 (Reprint des Erstdrucks der Jenaer akademischen Antrittsrede aus dem Jahre 1789, Jena 1996.

Walter, Sebastian: Erinnerungen aus meinem Leben. Eine autobiographische Skizze von Sebastian Walter, Dillingen 1843.

Weidner, Thomas: Rumford: Rezepte für ein besseres Bayern. Eine Ausstellung des Münchner Stadtmuseums 31. Oktober 2014 bis 19. April 2015, München 2014.

Weis, Eberhard: 1759–1838. Montgelas. Eine Biographie, München 2008.

Weis, Eberhard: Bayern entsteht – Montgelas und sein Ansbacher Mémoire von 1796. In: Haus der Bayerischen Geschichte (Hrsg.): Bayern entsteht. Montgelas und sein Ansbacher Mémoire von 1796, Katalog zur Ausstellung des Hauses der Bayerischen Geschichte in Zusammenarbeit mit dem Bayerischen Hauptsaatsarchiv München 1996/97, Augsburg 1996.

Weis, Eberhard: Bayern im Napoleonischen Kontinentalsystem (1805–1813). Kampf gegen Napoleon (1813–15). In: Schmid, Alois (Hrsg.): Handbuch der Bayerischen Geschichte, Band IV/I, München 2003.

Weis, Eberhard: Die Begründung des modernen bayerischen Staates unter König Max I. (1799–1825). In: Spindler, Alois (Hrsg.): Handbuch der bayerischen Geschichte, Bd. IV/1, München 2003.

Weis, Eberhard: Die neue Regierung und ihr innenpolitisches Programm. Krieg, Besetzung, innere Opposition, Übergang zu einer neuen außenpolitischen Orientierung, die Gebietserweiterung von 1803. In: Schmid, Alois (Hrsg.): Handbuch der bayerischen Geschichte, Bd. IV/1, München 2003.

Weis, Eberhard: Maximilian von Montglas – Ein Lebensbild. In:

Weiß, Joseph: Wredes und des Königs Abkehr von Napoleon. In: Bayerns Anteil an der deutschen Erhebung 1813. In: Bayernland-Verlag (Hrsg.): Bayern 1813, München 1913.

Weissensteiner, Friedrich: Große Herrscher des Hauses Habsburg. 700 Jahre europäische Geschichte, München 2000.

Wencker-Wildberg, Friedrich (Hrsg.): Napoleon. Die Memoiren seines Lebens (Bd. 9), Leipzig 1911.

Wencker-Wildberg, Friedrich: König Murat, Berlin 1937.

Wertheimer, Eduard von: Geschichte Österreichs und Ungarns im ersten Jahrzehnt des 19. Jahrhunderts (Bd. 1), Leipzig 1884.

Westenrieder, Lorenz von: Tagebuch. In: Kleßmann, Eckart: Deutschland unter Napoleon in Augenzeugenberichten (Hrsg.), München 1982.

Westenrieder, Lorenz von: Tagebuch. In: Abhandlungen der historische Klasse der königlich bayerischen Akademie der Wissenschaften (Bd. 16), München 1883.

Wichmann, Siegfried: *Die peintres de bataille* unter König Max I. Joseph und Ludwig I. von Bayern. In: Glaser, Hubert (Hrsg.): Krone und Verfassung, König Max I. Joseph und der neue Staat. Beiträge zur Bayerischen Geschichte und Kunst 1799–1825, München 1980.

Wichmann, Siegfried: Wilhelm von Kobell. Monographie und kritisches Verzeichnis der Werke, München 1970.

Wieczorek, Alfred/Probst, Hansjörg/Koenig, Wieland (Hrsg.): Lebenslust und Frömmigkeit. Kurfürst Carl Theodor (1724–1799) zwischen Barock und Aufklärung (Bd. 1), Regensburg 1999.

Will, Cornelius: Beiträge zur Geschichte der Verwundung Napoleons I. vor Regensburg 23. April 1809. In: Mitteilungen des historischen Vereins der Pfalz (Bd. 57), Stadtamhof 1906.

Winter, Alexander: Karl Philipp Fürst von Wrede als Berater des Königs Max Joseph und des Kronprinzen Ludwig von Bayern (1813–1825) (Diss.). In: Neue Schriftenreihe des Stadtarchivs München, München 1968.

Wolzogen, Alfred Freiherr von (Hrsg.): Memoiren des königlich preußischen Generals der Infanterie Ludwig Freiherrn von Wolzogen. Nach dessen Nachlass unter Beifügung officieller militärischer Denkschriften mitgetheilt, Leipzig 1851.

Zamoyski, Adam: 1812. Napoleons Feldzug in Russland, München 2012.

Zamoyski, Adam: 1815 – Napoleons Sturz und der Wiener Kongreß, München 2014.

Zepelin, Constantin von.:Die Befreiungskriege 1813–1815, Berlin 1913.

Zima, Herbert: Die Schlacht von Hohenlinden am 3. Dezember 1800. In: Pallasch (Heft 13), Salzburg 2002.

Zima, Herbert: Die Niederlage von Hohenlinden; ein Wendepunkt in der Geschichte Bayerns; Von der Schlacht von Hohenlinden bis zur Ausrufung des Königreiches Bayerns, Hohenlinden 2006.kon

Zoepfl, Friedrich: Die Geschichte der Stadt Mindelheim in Schwaben, München 1948.

INTERNETQUELLEN

http://www.documentarchiv.de/nzjh/dtba.html
http://www.documentarchiv.de/nzjh/1813/allianzvertrag-teplitz_preussen-russland.html
http://www.gruene-fraktion-bayern.de/themen/von-schweinezyklen-und-teuren-sparmassnahmen
http://www.ristorante-napoleon.de/index.php?site=pasta
http://www.staatsvertraege.de/Frieden1814-15/2pfv1815-i.htm
http://www.tebis.com/Newsletter/05_06/de/art_montgelas.html
http://blog.br.de/studio-wien/2014/03/14/bayern-und-oesterreich-sind-seelenverwandt/
http://bayern.de/politik/bayern-in-zahlen/das-land-in-zahlen/

BILDNACHWEIS

ABBILDUNGEN IM TEXT

S. 36   Repetitionstheodolit von Georg Friedrich von Reichenbach © Deutsches Museum München

S. 78   Joseph Karl Stieler, Max I. Joseph, König von Bayern, am Schreibtisch, 1814 © Privatbesitz/akg-images

S. 108   Aufruf Napoleons vom 7. Oktober 1805 © Hauptstaatsarchiv München, Kriegsarchiv, Signatur: BayHStA Abt. IV B392

S. 113   Charles Thévenin, Die Übergabe von Ulm, 1815 © bpk | RMN – Grand Palais

S. 125   Moritz Kellerhoven, Max I. Joseph, König von Bayern, im Krönungsornat, 1806 © Blauel – Gnamm/Artothek

S. 138   Johannes Hans, Die Rückkehr der bayerischen Truppen, 1808 © Foto: www.napoleoninbayern.de

S. 169   Julius Elchinger, Pereat-Glas, vor 1809 © Bayerisches Nationalmuseum München, Foto: Marianne Franke

S. 176   Albrecht Adam, Porträtaufnahme von Franz Hanfstaengl, um 1850 © wikipedia

S. 177   Albrecht Adam, Beschießung der Stadt Regensburg, 1840 © Städtische Museen Regensburg, Foto: www.napoleoninbayern.de

S. 182   Albrecht Berblinger, Skizze für eine Beinprothese, 1808 © Stadtarchiv Ulm

S. 191   Streitkeule, 1809 © Tiroler Landesmuseum Ferdinandeum, Innsbruck

S. 194   Rosenkranz von Andreas Hofer, vor 1810 © Museum Passeier

S. 199   Napoleon spielt mit seinem kleinen Sohn, Farblithographie nach einer Illustration von Jacques Onfroy de Bréville, um 1900 © akg-images

S. 202   Ludwig I., König von Bayern, Porträtaufnahme von Franz Hanfstaengl, um 1860 © wikipedia

S. 203   Karolinenplatz mit Obelisk, Foto um 1900 © Kunsthistorisches Institut der Universität, München

S. 233   «Die Ludwigs Strasse in München.» Lithographie mit Tonplatte von Benoist nach Chapuy, um 1840 © Antiquariat Bierl

S. 253   Joseph Karl Stieler, Karl von Wrede in der Schlacht, um 1830 © bpk/Ellingen, Deutschordensschloss

ABBILDUNGEN IM TAFELTEIL

Anna Dorothea Therbusch, Kurfürst Karl Theodor von der Pfalz und Bayern (1724–1799) © Bayerische Staatsgemäldesammlung/Alte Pinakothek, München/Bayer&Mitko/Artothek

Sir Benjamin Thompson, Graf von Rumford, nach Moritz Kellerhoven © National Portrait Gallery, London

Simon Petrus Klotz, Das Kasino im Englischen Garten © München, Privatbesitz

PERSONEN- UND ORTSREGISTER

Eichstätt 52, 55, 102, 116, 120, 122,
139, 244
Elba 255, 263
Elchingen 55, 111–113, 143
Elisabeth, Zarin, geb. Prinzessin Louise
von Baden 102, 249
Ellingen, Schloss 240, 249
Ellwangen 53, 230
Enghien, Louis Antoine Henri de
Bourbon-Condé, Herzog von 102
Enzersdorf 184
Erding 43
Erfurt 235 f.
Ergolding 170
Erlons, Jean-Baptiste Drouet d' 193
Ettlingen 107
Eylau 38, 135

Fain, Agathon Jean François, Baron
248
Ferdinand III., Erzherzog 47, 49 f., 55,
72, 93–95, 100, 112, 117 f., 122,
256
Fesch, Joseph Kardinal 131
Feuchtwanger, Lion 233
Fontainebleau, Schloss 255
Fort, Simeon 45
Frankenthal 271
Frankfurt am Main 131, 137 f., 231,
234 f., 240 f., 243 f., 256, 258, 261 f.,
266
Franz II., Kaiser des Heiligen
Römischen Reiches Deutscher
Nation, als Franz I. Kaiser von
Österreich 18 f., 24, 31, 37, 47–49,
55, 64, 67–69, 71 f., 77, 80–82,
85 f., 89–91, 94, 100 f., 105, 118 f.,
132 f., 153, 163 f., 180, 188 f., 193,
197, 226, 228, 239, 241, 255, 257,
259, 262 f., 268 f., 271
Franz Karl, Erzherzog von Österreich
197
Freising 52, 55
Fresnel, Feldmarschall-Leutnant 239
Friedland 136
Friedrich I., Kurfürst, seit 1806 König
von Württemberg 121, 128 f., 230,
261
Friedrich II., der Große, König von
Preußen 10, 14–16, 133

Friedrich Wilhelm III., König von
Preußen 31, 75, 133, 239, 249, 258
Fulda 261, 269

Gärtner, Friedrich von 11
Gatschina 31
Gaza, Joseph von 19
Geiger, Carl Ignatz 38
Gentz, Friedrich von 68, 259
Genua 47, 69
Gerasdorf 185
Gerhauser, Lorenz 144
Gersfeld 271
Glogau 135
Gmeinwiser, Josef 73, 143
Gochsheim 55
Goethe, Johann Wolfgang 151, 242
Graff, Laurence 141
Gravenreuth, Karl Ernst Frhr. von 49 f.,
70, 80, 87 f., 90 f., 116, 120–123,
128
Grießbeckerzell 22
Großbeeren 225
Günzburg 52

Haag 38 f., 83, 90, 198
Hamad bin Chalifa, Emir von Katar
141
Hammelburg 269
Hanau 231, 233–240, 244, 246 f., 256,
258, 262
Hannover 15, 105, 121
Hans, Johannes 138
Hardenberg, Karl August Frhr. von,
Fürst 152, 258–260
Haslach 110 f.
Hegel, Georg Wilhelm Friedrich 229
Heidelberg 20, 270
Heilbronn 52
Heilmann, Johann 38
Heilsberg 135
Hersent, Louis 170
Hertling, Johann Friedrich Frhr. von 25
Hess, Peter von 252 f.
Hetzendorf, Schloss 71, 90
Heubach 269
Hiller, Feldmarschall-Leutnant 178
Hitler, Adolf 152, 173
Hof 223
Hofer, Andreas 188, 190, 193 f.